普通高等教育“十一五”国家级规划教材
全国机械行业职业教育优质规划教材（高职高专）
经全国机械职业教育教学指导委员会审定
江　苏　省　精　品　教　材

现代生产管理

第 3 版

全国机械职业教育工业经济与管理类专业教学指导委员会（高职）组编

主　编　崔　平

副主编　于云波

参　编　张联朋　叶　进　章志强

主　审　邹　宁

机 械 工 业 出 版 社

本书以实用、创新为特色，以职业技能培养为出发点，吸收国内外生产管理研究的最新成果，本着精炼理论、强化应用、培养技能的原则，结合信息社会、知识经济、先进制造的特点，除了介绍现代生产管理的原理、产生与发展之外，重点介绍了生产系统的规划与组织、生产计划与生产作业计划编制、工作研究与工作设计、企业资源计划（ERP）、生产现场管理和作业排序、项目管理、企业物流管理、设备管理、质量管理与 ISO 9000 质量管理体系认证、生产管理技术发展与模式改变等内容，内容涉及当代生产管理实践的各个方面，具有科学性、创新性、可操作性强的特点。每一章前安排了建议教学学时、知识目标、能力目标、素质目标，每一章结束安排了想一想、做一做和案例分析，可作为高等职业技术学院、高等专科学校、成人高校和高职本科工业工程、工商管理类专业学生的通用教材和机械类专业学生的选用教材，并可供企业从事生产管理工作的人员和社会读者自学、阅读。

图书在版编目（CIP）数据

现代生产管理/崔平主编．—3 版．—北京：机械工业出版社，2016.7（2023.12 重印）
全国机械行业职业教育优质规划教材（高职高专）　经全国机械职业教育教学指导委员会审定
ISBN 978-7-111-54226-1

Ⅰ．①现…　Ⅱ．①崔…　Ⅲ．①企业管理—生产管理—高等职业教育—教材
Ⅳ．①F273

中国版本图书馆 CIP 数据核字（2016）第 154879 号

机械工业出版社（北京市百万庄大街 22 号　邮政编码 100037）
策划编辑：孔文梅　　　责任编辑：孔文梅　张　翔
责任校对：孙　俪　张　薇　　版式设计：鞠　杨
责任印制：单爱军
北京虎彩文化传播有限公司印刷

2023 年 12 月第 3 版第 13 次印刷
184mm×260mm・19 印张・462 千字
标准书号：ISBN 978-7-111-54226-1
定价：45.00 元

电话服务
客服电话：010-88361066
　　　　　010-88379833
　　　　　010-68326294
封底无防伪标均为盗版

网络服务
机　工　官　网：www.cmpbook.com
机　工　官　博：weibo.com/cmp1952
金　　书　　网：www.golden-book.com
机工教育服务网：www.cmpedu.com

前　言

本书第 1、2 版出版后深受广大读者的欢迎，先后被评为普通高等教育“十一五”国家级规划教材、江苏省精品教材、全国机械行业职业教育优质规划教材。2013 年，德国率先提出了工业 4.0，提出以生产高度数字化、网络化、机器自组织为标志的第四次工业革命；2015 年 5 月，国务院提出中国制造 2025 方案，以“互联网+先进制造业”的结合来带动整个制造业的新一轮发展；2016 年 2 月，美国白宫发布美国制造业创新网络计划战略规划，以提升美国制造的竞争力。与此相对应，生产管理理论也有了新发展，结合信息社会、知识经济、先进制造的特点，我们组织编写了《现代生产管理》（第 3 版）。

本轮修订主要增加了介绍工业 4.0、中国制造 2025 等内容；按照 2015 版 ISO 9000 全面修订了第 10 章质量管理与 ISO 9000 质量管理体系认证的内容；结合信息社会、知识经济、先进制造的特点，对其他内容进行了适当修改。

本书第 3 版的第 1、9、10、11 章由无锡职业技术学院崔平教授修订；第 2 章由陕西工业职业技术学院张联朋副教授修订；第 3 章由无锡威孚集团公司章志强、崔平修订；第 4、5、6、8 章由无锡职业技术学院于云波教授修订；第 7 章由江苏省苏微微生物研究有限公司叶进、崔平修订。全书由崔平教授进行统撰，广西机电职业技术学院邹宁主审。

本书在编写过程中，参考了兄弟院校的教材和有关论著，并得到无锡职业技术学院领导、无锡市机电五金行业协会和机械工业出版社的大力支持和帮助，在此一并表示感谢。

为方便教学，本书配备电子课件等教学资源。凡选用本书作为教材的教师均可索取，请发送邮件至 cmpgaozhi@sina. com，咨询电话：010-88379375，QQ：945379158。

由于编者水平有限，书中缺点错误在所难免，敬请广大读者批评指正。

编　者

目　录

第1章 现代生产管理概论

建议学时

4学时

知识目标

- 理解生产、生产管理的含义；
- 了解生产管理在企业管理中的地位、作用和发展阶段；
- 了解生产管理的内容、任务、功能、组织机构；
- 理解现代生产管理的原则；
- 了解生产过程的组成、合理组织生产过程的原则；
- 了解生产类型的划分、生产类型对企业技术经济指标的影响；
- 掌握改变生产类型的途径；
- 了解现代生产管理的基本特征。

能力目标

- 具备组织生产过程的基本能力；
- 具有改变生产类型的初步能力。

素质目标

- 引导学生对生产管理人员职业素养的感性认识与理性思考；
- 培养严谨、科学等基本的职业素养；
- 培养生产管理员职业兴趣。

案例导读

北京现代汽车公司成立于2002年10月，是一家中韩合资企业，位于北京顺义林河工业开发区，拥有索纳塔、伊兰特两大轿车产品系列，2003年生产5万辆索纳塔轿车；2004年形成10万辆车生产规模；2005年完成一期改造，实现30万辆生产能力；2008年完成二期扩建，达到年产60万辆整车、45万台发动机、20万台变速箱的规模。在2011年的广州车展上，北京现代正式对外发布了自主研发的“首望”新能源纯电动汽车。2012年，“首望”电动车投产，并作为出租车在北京市平谷区示范运营。“首望”的诞生，标志着北京现代的自主事业迎来了新的里程碑。在“京津冀协同发展”“长江经济带发展”的国家战略指引下，2015年，北京现代先后启动建设河北沧州工厂和重庆工厂。自2016年起，北京现代上市的所有新车型，都将配备 BlueLink、CarLife、CarPlay 终端设备的车联网服务功能，实现车主与互联网的无缝对接，为消费者提供更多的娱乐化、多样化、高端化新选择。

北京现代采用“按销售预测组织生产、按订单销售”的总体运作模式。针对生产运作的两端，北京现代建立了国际流行的“四位一体（4S）”特约销售体系，为企业生产组织提供需求计划和产品输出渠道。根据销售公司提出的月销售预测计划和生产部的能力约束计划，由公司开发的 AS/400 系统和 PDM 系统生成排产计划。紧密协作的零部件配套体系是北京现代生产组织高效运作的保障，在零部件采购、供应过程中，北京现代与供应商信息共享，成本透明，简化采购、供应流程，促进双方共同改进质量。

对于生产制造环节，公司运用先进技术，大量采用先进设备。总装厂采用混流生产线，采用看板管理进行模块化组装；生产过程中追求绿色制造，大量采用机器人；建立了内外两线一体的质量检测体系，通过了产品 3C 认证和 ISO 9001 质量管理体系认证，最大限度地满足顾客对产品质量的要求。

为配合企业生产能力的扩张，北京现代分三阶段建设信息系统：第一阶段主要引进车间控制系统；第二阶段扩建装配线控制系统，新建发动机信息系统和办公自动化系统；第三阶段扩建生产线控制系统，建立 CRM、决策分析系统、个性化订单处理系统和客户订单跟踪系统。公司业务信息化处理覆盖面达到 90%，各项业务处理基本上实现信息化。

北京现代开创了中国汽车工业发展速度的先河，被评为“中国 50 家发展最快、成长性最好的企业之一”。伊兰特荣获“中国理想家庭轿车”的称号。在全球知名公司 J. D. Power 公布的《2015 中国新车质量研究（IQS）》报告中，北京现代在一般品牌中排名第一名；在《2015 年中国车辆可靠性研究（VDS）》中取得了一般合资品牌第一名；在 2015 中国汽车销售满意度（SSI）和中国汽车售后满意度（CSI）调查报告中，北京现代分别位列行业第 1 位和第 2 位。

（改编自北京现代官网）

1.1 生产与生产管理

1.1.1 生产

生产也称社会生产，是指人们结成一定的生产关系，利用生产工具，改变劳动对象以适合人们需要的过程，即生产实际上是一种加工转换过程。在加工转换过程中，生产系统必须投入一定的生产要素，这样方可根据不同的生产目的，生产出满足人们不同需要的产品，如图 1-1 所示。

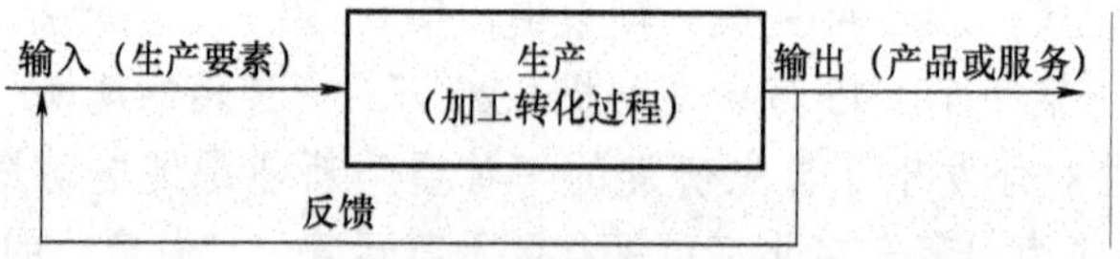

图 1-1 生产活动模型

生产系统的输入主要包括人、财、物、技术、信息五个方面的内容：①人是指拥有一定知识、技能的人力资源；②财是指必要的生产流动资金；③物是指原材料、机器设备、工艺装备和能源等；④技术包括产品图样、工艺文件等生产技术要素；⑤信息包括需求信息、生产能力、生产计划以及有关部门标准等。

生产系统的中间转换就是生产制造过程，其主要内容包括：合理组织生产过程，使生产要素按顾客需求、技术要求、各项标准完成产品（服务）。这个转换过程也是企业的物流过程。

生产系统的输出，其形式主要体现为产品（或服务）。对社会而言是企业输出的产品和劳务；对国家而言是收取的税收；对企业自身而言是获取的收入。生产适销对路的产品是社会对企业生产管理的基本要求，是企业获取收入、上缴税收的前提。

反馈就是将生产过程输出的信息，如产品产量、质量、进度、消耗、成本等，返回到输入的一端或生产过程中，与输入的信息如计划、标准等进行比较，发现差异，查明原因，采取措施，及时解决，以保证生产过程的正常运行和生产计划的完成。反馈在生产系统中起着对生产过程的控制及提供信息的作用。

例如，机床的生产就是对生产机床所需的人、财、物、技术、信息进行加工转换的过程，该过程结束时，机床也就被制造出来了。再如保险公司的生产，就是对保险公司提供的产品——服务所需的人、财、物、技术、信息进行加工转化的过程。这两个例子中，产品的形式是不一样的，通常称前者为物质产品，后者为非物质产品。由于产品分为物质产品和非物质产品，所以生产也对应地分为物质产品的生产和非物质产品的生产。本书主要讨论物质产品的生产管理。

1.1.2 生产管理

生产管理就是对企业生产活动的计划、组织、协调、控制。它有广义和狭义之分。广义的生产管理是指对企业生产活动的全过程进行系统的管理，也就是以企业生产系统作为对象的管理。由于广义的生产管理是对企业生产系统的管理，所以其内容十分广泛，包括生产过程的组织、劳动组织与劳动定额管理、生产技术准备工作、生产计划和生产作业计划的编制、生产控制、物资管理、设备和工具管理、能源管理、质量管理、安全生产、环境保护等。狭义的生产管理则是指以产品的生产过程为对象的管理，即对企业的生产技术准备、原材料投入、工艺加工直至产品完工的具体活动过程的管理。由于产品的生产过程是生产系统的一部分，因此，狭义的生产管理的内容，也只能是广义生产管理内容的一部分。它主要包括生产过程组织、生产技术准备、生产计划与生产作业计划的编制、生产作业控制等。

1.1.3 生产管理在企业管理中的地位

企业是一个有机的整体，企业管理是一个完整的大系统，它是由许多子系统所组成的，生产管理作为一个子系统处于什么地位，需要从它和其他子系统之间的关系上来认识：

（1）生产管理从属于经营管理。经营管理确定了企业在一定时期内的经营方针、目标、策略、计划等。生产管理作为企业管理的重要组成部分，通过组织生产活动，来保证经营意图的实现。经营管理的目的是谋求和筹划企业外部环境、内部条件和经营目标三者之间的动态平衡；而生产管理为经营管理提供了物质条件，起着重要的保证作用。因此，它们之间的关系是决策和执行的关系。

（2）生产管理与技术开发互为保障。技术开发是根据技术发展的趋势和顾客需求发展的变化，在经营决策目标的指导下进行的产品开发、工艺技术和原材料开发，它是生产管理的前提条件，是组织生产、实现经营目标的重要技术保证。而生产管理也为技术开发的顺利进行提供实验条件和反馈信息。

（3）销售管理是生产管理的前提。生产管理是销售管理的先决条件，它为销售部门及时地提供用户满意的、适销对路的产品（或服务）。随着市场经济的深入发展，我国产需矛盾越来越突出，95%以上的产品处于供过于求的状态。因此，生产管理应主动适应销售管理工作的要求。当然，销售部门也必须及时向生产管理部门提供可靠的市场信息，以改进产品、提高质量，并力求使市场需要和生产条件结合起来，达到最优配合。

（4）生产管理与财务管理相互影响。财务管理是生产管理的重要保障，它为生产部门提供必要的资金。搞好生产管理，可以有效地加快资金周转、降低资金占用。生产管理所控制的主要是企业有形的物流，而在财务管理上所体现的就是对应的资金流。

1.1.4 生产管理在企业管理中的作用

在市场经济的今天，生产管理虽然处于执行地位，但它的作用并未削弱，市场对生产管理提出了更高的要求，加强生产管理变得更为重要了。

（1）生产管理是工业企业管理的基本组成部分。工业企业经营的主要特征是商品生产，因此生产活动是工业企业的基本活动。生产什么样的产品、生产多少来满足用户和市场的需要，是工业企业经营决策的一项重要任务。生产管理就是将处于理想状态的经营目标，通过产品的制造过程而转化为顾客所需要的产品和服务。因此生产管理是企业经营管理的物质基础，是实现经营目标的重要保证。

（2）随着市场经济的发展，对生产管理的要求更高了。在市场经济的今天，特别是随着互联网技术的快速发展，市场需求多变，不仅要产品新、品种多、质量高，还要价格便宜，交货迅速、及时。生产企业要做到这些就必须加强生产管理，强化生产管理系统的应变能力，只有这样，才能实现企业的经营目标。

（3）生产管理是搞好经营决策的重要保障。在市场竞争日趋激烈的情况下，企业经营管理层的主要精力放在经营决策上。但这要有一个前提条件，就是企业生产管理比较健全、有力，生产、工作秩序正常，企业领导才能没有后顾之忧，才能从日常大量的烦琐事务中摆脱出来，集中精力抓好经营决策。所以，强化生产管理是企业经营管理正常开展的前提条件。

1.1.5 生产管理的发展阶段

生产管理的发展，同科学技术的发展、管理科学化、现代化的发展是密不可分的。生产管理的方针政策和方式方法，总是和当时当地的生产力水平、政治经济体制、社会意识形态等因素保持着某种适应性关系。自新中国成立以来，我国生产管理的发展变化大致可分为五个阶段：计划导向阶段、生产导向阶段、销售导向阶段、营销导向阶段、互联网+阶段。

1. 计划导向阶段（1949—1981 年）　这一阶段主要是指我国实行计划经济体制时期。在这个阶段，典型的企业管理方式是：国家投资，企业利润全部上缴，企业按国家指令性计划生产，产品由国家统购统销。企业属于单纯生产型企业。这个阶段生产管理的特点是：生产管理系统是封闭的。企业不需要考虑其他因素，生产管理是企业管理的核心，生产管理的重点就是提高效率，增加产量，保证完成和超额完成国家计划。

2. 生产导向阶段（1982—1992 年）　1982 年我国开始在企业进行经济改革，这一阶段主要是指我国实行计划经济为主、市场经济为辅的经济体制时期。在这个阶段，国家对企业投资由“拨”改“贷”，企业向国家上缴由“利”改“税”。国家只对指令性计划生产的产品进行统购统销，企业需要为自己安排生产的产品寻找市场，负责盈亏。企业由单纯生产型向生产经营型转变。这个阶段生产管理的特点是：生产管理系统具有一定的封闭性，与外界联系逐步加强。在企业管理上，企业仍然以生产管理为主，逐步重视推销工作，生产管理的重点主要还是提高效率，增加产量，缺乏独创性和市场意识。

3. 销售导向阶段（1993—2000 年）　随着邓小平南方谈话的发表，我国逐步明确建立社会主义市场经济体系。这一阶段主要是指我国市场经济体制转换时期。在这个阶段，国家减少甚至取消了指令性计划，企业必须根据市场的需求来安排生产，实行自主经营、自负盈亏、自我发展、自我约束。企业由生产经营型向经营开拓型转变。这个阶段生产管理的特点是：生产管理系统与外界紧密联系在一起。生产管理的重点根据企业的战略规划，配合市场的需求，保质、保量、按期、低成本地生产出适销对路的产品。企业加强生产管理，除从技术的角度考虑保证产品质量和提高生产效率外，还注意从时间上、成本上来配合消费者的喜好和市场的需要。

4. 营销导向阶段（2001—2014 年）　随着我国社会主义市场经济体系的不断发展和完善，市场竞争越来越激烈，商品的供过于求已逐步成为普遍现象。企业为了保持在市场上的竞争能力和地位，除了在研究开发新产品上不断地下功夫外，还必须为吸引和维护顾客而进行工作。这时候，企业已成为经营开拓型企业。这个阶段生产管理的特点是：生产管理系统是完全开放的。生产管理除须与企业的战略规划配合外，还须与企业的营销计划、经营计划、利润计划交相融通，以便能对市场信息做出全面、及时的反应，在最短时间内推出在质量设计及价格上均能吸引顾客的产品，满足顾客的各种需求，迅速占领市场。企业加强生产管理，不仅从技术方面，也要从时间和成本方面，更要从企业的市场营销方面来综合考虑，追求能够结合生产技术、企业设计、营销策略、成本计划于一体的生产管理方法。

5. 互联网+阶段（2014 年至今）　随着互联网的快速发展，逐步颠覆了传统的营销理念和市场业态，无所不在的网络会同无所不在的计算、无所不在的数据、无所不在的知识，一起推进了无所不在的创新，以及数字向智能并进一步向智慧的演进，推动了“互联网+”的演进与发展。新一代信息技术发展推动了知识社会以人为本、用户参与的创新 2.0 演进。“互联网+”是创新 2.0 下的互联网发展新形态、新业态，是知识社会创新 2.0 推动下的互联网形态演进及其催生的经济社会发展新形态。“互联网+”令现代制造业管理更加柔性化，更加精益制造，更能满足市场需求，实质是实现信息化与自动化技术的高度集成。

以上是从市场的角度将我国生产管理的发展划分为五个阶段。

从生产管理的方法研究的角度来看，国际上生产管理的发展大致可划分为以下几个阶段，见表1-1。

表1-1 生产管理发展史

年份	概念或工具	创始人或创始国
1776	劳动分工的经济效益	亚当·斯密
1832	按技能高低付酬、时间研究的一般概念	查理·巴贝奇
1911	科学管理原理、工作研究	弗雷德里克·W. 泰勒
1911	动作研究、工业心理学	吉尔布雷斯夫妇
1913	移动式装配流水线	亨利·福特
1914	工作进度图表	亨利 L. 甘特
1917	用经济批量控制存储	F. W. 哈利斯
1931	质量控制的抽样检查和统计表	沃尔特·休哈特
1927—1933	霍桑实验对行为科学的发展	爱尔顿·梅约
1933—1934	工作抽样理论	L. H. C. 蒂皮特
1940	运筹学	英国
1950—1970	模拟理论、决策理论、数学规划、计算机应用技术、计划评审技术、自动化等	美国、西欧
1953	JIT	日本
20世纪60年代	MRP	美国
20世纪70年代	OPT	以色列
20世纪80年代	MRPⅡ，CIMS，FMS	美国
1991	敏捷制造	美国
20世纪90年代	ERP	美国
2013年	工业4.0	德国

1.2 生产管理的内容

1.2.1 生产管理的划分

1. **按照生产管理职能划分** 生产管理的内容按照生产管理职能划分，可归纳为生产计划工作、生产准备和组织工作、生产控制工作三个方面。

（1）生产计划工作。生产计划工作是指对产品生产的计划和计划任务的分配工作。对应的生产计划主要包括产品的生产计划和生产作业计划等。产品生产计划主要规定企业在一定时期（一般为一年）内各个生产阶段需生产的产品品种、产量、质量、产值等计划以及保证实现生产计划的技术组织措施计划。生产作业计划是生产计划的具体执行计划，它是根据企业的生产计划与市场形势的变化，按较短的时间（月、旬、周、日等）为企业的各个生产环节（车间、工段、班组、工作地）规定具体的生产任务和实现的方法，并保证生产过程各阶段、各环节、各工序之间在时间上和数量上的协调与衔接。

（2）生产准备和组织工作。生产准备主要包括以下三个方面的内容：

1）工艺、技术及设备方面的准备，主要包括编制工艺文件、进行工艺方案的选优、设备选择的经济评价以及设计和补充工艺装备等。

2）人力的准备，主要包括对工种、人员进行选择、配备和调整，充分发挥及挖掘人力资源的潜力。

3）物料、能源的准备，主要包括原材料、辅料、燃料、动力、外购外协件的准备。

生产组织包括生产过程的组织与劳动过程的组织。生产过程的组织主要是解决产品生产过程中各阶段、各环节、各工序在时间上和空间上的配合衔接；劳动过程的组织主要解决劳动者之间、劳动者与劳动工具、劳动对象之间的协调。

生产准备和组织工作是企业正常生产活动所必备的基本条件，是实现生产计划的重要保证。生产准备所包括的各方面准备工作之间以及生产组织所包括的生产过程组织与劳动过程组织之间，既要保持相对的稳定性，又要随着企业经营方针、经营计划及生产政策的变化而变化，只有这样才能不断提高劳动生产率，提高经济效益。

（3）生产控制工作。生产控制工作是指围绕着完成生产计划任务所进行的各种检查、监督、调整等工作。具体来讲，生产控制包括：投产前的控制、生产过程控制（包括生产调度工作、在制品管理等）、产品质量控制、库存和资金占用的控制、物料消耗及生产费用等方面的控制。实行生产控制，重要的是要建立和健全各种控制标准，加强信息收集和信息反馈，实现预防性控制。

2. 按照生产管理所需做的决策类型划分　生产管理的内容按照生产管理所需做的决策类型划分，包括生产系统设计的决策及实施、生产系统的运行和控制的决策及实施两个方面。

（1）生产系统设计的决策及实施，主要包括生产系统的地址选择（又称厂址选择）、工厂平面布置、产品的选择和设计、设备的选择、加工对象的生产设计等。

（2）生产系统的运行和控制的决策及实施，主要包括质量控制、成本控制、进度控制和设备维修等。

1.2.2　生产管理的任务

在市场经济条件下，生产管理的任务主要有四个方面：首先是按照规定的产品品种的数量完成生产任务；其次是按照规定的产品质量完成生产任务；再次是按照规定的产品计划成本完成生产任务；最后是按照规定的产品交货期限完成生产任务。产品的数量（Quantity）、质量（Quality）、成本（Cost）和交货期（Delivery），简称为 QQCD，是衡量企业生产管理成败的四要素。保证 QQCD 四方面的要求，是生产管理最主要的任务。

这四项任务是相互联系、相互制约的。提高产品质量，可能引起成本增加；增加数量，可能降低成本并引起质量的降低；为了保证交货期而过分赶工，可能引起成本的增加和质量的降低。为了取得良好的经济效益，需要在生产管理中加以合理的组织、协调和控制。

生产管理的任务是为实现企业经营目标服务的。生产管理的每一项任务多是通过计划、准备、生产、销售四个阶段实现的。每项任务在生产阶段的实际情况将反馈到准备阶段。生产管理能否保证质量的要求，最终要在销售中接受用户的检验；生产管理能否保证按交货期交货，将通过履约率得到反映；生产管理能否按最经济的成本生产，将由销售后的盈亏做出结论。

1.2.3 生产管理系统的功能

为了完成上述生产管理任务，生产管理系统必须具备以下基本功能：

1．计划功能 在与经营、销售和财务部门保持连续与沟通的基础上，通过对市场需求的预测，根据客户的要求，编制生产计划，对生产前的各项技术准备工作、劳动力的组织与调度、生产设备的安排等进行组织和协调，以便按质、按量、按品种、按期地生产出产品。在实行市场经济的今天，生产管理的计划性是企业控制产品质量、提高顾客满意度、增加企业经济效益的重要保障。

2．分析功能 这里的分析包括两个方面：一是对生产系统本身的经常分析、评价，以便不断改善生产管理系统，提高生产管理水平；二是对生产计划各个阶段的实施情况、完成情况进行跟踪调查分析，以便进一步挖掘企业的各种潜力。

3．控制功能 在分析、比较所得到的定性、定量的资料和数据的基础上，对出现的偏差采取相应的措施，对生产系统及生产的各个环节进行控制，使生产系统完全处于受控状态，确保按质、按量、按时完成销售合同。

1.2.4 生产管理的组织机构

为了有效地从事生产管理，需要建立一个良好的生产管理的组织机构。这个机构在整个企业的组织机构中占有重要地位。生产管理机构的设置应符合三个要求：一是能够实行正确、迅速、有力的生产指挥；二是机构和人员要精简，工作效率要高，有明确的责任制；三是建立一个有效的、上下左右情报畅通的信息系统。由于企业的规模、生产类型、技术特点不同，生产管理组织机构的设置形式也不一样。尽管如此，它总是由两部分组成：一是生产管理的行政指挥机构；二是生产管理的职能机构。

1．生产管理的行政指挥机构 由于有效管理幅度的限制，一名生产管理人员不可能直接有效地指挥许多人，需要分级指挥，组成一个多级的生产管理指挥系统。在工业企业里一般采用三级生产指挥系统，组织结构如图1-2所示。

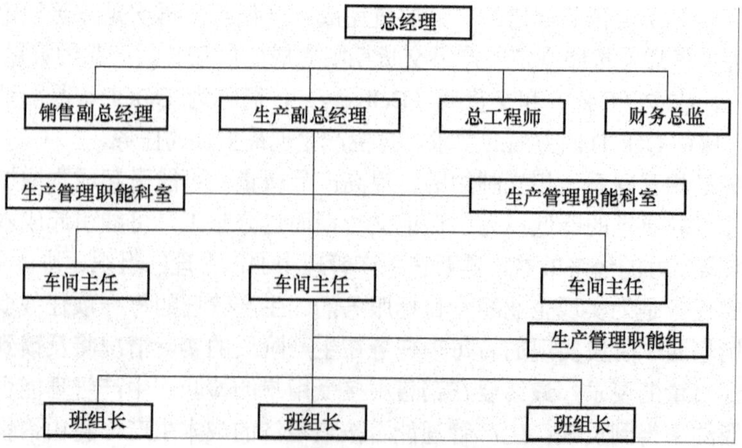

图1-2 三级生产指挥系统组织结构图

生产副总经理是总经理在生产管理方面的助手，在总经理的领导下，负责企业的日常生产技术管理工作，直接领导各个基本生产车间和辅助车间，以及生产调度科、生产技术科等职能科室。如果生产副总经理的工作过重，可设置总调度长、生产总监等岗位，负责有关方面的工作。

车间主任是车间生产行政工作的负责人，在总经理和生产副总经理的领导下，全面指挥车间的生产技术经济工作。在三班制连续生产的车间，可设置值班长作为车间主任在中、夜班中统一指挥车间生产技术活动的全权代理人。

班组长是生产班组的行政负责人，其主要职责是：①根据车间下达的计划，组织指挥班组的生产工作；②在技术上指导工人工作；③检查和贯彻工人岗位责任制；④组织工人管理员的工作。

在三级生产指挥系统中，必须加强企业的集中统一指挥，同时注意发挥车间和班组的生产指挥作用。

2. 生产管理的职能机构　随着科学技术的不断发展，产品的技术含量越来越高。为了保证整个生产系统的正常运转，工业企业达到一定规模后，必须设置专门的生产管理机构，它是各级生产行政指挥人员的参谋和办事机构，在业务上起指导、帮助和监督下级行政组织的作用。生产管理的职能机构的设置是多种多样的，这里仅介绍一种典型形式，如图 1-3 所示。

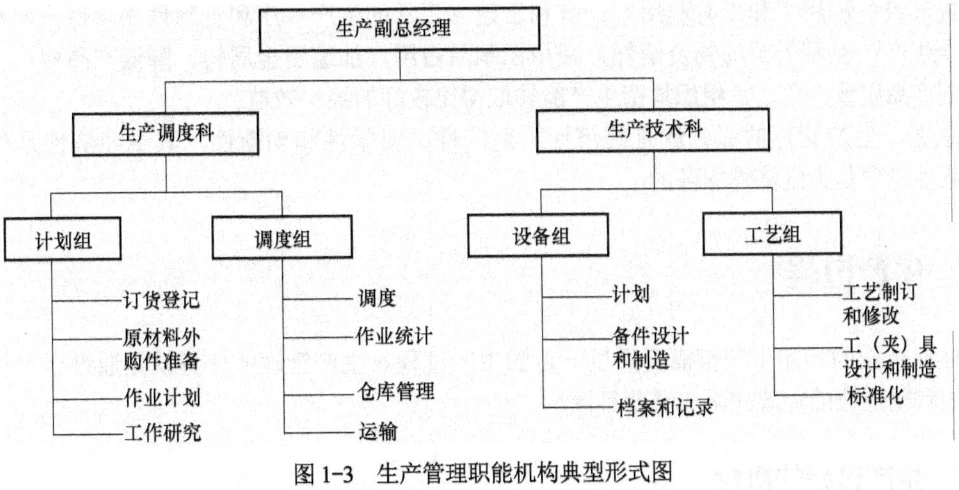

图 1-3　生产管理职能机构典型形式图

3. 正确处理生产管理集权和分权的关系　在企业有多个分厂的情况下，生产管理机构的设置要正确处理好集权和分权的关系。有效的生产管理必须符合两个方面的要求：一是权力要有适当的集中；二是权力要有必要的分散。处理两者的关系必须遵循统一领导、分级管理的原则。

1.2.5　现代生产管理的原则

现代工业企业的生产，从生产管理的角度看，它有两个基本特点：一是从事的是商品生产；二是从事的是现代化大机器工业的生产。

为此，搞好生产管理，必须遵循以下指导原则：

（1）讲求经济效益原则。讲求经济效益原则就是要用最少的劳动消耗和资金占用，生产出尽可能多的适销对路的产品。在生产管理中贯彻讲求经济效益的原则，具体体现在实现生产管理的目标上，做到数量多、质量好、交货及时、成本低等，研究他们彼此间的联系和影响，在满足各自不同要求的前提下，达到综合经济效益的最优化，而不能追求某一方面的高水平。

（2）坚持以销定产的原则。坚持以销定产的原则就是根据销售的要求来安排生产。在市场经济的今天，坚持这条原则尤为重要，否则企业就有被淘汰的危险。

（3）实行科学管理。实行科学管理是指在生产过程中运用符合现代大工业生产要求的一套管理制度和方法。现代大工业生产主要依靠在生产中系统地应用科学技术知识，因此必须实行科学管理。实行科学管理要做许多工作：①必须建立统一的生产指挥系统，进行组织、计划、控制，保证生产过程正常进行；②要做好基础工作，即建立和贯彻各项规章制度、建立和实行各种标准、加强信息管理等，这是搞好科学管理的前提条件；③要加强职工培训，不断增加他们的科学技术知识和科学管理知识，同时要教育他们树立适应大生产和科学管理要求的工作作风。

（4）组织均衡生产。均衡生产是指出产产品或完成某些工作，在相等时间内，在数量上基本相等或稳定递增。组织均衡生产是科学管理的要求：有利于保证设备和人力的均衡负荷，提高设备利用率和工时利用率；有利于建立正常的生产秩序和管理秩序，保证产品产量和安全生产；有利于节约物资消耗，减少在制品占用，加速资金周转，降低产品成本；有利于控制产品质量。总之，组织均衡生产能够取得比较好的经济效益。

总之，生产管理的原则就是经济性、适应性、科学性和均衡性，其中经济性是最根本的，其他三项是为经济性服务的。

1.3 生产过程

任何企业的产品生产都需要经过一定的生产过程。生产管理的任务就是通过合理组织生产过程实现企业的经营战略和经营目标。

1.3.1 生产过程的概念

所谓生产过程，是指从投料开始，经过一系列的加工，到成品出厂为止的整个过程。生产过程组织就是要以最理想的方式将各种生产要素结合起来，对生产过程的各道工序、各个环节、各个阶段进行合理的安排，使之形成一个协调的系统。生产过程组织的主要内容包括生产过程的空间组织和生产过程的时间组织。

在生产过程中，主要是劳动者运用劳动工具，直接或间接地作用于劳动对象，使之按人们预定目的变成工业产品。在某些生产技术条件下，实现产品的生产，还要借助于自然力的作用。这时候，生产过程就是一系列相互联系的劳动过程和自然过程相结合的全部过程。

产品的生产过程包括劳动过程和自然过程。劳动过程包括工艺过程、检验过程和运输过程。自然过程包括自然时效、自然干燥、自然冷却和自然凝固。

所谓劳动过程，就是劳动者利用劳动资料，按照一定的加工顺序和方法，直接或间接地作用于劳动对象，改变其结构、形状、性质等的过程。工艺过程是直接改变劳动对象的尺寸、形状、性质、精度、粗糙度的过程；检验过程是对原材料、半成品、产成品的质量进行检验的过程；运输过程是将在制品从一个工作地转移到另一个工作地的过程。

所谓自然过程，是指劳动者利用自然力作用于劳动对象，使之发生物理、化学变化的过程。例如铸件，需利用自然力进行自然时效处理，以消除内应力；装配过程中的油漆，需利用自然力进行凝固和干燥。自然过程一般与工艺过程交叉进行。

产品生产过程还可以划分为若干相互联系的工艺阶段。所谓工艺阶段，是指按照使用的生产手段的不同和加工性质的差别而进行的局部生产过程。例如，机械加工产品可分为毛坯制造、金属切削、加工装配三个工艺阶段。每个工艺阶段又由若干工序组成。所谓工序，是指由一个工人或一组工人在同一工作地上对同一劳动对象进行加工的生产环节，它是组成生产过程的基本单元。

1.3.2 企业生产过程的组成

产品生产过程中所需要的各种劳动，在性质及对产品所起的作用上是不同的，根据这些特点，企业的生产过程可分为以下四个部分：

（1）生产技术准备过程。生产技术准备过程是指产品在投入生产前所进行的各种技术准备工作，如产品研究试验、产品设计、工艺设计、工艺装备的设计与制造、标准化、材料定额与工时定额的制订与修订、劳动组织和设备布置等工作。

（2）基本生产过程。基本生产过程是指对企业主要产品进行加工的过程，它代表着企业的专业方向。在机械制造企业中，它包括下料、铸造、锻造、机械加工、热处理、铆焊、电镀、装配、油漆等工作。

（3）辅助生产过程。辅助生产过程是指为保证基本生产过程的正常进行所必需的各种辅助产品的生产过程，如企业自己进行的动力生产（电力、蒸气、煤气、压缩空气等），夹具、模具、刃具的制造，设备、厂房的维修和备件的生产等。

（4）生产服务过程。生产服务过程是指为基本生产和辅助生产所进行的各种生产服务活动，如原材料、半成品和工具的供应、运输、保管、配套、试验与化验，以及产品包装、发运等。

生产过程的几个部分之间既有区别又有联系。基本生产过程是核心，生产技术准备过程是必要前提，辅助生产过程和生产服务过程围绕基本生产过程进行。

在不同的生产企业中，生产过程的构成是不同的，企业生产过程的构成取决于下述因素：企业的产品特点、企业的生产规模、企业采用的设备与工艺方法、企业的生产专业化与协作化水平。

1.3.3 合理组织生产过程的原则

工业企业的基本任务是为社会提供高质量、低成本的产品，以使企业达到较好的经济效益。要实现这个任务，就必须合理组织生产过程，就是要使产品在生产过程中行程最短、时间最少、耗费最低。为达到这个目的，就必须考虑以下几项基本的原则要求：作业细分化；

工序集中化和生产过程一体化；专门化；比例性；单向流；连续性；节奏性；柔性。这些原则的意义、作用和相对的重要性，在具体的生产条件下，可能会发生变化。随着科学技术的进步和生产的发展，也可能产生新的原则，而某些过细的原则就可能失去意义和作用。

1．作业细分化原则 这是将生产过程划分为各个工艺过程、工序、工步、操作、动作。根据每个要素特点的分析，能够创造实现它的最好条件，以保证各种资源费用最低。作业细分化是科学管理的一项重要成就，流水生产就是依靠工艺过程作业细化原则发展起来的。划分出延续时间最短的作业，可以简化生产的组织工作和所需的工艺装备，有利于提高工人的劳动熟练程度和劳动生产率。但是，过细的分工，形成生产过程的单一性和增加工人的劳动强度，造成手工作业工人疲劳程度增加。作业数量的增加也会引起工作地之间劳动工具重新安装和工件装卸费用的增加。因此，作业的细分程度应根据企业的具体情况而定。

2．工序集中化和生产过程一体化的原则 随着现代化的、高效率的柔性设备——数控机床、加工中心、机器人等的应用，作业细分化原则就转化为工序集中化和生产过程一体化的原则。工序将成为大工作量的、复杂的并运用先进的设备和以工作队原则组织劳动的方式来完成。在各流水线上，都在一个统一的综合体中，完成零件和产品的加工、装配、运输任务。通过设计、制造、运输、检验、库存、服务过程和整个复杂的生产系统管理过程的相互协调，保证了一体化柔性生产系统的高效率。

3．专门化原则 专门化原则的依据是限制生产过程要素的种类。譬如以工种专门化来划分工人组，这就可以促进工人熟练程度和劳动生产率的提高。

4．比例性原则 生产过程的比例性，又称协调性，是指生产过程的各阶段、各工序之间在生产能力上要保持适当的比例关系。它要求各个生产环节之间，在劳动力、生产效率、设备等方面，相互协调发展，避免脱节现象。保证生产过程的比例性，既可以有效地提高劳动生产率和设备利用率，也进一步保证了生产过程的连续性。

5．单向流原则 单向流原则在于保证零件和装配单元在生产过程中移动的最短路径，在工段、车间以及全厂不允许生产对象发生迂回的流动。为了遵循这一原则，生产设备必须按工艺过程的进程布置。在大量生产或成批和单件生产下组织成组方法中，这一原则获得了最充分的体现。库房、制造车间、工段及设备在工厂内最合理布置的指标之一，就是最少的货物流动总量。

6．连续性原则 生产过程的连续性是指产品在生产过程的各个环节上始终处于运动状态，不产生或少产生不必要的中断、停顿和等待现象。也就是说，产品不是在加工，就是在检验或处于运输途中。保持和提高生产过程的连续性，可以缩短产品的生产周期，减少在制品的数量，加速资金的周转，也可以使物资设备和生产面积得到有效利用，减少产品在停放等待时可能发生的各种损失，有利于改善产品质量，从而使生产具有较高的效率和获得更大的效益。

7．节奏性原则 生产过程的节奏性是指产品在生产过程的各个阶段，从投料到成品完工入库，都能保持有节奏、均衡地进行。生产过程的节奏性体现在投入、生产和出产三个方面。出产的节奏性是安排原材料、坯料、元器件投入和生产的主要依据，而投入和生产的节奏性又是出产节奏性的可靠保证。因此，为确保生产的节奏性，不仅要对基本生产过程加强管理，还要提高辅助生产和生产服务过程工作的质量和水平。

实现生产过程的节奏性，有利于劳动资源的合理利用，减少工时的浪费和损失，有利于设备的正常运转和维护保养，避免因抢进度使设备超负荷使用而出现故障；有利于产品质量的提高和防止废品；有利于减少在制品的大量积压，使生产正常储备得以保持；有利于安全生产，避免各种人身事故的发生。

8．柔性原则　所谓“柔性”，是指用同一组设备和工人，在生产组织形式不变的条件下，它具有适应加工不同产品的生产能力，并能保持高生产率和良好的经济效益。在整个生产过程中，必须全面地遵循柔性原则，即加工设备能力应具有柔性；制造工艺、生产作业计划、厂内运输和库存管理，以及生产经营管理等诸方面都要具有柔性，以达到生产条件更新快、周期短、质量好、成本低的目标，实现多品种、小批量的生产方式。为提高生产系统的柔性，除了采用数控机床（NC）和加工中心（MC）等适应能力强的机床设备，培训工人成为多面手之外，还要在生产组织方面采取必要的措施，如在应用成组技术对产品零件进行分类的基础上采用成组生产单元和柔性制造系统（FMS）等组织形式。

上述合理组织生产过程的诸原则，它们既有区别，又有内在的联系和相互制约的关系，而且在不同的条件下，又有不同的意义和使用价值，所以必须灵活地加以综合应用，以求得系统整体的最大效益。

1.4　生产类型

工业部门各行各业的生产过程有很大差异，即使是同一行业的企业，由于其产品结构和生产工艺的不同、产品品种多少和生产规模等方面的差异，每个企业的生产过程也各具特色。面对形形色色的企业和千差万别的生产过程，如何才能识别它们各自的特征及其运行规律性，最好的办法是运用成组技术原理，根据一定的分类标志，把不同的生产过程按相似性进行分类，在分类的基础上，针对每一类生产过程的特征及其运行规律来设计与之相适应的生产管理系统。

1.4.1　生产类型的概念

生产类型是生产结构类型的简称，是产品的品种、产量和生产的专业化程度在企业生产系统技术、组织、经济效果等方面的综合表现。不同的生产类型所对应的生产系统结构及其运行机制是不同的，相应的生产系统运行管理方法也不相同。

1.4.2　企业生产类型的划分

工业部门各行各业的生产过程千差万别，按不同的标志可以划分成不同的类型：

1）按生产方法可划分成合成型、分解型、调制型和提取型。

2）按接受生产任务的方式可划分成订货生产方式和存货生产方式。

3）按生产的连续程度可划分成连续生产和间断生产。

4）按生产任务的重复程度和工作地的专业化程度可划分成大批大量生产、成批生产和单件小批生产。

在研究生产管理时，一般按生产任务的重复程度和工作地的专业化程度来划分企业生产类型。

1.4.3 生产类型对企业技术经济指标的影响

不同的生产类型对企业的经营管理工作和各项技术经济指标有着显著的影响，详见表 1-2。

从表 1-2 可以看出，大批大量生产的经济效益最好，成批生产次之，单件小批生产最差。因此，生产管理的任务之一就是要通过一切可能的措施来改变生产类型，以获得较好的经济效益。

表 1-2 不同生产类型对企业经营管理的影响

项目 \ 生产类型	大批大量生产	成批生产	单件小批生产
产品品种	很少或单一	较多	很多
每种产品的产量	很大	较大	很少或单个
工作地担负的工序数目	很少	较多	很多
生产设备	广泛采用专用设备	部分采用专用设备	主要采用通用设备
生产设备的布置	按对象专业化原则布置	既有按对象专业化原则布置，也有按工艺专业化原则布置	主要按工艺专业化原则布置
设备利用率	高	较高	低
工艺装备	采用高效或自动化工装	专用或通用工装兼有	主要采用通用工装
产品设计	三化程度高，零件互换性好	三化程度低，零件在一定范围内互换	按用户要求单独设计
适应能力	差	较好	好
对工人生产技术要求	低	一般	较高
对劳动定额制订的要求	高	一般	较低
劳动生产率	高	较高	低
计划管理工作	简单	比较复杂	复杂多变
生产控制	易	难	较难
产品成本	低	较高	高
经济效益	最好	较好	较差

1.4.4 改变生产类型的途径

改变企业的生产类型的途径有：

1. 开展专业化和协作 在全面规划、统筹安排的原则下，积极发展专业化和协作，包括产品专业化、零部件专业化、工艺专业化以及响应各种形式的生产协作，为减少重复生产、增加同类产品产量、简化企业的生产结构和提高企业的专业化水平创造条件。

2. 实行“三化” 进行产品结构分析，改进产品设计，加强产品系列化、零部件标准化、通用化工作。

3. 实施工艺过程典型化 在工艺设计方面，积极开展工艺过程典型化工作，使同类零件或结构相似的零件能具有相同或大致相同的工艺加工过程，减少工序数目，提高工作地的专业化水平，增加工序的加工批量，为采用成组加工工艺或先进的生产组织形式创造条件。

4．合理控制同期生产的产品品种　在生产组织方面，加强订货管理，在保证合同的前提下，合理搭配品种，以减少同期生产的产品品种；改善劳动组织，提高工作地的专业化水平。

总之，应尽可能从各个方面去扩大批量，以提高工作地的专业化程度，这样就有可能在单件小批生产的企业组织成批生产，在成批生产的企业组织大批大量生产，以提高企业生产的经济效益。

1.5 现代生产管理的特征

随着世界经济以及技术的发展，特别是互联网技术的发展，制造业企业所处的环境发生了很大的变化，由此带来了一些生产管理内容及其重点的变化。

1.5.1 环境变化对企业的要求

当今制造业企业所处的环境可以用三句话来概括：市场需求日趋变化，技术进步突飞猛进，互联网技术颠覆传统产业。进入 20 世纪 70 年代以后，以石油危机为转折点，一方面资源价格飞涨；另一方面随着经济的发展，消费者的行动变得更加具有选择性；再者，全球经济一体化快速发展。因此，市场开始朝着多样化的方向发展。与此同时，近 20 多年来，自动化控制技术、微电子技术、计算机技术、网络技术、新材料等发展迅猛。环境的变化给制造业企业提出了一系列新的课题。

（1）市场对产品的质量、性能要求变得更高，还要求产品有明显的个性或特色，并能随时更新换代，产品的寿命周期越来越短，以前产品生命周期一般为 15 年左右的机械产品业已缩短至 5 年左右，并有进一步缩短的趋势，部分机电产品的生命周期甚至已缩短至 1 年左右。这种趋势使得企业必须投入更多的人力、物力、财力进行新产品的研究与开发。目前，在西方发达国家，许多企业用于研发的资金投入已超过企业销售额的 5%。

（2）市场需求的多样性使得以往单一品种大批量生产方式逐渐无法再施展其威力，因此要求企业更多地转向多品种、小批量生产。而生产方式的这种转变必然要求企业生产管理体制和管理方法也相应地改变。

（3）技术的飞跃进步使设备有可能不断更新，通信和监控装置也不断改型换代，从而形成效率更高、更有灵活性的生产系统。因此，技术进步的这种因素再加上不断开发的新产品对生产系统功能的新要求，使企业不断面临生产系统的选择、设计与调整。

1.5.2 生产管理的变化

企业环境的这种变化以及企业所面临的这些新课题给现代制造企业的生产管理也带来了新的变化，注入了新的内容，使生产管理以及生产管理学也相应地发生了变化和得到了发展。这些新变化和新发展主要可归纳为以下几个方面。

1．现代生产管理的范围与传统生产管理相比，变得更宽　如上所述，当代企业所面临的诸多新课题，如果从企业经营决策的角度来看，其决策范围在向新产品的研究与开发、生产、生产系统的选择、设计与调整这样的向下方向延伸；而从生产管理的角度来看，为了更有效地控制生产系统的运行，适时适量地生产出能够最大限度地满足市场需求的产品也必然要参与到产品的开发与生产系统的选择、设计中去，以便使生产系统的运行前提——产品的工艺可行性、生产系统的合理性能够得到保障。

进一步而言，由于生产管理的结果最直接地影响着产品的市场竞争力，在市场竞争日趋激烈的今天，生产管理也正越来越多地从其特有的职责角度去考察生产管理的结果对产品市场竞争力的贡献，并力图通过市场信息的反馈来进一步改进生产管理工作。因此，从这个意义上说，企业的经营活动与生产活动，经营管理与生产管理的界限越来越模糊，企业的生产与经营，相互之间的内在联系更加严密，相互渗透，朝着一体化的方向发展，逐步构成一个完整的有机整体，以更加灵活地适应环境的变化和要求。

2. 多品种、中小批量混合生产成为生产方式的主流 20世纪初，以福特制为代表的大量生产方式揭开了现代化社会大生产的序幕，该生产方式所创立的生产标准化原理、作业单纯化原理以及移动装配法原理等奠定了现代化社会大生产的基础。但是时代发展到今天，一方面，在市场需求多样化面前，这种生产方式逐渐显露出其缺乏柔性、不能灵活适应市场需求变化的弱点；另一方面，飞速发展的电子技术、自动化技术以及计算机技术等，从生产工艺技术以及生产管理方法两方面，使大量生产方式向多品种、中小批量生产方式的转换成为可能。因此，大量生产方式正逐渐丧失其优势，而多品种、中小批量混合生产方式越来越成为主流。

3. 计算机技术给生产管理带来的变化 20世纪70年代以来，计算机技术已经给企业的经营活动以及包括生产管理在内的企业管理带来了惊人的变化，这是有目共睹的。计算机辅助技术（Computer Aided Design，CAD）、计算机辅助制造（Computer Aided Manufacturing，CAM）、管理信息系统（Management Information System，MIS）、办公自动化（Office Automation，OA）以及生产系统中出现的柔性制造系统（Flexible Manufacture System，FMS）、工厂自动化（Factory Automation，FA）、计算机辅助工艺过程设计（Computer Aided Process Planning，CAPP）等技术在企业生产以及企业管理中的应用极大地提高了生产和管理的自动化水平，为企业生产和管理带来了很大的便利，从而极大地提高了生产率，同时也给生产管理带来了许多新变化和新课题。20世纪80年代中期大规模发展起来的计算机/现代集成制造系统（Computer/Contemporary Integrated Manufacturing Systems，CIMS）技术、企业资源计划（Enterprise Resource Planning，ERP）技术更使得企业的经营计划、产品开发、产品设计、生产制造以及营销等一系列活动可能构成为一个完整的有机系统，从而更加灵活地适应环境的变化和要求。计算机技术具有巨大的潜在效力，它的应用和普及将给企业带来巨大的效益。但是，这种技术的巨大潜在效力在传统的管理体制下是无法充分发挥的，必须建立能够与之相适应的生产经营综合管理体制，并进一步朝着经营与生产一体化、制造与管理一体化的高度集成方向发展。这将是现代生产管理的进一步发展方向。

4. 自动化、信息化越来越融合 新一轮工业革命正在深化，发达国家纷纷实施再工业化战略。数字化、智能化技术深刻地改变着制造业的生产模式和产业形态，是新工业革命的核心技术。中国制造业正面临前所未有的挑战，受到高端制造业向发达国家回流、低端制造业向低成本国家转移的双重挤压。实现信息化与自动化技术的高度集成是将来生产组织的必然趋势，也是我们生产管理研究的重点课题。

总而言之，在技术进步日新月异、市场需求日趋多变的今天，企业环境发生了很大的变化，相应地给企业管理也带来了许多新变化和新课题，它要求从观念、组织、方法、手段以及人员管理等多方面探讨和研究这些新问题。

想一想

1. 从工业企业的基本任务和基本活动，分析生产管理在企业中的地位和作用。
2. 简述生产管理的任务和内容。
3. 生产管理在企业管理中处于什么地位？在市场经济的情况下，为什么是很重要的？
4. 生产管理有哪些指导原则？为什么需要这些指导原则？如何贯彻这些指导原则？
5. 生产管理应建立什么样的行政指挥机构？如何正确处理生产管理集权和分权的关系？
6. 简述企业的产品生产过程和生产过程的组成。
7. 什么叫生产类型？为何要划分生产类型？不同生产类型各有什么特点？
8. 合理组织生产过程有哪些要求？
9. 现代生产管理有什么新变化？

做一做

无锡志成公司始建于 1972 年。公司以无锡化工设计院、江苏省微生物研究所、中国船舶重工集团公司第 702 研究设计所、江南大学为技术后盾，集产、学、研于一体，主要从事生物发酵成套设备、化工制药设备、金属结构件的设计、制造、安装、调试，以及工艺技术开发、技术转让和与之相关的技术咨询、技术服务。公司已通过 ISO 9000 质量体系认证、出口欧洲产品的 PED 认证，拥有一、二类压力容器制造许可证和美国机械工程师协会（ASME）压力容器设计、制造、认证及“U”钢印证书，并拥有自营进出口权。

公司拥有总资产 7 000 万元，员工总人数 350 余人，占地面积 32 850.53m^2，厂房建筑面积 25 718.65m^2，年销售额超亿元。主要制造设备包括：各类卷板机 3 台套，大型四芯卷板机最大壁厚可达 40mm；交直流自动埋弧焊机 5 台套，手弧焊、氩弧焊、等离子切割机；XB-9 大型铣边机；13X2500 剪板机 3 台；起重桥式行车 5 台；1 200t 油压机：30t 地中衡；各类金属切削机床等设备 117 台。另外专用设备包括：X 射线探伤仪、冲击试验机、十八大元素化学分析仪、超声波探伤仪、万能测试机、耐压试验、气密性试验仪、磁粉探伤仪、超声波测厚以及除锈、油漆设备等。

请设计该企业生产管理的组织机构。

案例分析

1956 年，丰田生产方式的创始人大野耐一在参观美国福特的流水生产线后说：“这里还有改善的余地，还可以做得更好。”凭借着这种不断追求更好的理念，丰田终于在 30 年后一举超越美国汽车公司，成为汽车行业新霸主，劳动生产率从落后于美国 10 倍上升到超越美国 10 倍。

东京大学经济系教授藤木隆弘说："丰田生产方式的优势究竟是什么呢？初级者认为是'减少库存'，中级者理解为'发现问题、提高生产率、提升产品质量'，高级者则认为'在为解决问题而反复作业期间，没有发现问题会产生不安，大家都想方设法去发现问题'。"20世纪80年代汽车新产品研发，美国通用汽车公司需要60个月，而丰田仅需30个月；美国汽车厂家的平均库存是2周，而丰田仅为2小时。丰田的精益生产方式带来生产力水平的显著提高和巨大的利润。

全世界制造企业都在学习丰田的精益生产方式，但并没有取得很好的经济效益，失败率非常高，主要原因有以下三点：

（1）只学工具、方法，不学思想。几乎所有企业都把重点放在丰田公司采用了什么高效率的工具上，而忽略了是什么样的思想产生了这样高效率的工具。丰田精益生产方式的核心工具有：准时化（JIT）、统计质量管理（SQC）、全员生产维护（TPM），以及一分钟换模法、看板管理、标准作业法等一系列工具方法。许多企业认为只要学习丰田的这些工具、方法就能带来巨大的效益，其实这是一种非常错误的想法，因为没有精益的思想就不会产生这些高效率的工具、方法。

（2）急功近利，不能坚持。第二次世界大战结束后，占全国产能80%的21位日本著名企业家聘请美国统计学家戴明博士来传授管理企业的秘诀，戴明博士要求企业在质量上要精益求精，改善无止境，每天进步1%，坚持100年不动摇。当时美国许多管理学家认为戴明博士的理论非常可笑，但是日本人完全照做，坚持30年，一举超越了美国。而许多企业在学习丰田精益生产方式时，没能坚持落实精益的思想理念、工具方法，往往是学了几年，发现没有立即产生巨大的效果就放弃了。很多企业急功近利，无法忍受刚开始变化的缓慢，也就不能享受后来巨大的成功果实。

（3）检查员的问题。日本企业的检查员只占全部员工总数的1%，而欧美为10%。质量不是检查出来的，而是制造出来的。日本企业多数实施质量免检制，第一是把质量控制在源头，第二实施免检制，提高整个供应链环节的速度。要在企业内裁减检查员，实施免检制，在许多企业的高层管理者心中是无法跨越的障碍，他们认为，不设检查员，怎能保证产品质量？首先在心理上就拒绝接受这个建议，自然就不会去落实。设立过多的检查员，一是对制造者的不信任，二是时间长了，制造者心理上认为自己不需要对质量负过多的责任，反正有检查员检查，有些产品因为不是百分之百检查，抽检是合格的，但是里面夹杂不良品，造成不合格产品流到用户手里，毁坏了企业的信誉。

丰田汽车（中国）投资有限公司的副总裁鹿子木说："企业需要创造一种方式，让团队所有的人都能认同这个目标，只有员工与公司充分共享这个目标，员工才能去努力工作。员工在工作中找到乐趣，感到是企业的主人，就会去发现问题、解决问题，每个人也就能获得成功。"

[资料来源：盛华. 丰田为何难学[J]. 中国物流与采购，2007（17）]

思考题

1. 从这个案例中可以看出现代生产管理有什么新变化？
2. 企业在学习先进的生产管理技术时要注意哪些问题？

第2章 生产系统的规划与组织

建议学时

4学时

知识目标

- 了解生产系统的平面布置和时间组织对生产运营的影响;
- 了解影响厂址选择的因素及厂址选择的一般方法;
- 了解厂内平面布置的原则和方法;
- 了解单一流水线设计;
- 掌握生产过程时间组织各种形式的特点、优缺点。

能力目标

- 具备厂址选择的基本能力;
- 具有厂内平面布置的初步能力;
- 具有单一流水线设计的初步能力。

素质目标

- 引导学生对生产管理人员职业素养的感性认识与理性思考;
- 培养严谨、科学等基本的职业素养;
- 培养生产管理员职业兴趣。

案例导读

生产现场的7种浪费

“收入−成本 = 利润”，这是会计学的一个基本等式。其中，成本中有很大一部分是由浪费形成的，消除浪费就能增加收益。日本丰田汽车公司的精益生产方式将企业生产现场存在的浪费归纳为7种:

（1）等待的浪费。等待就是闲着没事，等着下一个动作的来临。造成等待的原因通常有作业不平衡、安排作业不当、停工待料、品质不良等。除了在直接生产过程中有等待外，其他管理工作中也存在等待这种浪费，如当生产新产品发生一些问题时，技术部和质控部未能立即解决而使生产人员长时间等待等。

（2）搬运的浪费。尽管有人会认为搬运是必需的动作，因为没有搬运，如何做下一个动作？正因为很多人都有这种想法，多数人都默认它的存在，而不想方设法去消除它。搬运的浪费若分解开来，又包含放置、堆积、移动、整理等动作的浪费。

（3）不良品的浪费。要减少不良品的产生，关键是第一次要做正确，保证做一个零件合格一个零件，为此在生产的源头就必须杜绝不合格原材料、零部件流入下道工序，推行“零返修率”。再想一想，除了产品生产，管理工作中是否也存在类似的浪费情况呢？例如检验。

（4）动作的浪费。要达到同样的作业目的，会有不同的动作，哪些动作是不必要的呢？是不是要拿上、拿下如此频繁？像反转的动作、步行的动作、弯腰的动作、对准的动作、直角转弯的动作等是否有必要？若设计得好，有很多动作皆可被省掉！在管理理论中，专门有一种“动作研究”，但实施起来比较复杂，我们可以借用这一思想，反思一下日常工作中有哪些动作不合理？如何改进？

（5）加工的浪费。在制造过程中，其实有一些加工程序是可以省略、替代、重组或合并的，若是仔细地加以检查，你将可发现，有不少的浪费正等着你去改善。

（6）库存的浪费。精益生产方式认为：“库存是万恶之源”。精益生产方式中几乎所有的改善行动皆会直接或间接地与消除库存有关。因为库存会造成下列浪费：①产生不必要的搬运、堆积、放置、防护处理、找寻等浪费。②使先进先出的作业困难。③使资金大量沉淀在库存上，造成资金总额增大、利息增加和库房管理费用提高。④使库存物品变成呆滞品且价值减少。⑤占用厂房空间，造成多余的工场、仓库建设投资的浪费。⑥库存使管理中的问题隐藏了起来，不易暴露，使管理者没有了紧张感，阻碍了管理工作的改进。⑦造成设备能力及人员需求的误判。由于库存量的存在，设备能力不平衡时也看不出；人员是否过剩，也无法了解；由于有较多的库存，供应部门需要增加人员，制造一线需要更多的人员来生产产品用于补充库存，需要增添设备来保证生产库存所需要的设备能力，又形成新一轮的浪费。

（7）制造过多（早）的浪费。精益生产方式强调“适时生产”，也就是在必要的时候，做出必要数量的必要的产品或零部件，除此之外都属于浪费。而所谓必要的数量和必要的时候，就是指顾客已决定要买的数量与时间。那种认为制造越多与越早能够提高效率或减少产能的损失，是“只见树木不见林”的看法，因为真正利润的产生是从销售而来，而不是效率与产能。

以上7种浪费，都是横亘在我们面前的敌人，我们对它了解得越多，将来获得的利益也越多。但是仅仅认识到浪费还是远远不够的，还需要通过管理方法尽可能把这些浪费进行量化，才能使大家真正重视起来，投入到减少浪费的工作中去。其实上面所提到的生产现场中的浪费问题还仅仅是冰山一角，大量的问题还隐藏在水面之下，这就是管理部门存在的问题。

（摘自《丰田精益生产方式》，[美] 沃麦克编写，中信出版社，有改动）

2.1 生产系统的总体布置

生产系统的总体布置又称工厂布置，就是以科学的方法和手段为企业选择一个合适的建厂地点，并对工厂的各个组成部分在平面和空间上进行合理布局，使之形成有机的系统，从而能以最经济的方式和较高的效率满足生产经营的要求。

生产系统的布置开始于建厂前的设计阶段，当需要建一个新厂或老厂需要搬迁或重建时，应根据拟建企业的生产规模、生产性质和产品发展方向，对组成工厂的各主要物质要素进行总体安排，科学地确定它们之间的地理位置，然后按照要求，设计厂房、建筑物，安排生产设备，确定仓库和厂内运输路线。老厂在遇到下列情况之一时，需要重新考虑工厂布置的问题：

（1）为调整产品结构或扩大生产能力需要进行扩建、改建。

（2）因引进先进技术，改进生产工艺，需要调整生产流程，迁移生产设备。

（3）因“三废”（废气、废水、废渣）污染或噪声扰民等原因需要搬迁。

（4）原工厂布置明显不合理，经济效益差，需要重新调整或做局部变动。

（5）企业按专业化协作原则进行改组，需要重新安排生产任务。

下面以工业企业为例来介绍企业生产系统总体布置的有关问题。

2.1.1　厂址选择

厂址选择不仅影响工厂的建设成本与速度，还影响将来的生产经营费用、产品成本，有时还会影响到产品质量。厂址选择不当，会给企业日后带来难以克服的困难，严重制约企业经济效益的提高。

1．厂址选择应考虑的因素　厂址选择时应考虑以下主要因素：地理条件；气候条件；交通运输条件；资源条件；能源供应条件；水源与排水条件；发展空间；环境保护；符合防震、防火、防水等安全要求；职工的生活条件；开展科研、教育和生产协作的条件；劳动力来源；产品销售条件和建厂投资费用。

上述各种因素对于不同企业、不同产品的生产有着不同的影响和不同的要求。要进行可行性研究，综合考虑各种因素的影响作用，力求支出的建设成本和生产经营费用最低。

2．厂址选择的方法——加权得分法　影响厂址选择的因素很多，为了综合地评价各种因素的作用，可采用一种定性分析的方法——加权得分法。这种方法首先要列出影响厂址选择的所有因素，并按重要程度确定其权数。例如，将“料场”这个最一般的影响因素，确定其权数为 1，再将其他各种因素与之相比较，分别确定其权数，如确定“能源供应条件”的权数为 8，“生活条件”的权数为 6 等。权数应由有经验的专业管理人员、工程技术人员和领导干部共同研究确定。其次，要列出可供选择的备选厂址。例如，有甲、乙、丙、丁四个地址，究竟选择哪一个地址，需要权衡各种影响因素的利弊得失后才能确定。每一个因素对各个厂址的影响，可能有好有差，可按其影响的不同程度划分几个等级，如最佳、较好、一般、最差，并相应地规定各等级的系数分别为 4、3、2、1。如“地理条件”这一因素，对丙厂址最佳，则其系数为 4，乙厂址次之，系数为 3，甲厂址又次之，系数为 2，丁厂址最差，系数为 1。确定了权数和等级系数后，将两者相乘就可以计算出该因素下各个厂址的得分数，将每一个厂址在各因素下所得分数加起来，其中得分最高的就是所要选择的最佳厂址。加权得分法的计算实例见表 2-1（表中数字是假设的），计算表明，“丙”得分最高，可定为厂址。

表 2-1 加权得分法

影响因素	权数	可供选择的厂址			
		甲	乙	丙	丁
地理条件	7	14 \ 2	21 \ 3	28 \ 4	7 \ 1
气候条件	3	9 \ 3	6 \ 2	9 \ 3	3 \ 1
交通运输	6	12 \ 3	6 \ 1	18 \ 3	12 \ 2
资源条件	7	7 \ 1	14 \ 2	28 \ 4	21 \ 3
能源供应	8	16 \ 2	24 \ 3	32 \ 4	16 \ 2
水源	5	10 \ 2	10 \ 2	20 \ 4	15 \ 3
排水	5	10 \ 2	15 \ 3	20 \ 4	5 \ 1
扩展余地	2	2 \ 1	6 \ 3	4 \ 2	8 \ 4
环境保护	4	4 \ 1	8 \ 2	12 \ 3	16 \ 4
安全	3	9 \ 3	9 \ 3	12 \ 4	12 \ 4
生活条件	6	12 \ 2	18 \ 3	24 \ 4	6 \ 1
协作条件	4	8 \ 2	12 \ 3	16 \ 4	4 \ 1
劳动力	5	5 \ 1	10 \ 2	15 \ 3	10 \ 2
产品销售	3	9 \ 3	9 \ 3	12 \ 4	3 \ 1
料场	1	3 \ 3	4 \ 4	3 \ 3	4 \ 4
投资费用	6	12 \ 2	18 \ 3	24 \ 4	6 \ 1
得分合计		142	190	277 √	148

2.1.2 工厂总平面布置

1. 工厂总平面布置的原则 工厂总平面布置也就是根据已选定的厂址地形，对工厂的各个组成部分，包括基本生产车间、辅助生产车间、仓库、公用设施、服务部门、绿化设施等进行合理布置，确定其平面和立体的位置，并相应地确定物料流程、运输方式和运输线路。

工厂总平面布置必须从系统的观点出发，统筹兼顾，全面规划，合理部署，讲求整体最优。工厂平面布置一般应遵循下列原则：

（1）最短距离和单一流向原则。在符合工艺要求（考虑近期和远期）的前提下，使原材料、半成品和成品的运输路线尽可能短，这样可以缩短生产周期，减少生产费用，加强和保持生产环节之间的联系，因此必须将生产联系和协作密切的车间和部门尽量布置在一起；另外，使生产流程尽量避免迂回和往返运输现象，有单一的流向，使产品生产能顺流而下。

（2）立体原则。在技术上可行和资金允许的前提下，应尽量采用多层的立体布置，充分利用空间，节约生产面积和缩短运输距离，提高经济效益。

（3）安全原则。工厂布置方案应有利于保证生产安全和增进职工健康，符合有关安全生产的法律和制度，符合劳动保护、环境保护的法律和制度，符合文明生产的要求。

（4）弹性原则。工厂布置还应考虑长远发展的需要，留有余地，在日后发生调整时，能保证基本生产流程相对稳定，生产活动不受或少受影响，调整布置的费用最低。

上述原则互相影响，互相制约，在一些主要考虑近期经济效益的原则和主要考虑中远期发展的原则之间可能存在矛盾，因此在进行厂内布置时，不仅需要反复核定和细致的计算，更需要方案的制订者和决策者具有高度的综合能力和对未来准确的判断能力。

2．厂内平面布置的方法——物料运量图法 这种方法主要是按照生产过程中原材料、在制品、成品等物料总的流动方向及生产单位之间搬运量来布置企业的车间及各种设施的相对位置，特别适用于物料运量很大的企业。应用这种方法首先要有一个初步的布置方案，根据初步方案和生产工艺的顺序，绘制物料流向图，并计算各组成部分的搬运量。通过对不同运输方案的计算、比较，确定一个最优方案，并根据它反过来修正原先的布置方案，使总平面布置更趋合理。最优化的运输方案就是要使搬运总量最小，特别是非相邻的单位之间的搬运量要最小。具体做法为：

（1）根据原材料、在制品在生产过程中的流向，初步布置车间及各设施的相对位置，绘出初步物流图。

（2）统计车间之间的物料流量，编制物料运量表，见表 2-2。

表 2-2 物料运量表 （单位：t）

至一车间 / 从一车间	01	02	03	04	05	06	总 计
01		6		2	2	4	14
02			6	4	3		13
03		6		6	4	4	20
04			6		2	4	12
05				1			1
06		3	4				7
总计	0	15	16	13	11	12	

（3）按运量大小进行初试布置，将车间之间物料运量大的安排在相邻位置，并结合其他因素再进行改进和调整。

最后结果如图 2-1 所示。可以看出 02 和 03 车间之间，03 和 04 车间之间运量最大，因此在不违反其他要求的情况下应尽量将它们布置得近一些。

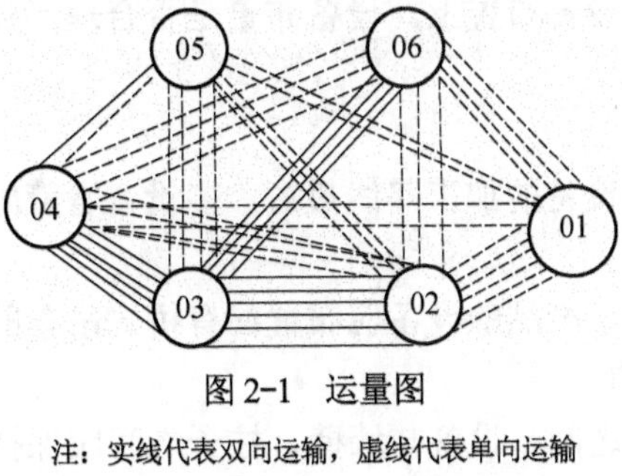

图 2-1 运量图

注：实线代表双向运输，虚线代表单向运输

图 2-1 是总平面布置的雏形，它使各单位之间处于最经济的位置，但并不等于总平面布置的最终结果。总平面布置还要在此基础上计算各单位所需要的面积，布置通道，设计生产服务及生活服务部门，选择运输设备等。每个单位所需要的面积，可根据设备数目和每台设备所需面积，以及操作者、物料储存、通道、更衣室等所需面积估算确定。有了各单位所需要的面积，就可以按工厂地形做平面布置。

2.2 车间布置

车间是进行产品生产活动的主要场所，合理的车间布置有利于企业实现文明生产，提高经济效益。车间布置一般分为两部分：一是车间的总体布置；二是车间的设备布置。

2.2.1 车间的总体布置

如何确定车间各组成部分的位置，这就是车间的总体布置。进行车间布置时，首先要安排车间的总体布置。车间由哪些部分组成取决于车间的生产性质和生产规模，一般大型的生产车间由以下6个部分组成：

（1）基本生产部分，如炼钢车间的转炉、平炉、电炉；机械加工车间的各种机加工设备。

（2）辅助生产部分，如机修组、电工组、磨刀间等。

（3）仓库部分，如中间库、工具室等。

（4）过道部分，如主要过道、次要过道等。

（5）车间管理部分，如办公室、资料室等。

（6）生活设施部分，如休息室、盥洗室、更衣室。

其中，基本生产部分的布置要符合生产工艺流程的要求，尽量缩短物料流程；辅助生产部分的布置要便于向基本生产部分提供服务，如机械加工车间的工具室应设在工人领取工具方便的位置，并与磨刀间相靠近；车间内过道的设置要考虑物料运输与安全的需要，主要过道两旁应有明显标志，最好能与进出车间的大门相连接；更衣室、厕所等生活服务部分的面积应根据车间男、女职工的人数计算确定，以便于职工使用。

2.2.2 车间的设备布置

在车间的各个组成部分中，基本生产部分决定着车间面貌，占用车间面积也最多。车间布置的重点应放在这部分的设备布置上。设备布置是否合理，将影响产品生产周期和生产成本，影响劳动生产率的提高。

设备布置的原则是：

（1）尽量使产品通过各设备的加工路线最短，多设备看管时，工人在设备之间的行走距离最短。

（2）便于运输。加工大型产品的设备应布置在有桥式吊车的车间里；加工长形棒料的设备尽可能布置在车间的入口处。

（3）确保安全。各设备之间、设备与墙壁、柱子之间应保持一定的距离；设备的传动部分要有必要的防护装置。

（4）便于工人操作。

（5）充分利用车间的生产面积。在一个车间内，可因地制宜地将设备排列成纵向、横向或斜角，不要剩下不好利用的面积。

设备布置（通常也称生产过程的空间组织）主要有三种形式：①工艺专业化形式；②对象（或产品）专业化形式；③综合形式。此外还有一种特殊的形式——定位布置。

1. 工艺专业化布置　工艺专业化布置又称工艺原则，是指按照生产工艺性质的不同来设置车间（或工段、小组），在按工艺专业化布置的生产部门里，集中着同种类型的工艺设备，对企业的各种产品（零件）进行相同的工艺加工。例如，把所有车床、铣床、磨床等分别集中在一起（如图 2-2 所示）。

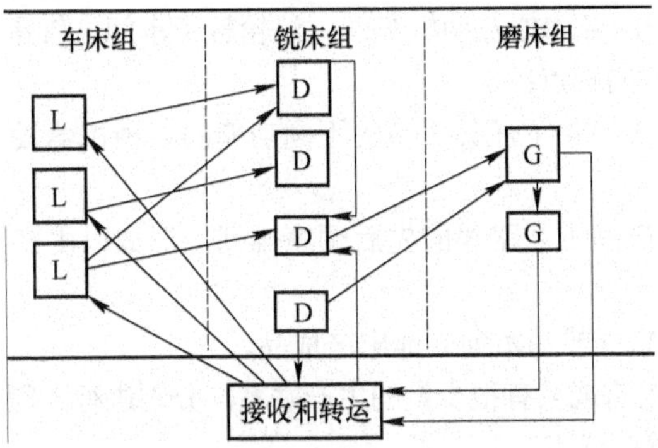

图 2-2　按工艺专业化布置示意图

可见按工艺专业化进行工厂布置，就是在工厂内部设置一系列具有各种特定功能的工艺中心。这种布置的生产部门，其名称如铸造分厂（或车间、工段），机械加工分厂（或车间、工段），热处理分厂（或车间、工段）等。

（1）工艺专业化布置的特点：

1）同一生产部门内部的所有机器设备，均是功能相同或相近的机器设备，所配备的人员也是相应的同工种或相近工种的工人。

2）机器设备按相同型号集中，呈“机群式”排列。

3）每一生产单位只担负各种产品的一种特定工艺性质的生产任务，除担负最后工序的生产部门外，其他所有生产部门均不能出产成品。

4）各生产部门之间的联系频繁。

（2）工艺专业化布置的优点：

1）适应市场需求变化的能力强。当市场需求的产品品种发生变化时，如果需要的新品种仍属本厂既定的产品专业方向内，则有很强的适应能力；如果需求的新品种已经超出了本厂既定的产品专业方向，但只要生产工艺相近，则仍具有较强的适应能力。

2）有利于实行专业化的工艺及设备管理。由于每个生产部门内各个生产环节的工艺性质相同，集中了同专业同工种的工程技术人员和生产人员，长期重复地进行同工艺性质的生产活动，因此可以有效地实行专业化的工艺管理，便于提高人员和设备的工艺技术水平。

（3）工艺专业化布置的缺点：

1）经济效果差。因为运输路线长，交接次数多，运输、保管、装卸的费用高，生产过程占用的在制品和半成品数量多，且多使用通用机床，生产效率低，因而导致生产周期长，生产成本高，总的经济效果较差。

2）管理工作比较复杂。主要表现在两个方面：一是协作关系复杂，协调任务重；二是贯彻执行各种责任制度的难度较大。

（4）工艺专业化布置适用于生产那些更新换代快、专业性强、产品具有较强个性的单件小批生产类型和订货生产类型的企业。

2. 对象专业化布置 对象专业化布置又称对象原则，是把企业规定生产的各种产品（或零部件），分别交由不同的生产部门生产，每一个生产部门只担负一种或少数几种产品（或零部件）的全部或大部分工艺过程的生产任务，独立（或基本独立）出产产品（或零部件）。可见，按对象专业化进行工厂布置，就是在工厂内部设置一系列能够单独出产不同产品的产品中心。生产部门的名称如发动机车间、涡轮转子车间、轴承车间、齿轮车间等。

（1）对象专业化布置的特点：

1）同一生产部门内部集中了任务所需的不同功能的各种机器设备，并配备了不同工种的工人。

2）一般机器设备按产品工艺路线的先后顺序排列，形成以生产某些种类产品为特征的生产线。

3）各生产部门能够独立或基本独立地出产成品。

4）各生产部门之间没有或只有很少量的生产联系，分别进行封闭或基本封闭的生产活动。

（2）对象专业化布置的优点：

1）经济效果较好。因为使用专用设备和工具，使劳动生产率大大提高，并按照产品的技术要求，实行非常紧凑的生产布置，从而缩短了运输距离，杜绝了交叉迂回和重复运输，降低了运输、装卸和保管费用，减少了生产过程中的在制品和半成品占用量，缩短了生产周期，降低了生产成本。

2）管理工作相对简化。由于各部门生产的产品方向非常明确而且稳定，不同时期生产任务的变化主要表现为数量的增减和时间先后的调整；由于分工明确、交接环节少，当发生差错和失误时很容易分清责任，易于贯彻执行各种责任制度。

（3）对象专业化布置的缺点：

1）适应市场需求变化的能力差。当市场需求的产品品种发生变化，需求的新品种已经超出本厂既定的产品专业方向，就会出现毫无适应能力或适应能力极低的不利局面。

2）开展工艺技术管理工作的难度较大。由于在同一生产部门内部同时进行多种性质的工艺技术活动，各生产环节的工艺操作技术和工艺装备方面、安全生产方面、工作地服务方面等都存在着各种不同的要求，这样就增加了工艺技术管理的难度。

（4）对象专业化布置适用于大量生产类型和存货生产类型的企业。

3. 综合布置 由于工艺专业化和对象专业化的优缺点恰好是互补的，即前者的优点正是后者的缺点，而后者的优点又是前者的缺点。因此，在实际生产过程的组织中，一般综合运用以上两个原则，以取两者的优点。在一个企业内部，有些车间可按对象原则建立，而另一些则可按工艺原则建立；在一个车间内部，有些工段和班组可按对象专业化布置，而另一些则可按工艺专业化布置。具体应用形式有两种：一是在对象专业化原则的基础上采用工艺原则，如锅炉厂的铸造车间、锻造车间；二是在工艺专业化原则的基础上采用对象原则，如铸造厂的箱体造型工段、床身造型工段等。一般来说，综合布置适宜于品种较多中等批量生产型的企业。

4. 定位布置 一般产品在生产时，都是加工的设备在一个地方固定不动，而被加工的产品按照工艺顺序在不同的设备间移动。但当产品因其尺寸、形状、重量或其他别的原因不宜移动时，就必须采用“上门服务”的方法——定位布置。与前两种布置方法相比，定位布置实际上就是让产品留在一个地方，而把所需的工具、设备和技术工人送到那里，去从事相应的作业，如图 2-3 所示。例如，制造船舶、大型飞机、机车和重型机床等的场地布置往往采取这种方法。

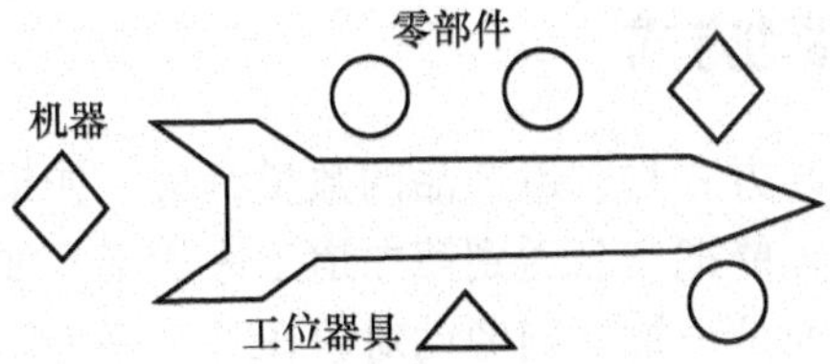

图 2-3　定位布置示意图

综上所述，正确选择生产部门的专业化形式是生产过程组织的一项重要任务，是进行企业资源合理配置的首要工作。一个企业究竟按哪一种形式来进行生产过程的布置，必须从企业的实际状况着眼，全面分析不同布置形式的技术经济效果，并且考虑企业长远战略决策和目前生产经营的需要。在实际中，纯粹只用一种厂内布置方式是不存在的，必须综合运用。

2.3 生产过程的时间组织

合理组织生产过程，不仅要求各个生产单位在空间上密切配合，而且要求它们在时间上紧密衔接，即进行合理的时间组织。生产过程时间组织的目标，就是要在充分利用工时和设备的条件下，节约时间，尽可能缩短产品的生产周期，以达到提高劳动生产率和设备利用率的目的。为实现这一目标，生产过程时间组织的基本要求就是要坚决杜绝生产时间的浪费，使前后工序在时间上紧密衔接，以实现有节奏地、连续地生产，并提高生产过程的平行性。

据调查，目前我国一些工业产品的生产周期相当长，其中大部分的时间属于等待、闲置等无效时间，其时间构成如图 2-4 所示。时间组织的一个重要任务，就是要提高时间利用率，尽量减少无效时间，以缩短生产周期。

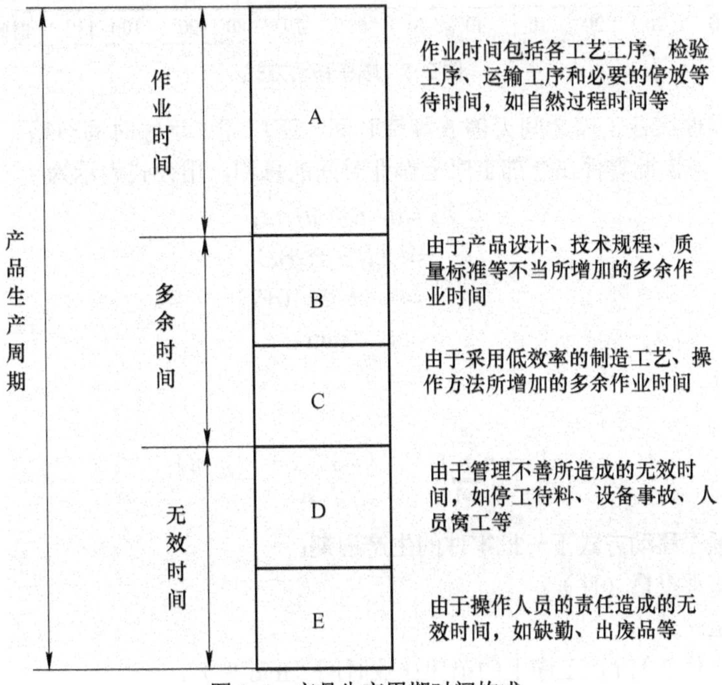

图 2-4　产品生产周期时间构成

2.3.1 产品在工序间的移动方式

产品在各工序之间的移动方式与制造产品的数量有关。如果只生产一件产品，那么，只能在加工完第一道工序以后才能把产品送到第二道工序加工，如此顺次加工下去。但是，如果生产制造的产品不是一件而是一批，则劳动对象在各工序之间的移动就有三种方式，即顺序移动方式、平行移动方式和平行顺序移动方式，同样一批产品在不同的移动方式下生产周期大不相同。

1．顺序移动方式 顺序移动方式的特点是产品（零件）在各道工序之间是整批移动的，即一批产品只有在前道工序全部完工的情况下，才转送到后道工序进行加工。假设某零件的批量（用 n 表示）n=4 件，有 4 道工序（用 m 表示），各工序的单件作业时间（用 t_i 表示）分别为 t_1=6min，t_2=5min，t_3=10min，t_4=7min，该批零件的顺序移动方式如图 2-5 所示。

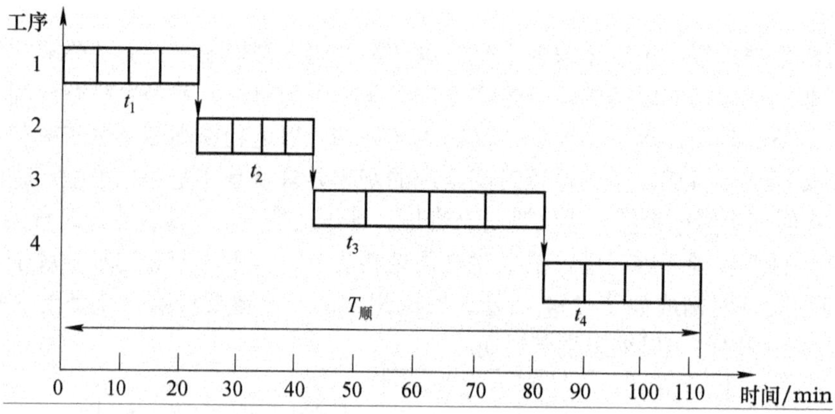

图 2-5 顺序移动方式

假设该批零件在各工序之间无停放等待时间，工序间的运输时间忽略不计，则该批零件的生产周期，等于该批零件在全部工序上作业时间的总和，用公式表示为

$$
\begin{aligned}
T_{顺} &= nt_1+nt_2+nt_3+nt_4 \\
&= n（t_1+t_2+t_3+t_4） \\
&= 4\times（6+5+10+7） \\
&= 112（\text{min}）
\end{aligned}
$$

一般公式为

$$T_{顺}=n\sum_{i=1}^{m} t_i \qquad (i=1，2，\cdots，m) \tag{2-1}$$

式中 $T_{顺}$——顺序移动方式下一批零件的生产周期；

n——零件批量（件）；

m——工序数；

t_i——零件在第 i 道工序上的单件作业时间（min/件）。

顺序移动方式的组织与计划工作比较简单，由于一批产品是集中加工、集中运输的，所以有利于减少设备的调整时间和提高工效。但是在一批中大多数的产品都有等待加工和等待运输的时间，因而生产周期长，资金周转慢。这种方式适宜于在产品批量不大、工序的单件作业时间较短的情况下采用。

2. 平行移动方式　平行移动方式的特点是每件产品在前道工序加工完毕后，立即转移到后道工序继续加工，即产品（零件）在各道工序之间是单件移动的，在各道工序上成平行作业。仍以前例所列条件，按产品的平行移动方式组织生产，其生产时间如图 2-6 所示。

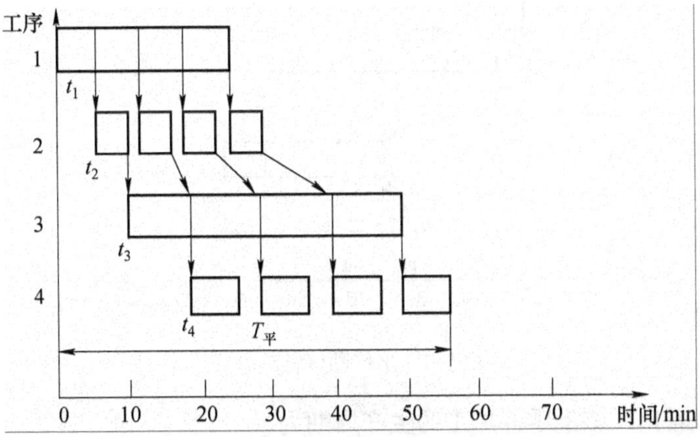

图 2-6　平行移动方式

从图 2-6 可以看出，该批零件加工的生产周期为

$$
\begin{aligned}
T_{平} &= t_1+t_2+n\times t_3+t_4 \\
&= (6+5+10+7)+(4-1)\times 10 \\
&= 58\ (\text{min})
\end{aligned}
$$

上式中 t_3 是工艺工序中单件作业时间最长的工序，以 t_L 表示，工序总数以 m 表示，则可得一般计算公式为

$$
T_{平}=\sum_{i=1}^{m} t_i+(n-1)\,t_L \tag{2-2}
$$

式中　$T_{平}$——平行移动方式下一批零件的生产周期；

t_L——各工序中单件作业时间最长的工序时间。

在平行移动方式下，零件在各道工序之间是按件或按运输批量移动的，很少停歇，因而整批零件的生产周期最短。但是，运输工作频繁，特别在前后两道工序的单件作业时间不相等时，会出现等待加工或停歇的现象，如前道工序的单件作业时间比后道工序大，则在后道工序上会出现间断性的设备停歇时间，这些时间很分散，不便于充分利用。

3. 平行顺序移动方式　平行顺序移动方式的特点是将前两种移动方式结合起来，存优避短。零件在工序之间的移动分情况采取不同的方式，一是当前道工序的单件作业时间大于后道工序的单件作业时间时，则前道工序上完工的零件，并不立即转移到后道工序，而是等待到足以保证后道工序能连续加工的那一刻，才将完工的零件全部转移到后道工序去，这样可以避免后道工序出现间断性的设备停歇时间，并把分散的停歇时间集中起来加以利用；二是当前道工序的单件作业时间小于或等于后道工序的单件作业时间时，则前道工序上完工的每一个零件应立即转移到后道工序去加工，即按平行移动方式单件运输。仍以前例所列条件，按产品的平行顺序移动方式组织生产，其生产时间如图 2-7 所示。

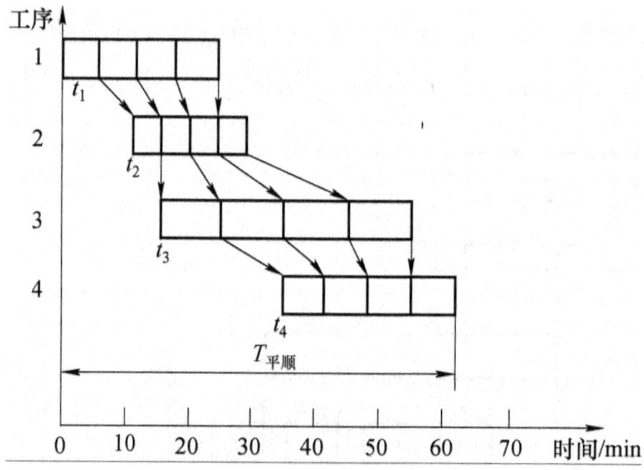

图 2-7　平行顺序移动方式

从图 2-7 可以看出，该批零件加工的生产周期为

$$
\begin{aligned}
T_{平顺} &= 4\times t_1-2\times t_2+4\times t_3+t_4\\
&=4\times6-2\times5+4\times10+7\\
&=61\text{（min）}
\end{aligned}
$$

一般计算公式为

$$T_{平顺}=n\sum_{i=1}^{m}t_i-(n-1)\sum_{j}^{m-1}t_j \qquad (2-3)$$

式中　$T_{平顺}$——平行顺序移动方式下一批零件的生产周期；

　　　t_j——相邻工序（两两比较）较短的工序单件工时。

或者也可用下式计算：

$$T_{平顺}=n\sum_{i=1}^{m}t_i+(n-1)\left(\sum t_L-\sum t_S\right) \qquad (2-4)$$

式中　$T_{平顺}$——平行顺序移动方式下一批零件的生产周期；

　　　$\sum t_L$——所有较大工序单件作业时间之和；

　　　$\sum t_S$——所有较小工序单件作业时间之和。

所谓较大工序，是指该工序的单件作业时间比与其相邻的前、后工序的单件作业时间都大，以 t_L 表示。

所谓较小工序，是指该工序的单件作业时间比与其相邻的前、后工序的单件作业时间都小，以 t_S 表示。

4．三种移动方式的比较　三种移动方式的比较见表 2-3。

表 2-3　三种移动方式的比较

比较项目 移动方式	产品运送方式	产品运送次数	在制品资金占用	产品生产周期	生产连续性	管理工作难易	适用条件
顺序移动方式	成批运输	最少	量大期长	最长	好	易	批量小，单件工时短
平行顺序移动方式	时而成批时而单件	一般	一般	一般	好	难	成批生产类型
平行移动方式	单件运输	最多	量小期短	最短	差	易	批量大，单件工时长

2.3.2　选择移动方式应考虑的因素

上述三种移动方式是工艺加工过程中组织各工序在时间上相互衔接的基本形式，实际生产当然要比这复杂得多。从生产周期看，平行移动方式最短，平行顺序移动方式次之，顺序移动方式最长。但在选择移动方式时，不能只考虑生产周期，还应结合企业的生产特点，全面考虑以下因素：

（1）生产类型。单件小批生产宜采用顺序移动方式；大量大批生产，特别是组织流水生产线时，宜采用平行移动方式或平行顺序移动方式。

（2）产品生产任务的缓急情况。对于一些紧急任务，如为某项重点工程配套的生产任务，影响产品成套的缺件生产任务等，应尽量采用平行移动方式或平行顺序移动方式，以便争取时间，满足需要。

（3）企业内部生产部门的专业化形式。对象专业化的生产部门宜采用平行移动方式或平行顺序移动方式；而工艺专业化的生产部门由于受设备布置和运输条件的限制，一般以采用顺序移动方式为宜。

（4）工序劳动量的大小和零件的重量。工序劳动量不大，重量较轻的零件，采用顺序移动方式，有利于减少搬运次数，节省运输力量。如果是工序劳动量较大，重量很重的零件，为减少资金占用和节省生产面积，可采用平行移动方式或平行顺序移动方式。

（5）改变加工对象时，调整设备所需的劳动量。如果调整设备所需的劳动量很大，就不适于采用平行移动方式。如果改变加工对象时，不需要调整设备或调整设备所需的时间很少，则可以考虑采用平行移动方式。

2.4　流水生产组织

1914—1916 年，美国福特汽车公司为大量生产 T 型汽车，首次建立了以传送带为运输工具的生产线，大大提高了产品生产速度，获得成功。由于在这种生产方式下，劳动对象按照一定的工艺顺序和速度（或节拍）一件接一件地经过所有工序而完成其作业，产品移动如同流水一般，因而得名“流水生产线”。流水生产组织实际上是按对象布置原则的空间组织和平行移动的时间组织方式建立起来的。由于这种生产过程的连续性、平行性、比例性、节奏性都很高，有很大的优越性，因此，在社会对同类产品的需求大量增加，以及生产专业化、零部件标准化、产品单一化发展的背景下，流水生产方式在世界各国许多企业中广为采用。

即使在成批生产类型的企业，甚至单件小批生产的企业中，为提高经济效益，也可以组织部分零部件的流水生产线和装配线。

2.4.1 流水生产的特点、分类和评价

1. 特点 流水生产是指劳动对象按一定的工艺路线和统一的生产速度，连续不断地通过各个加工地，顺序地进行加工并出产产品（零件）的一种生产组织形式。典型的流水生产线具有以下特点：

（1）流水线上固定生产一种或少数几种产品（零件），其生产过程是连续的。

（2）流水线上各个工作地是按照产品工艺顺序排列的，产品按单向运输路线移动，每个工作地只固定完成一道或少数几道工序，工作地的专业化程度很高。

（3）流水线按照规定的节拍进行生产。

（4）流水线上各工序之间的生产能力是平衡的，成比例的。

（5）流水线上各工序之间的运输采用传送带、轨道等传送装置，使各工序上完工的制品能及时地运送到下道工序继续进行加工。

2. 分类 由于具体的生产条件不同，组织流水生产可以有多种多样的形式，主要有以下几类，如图2-8所示。

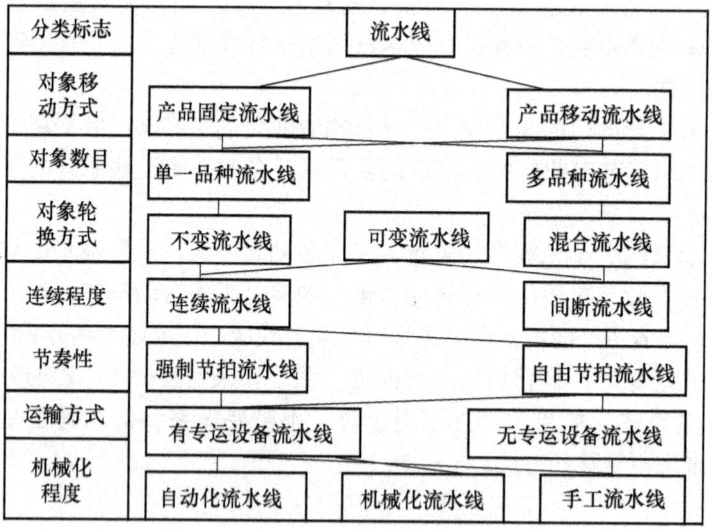

图2-8 流水线的分类

3. 评价 流水生产方式的主要优点是能使产品的生产过程较好地符合连续性、平行性、比例性以及均衡性的要求。它的生产率高，能及时地提供市场大量需求的产品。由于是专业化生产，流水线一般都采用专用设备，因而可提高劳动生产率，缩短生产周期，减少在制品占用量，加速资金周转，降低生产成本；还可以简化生产管理工作，促进企业加强生产技术准备和生产服务工作。

流水生产方式的主要缺点是不够灵活，不能及时地适应市场对产品品种变化的要求，以及技术革新和技术进步的要求；对流水线进行调整改组需要较多的投资和花费较多的时间；工人在流水线上工作比较单调、紧张，容易疲劳，视野狭窄，不利于提高生产技术水平。

实践证明，建立流水生产线之前充分进行技术上和经济上的可行性分析，并据此制订有效而又充分的措施，是保证流水线建成投产后取得成功的关键。

2.4.2 单一品种流水线的组织设计

流水线的设计包括技术设计和组织设计两个方面。技术设计是指工艺规程的制订、专用设备的设计、设备改装设计、专用工夹具的设计、运输传送装置的设计等，这是流水线的“硬件”设计；组织设计是指流水线节拍的确定、设备需要量和负荷系数的计算、工序同期化工作、人员配备、生产对象传送方式的设计、流水线平面布置设计、流水线工作制度、服务组织和标准计划图表的制订等，这是流水线的“软件”设计。

流水线的组织设计和技术设计有密切的关系：组织设计是技术设计的根据；技术设计应当保证组织设计的每一项目的实现。不论是组织设计还是技术设计都应当符合技术先进、经济合理的原则，并事先做好建立流水线的可行性研究。

单一品种流水线的组织设计包括：确定流水线的节拍；确定工作地数和负荷；组织工序同期化，解决流水线的平衡问题；配备工人；设计运输工具；进行流水线的平面布置。

1．确定流水线的节拍 所谓节拍，是指流水线上相邻两件制品出产的间隔时间。节拍是流水线设计的重要数据，它决定了流水线的生产能力，以及生产的速度和效率。确定节拍的依据是计划期的产量和有效工作时间，计算公式为

$$\text{节拍}=\frac{\text{计划期的有效工作时间（min）}}{\text{计划期的产品产量}} \tag{2-5}$$

计划期的有效工作时间是指制度规定时间减去必要的停歇时间，如维修设备、更换工具、工人休息等时间。计划期的产量包括计划出产量和预计废品量。例如，某产品流水线计划日产量为 150 件，采用两班制生产，每班规定有 12min 停歇时间，计划废品率为 4%，节拍应为

$$\text{节拍}=\frac{8\text{h}/\text{班}\times 2\text{班}\times 60\text{min}/\text{h}-(12\text{min}\times 2)}{150/(1-4\%)}=6\text{min}$$

2．确定工作地数和负荷 流水线各道工序的工作地需要数应当是工序单件时间与流水线节拍之比。即

$$\text{工作地计算数}=\frac{\text{工序单件作业时间}}{\text{节拍}} \tag{2-6}$$

例如：某轴加工流水线，日计划产量 160 件，两班制，每班 8h，轴加工的各道工序时间定额为：第一道工序 12min，第二道工序 3min，第三道工序 6min，第四道工序 9min。则该轴加工流水线各道工序所需的工作地数为：第一道工序“12min/6min”等于 2，第二道工序 3/6 等于 0.5，第三道工序 6/6 等于 1，第四道工序 9/6 等于 1.5。

计算出的设备数（工作地数）若为整数，就可以确定它是该工序的设备数。计算出的设备数若不是整数，应取接近于计算数的整数，作为实际采用数。例如，前例中实际采用数第一道工序为 2 台，第二道工序为 1 台，第三道工序为 1 台，第四道工序为 2 台。

各道工序的工作地平均负荷系数按下式计算：

$$各工序工作地平均负荷系数=\frac{工作地计算数}{工作地实际采用数} \tag{2-7}$$

上例中各道工序的工作地平均负荷系数依次为：第一道工序 2/2 即 1，第二道工序 0.5/1 即 0.5，第三道工序 1/1 即 1，第四道工序 1.5/2 即 0.75。整个流水线的平均负荷系数按下式计算：

$$流水线总的平均负荷系数=\frac{\sum 各工序工作地计算数}{\sum 各工序工作地采用数} \tag{2-8}$$

上例流水线平均负荷系数为

$$\frac{2+0.5+1+1.5}{2+1+1+2}=\frac{5}{6}=0.83$$

流水线的负荷系数越大，表明流水线的生产效率越高。一般机器工作流水线的负荷系数不应低于 0.75，以手工为主的装配流水线的负荷系数应在 0.85～0.9。

3. 组织工序同期化，解决流水线的平衡问题 工序同期化是指通过技术组织措施来调整流水线各工序时间，使它们与节拍相等或成整数倍数关系。工序同期化是组织连续流水线的必要条件，也是提高劳动生产率，使设备充分负荷和缩短产品生产周期的重要方法。组织工序同期化的基本方法是将整个作业任务细分为许多小工序（或称作业元素），然后将有关的小工序组合成为大工序，并使这些大工序的单件作业时间接近于节拍或节拍的整数倍。通过对工序的分解与合并，可达到初步的同期化。在此基础上，为进一步提高工序同期化的水平，在关键工序上还可采取以下措施：

（1）提高设备的机械化、自动化水平，采用高效率的工艺装备，减少工序的作业时间。

（2）改进操作方法和工作地的布置，减少辅助作业时间。

（3）提高工人的操作熟练程度和工作效率，改进劳动组织，如调熟练工人到高负荷工序工作，组织相邻工序协作，或选拔一名或几名工人沿流水线巡回，协助高负荷工序完成任务等。

（4）在时间紧张的工序建立在制品储备。

（5）对作业时间很长而又不能分解的工序，增设工作地数量，组织平行作业。

4. 配备工人 在以手工操作为主的流水线上，需要配备的工人总数等于流水线上所有工作地的工人人数之和。每个工作地需要的工人人数可按下式计算：

$$每个工作地需要的工人数=工作地上同时工作的工人数\times 工作班次 \tag{2-9}$$

在以机器工作为主的流水线上，配备工人时要考虑工人实行多设备看管和兼作的可能性，以及配备后备工人的必要性。

5. 设计运输工具 流水线上采用的运输工具种类很多，主要取决于加工对象的重量与外形尺寸、流水线的类型和实现节拍的方法。通常在连续流水线上，工序间的传送大多采用传送带，这是一种比较先进的运输装置，它可以在同一时间里把流水线上各工作地完工的制品运送到下一个工作地去加工；可以节省运输人力，缩短运输时间，控制流水线按规定的节拍进行生产。传送带有多种形式，典型的是带式运输装置，此外，还有吊运式运输装置、旋转工作台、重力滑道、专用小车等多种方式。传送带的长度一般可按下列公式计算：

$$传送带的长度=2\times 流水线上各工作地长度之和+技术上需要的长度 \tag{2-10}$$

工作地长度包括工作地本身的长度和相邻两个工作地之间的距离。传送带的速度与移动方式有关，当传送带采用连续方式时，传送带的速度可按下列公式计算：

$$传送带的速度=\frac{流水线上两件产品间的中心距离（m）}{节拍（min）} \tag{2-11}$$

当传送带采用脉动移动方式时，即每隔一个节拍（或节奏）往前移动一次，每次移动的距离等于传送带上两件制品间的中心距离。

6. 进行流水线的平面布置　流水线的平面布置应使机器设备、工具、运输装置和工人操作有机地结合起来，合理安排各个工作地，使产品的运输路线最短，便于工人操作和生产服务部门进行工作，充分利用车间的生产面积。流水线平面布置的形状，一般有直线形、直角形、开口形、山字形、环形、蛇形等，如图2-9所示。

直线形多用于工序少，每道工序的工作地也较少的情况。当工序或工作地较多时可采用双行直线排列。当工序或工作地数更多时，可采用直角形、开口形或蛇形布置。

山字形布置一般用于零件加工与装配相结合的情况。环形布置在工序循环重复时采用。

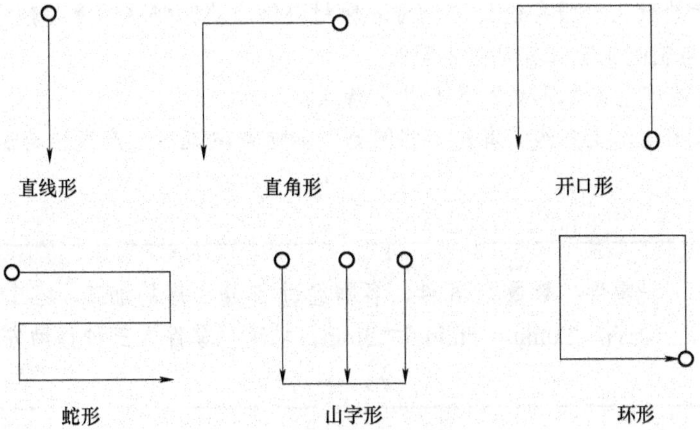

图2-9　流水线布置形式

排列工作地时，又有单列式与双列式之分。单列式是将工作地布置在传送带一侧，如图2-10所示。

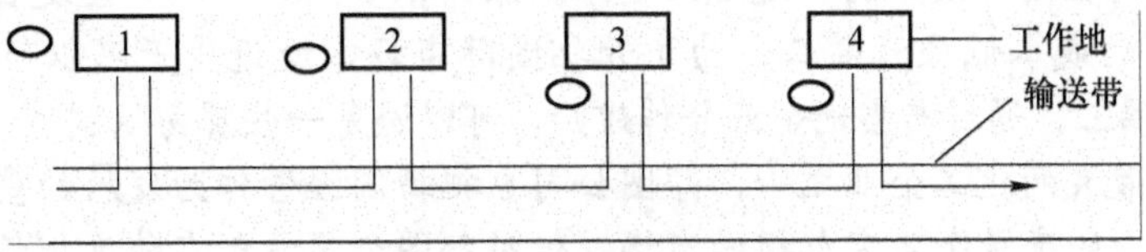

图2-10　单列式流水线

双列式是将工作地布置在传送带的两侧，如图2-11所示。

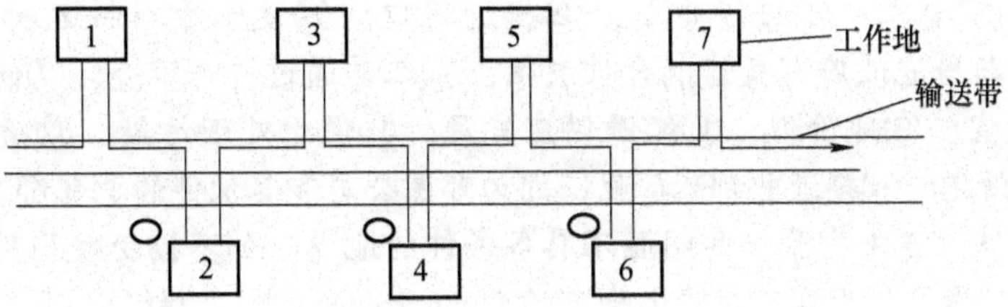

图2-11　双列式流水线

流水线的位置及它们之间的衔接，应根据加工、部件装配及总装所要求的顺序进行安排。整个布置要符合产品总流向，以缩短运输路线，减少运输工作量，消除无效劳动。

在进行流水线平面布置时，除了遵循上述原则外，还应考虑一些具体条件，如车间的生产面积、毛坯输入和成品输出的条件、通风设备、运输装置及动力系统的位置等。

7. 编制流水线标准计划图表 流水线标准计划图表规定了流水线的各项期量标准、工作制度和工作程序。流水线标准计划图表的简易与流水线的性质有关，连续流水线由于其生产节奏性强，故较为简单，只要按整个流水线来编制即可；而间断流水线由于其工序同期化程度不高，生产的节奏性不是很强，其标准计划图表的编制较为复杂，需按各道工序来编制，并规定每一工作地的工作时间和程序。

想一想

1. 影响选址决策的主要因素有哪些？为什么要用系统观点考虑选址决策问题？
2. 哪些因素导致生产服务设施应该靠近原材料供应地？哪些因素导致它们应靠近消费市场？服务业选址与制造业选址有哪些不同？
3. 设备布置有哪些基本形式？各有什么特点？
4. 你认为采用流水生产线需考虑哪些问题？如何突破流水生产线的局限性？

做一做

某车间加工一批零件，数量为 6 件，各需经过 5 道工序的加工，各工序的单件加工时间分别为 15min、10min、20min、5min 和 3min。求这批零件在三种移动方式下的加工周期并画出示意图。

案例分析

邦图化学品公司在印度的厂址选择

近年来，厂商在国外设厂的兴趣越来越浓。原因很多：第一，一些发展中国家的土地、劳动力和原材料的成本低廉；第二，为了开拓国际市场，就近生产可以节约运输及其他费用，如关税等；第三，通过与当地企业合作建厂，可以避免一些贸易限制。

作为世界上最大的化工企业之一，邦图公司也把跨国经营作为发展的重要战略之一。对于邦图公司来说，印度是个不容忽视的市场。但对邦图公司希望在印度销售的产品，印度政府规定必须与当地企业合资才能够生产，生产的地点也必须获得政府的许可。为了进入印度市场，邦图公司决定在印度设立合资企业。公司选择了一家印度企业作为合作伙伴，并对未来厂址提出如下要求：①接近市场；②接近港口；③便于原材料运输；④地方政府稳定；⑤合作伙伴与当地政府有良好的合作关系；⑥容易通过许可审查；⑦便于与其他企业联系；⑧劳动力便宜；⑨地价低；⑩能源供应充足；⑪便于处理污染；⑫投资政策和环境良好；⑬接近基础设施；⑭接近首都新德里，因为邦图公司和其伙伴的总部都在那儿。

根据以上条件，首先排除一些明显不具备条件的地点，如不接受政局动荡的地区。经过几番筛选，最后选择了位于喜马拉雅山脚下的 Uttar Pradesh 州作为候选地区。这个地方离最近的海港有 1 700km，沿途许多地方的道路都很危险。邦图公司的合作伙伴历时两年才获得了在这个州生产的许可，其过程真可谓漫长而艰辛。而另外三家公司也获得了在印度生产同类产品的许可。所以时不我待，邦图公司必须尽快做出决策。

为此，邦图公司成立了一支由各方面专家组成的选址小组，深入印度，对候选地点进行考察和评价。其核心任务就是考察该地是否存在严重不符合投资建厂条件的因素。房地产专家确保在计算土地成本时将所有占地包括进去，并且负责场地获得方式的选择。另外，他们还要调查建造公司派驻人员的住所和其他辅助设施的可能性，如仓库、办公场所等。土木工程师负责考察土质稳定性、工厂建筑的方式、公共设施、风向、环境因素等。后勤人员研究和评价将原材料运入和产品运出的可行性。制造和生产方面的代表对劳动人口、劳动纪律、劳动力的素质，以及该地是否适合生产进行整体上的评价。选址小组的一些人员到该地区的其他工厂调查劳动力的素质、当地政府的态度和政策、电力供应等情况；还对公共服务设施以及当地的学校进行了调查，因为这对公司派驻到当地的员工和他们的家庭成员十分重要。

在做选址决策时，选址小组重点考虑了与以下几方面问题有关的内容：

1）合资企业生产所用的原材料是一种具有潜在毒性的异氢酸盐（NDI）。

2）这种异氢酸盐必须在内陆运输 1 700km。

3）公司派驻人员的设施可能十分简陋和欠缺。

4）当地劳动力的素质状况。

5）必须重视当地的环境条件。

以下是选址小组对候选厂址各方面条件的调查结果。

1. **原材料方面**　合资工厂的主要原料之一是异氢酸盐。在印度的博帕尔（Bhopal），曾经发生过由异氢酸盐引起的毒气渗漏事故，造成 2 500 余人死亡，10 万多人终身残疾。因此无论是印度政府还是当地居民对异氢酸盐都极度恐惧和反感。这可能会给原料的进口和运输带来一些问题。实际上，在 Bhopal 的悲剧发生后，印度当局立即下令禁止所有的异氢酸盐在印度国内运输。以进口 NDI 为原料的印度泡沫制造商经过一个多月的努力才使当局相信它们使用的 NDI 与造成事故的异氢酸盐完全不同，至此才得以恢复 NDI 进口。

邦图公司使用的 NDI 与造成 Bhopal 悲剧的那种异氢酸盐也不相同，邦图使用的是一种熔点很高的固体异氢酸盐。邦图的 NDI 主要来自于美国的道氏公司，如果需要也可以考虑从其他公司购买，比如目前为印度国内的泡沫制造商提供 NDI 的德国贝氏公司。只是为了确保 NDI 在整个运输过程中保持固态，邦图公司必须在从供应商到新厂的全程中使用 40ft 长的冷冻容器装载 NDI。选址小组在调查中发现有几家运输公司与印度有着良好的接触或在印度有分支机构。这些公司可以作为承担邦图公司 NDI 运输的候选者。

新厂使用的另一种原材料则完全不会造成环境污染。这种原料可以在邦图公司的尼亚加拉瀑布分厂装入容器后再运往印度。

2. **运输方面**　另一个令人担忧的因素是将原料从生产地运到合资厂需要很长的提前期。不仅因为路上运输需要时间，沿途港口的停靠检查也要花去很长时间。在印度境内的运输情况还要受到雨季的影响。专家估计，如果运输原料的货车只在白天行驶的话，从港口到选定的厂址大约需要 6 天时间。

装载 NDI 的货车将会经过孟买。在这个地区，道路的宽度从 6m 急剧减到 3m，沿途还有许多急转弯。这使装载有 40ft[1] 长容器的卡车在转弯时将十分困难。尽管邦图公司并没有

[1] 1ft=0.3048m。

改善路况的计划和预算，但专家们注意到印度政府正在将通往该地的某些路段加宽。

3. **其他因素** 公司还考虑在厂区附近兴建一个住宅区。可这个地方实在太偏远，当地没有任何适宜居住的条件，如果要建住宅区，公司必须提供一切。在离厂区大约 1h 路程处有一个环境很好的居住区，那里曾是英国殖民者消暑避夏的地方，从厂址处有一条路况不错但十分繁忙的公路通向那里。另外在离厂区大约 2h 路程的 Pontseib 城内也有一个居民区，但那里的治安情况不太好，盗匪十分猖獗，所有住在那儿的西方人都雇有保安人员。蔬菜的购买也令西方人十分头痛。虽然有专门的商店，但商店处于闹市区，卫生状况也相当糟糕。

该地区有一个相当不错的学校，设有初中部。但该地区没有任何医疗设施，因此公司需要建立自己的医疗服务机构。

下面来看看当地劳动力的素质。厂址所在地与一所重要的锡克族寺庙毗邻。有许多锡克族人居住在这一地区，劳动力资源将是充足的，并且有一定的培训基础。附近的水泥厂有机械方面的专业人员。这一地区还有很多轻工企业。

工厂的安全生产可能存在一定的障碍。因为这个地区的居民都有很高的宗教热情，他们不会放弃他们的头巾，而现在的安全帽是无法戴在头巾之上的。劳动保护措施中的硬头鞋和听力保护等装备，也与当地人的风俗习惯不符，只能强迫员工执行这些安全措施。

4. **环境方面** 工厂需要处理一些废液。虽然有一条河流过厂区，但这条河是当地居民饮水之源，废液不能直接向河中倾倒。但固体废物的处理则相对不成问题。

附近的水泥厂会造成一定程度的粉尘污染。但专家们认为在正常的风向条件下，水泥厂的粉尘不会造成影响。另外还要在厂内打井，这又牵涉到地下水源的分布。但专家们认为，只要取得当地的支持，打井也不会是多大的问题。

最后要考虑的是印度的雨季。选址小组分别在雨季和旱季考察了该地。发现在 7—8 月的一个月内，降雨量可达 25～35in㊀。

5. **场地的收购** 所选的场地属于当地政府已经指定为工业用地的范围，因此购买不成问题。可以通过两种方式获得用地：一种是通过政府征用。这通常需要较长的时间，而且可能会造成土地原有者的反感。第二种方式是直接与土地所有者商谈。邦图公司选定的 230 亩㊁土地属于 27 个不同的所有者。但土地收购只需要与村长及其助手们谈判就可以了，他们能够代表所有村民的决定。整个谈判大概需要 1～6 个月时间。

以每亩 4 300 美元的价格计算，再加上 10 万美元的居民安置费，估计总共需要 100 万美元。居民们还要求邦图公司的医务室为居民提供医疗服务，并且雇佣那些移民的家庭成员。一般是一户一员。这些人可以被派作园艺、场地维护以及清扫工厂等，因为这些工作不要求员工受过教育。

（摘自《MBA 智库文档》管理案例）

思考题

1. 根据案例中现有的内容，你是否同意可以选择该地建厂？
2. 你认为邦图公司在选址时，所考虑的因素是否周全？你认为还须考虑哪些因素？

㊀ 1in=0.0254m。

㊁ 1亩=667m^2。

第3章 生产计划与生产作业计划编制

建议学时

10学时

知识目标

- 了解生产计划的指标、编制步骤和编制依据；
- 掌握企业产品品种、产量的优化方法及生产能力的核算办法；
- 理解生产作业计划的任务、分类、特点、编制依据和内容；
- 掌握期量标准的制订；
- 了解生产作业控制的概念和内容；
- 掌握生产调度工作的任务、内容和原则；
- 掌握生产作业统计和在制品管理。

能力目标

- 具备对生产计划初步安排的能力；
- 具备编制大批大量、成批、单件小批生产作业计划的初步能力；
- 具备生产调度的初步能力；
- 具有生产作业统计和在制品管理的初步能力。

素质目标

- 引导学生对生产管理人员职业素养的感性认识与理性思考；
- 培养严谨、诚信、科学等基本的职业素养；
- 培养生产管理员职业兴趣。

案例导读

无锡某通用机械公司 2010 年以前虽然产品单一，但销售业绩一直不错，2010 年由于市场变化，长期负责销售的 A 公司拒收，该企业产品完全滞销，职工连续半年只能拿到基本生活费。新任总经理立下“军令状”，决心一年内改变企业面貌。他发现该企业与环保部门合伙搞出的一台环保装置是成功的，于是决心下马老产品，改产环保装置。一年过去了，企业总算没有亏损，但企业职工的日子仍然不好过。2012 年市场形势发生了巨变，原来的产品脱销，用户纷纷来函来电希望该公司能尽快恢复老产品的生产。与此同时，环保装置销路也不好，在这种情况下，总经理回过头来又生产老产品，但无论是质量还是数量均恢复不到原来的水平。为此企业不少人员对总经理不满意，总经理也感到很委屈，想不通到底该生产什么产品好。

3.1 生产综合计划

3.1.1 生产计划的概念和主要指标

计划是管理的首要职能，现代企业生产是社会化大生产，企业内部分工十分精细，协作非常严密，任何一个部门的生产活动都离不开其他部门而单独进行，因此，需要统一的计划来指挥企业各部门的活动。

生产计划是企业生产管理的依据，它对企业的生产任务做统筹安排，规定着企业在计划期内生产的产品品种、质量、数量和期限等。企业生产计划是根据企业的产品销售计划制订的，它是企业经营计划的重要组成部分，同时又是编制企业其他计划的主要依据。

生产计划是由一系列指标构成的，这些指标各含有不同的经济内容，从不同的角度反映计划期内企业生产活动的要求。这些指标主要有品种指标、质量指标、产量指标、产值指标和出产期指标等。

（1）品种指标。品种指标是指企业在计划期内生产的产品名称、型号、规格和种类数，它涉及的决策是“生产什么”。确定品种指标是编制生产计划的首要问题，品种一般按产品用途、型号和规格来划分，品种指标表明企业在哪些方面满足社会的需要。

（2）质量指标。质量指标是指企业在计划期内生产的各种产品应该达到的质量水平。它包含着产品的内在质量（如力学性能、工作精度、使用寿命、使用经济性等）和外观质量（如产品的外形、颜色、包装等）。产品质量是衡量产品使用价值的重要标志，也综合地反映了企业的技术水平和管理水平。有的企业用产品品级构成指标反映产品总体的质量状况。产品品级一般分为优等品、合格品和不合格品（又分次品和废品两种）三种。

（3）产量指标。产量指标是指企业在计划期内打算出产的合格品的数量，它涉及的决策是“生产多少”，产量关系到企业能占领多大的市场、能获得多大的利润。产量指标通常采用实物单位或假定实物单位来计量。例如，机床用台表示，钢铁用吨表示，布用米表示。对于品种、规格很多的同系列产品，也可用主要技术参数计量，如拖拉机用马力、电动机用千瓦、煤炭用7 000大卡热量的标准燃料表示等。产量指标是表示企业生产能力和规模的一个重要指标，是企业进行供、产、销平衡和编制生产作业计划、组织日常生产的重要依据。

（4）产值指标。产值指标是用货币表示的产量指标，但又不同于产量指标，因为它还受质量、供求等因素的影响，因此它是企业生产成果的综合反映。根据具体内容与作用不同，企业产值指标又可分为工业总产值、工业增加值和工业销售产值三种形式。

1）工业总产值。工业总产值是用货币表现的工业企业在报告期内生产的最终产品或提供工业性劳务活动的总价值量。总产值指标反映了一定时期内企业生产总的规模和水平，是计算企业生产发展速度及劳动生产率等指标的重要依据。总产值中除包括成品价值外，还包括自制半成品、对外加工费收入、自制工具及模型的期末、期初价值差额等。计算工业总产值时应遵循工业生产原则和最终产品原则。

2）工业增加值。工业增加值是指工业企业在报告期内以货币形式表现的工业活动新增加的价值。计算工业增加值，可采用生产法与分配法。

按生产法计算增加值，是以总产值为基础的，其计算公式为：

$$\text{工业增加值}=\text{工业总产出}-\text{工业中间投入}+\text{本期应交增值税} \quad (3\text{-}1)$$

按分配法计算工业增加值是从国民收入的初次分配出发，将构成工业增加值的各项要素，如工资、税金、利润等直接加总。其计算方法为：

$$\text{工业增加值}=\text{工资}+\text{税金}+\text{利润}+\begin{matrix}\text{其他属于国民收入}\\ \text{初次分配性质的支出}\end{matrix} \quad (3\text{-}2)$$

其他属于国民收入初次分配性质的支出，主要包括旅差费、市内交通费、员工培训费、利息支出、罚金支出等。

3）工业销售产值。工业销售产值是以货币表现的工业企业在报告期内销售的工业产品总量，包括已销售的成品、半成品价值、对外提供的劳务价值、对本单位基本建设部门、生产福利部门等提供的产品和劳务费及自制设备的价值。其中已销售的成品、半成品是指所有权发生转移，对方已支付货款或已取得向对方索取货款权的凭证。

（5）出产期。出产期是为了保证按期交货确定的产品出产期限。正确地决定出产期很重要，因为出产期太紧，保证不了按期交货，会给用户带来损失，也给企业的信誉带来损失。

上述各项生产计划指标的关系十分密切，产品品种、产品质量和产品产量指标，是计算以货币表现的各项产值指标的基础，而各项产值指标又是企业生产成果的综合反映。对于订货型生产企业，确定交货期和产品价格是主要的决策；对于存货型企业，主要是确定要生产的产品品种和相应的产量。

3.1.2 生产计划的编制步骤

编制生产计划的主要步骤，大致可以归纳如下：

1．调查研究，收集资料 编制生产计划的过程，实质上就是一个信息处理的过程。编制生产计划所需的信息包括：①反映社会需求方面的信息；②本企业的经营目标与经营方针；③反映社会可能提供的生产资源方面的信息；④产品开发进度和生产技术准备能力状况；⑤企业实际生产水平等。

在收集资料的同时，还要注意认真总结上期计划执行的经验和教训，研究在生产计划中贯彻企业经营方针的具体措施。

2．统筹安排，初步提出生产计划指标 编制生产计划应着眼于更好地满足社会需要和提高生产的经济效益，对全年的生产任务做出统筹安排。其中包括：产量指标的选优和确定；产品出产进度的合理安排；各个产品品种生产时的合理搭配；将企业的生产指标分解为各个分厂、车间的生产指标等工作。这些工作，相互联系，实际上是同时进行的。

3．综合平衡，确定生产计划指标 把需要同可能结合起来，将初步提出的生产计划指标同各方面的条件进行平衡，使生产任务落到实处。综合平衡的内容主要包括：①生产任务与生产能力之间的平衡，需要测算企业设备、生产面积对生产任务的保证程度；②生产任务与劳动力之间的平衡，需要测算劳动力的工种、数量，以检查劳动生产率水平与生产任务是否适应；③生产任务与物资供应之间的平衡，需要验算主要原材料、动力、工具、外协件对生产任务的保证程度及生产任务同材料消耗水平的适应程度；④生产任务与生产技术准备之间的平衡，需要测算产品试制、工艺准备、设备维修、技术措施等与生产任务的适应和衔接程度；⑤生产任务与资金占用之间的平衡，需要测算流动资金对生产任务的保证程度和合理性等。

4. 最后确定生产指标 企业的生产计划，经过反复核算与平衡，最后编制出产品产量计划和产值计划表。

在企业中，编制和检查生产计划的主管单位，一般为企业的计划部门或生产管理部门。在编制生产计划的过程中，需要得到其他各个职能部门的协助和配合。

3.1.3 滚动式计划的编制方法

滚动式计划是一种将长期计划和短期计划结合在一起的计划编制方法。它的特点是，将整个计划期分为几个时间段，其中第一个时间段的计划为执行计划，后几个时间段的计划为预定计划。执行计划中的任务规定得比较具体，要求按计划实施，预定计划中的任务规定得比较粗略，只起确定目标和方向的作用。每经过一个时间段，就根据该时间段计划的完成情况以及企业内外部环境的变化情况，对原来的预定计划做出调整和修改，使计划始终保持与现实环境相统一，同时将原计划再向前推进一个时间段，使整个计划期时间保持不变。原预定计划中第一个时间段的计划变成了新计划中的执行计划，其他后续阶段的计划仍为预定计划。这样，整个计划便具有很强的连续性，更能符合客观实际，增强了计划实现的可能性。

以编制滚动式年度计划为例，每次编四个季度的计划，每隔一个季度（即滚动期）修订一次计划，并向前推进一个季度，如图3-1所示。

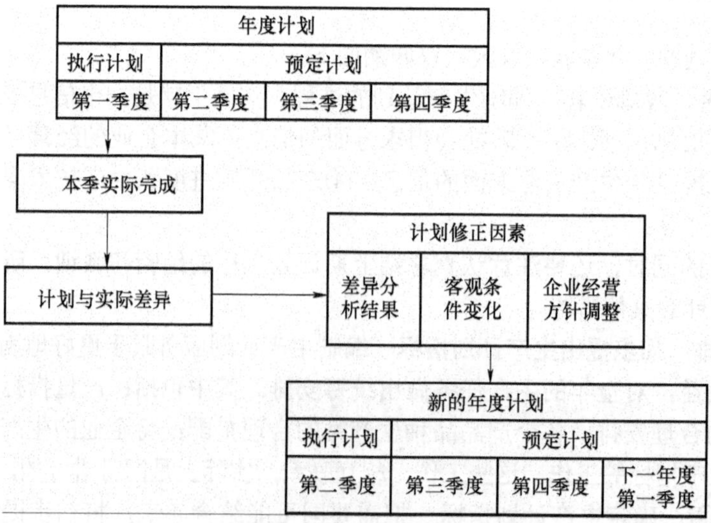

图3-1 编制滚动式年度计划

3.1.4　品种与产量的确定

备货型生产企业编制年度生产计划的核心内容是确定品种和产量，而无须考虑交货期问题，因为顾客可直接从成品库提货。大量生产和成批生产一般属于备货型生产。

1．品种的确定　对于大量大批生产类型的企业，其产品品种很少，而且既然是大量大批生产，所生产的品种一般是市场需求量很大的产品，因此，没有品种选择问题。对于多品种成批生产企业，则有品种选择问题，确定生产什么是企业一项十分重要的决策。

确定生产品种可以采取收入利润顺序法。收入利润顺序法是将企业生产的多种产品按以往销售收入和利润分别排序，并将其绘在收入利润图上，据此对企业生产的产品品种进行优化的一种品种决策方法。

例如，某企业上年所生产的 8 种产品的收入和利润排序情况见表 3-1，将其绘在图 3-2 上。

表 3-1　产品销售收入和利润排序表

产品代号	A	B	C	D	E	F	G	H
销售收入	1	2	3	4	5	6	7	8
利　润	2	3	1	6	5	8	7	4

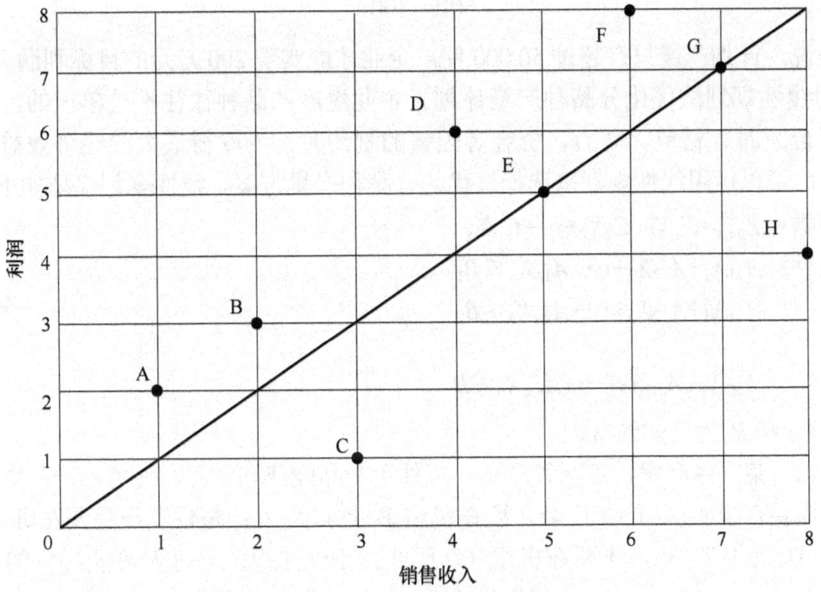

图 3-2　收入—利润排序图

由图 3-2 可以看出，一部分产品在对角线上方（A、B、D、F），还有一部分产品在对角线下方（C、H），处在对角线下方的产品利润率较高，上方的产品利润率较低。处于左下角的产品（A、B、C）是销售收入高、利润也大的产品，应加大生产；相反，处于右上角的产品（F、G）是销售收入低、利润也小的产品（甚至是亏损产品），需做进一步分析。如果是正处于导入期的新产品（因顾客不了解，销售额低；同时，由于设计和工艺未定型，生产效率低，成本高，利润少，甚至亏损），在继续生产的同时，要注意加大广告宣传，改进设计和工艺，努力降低成本；如果是正处于衰退期的老产品，就可以考虑淘汰该产品。

一般来说，产品处于对角线上（E），说明其利润处于正常水平；产品处于对角线上方（如 D 和 F），说明其利润比正常的少，就需要分析其原因是销售价格太低了还是成本太高了；反之，产品处于对角线下方（如 C 和 H），说明其利润比正常的要高，企业可以考虑增加该产品的销售量，以增加企业利润。

2. 产量的确定 企业生产计划指标的确定，是一个统筹安排、综合平衡的过程。既要服从市场需要，同时也要充分考虑企业目标利润的实现和生产能力以及各种资源的充分利用。为此，企业必须确定一个优化的产量指标。

（1）用盈亏平衡分析法优化总产量计划。企业要达到一定的利润目标，其产量指标可运用盈亏平衡点法来衡量。计算公式为

$$\text{计划产量}=\frac{\text{固定费用}+\text{目标利润}}{\text{产品平均销售单价}-\text{单位产品平均变动费用}} \tag{3-3}$$

例如，某企业打算在计划年度生产某产品，销售单价预定为 500 元，单位产品变动费用预计为 300 元，计划年度的固定费用总额为 800 万元，目标利润为 200 万元，则企业的产量必须达到：

$$\text{计划产量}=\frac{8\,000\,000+2\,000\,000}{500-300}=50\,000(\text{件})$$

这就是说，计划产量只有超过 50 000 件，企业才能实现 200 万元的目标利润。

（2）用线性规划法优化分品种产量计划。企业生产的品种往往不是单一的，当分品种产量受到工（台）时、材料、动力、资金等因素的制约时，为取得最大的经济效益，实现资源的最佳配置，可以运用线性规划来选择最优的分品种产量方案。线性规划模型如下：

目标函数：$Z_{\max}=C_1X_1+C_2X_2+\cdots+C_nX_n$

约束条件：$A_{11}X_1+A_{12}X_2+\cdots+A_{1n}X_n\leqslant B_1$

$A_{21}X_1+A_{22}X_2+\cdots+A_{2n}X_n\leqslant B_2$

$\vdots$

$A_{m1}X_1+A_{m2}X_2+\cdots+A_{mn}X_n\leqslant B_n$

式中 C_n，A_{mn}和 B_n为已知的常数。

【例 3-1】 某厂生产甲、乙两种产品，每件甲产品能获利 2 元，每件乙产品能获利 4 元；每件甲产品需要在机组 A 上加工 4h，要在机组 B 上加工 2h；每件乙产品要在机组 A 上加工 6h，在机组 B 上加工 6h，还要在机组 C 上加工 1h；机组 A 每天可能提供的生产能力为 120h，机组 B 能提供 72h，机组 C 能提供 10h。如果该厂希望获得最大利润，问每天应该生产甲、乙产品各多少？

解： 列出数学模型。设 H 为甲产品每天的产量，K 为乙产品每天的产量。

目标函数：$Z_{\max}=2H+4K$（利润）

约束条件：$4H+6K\leqslant 120$（机组 A）

$2H+6K\leqslant 72$（机组 B）

$1K\leqslant 10$（机组 C）

$H,\ K\geqslant 0$（产量非负）

由运筹学图解法，如图 3-3 所示。

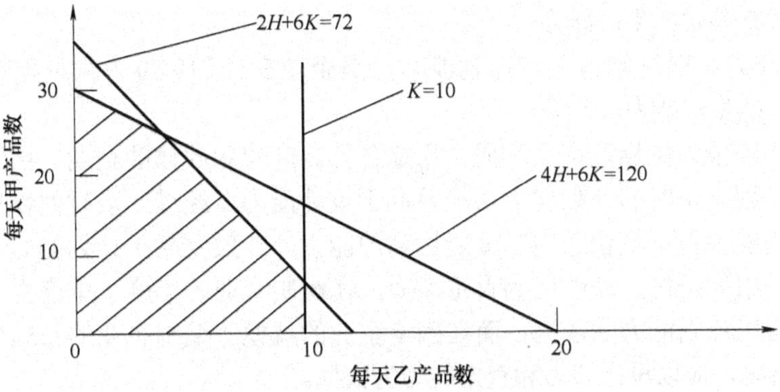

图 3-3　线性规划的图解

由图 3-3 可知其最优解为：H=24 件；K＝4 件

最优值：$Z_{max}=2H+4K=2\times24+4\times4=48+16=64$（元）

3.2 工业企业的生产能力

3.2.1　企业生产能力的概念及种类

1．生产能力的概念　工业企业的生产能力是指在一定的技术组织条件下，企业的全部生产性资产在一定时期内（通常为一年）所能生产的一定种类和一定质量的产品的最大数量或者能够加工处理一定原材料的最大数量。它是反映企业生产可能性的一种指标。下面从四个方面说明其含义：

（1）企业生产能力一般用一年内可生产的最大产品数量来表示，而在某些轻工业和选矿企业里，通常用一年内可加工处理的原材料数量来表示。

（2）企业的生产能力应是在满足生产要求的一定比例关系条件下所具备的综合生产能力。

（3）生产能力是在一定的技术组织条件下出产产品的能力，不同的条件，有不同的生产能力水平。技术组织条件是指产品的品种、结构、技术要求和工作量，机器、工具、生产面积、制造工艺、原材料，职工业务水平、熟练程度，所采用的生产组织和劳动组织形式等。

（4）工业企业的生产能力通常用其所生产的产品实物单位来计量，对于多品种生产企业可以选择一种代表产品来计量。代表产品可以按照下列原则来选择：①企业专业方向中的主要产品；②国家和市场迫切需要的重点产品和短线产品；③产量较大，结构和工艺具有代表性的产品。

2．生产能力的种类　生产能力是一个随时间变化而变化的概念，企业生产能力可分为以下三种：

（1）设计能力。设计能力是指企业基本建设设计任务书中所规定的生产能力，是新建、改建或扩建后的企业应达到的最大年产量。而企业建成投产后，由于种种条件的限制，一般要经过相当长一段时间后才能达到。

（2）查定能力。查定能力是指企业在生产一段时期后，重新调查核定的生产能力。由于企业的产品方案、协作关系和技术组织发生了很大变化，原有设计能力不能反映实际情况，而由企业重新调查核定的生产能力。

（3）现有能力。现有能力又称计划能力，是企业在计划年度内依据现有的生产技术条件，实际能达到的生产能力。

上述三种生产能力指标，水平不同，用途各异。新建和改建的企业，由于需要一个熟悉和掌握技术的过程，这时的计划能力水平要低于设计能力，经过一段时间以后，才能逐渐接近或达到。查定能力也不是企业当时就能达到的能力，一般要高于计划能力，只有当企业实现了先进的技术组织措施，才能达到查定能力。在编制企业的年度、季度生产计划，确定生产指标时，通常以计划能力为依据；而在确定企业的规模、编制企业的长远规划、安排基本建设和技术改造时，应以设计能力和查定能力为依据。

3.2.2 企业生产能力的核定

1．影响生产能力的因素 企业生产能力的大小取决于各种因素，如设备数量、技术水平、工装情况；产品结构的复杂程度、质量要求；零部件的“三化”水平及生产组织形式等。从生产能力核定的要求看，主要有以下三个因素：

（1）固定资产的数量。固定资产的数量是指全部能够用于工业生产的机器设备、厂房及其他生产性建筑物面积。机器设备包括正在运转、正在修理、正在安装或等待修理的机器设备，以及因生产任务不足或某些非正常原因而暂时停用的机器设备。对于损坏严重，已判定不能修复并决定报废的设备，以及留作备用、封存待调的设备，则不能计算在内。

（2）固定资产的工作时间。固定资产的工作时间是指机器设备的全部有效工作时间和生产面积的全部利用时间，可以分为制度工作时间和有效工作时间。制度工作时间是在规定的工作制度下，固定资产可利用的时间，一般为全年日历天数扣除全年周末天数和法定节假日后的天数与每天工作班次，每班工作小时数的连乘积。有效工作时间是在制度工作时间中扣除设备停歇时间后的时间。由于企业不同，工作制度不同，其工作时间也不同。连续性生产企业的机器设备有效工作时间为日历时间减去计划修理时间；间断性生产企业里，按上述有效工作时间计算，也要扣除计划修理时间；而生产面积的利用时间，按制度工作时间计算，一般没有停修时间。

（3）固定资产的生产效率。固定资产的生产效率包括机器设备生产效率（即设备能力）和生产面积的生产效率。前者，用单位机器设备的产量定额或单位产品的台时定额表示；后者，是指单位产品占用生产面积的大小以及时间的长短。生产效率是核定生产能力时最难确定的一项因素，因为它受各种条件的影响。生产效率和企业定额水平的先进合理程度紧密相关，影响定额水平的因素包括：产品的结构与质量要求、原材料成分及质量、设备使用年限及其状况、工艺操作方法、工人技术水平、生产组织与劳动组织状况及企业的专业化协作水平等。

2．核定生产能力的作用与意义 生产能力是确定企业长远规划，安排改建、扩建、技术改造规划的重要依据。通过核定，可以使管理者在计划、组织方面做到心中有数，掌握生产中的薄弱环节和富裕环节，挖掘生产潜力。

3．生产能力核定的程序 这项工作应该从基层做起，通常分为两个阶段：①核定班组、工段、车间各环节的生产能力；②在对各生产环节的能力进行综合平衡的基础上，核定企业的生产能力。

（1）各部门生产能力的核定。部门生产能力的核定要从每台设备的生产能力核定开始。

1）单一品种生产条件下，设备组的生产能力一般按下列公式计算：

$$设备组生产能力=设备数量\times单位设备有效工时\times单位时间产量定额 \quad (3\text{-}4)$$

或

$$设备组生产能力=设备数量\times单位设备有效工时\div单位产品台时定额 \quad (3\text{-}5)$$

在生产能力主要取决于生产面积的情况下，生产能力计算公式如下：

$$\begin{matrix}生产面积\\生产能力\end{matrix}=\begin{matrix}生产面\\积数量\end{matrix}\times\begin{matrix}生产面积利用\\的延续时间\end{matrix}\times\begin{matrix}单位时间单位面\\积的生产定额\end{matrix} \quad (3\text{-}6)$$

例如，某机加工车间的产品加工过程是按顺序移动方式设置，顺次通过车、铣、磨三个工艺环节，这三个工组的生产能力资料见表3-2。试计算各组设备的生产能力。

表3-2 机加工车间生产能力资料

设备组	设备台数	工作班数	计划检修时数/h	全年有效台时/h	产品台时定额/h	设备组生产能力/件
①	②	③	④	⑤=②×250×15.5-④	⑥	⑦=⑤÷⑥
车工组	15	2	1 145	56 980	200	284.9
铣工组	17	2	1 381	64 494	250	258
磨工组	9	2	687	34 188	120	284.9

注：全年工作日按制度工作日数250天计，每天两班按15.5h计。

由计算结果知，车工组与磨工组的生产能力相同，每年可以生产284件，相比之下，铣工组是薄弱环节，应采取一定的技术组织措施“填平补齐”。

流水线生产能力按下式计算：

$$流水线生产能力=流水线有效工作时间\div节拍 \quad (3\text{-}7)$$

2）多品种生产条件下，设备组生产能力的计算方法。当企业生产多种产品时，按各种产品分别计算生产能力是困难的。在这种情况下，企业可根据具体情况采用标准产品法、代表产品法或假定产品法来核算生产能力。

① 标准产品法。按标准产品计算生产能力就是在生产的品种中选择一种产品作为标准产品，再按一定标准（如千瓦、马力等）把不同品种、规格的同类产品换算成标准产品，最后用单一品种生产条件下核算生产能力的方法来确定设备组的生产能力。所谓标准产品，是对具有不同规格的同类产品，进行综合计算时所采用的一种实物量折算单位，如电动机可用标准千瓦的电动机，拖拉机可用标准马力的拖拉机等。

② 代表产品法。就是以代表产品为计算单位确定设备组生产能力。其计算步骤是：首先，确定代表产品。代表产品是能反映企业专业方向、产量大、占用劳动量最多、在结构或工艺上具有代表性的产品。其次，计算出以代表产品为计量单位表示的设备组的生产能力。再次，将其他产品的计划产量用换算系数分别折合成代表产品的产量。换算时，一般用台时定额或产量定额作为换算标准。换算系数的计算公式如下：

$$换算系数=\frac{某种产品台时定额}{代表产品台时定额} \quad (3\text{-}8)$$

或

$$换算系数=\frac{代表产品单位时间产量定额}{某种产品单位时间产量定额} \tag{3-9}$$

最后，计算出设备组各种计划产品的生产能力。

例如，某厂车床组有车床 10 台，每台车床全年有效时间为 3 780h，车床组加工 A、B、C、D 四种结构和工艺相似的产品，其计划产量分别为 80 台、50 台、180 台、60 台，单位产品台时定额分别为 80h、60h、100h、120h，选定 C 为代表产品，试计算车床组的生产能力。

以代表产品 C 的产量表示的生产能力及将代表产品换算为具体产品的计算过程和结果见表 3-3。

表 3-3 代表产品换算为具体产品的计算过程及结果

产品名称	生产计划/台	台时定额/h	换算系数	换算为代表产品产量	换算后产量比重	以代表产品表示的生产能力/台	换算为具体产品表示的生产能力/台
①	②	③	④=③/100	⑤=②×④	⑥=⑤/Σ⑤	⑦	⑧=⑦×⑥/④
A	80	80	0.8	64	0.185	$\frac{3\,780\times10}{100}=378$	78
B	50	60	0.6	30	0.087		54
C	180	100	1	180	0.520		197
D	60	120	1.2	72	0.208		66
合计	370			346	1.000		404

③ 假定产品法。假定产品是计算生产能力时假定的产品折合量单位。假定产品法就是以假定产品为单位计算设备组生产能力。在企业产品品种比较复杂，结构、工艺和劳动量差别较大，不易确定代表产品时，可采用假定产品法。其步骤为：

首先，计算假定产品的台时定额。

$$假定产品的台时定额=\sum\left(\begin{matrix}该产品\\台时定额\end{matrix}\times\begin{matrix}该产品产量占假定\\产品总产量的百分比\end{matrix}\right) \tag{3-10}$$

式中，假定产品总产量以各种产品计划产量总和来表示。

其次，计算设备组生产假定产品的生产能力。

$$\begin{matrix}以假定产品为单\\位的生产能力\end{matrix}=\frac{设备台数\times单位设备有效工时}{假定产品台时定额} \tag{3-11}$$

最后，根据设备组假定产品生产能力，计算出设备组各种计划产品的生产能力。

$$\begin{matrix}计划产品\\生产能力\end{matrix}=\begin{matrix}假定产品\\生产能力\end{matrix}\times\begin{matrix}该产品产量占假定\\产品总产量的百分比\end{matrix} \tag{3-12}$$

例如，某厂铣床组有铣床 14 台，每台铣床全年有效时间为 4 553h，铣床组加工 A、B、C、D 四种结构、工艺不相同的产品，其计划产量分别为 200 台、100 台、140 台、160 台，单位产品台时定额分别为 100h、60h、100h、120h，试用假定产品法计算铣床组的生产能力。

计算过程和结果见表 3-4。

表 3-4 以假定产品为计量单位的生产能力计算过程及结果 （单位：h）

产品名称	计划产量/台	各产品占总产量的比重（%）	各产品台时定额	假定产品台时定额	以假定产品为单位的生产能力/台	铣床组各种计划产品的生产能力/台
①	②	③	④	⑤=③×④	⑥	⑦=⑥×③
A	200	33	100	33	$\frac{4\,553\times 14}{98}=650$	214.5
B	100	17	60	10		110.5
C	140	23	100	23		149.5
D	160	27	120	32		175.5
合计	600	100		98	650	650

（2）企业生产能力的确定。先将各生产环节的生产能力综合平衡，进而确定企业的生产能力。综合平衡有两方面的工作：一是基本生产车间之间的能力平衡；二是辅助生产车间与基本生产车间之间的生产能力平衡。

当各基本生产环节的能力不一致时，应按主导环节来确定企业的生产能力。主导环节是指产品制造的主要工艺加工环节，如机械制造企业的机械加工车间，占产品全部制造过程劳动量的比重最大，所需投资额也往往最多，据此确定企业生产能力，可以更好地发挥投资经济效益。若企业主导生产环节同时有几个，并且生产能力各异，综合生产能力的核定应依据未来市场的需求多少确定；若产品需要量很大，则按较高能力的主导生产环节来确定，同时可考虑借助外协或技术改造来解决其他环节能力不足的问题。否则，可按薄弱环节的生产能力来确定，同时要对生产能力富余环节的富余生产能力加以充分利用，如可长期接受外协订货。

当基本生产部门的生产能力与辅助生产部门的生产能力不一致时，企业的生产能力要按基本生产部门的生产能力来确定。即使这样，也要考虑辅助生产单位与基本生产单位之间生产能力的平衡问题。若辅助生产单位的生产能力低于基本生产单位的生产能力，要采取措施提高其供应、服务能力，确保基本生产单位能力得到充分发挥；反之，也要采取有力措施，使富裕的辅助生产能力得以充分利用。

上述生产能力核定程序是对查定能力而言，这一工作的劳动量很大，因此，不可能经常进行。要经常进行核定的是企业的计划能力（现实能力）。在编制短期生产计划及生产作业计划时，都要核定现实能力，以便同计划的生产任务进行比较、平衡，使生产任务落到实处，同时使企业的生产能力得到充分利用。

3.3 生产计划的安排

3.3.1 产品出产进度安排

编制生产计划，不仅要确定全年总的产量任务，而且要进一步将全年生产任务具体安排到各个季度和各个月份，这就是产品的出产进度。合理安排产品的出产进度，可以使企业的计划进一步落实，为完成用户订货合同提供保证。合理安排产品的出产进度，也有助于有效运用企业的人力和设备资源、提高劳动生产率、降低成本、节约流动资金，从而提高企业生产的经济效益。

产品出产进度的安排方法，因企业的不同特点而有所不同。

1. 产品各季、各月的市场需求量比较稳定或者生产任务饱满的企业 这类企业的产品出产进度的安排，应实行均衡生产的方针，就是要把全年的产量任务均衡地分配到各个季度和各个月份，这有利于充分利用企业生产能力，增加产量，满足社会需求。但生产进度的均衡安排，并不等于各季、各月的平均日产量绝对相等，通常有下列多种分配形式：

（1）平均分配。平均分配即全年生产任务等量分配，各季各月的平均日产量相等。

（2）分期递增。分期递增即产量分期分阶段增长，每隔一段时间平均日产量有所增长，而在该段时期内平均日产量大致相等。

（3）小幅度连续增长。随着企业生产技术水平与工人熟练程度的不断提高，各季、各月的产量逐渐地、小幅度地不断上升。

（4）抛物线形递增。抛物线形递增主要适用于新产品的生产，开始是小批生产，然后逐渐扩大批量以至大量生产，由于工人技术熟练程度提高，开始日产量提高较快，以后逐渐趋于稳定。

上述几种产量分配形式如图3-4所示。

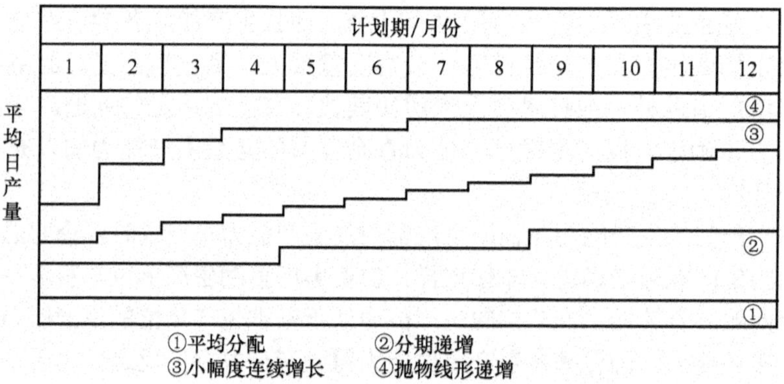

图3-4 生产稳定情况下的几种产品出产进度安排

在全年任务分季、分月安排时，产量增长幅度的确定，取决于多种复杂的因素，主要是：企业的生产能力和工人生产效率在各季、各月的变化；原材料、燃料、动力在不同时期的供应情况；重大技术措施生效的期限；各季、各月工作日数的不同以及各个时期自然条件的变化等。所以，要根据报告期产量增长与分配的资料，结合计划期各项条件的变化，掌握主要影响因素，综合考虑后确定。

2. 产品需求具有季节性的企业 产品需求具有季节性的企业，如某些农业机械和农药生产企业、酒类及饮料生产企业等。这类企业全年任务的安排有以下三种方式：

（1）均衡安排方式。在这种安排方式下，企业各月的生产任务基本相等，对于产大于销的月份，就将未售出的产品储藏起来，在旺季时销售；对于产量小于市场需求的月份，可动用产品库存来弥补销售缺口，如仍不足，还可组织外协来生产。

均衡安排生产进度的方式，优点是有利于充分利用人力和设备，有利于产品质量的稳定，也有利于管理工作的稳定；但缺点是成品库存量大，流动资金占用多；一般不适合于有保质期要求的，尤其是保质期较短的产品。

（2）变动安排的方式。各月生产量的安排随市场销售量的变动而变动，销售量增长，生产量也随之增长；销售量下降，生产量也随之下降。其累计的产量线与需求线基本重合，基本上没有库存和脱销现象。

这种进度安排的方式，优点是成品库存量小，保管费用低，能适应市场需求偏好，及时调整产品结构，不易出现产品积压；但缺点是生产任务不均衡，需要经常调整设备和人力，不利于产品质量的稳定，也容易带来生产安全问题，并且要求企业管理者有较高的水平。

企业究竟采用哪一种方式，应当进行经济上的比较。主要是比较生产调整费用和库存保管费用的大小。生产调整费用主要包括设备工艺装备的调整和改装费用、人员培训费用、加班加点费用、调整引起的停工损失和增加的废品损失等。库存保管费用主要包括资金占用的利息、仓库和运输工具的维修折旧费用、仓库人员工资、物资存储损耗等。此外，还必须考虑企业产品的特点及用户要求，例如，食品企业的产品不宜长期储存，宜采取变动安排的方式，有些企业保证和提高产品质量是关键，则宜于采取均衡安排的方式。

（3）折中方式。这是上述两种安排方式的一种中间状态。

3.3.2　多品种搭配生产

对于多品种生产的企业，不仅要合理安排产品的出产进度，还要搞好品种搭配工作。所谓多品种生产的品种搭配，就是在同一时期内，将不同品种搭配在一起进行生产。合理组织产品的搭配生产，有利于按期、按品种完成订货合同，有利于稳定企业的生产秩序，有利于提高企业生产的经济效益。因此，品种搭配是多品种生产企业安排生产任务的一项重要工作。

搞好品种搭配，一般应考虑以下几个问题：

（1）要首先安排经常生产的和产量较大的产品。对于这种产品应该在符合订货合同要求的前提下，采用“细水长流”的办法，尽可能在全年做比较均衡的安排，使各个季度、月份都能生产一些这种产品，这样可以保持企业生产上的相对稳定性。

（2）对于企业生产的其他品种，实行“集中轮番”的安排方式，加大产品的生产批量，在较短的时间内完成某一产品的全年生产任务，然后轮换别的品种。对于同类型（同系列）的产品，宜采用这种方式，它能够在不减少全年产品品种的前提下，减少各季、各月同期生产的品种数，从而简化生产管理工作，提高经济效益。

（3）新老产品交替要有一定的交叉时间。在交叉时间内，新产品产量逐渐增加，老产品产量逐渐减少。这样可以避免由于“齐上齐下”带来产量的过大波动，也有利于工人逐步提高新产品的生产熟练程度。

（4）尖端产品与一般产品、复杂产品与简单产品、大型产品与小型产品等，均应合理搭配，使各个工种、设备及生产面积得到均衡负荷。

（5）各个品种轮番生产时，谁先谁后，应当考虑合同期限、生产技术准备工作情况、关键材料和外协件的供应情况等因素。

3.3.3　部门任务分解

在对企业总的生产任务的进度做出安排后，还要进一步将整个企业的生产任务分解到各个生产部门（车间或分厂），规定各部门的生产任务。安排部门任务的作用在于：使企业生产任务得到落实；使各部门明确计划期内生产方面的经济责任，调动部门的积极性，促使各部门提前做好各项准备工作。

安排部门生产任务，应该满足下列要求：

（1）要能保证整个企业的生产计划得到实现。为此，规定给各个车间的生产任务，应当在品种、数量和进度上相互衔接，以保证企业计划的按期完成。

（2）要注意缩短生产周期和减少资金占用量，提高经济效益。

（3）要注意充分利用各部门的生产能力，分配给各部门的任务应当适合这个部门的设备条件，并能充分利用这些机器设备，并使各部门任务基本均衡。

安排车间任务的方法，一般是先安排基本车间的生产任务，再安排辅助车间的生产任务。

规定基本车间生产任务的方法，取决于各基本生产车间的专业化形式：对象专业化的基本生产车间，安排车间任务的方法比较简单，主要是考虑生产能力、生产技术条件对生产任务的适应情况，如果二者大体适应，就可将生产任务按各车间原有的专业分工进行安排，根据实际情况，必要时也可对原来的分工做适当调整；工艺专业化的基本生产车间，规定车间任务主要是解决车间与车间之间在品种、数量和期限方面的平衡与衔接问题，安排车间任务的方法是“反工艺顺序法”，按照工艺顺序从后往前倒推，逐个确定各车间的生产任务。以机械制造企业为例，首先根据装配车间产品装配的数量、时间要求，决定机加工车间的生产任务；然后再根据机加工车间产品加工的数量、时间要求，决定毛坯车间的生产任务。由于企业生产类型的不同，反工艺顺序法的运用，又有在制品定额法、提前期法、生产周期法等多种形式。

关于辅助车间的任务安排，要视辅助车间与基本生产车间任务间的关系来定，对于同基本生产车间任务有直接联系的辅助车间，其任务的安排要根据基本生产车间的任务来规定。例如，工具车间的任务，应当根据各个基本生产车间的产品加工数量和单位产品的工具消耗定额来规定，同时考虑其他辅助车间对工具的需要量、试制新产品对工具的需要量以及工具库存量变化等因素；运输车间的任务应当根据厂内运输量和厂外货运量来规定；包装车间的任务应当根据产品产量和单位产品消耗量来规定。对于同基本生产车间任务没直接联系的辅助车间，如机修车间，它的生产任务应根据所服务的全部机器设备的使用程度，按照设备修理计划来规定。

3.4 生产作业计划的任务、分类与编制依据

企业的生产作业计划是生产计划的具体执行计划，即把企业年度、季度生产计划中规定的月度生产任务以及临时性的生产任务具体地分配到各个车间、工段、班组以至每个工作地和个人，规定他们在月、旬、周、日、轮班以至每个小时的生产任务，并按日历顺序安排进度，从而保证按数量、品种、质量、期限、成本完成企业的生产任务。生产作业计划对生产计划的分解、分配过程也是对计划期内生产过程中加工对象的运动进行控制的过程，就是按照既定的要求对生产过程进行监督、检查和统计各项生产进度的完成情况，根据出现的新情况对计划及时地进行调整，以保证顺利完成计划任务。因此，企业生产作业计划工作的主要内容包括生产作业计划的编制和组织实现计划两个方面。

3.4.1 生产作业计划的任务

在企业的生产管理中，生产作业计划是一项非常重要的工作，它对于提高企业的管理水平，提高企业的经济效益有很重要的作用。具体任务包括：保证生产计划及订货合同规定的产品品种、数量和交货期等产品出产任务的完成；合理组织生产过程。

3.4.2 生产作业计划的分类

（1）生产作业计划根据企业生产类型、生产组织形式的不同可以分为大批量生产作业计划、成批生产作业计划和单件小批生产作业计划三类。

（2）生产作业计划根据作业计划的编制范围可以分为厂级生产作业计划和车间生产作业计划。

3.4.3 生产作业计划的特点

（1）计划期短。生产作业计划一般是指月度和月度以内旬、日、小时的计划。

（2）计划内容具体。生产作业计划把生产任务细分到各个生产环节，甚至落实到作业地、人头。

（3）计划形式直观、简单。生产作业计划的形式一般都采用进度表的形式，用比较形象、易于理解的方式来表示。

3.4.4 生产作业计划的编制依据

生产作业计划是协调企业日常各项生产工作的中心环节，关系到企业的生产经营活动能否顺利进行。为此，必须做好编制生产作业计划的调查研究工作，努力掌握企业外部市场信息和内部生产信息，寻找并发现企业的薄弱环节和潜在的能力，从实际出发，科学编制生产作业计划。

编制生产作业计划包括：制订期量标准、编制各车间（厂级）生产作业计划、编制车间内部生产作业计划。

1．编制生产作业计划的原则

（1）保证销售计划的顺利完成。在市场经济的今天，保证销售计划的顺利完成是编制生产作业计划的首要原则。

（2）尽量保持企业生产的连续性和均衡性。

（3）要坚持责、权、利相结合的原则。

（4）全面、准确、及时的原则。

2．生产作业计划的编制依据

（1）生产任务方面的资料：企业生产计划、订货合同及协议、新产品试制任务；厂外协作任务、车间之间以及厂内其他辅助部门、基建部门等交付协作的任务。

（2）设计工艺方面的资料：产品零部件的图样、加工验收技术条件、工艺规程及其变化情况；产品装配系统图、工艺路线、自制或外购零件清单、必要的工艺卡片。

（3）生产能力方面的资料：人员配备情况及各类生产工人的人数及技术等级；设备的类型、数量、实际运行情况，特别是关键设备的工序能力指数、设备的大修、中修计划；厂房生产面积及其利用情况；各类产品分工种、零件、工序的工（台）时定额及压缩系数。

（4）生产准备方面的资料：工装目录及其在用、在库、在制的成套情况；原材料的供应情况，能源的限额分配情况，材料定额和原材料进厂使用结存变化情况。动力运输的能力及供应、服务情况。

（5）前期计划完成情况资料：各种产品、零件的分工种、分工序的工时消耗定额及其分析资料；产品质量，特别是关键零件的质量情况及有关质量的分析材料；配套缺件及在制品期末结存量；工（台）时利用率、工人出勤率及有关分析资料。

（6）主要产品的期量标准及其变动情况的资料。

3.4.5 生产作业计划工作的内容

生产作业计划工作的内容包括：

（1）制订生产作业的期量标准。

（2）编制生产作业计划。

（3）组织实现生产作业计划。

3.5 生产作业计划的编制

3.5.1 期量标准的制订

期量标准又称作业计划标准。它是对劳动对象在生产过程中的运动所规定的一套生产期限和数量的标准。“期”表示期限，“量”表示数量。期量标准是编制生产作业计划的根本依据。期量标准严格地规定了各种产品的生产和投入时间，企业因而能够有效地组织各生产环节，使其密切配合，相互协调，以取得良好的经济效益。

生产过程中各环节的期限和数量随着企业生产类型、生产组织形式的不同而产生不同的联系方式，因而形成不同的期量标准。

大量生产的期量标准主要有：节拍、节奏、在制品储备量定额，流水线标准工作指示图表等。

成批生产是工业企业在一定时期内重复轮番制造多种产品的一种生产类型，成批生产的期量标准有：批量、生产间隔期，生产周期，生产提前期，在制品定额。

单件小批生产的主要特点是：产品品种多而不稳定，每种产品的数量很少，每一工作地有多道工序，工序很少重复，专业化生产水平低，生产任务需要根据用户的具体订货情况来确定。因此单件小批生产作业计划解决的主要问题是控制好产品的生产流程，按订货期进行生产。其主要期量标准有产品生产周期、生产提前期等。

下面主要介绍成批生产企业的期量标准。

1．批量、生产间隔期 批量是花费一次准备结束时间投入生产的同种产品的数量。准备结束时间是指生产开始前熟悉图样、领取工具、调整设备工装等工作所花费的时间。

生产间隔期是指前后两批相同制品投入（或出产）的间隔时间。

生产间隔期和批量有密切的关系，正确确定生产间隔期和批量对于组织均衡生产，提高企业生产活动的经济效果有重要意义。可用下式表示：

$$生产批量=计划期平均日产量\times生产间隔期 \tag{3-13}$$

确定批量和生产间隔期的方法基本上可以分为两类，即以量定期法和以期定量法。

（1）以量定期法。以量定期法的基本原理是根据提高经济效益的要求先确定出一个最初批量，然后再据以计算生产间隔期并修正最初批量，求得最佳数值。

1）最小批量法。最小批量法是根据科学合理利用设备、提高劳动生产率两个原则来计算最小批量的，要求批量能保证设备调整时间损失与一批制品（零部件）加工时间的比值只超过允许的数值。计算公式为

$$Q_{\min}=\frac{t_{ad}}{K_{调}t} \tag{3-14}$$

式中 $Q_{\min}$——最小批量（件）；

t_{ad}——设备调整时间（min、h）；

$K_{调}$——设备调整的时间损失系数；

t——工序单件时间（min、h）。

设备调整时间损失系数根据企业实际生产情况进行确定，影响因素有生产类型、零件大小、设备负荷系数等。具体参考数值大小见表3-5。

表3-5 设备调整时间损失系数表

零件大小	大批	中批	小批
大件	0.05	0.08	0.1
中件	0.04	0.05	0.08
小件	0.03	0.04	0.05

最小批量法适用于对关键设备和贵重设备的批量决策。

2）经济批量法。产品的生产费用由设备的调整费用和产品的存储费用构成。批量越大，完成一定生产任务需要调整设备的次数越少，单位产品的调整费用也越少，同时，批量增加会加大在产品的存储数量，增加资金占用，增加仓库面积，从而增加存储费用，加大产品成本。经济批量正是从使生产费用中与批量有关的费用最小的观点出发制订批量的，如图3-5所示。

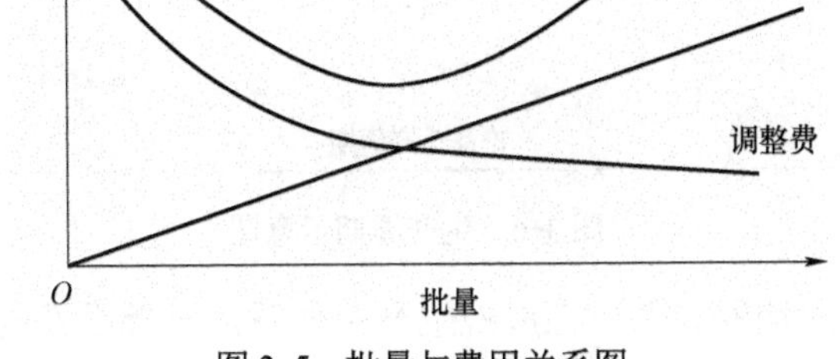

图3-5 批量与费用关系图

其计算公式为

$$Q=\sqrt{\frac{2NA}{Ci}} \tag{3-15}$$

式中 Q——经济批量；

N——年度计划生产任务（件、套）；

A——设备调整一次所需费用（元）；

C——单位产品成本（元）；

i——年保管费率。

【例 3-2】 某产品全年生产任务为 20 000 件，设备调整一次费用为 1 500 元，单位产品成本为 120 元，年平均保管费用率为 20%，则经济批量为

$$Q=\sqrt{\frac{2\times 20\,000\times 1\,500}{120\times 20\%}}\approx 1\,852\text{（件）}$$

无论是最小批量法还是经济批量法，求出的批量都是初步的，还要根据以下几方面进行适当的调整和修正：

1）批量应与月产量相等或成为倍数关系。

2）供应车间的批量要与需求车间的批量成倍数关系。

3）批量应尽可能与工装、工位器具、设备容量和设备一次装夹数相适应。

4）批量应不低于半个班的产量。

在批量确定后，即可据之确定生产间隔期。在平均日产量不变的情况下，批量越大，生产间隔期就越长。

（2）以期定量法。以期定量法的基本原理是根据工艺特点、零件复杂程度等因素凭经验确定生产间隔期，然后据以计算批量，使批量与其相适应。当生产任务变动时，生产间隔期保持不变，只调整批量。

2. 生产周期 生产周期是指从原材料投入生产开始到成品出产所经过的全部日历时间。对于机械产品而言，它包括零件的铸造毛坯、机械加工、部件装配、总装配等工艺阶段的生产周期，如图 3-6 所示。

生产周期是确定产品各零件、毛坯的投入出产时间，编制生产作业计划的重要依据，对于缩短生产周期，提高劳动率，加速资金周转等都有重要意义。

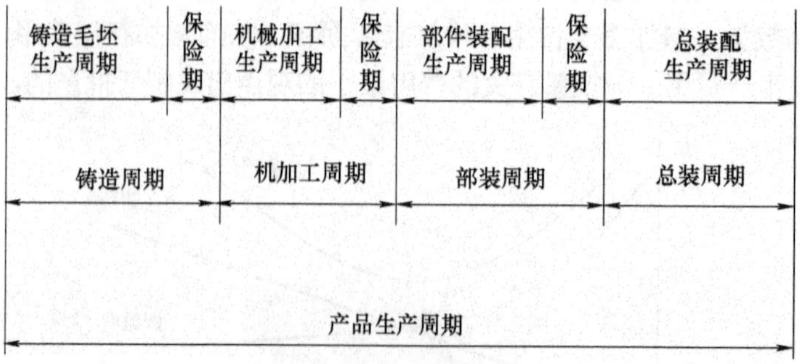

图 3-6 生产周期示意图

（1）一批零件生产周期的计算。在成批生产条件下，一批零件的生产周期在很大程度上

取决于零件在各道工序上制造的时间移动方式：顺序移动、平行移动和平行顺序移动。这三种移动方式在生产过程的时间组织里已做了详细介绍，在此不做阐述。通常先按顺序移动方式计算出一个生产周期，然后用平行系数进行修正。计算公式为

$$T_{基}=\sum_{i=1}^{m}\left(\frac{Qt}{F_{效}SK_{t}}K_{平}+\frac{t_{ad}}{F_{效}}\right) \tag{3-16}$$

式中　$T_{基}$——完成一批零件的工序生产周期；
m——零件工序数目；
Q——零件批量；
$F_{效}$——有效工作时间；
S——同时完成该工序的工作地数；
K_{t}——工时定额完成系数；
$K_{平}$——平行系数（一般采用经验数据，大量零件一般为0.7～0.8）；
t_{ad}——设备调整准备结束时间。

（2）产品生产周期的计算。产品的生产周期是整批产品各工艺阶段的生产周期与保险期之和。计算公式为

$$T_{产品}=T_{毛}+T_{毛保}+T_{加}+T_{加保}+T_{部装}+T_{总装} \tag{3-17}$$

式中　$T_{产品}$——产品生产周期；
$T_{毛}$——毛坯生产周期；
$T_{毛保}$——毛坯保险期；
$T_{加}$——加工生产周期；
$T_{加保}$——加工保险期；
$T_{部装}$——部件装配生产周期；
$T_{总装}$——产品总装配生产周期。

确定成批生产条件下的生产周期需要考虑每批零部件在各工艺阶段的移动方式，零件在各车间的成套周期等诸多因素，用公式计算不但复杂，而且往往和实际脱节，因此在生产实践中一般采用图表法，即用反工艺顺序绘制出各工艺阶段的衔接关系以及各工艺阶段的生产周期指示图表。

3．生产提前期　生产提前期是指产品（毛坯、零部件）在生产过程的各工艺阶段投入（或产出）的日期比成品出产的日期要提前的时间，正确计算提前期可以保证各工艺阶段及时投入，适时出产，保证生产的连续性和均衡性。生产提前期可以分为投入提前期和出产提前期。

生产提前期是从产品装配出产日期开始，按各工艺阶段的生产周期和出产间隔期反工艺顺序推算的。

（1）前后工序车间的生产批量相等时。

1）投入提前期。最后工序车间的投入提前期等于该车间的生产周期，每一个车间的投入提前期都比该车间出产提前期提早一个该车间的生产周期，所以其计算公式为

$$T_{投}=T_{出}+T_{周} \tag{3-18}$$

式中 $T_{投}$—— 车间投入提前期；

$T_{出}$—— 本车间出产提前期；

$T_{周}$—— 本车间生产周期。

2）出产提前期。提前期的计算是按反工艺顺序进行的。计算公式为

$$T_{出}=T_{后投}+T_{保} \tag{3-19}$$

式中 $T_{出}$—— 某车间出产提前期；

$T_{后投}$—— 后车间投入提前期；

$T_{保}$—— 两车间之间保险期。

各车间提前期及其相互关系如图3-7所示。

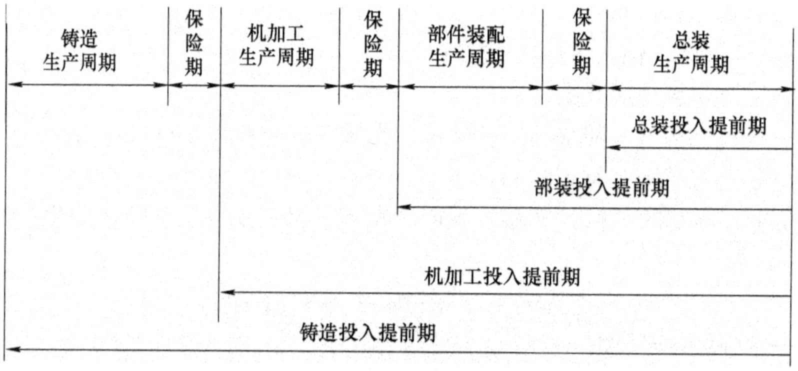

图3-7 各车间提前期及相互关系

（2）前后工序车间生产批量不等，但是前工序车间的批量是后工序车间批量的倍数时。

1）车间投入提前期的计算公式与上述方法相同。

2）出产提前期的计算公式为

$$T_{出}=T_{后投}+T_{保}+（T_{生}-T_{后生}） \tag{3-20}$$

式中 $T_{出}$—— 车间出产提前期；

$T_{后投}$—— 后车间投入提前期；

$T_{保}$—— 两车间之间保险期；

$T_{生}$—— 本车间生产间隔期；

$T_{后生}$—— 后车间生产间隔期。

4. 在制品定额 在制品是指从原材料投入到成品入库为止，处于生产过程各环节尚未完工的产品（毛坯、零件、部件）的总称，即生产过程各环节所需占用的最低限度的在制品数量，保持一定数量的在制品是保证正常生产的客观需要。在成批生产条件下，在制品定额分为车间内部在制品储备量（周转储备量）和车间之间储备量（库存储备量）。

（1）车间内部在制品储备量（周转储备量）。车间内部在制品储备量是指在制品成批投入车间到出产入库以前在车间内部占用的数量。成批生产条件下，周转储备量是指月末的在制品数量，这是由于在制品成批投入到月末尚未完工而形成的。平均周转储备量的计算公式为

$$Z_{平}=T_{周}\frac{Q}{R}=T_{周}N_{平} \tag{3-21}$$

式中　$Z_{平}$——平均周转储备量；

$T_{周}$——一批零件的生产周期；

Q——零件批量；

R——该零件在该车间的生产间隔期；

$N_{平}$——平均日产量。

由式（3-21）可见，周转储备量的批数取决于 $T_{周}$、R 和具体的投入出产日期可分为三种情况，如图 3-8 所示。

当 $T_{周}<R$ 时，月末在制品可能有一批，也可能没有，其有无在制品取决于月末最后一批投入出产的日期。

当 $T_{周}=R$ 时，任何时间都有一批在制品。

当 $T_{周}>R$ 时，$T_{周}/R$ 即为月末车间在制品的批数。

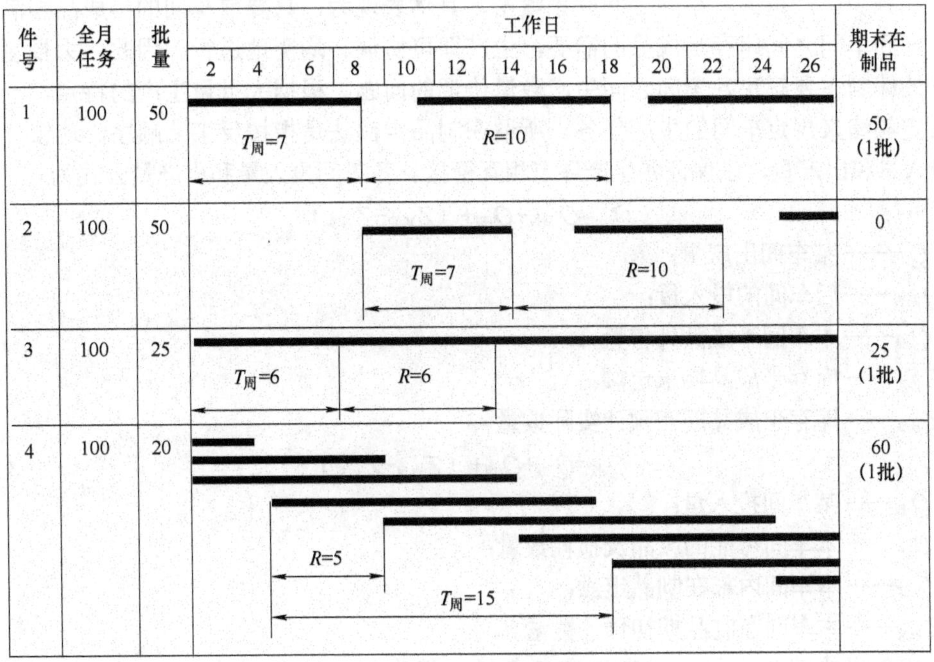

图 3-8　在制品示意图

（2）车间之间储备量（库存储备量）。车间之间储备量是指车间之间的毛坯库或零件库中的半成品储备量。由于前后车间生产率不同、工作班次、批量、间隔期不同或者投入生产的时间不协调而形成的在制品。

其最大储备量计算公式为：

$$Z_{max}=NT=NR_{前}=Q_{前} \tag{3-22}$$

式中　N——平均日需量；

T——库存天数；

$R_{前}$——前车间出产间隔期；

$Q_{前}$——前车间出产批量。

3.5.2 大批量生产作业计划的制订

1．厂级生产作业计划的编制

（1）规定车间生产任务的计划单位。在大量生产条件下一般采用零件计划单位。零件计划单位是以产品的每种具体零件作为计划单位规定车间的生产任务。这种计划单位的优点是：零件在各车间之间紧密衔接，生产周期较短，资金占用较少，厂部对生产情况的掌握比较清楚，当生产情况出现变动时，便于对作业计划做出调整。缺点是：产品零件繁多，作业编制计划较为复杂，工作量大，权力集中于厂部，不利于调动车间生产的积极性、主动性。

（2）规定车间生产任务。在大批生产条件下，企业各个车间生产任务和工艺稳定，生产的产品品种少，产量大，车间之间联系紧密，具体表现为：只要前车间的半成品能满足后车间的生产和车间之间库存半成品的需要，生产即可协调、均衡地进行。因此，大批量生产作业计划的编制主要解决各车间之间生产数量协调的问题。根据大批量生产的特点，一般采用在制品定额法来规定车间的生产任务。所谓在制品定额法是指按反工艺顺序，连锁计算各车间的投入量和出产量，以保证各生产环节相互衔接。各车间投入量和出产量公式为

$$Q_{出}=Q_{后投}+Q_{销}+（Z_{库定}-Z_{库实}） \qquad (3\text{-}23)$$

式中 $Q_{出}$——某车间出产量；

$Q_{后投}$——后车间的投入量；

$Q_{销}$——本车间半成品外售量；

$Z_{库定}$——库存半成品期末定额；

$Z_{库实}$——库存半成品期初预计实际数量。

$$Q_{投}=Q_{出}+Q_{废}+（Z_{内定}-Z_{内实}） \qquad (3\text{-}24)$$

式中 $Q_{投}$——某车间投入量；

$Q_{废}$——本车间可能的废品及损耗数量；

$Z_{内定}$——本车间内部在制品定额；

$Z_{内实}$——本车间在制品期初预计数量。

以某企业的某车间第二季度生产任务的计算为例（按在制品定额法计算车间生产任务），计算过程如表3-6所示。

2．车间内部生产作业计划的编制 车间内部生产作业计划是将厂部下达的生产任务进一步具体化，将其分配至工段、小组并为其制订作业任务。具体编制方法要考虑车间规模、工段和小组的专业化程度。

（1）工段和小组的生产作业计划。在大批量生产条件下，各车间的工段和小组生产任务比较稳定，执行的工艺比较固定，因此，只要确定每个工作地和每个工人的生产任务，即可编制生产计划。如果工段和小组是按对象原则组成，可以将生产任务直接分配给它们；如果工段和小组是按工艺原则组成，可以按反工艺顺序进行平衡计算，然后将生产任务分配给它们。

（2）工作班计划。为了更好地组织企业的日常生产活动，还可以编制工作班计划，工作

班计划要规定每个工作地、每个工人在一个轮班内的产量任务。

表3-6 某车间第二季度生产任务计算表

装配车间出产量					装配车间投入量				零件库		
产品名称	计划出产量	零件名称	每台件数	全部零件数	废品及损失	在制品占用量定额	期初预计在制品占用量	计划投入量	外销零件数	库存半成品占用量定额	期初预计半成品占用量
(1)	(2)	(3)	(4)	(5)	(6)	(7)	(8)	(9)	(10)	(11)	(12)
620	100	变换齿轮	12	1 200		120	84	1 236	550	100	86

加工车间出产量与投入量					毛坯库			毛坯车间出产量与投入量				
计划出产量	废品及损失	在制品占用量定额	期初预计半成品占用量	计划投入量	外销毛坯数	库存毛坯占用量定额	期初预计毛坯占用量	计划出产量	废品及损失	在制品占用量定额	期初预计在制品占用量	计划投入量
(13)	(14)	(15)	(16)	(17)	(18)	(19)	(20)	(21)	(22)	(23)	(24)	(25)
1 800	8	180	88	1 900	100	150	130	2 020	10	150	100	2 080

注：(5) = (2) × (4)　　(9) = (5) + (6) + (7) − (8)
(13) = (9) + (10) + (11) − (12)　　(17) = (13) + (14) + (15) − (16)
(21) = (17) + (18) + (19) − (20)　　(25) = (21) + (22) + (23) − (24)

3.5.3 成批生产作业计划的编制

1. 厂级生产作业计划的编制

(1) 车间生产任务的计划单位。

1) 台份计划单位。台份计划单位是以装配所需的全套零件作为统一的计划单位。各车间、工段根据自己的零件明细表按规定组织生产。因此，同一种产品的一台份对各车间所包含的内容是不同的。厂部负责列出计划生产任务的产品名称、规格、型号、数量。

台份计划单位的优点是厂部编制计划简单，车间生产机动性大，有利于加强车间成套出产的责任心；缺点是厂部不容易掌握车间的生产情况，零件要积压很长时间，占用了流动资金。台份计划单位一般适用于生产周期较短，加工劳动量较小的多品种成批生产企业。

2) 零件组计划单位。零件组计划单位是以产品中具有相同特点的零件作为计划单位。采用零件组计划单位时，厂部按零件组下达任务，只需列出零件组名称、数量、进度。各车间按照事先编制好的零件组的分组明细表安排生产。

这种计划单位的优点是既满足了同类零件归类的要求，又满足了零件的批量、生产间隔期、生产周期的特点。缺点是增大了计划的工作量。零件组计划单位一般适用于产品系列化、零部件标准化、品种较稳定的成批生产企业。

(2) 车间生产任务的制订。在多品种成批生产条件下，产品定期轮番成批生产，车间生产任务的制订一般使用提前期法。提前期法是根据提前期规定的各车间应比装配出产提前完成的数量。通常用累计编号法来表示车间的投入与出产任务。在累计编号法中，各车间投入生产的数量常用累计数表示，累计数是从计划年度开始生产某种产品的第一台算起，对每一台产品顺序地编上号码，产品越接近装配车间，累计号越小，产品越接近开始阶段，累计号越大。累计编号法的主要环节是规定各车间投入和出产的累计数，以此来联系和调节各车间之间的衔接关系，掌握各车间生产进度和确定计划月任务量。计算公式如下：

$$L_{出}=L_{装出}+T_{出}q \tag{3-25}$$

$$L_{投}=L_{装出}+T_{投}q \tag{3-26}$$

式中 $L_{出}$——某车间出产累计号数；

$L_{装出}$——装配车间成品出产累计号数；

$T_{出}$——某车间出产提前期日数；

q——装配车间平均日产量；

$L_{投}$——某车间投入累计号数；

$T_{投}$——某车间投入提前期日数。

各车间在计划期内应完成的出产量和投入量的计算公式如下：

$$Q_{出}=L_{出}-L_{出初} \tag{3-27}$$

$$Q_{投}=L_{投}-L_{投初} \tag{3-28}$$

式中 $L_{出初}$——该车间计划期初已达到的出产累计号数；

$L_{投初}$——该车间计划期初已达到的投入累计号数。

在逐月产量比较稳定的大量生产条件下才适宜以平均日产量来计算各车间累计数，在逐月产量不稳定的大量生产条件下或者间断生产的多品种成批轮番生产，应按产品出产的时间要求，根据提前期和数量、批量等来确定各车间提前生产零部件的时间和累计数。一般安排当月计划时，除装配车间按当月应出产任务确定外，其他车间任务的确定是根据生产大纲或订货合同和轮番计划等，看当月以后各月出产的品种、数量、批量的要求，按它的零部件提前期和批量来推算，并摘抄出来应由当月各车间提前生产的品种、数量、批量以及应达到的累计数，或用图表的方法反工艺推算。经过上述公式计算出的计划任务还应当根据批量加以修正。

【例 3-3】 某企业采用累计编号法编制 A 产品 2015 年度 4 月份在有关车间的投入产出计划。已知该产品 3 月份的装配车间投入累计号为 1 510，产出累计号为 1 480；机加工车间 3 月份的投入累计号为 1 580，产出累计号为 1 555；铸造车间 5 月份的投入累计号为 1 640，产出累计号为 1 610。假设该产品铸造生产周期为 7 天，机加工生产周期为 18 天，装配生产周期为 5 天，各车间间的保险期为 1 天。已知 4 月份的生产任务为 440 台，有效工作日 22 天。试计算 4 月份各车间的投入量和出产量。

则：

$$T_{装投}=5\text{（天）}$$

$$T_{机出}=T_{装投}+T_{保}=5+1=6\text{（天）}$$

$$T_{机投}=T_{机出}+T_{机生}=6+18=24\text{（天）}$$

$$T_{铸出}=T_{机投}+T_{保}=24+1=25\text{（天）}$$

$$T_{铸投}=T_{铸出}+T_{铸生}=25+7=32\text{（天）}$$

$$q=440\div22=20\text{（台/天）}$$

所以：

$$L_{装出}=1\,480+440=1\,920$$

$$L_{装投}=1\,920+20\times5=2\,020$$
$$L_{机出}=1\,920+20\times6=2\,040$$
$$L_{机投}=1\,920+20\times24=2\,400$$
$$L_{铸出}=1\,920+20\times25=2\,420$$
$$L_{铸投}=1\,920+20\times32=2\,560$$

所以：
$$Q_{装出}=1\,920-1\,480=440$$
$$Q_{装投}=2\,020-1\,510=510$$
$$Q_{机出}=2\,040-1\,555=485$$
$$Q_{机投}=2\,400-1\,580=820$$
$$Q_{铸出}=2\,420-1\,610=810$$
$$Q_{铸投}=2\,560-1\,640=920$$

当然，在确定实际车间投入、产出量时应考虑生产批量，进行调整。

2. 车间内部生产作业计划的编制　车间内部生产作业计划一般包括工段、工作地月度生产计划或旬生产作业计划。在成批生产条件下，各工段工作地轮番生产多种零件，这时需要安排好加工各种零件的工序顺序，才能保证工序的相互衔接和设备的充分负荷。为此车间需要根据厂部下达的生产任务编制车间的月度和旬（周）作业计划，旬（周）作业计划是月度计划的具体化。当厂部下达的计划单位与工段（工作地）不同时，车间根据工段（工作地）的生产能力将厂部下达的任务直接分发给相关的工段（工作地）；当厂部下达的计划单位与各工段（工作地）相同时，车间需要将零部件分解，再按各工段（工作地）的专业分工进行分配；如果个别工序需要跨工段（工作地）加工，车间则需要编制协作加工计划。

如果工段（小组）按照对象原则组成，其月度计划任务只需从车间月度生产任务中摘出即可；如果工段（小组）按照工艺原则组成，可以按照在制品定额法或者累计编号法通过在制品定额、提前期定额标准安排任务，并相应地编制生产作业计划。

3.5.4 单件小批生产作业计划的编制

1. 厂级生产作业计划的编制

（1）车间生产任务的计划单位。

1）成套部件计划单位。成套部件计划单位是用产品的某一工艺部件的全套零件作为计划单位。它是厂部生产管理部门按照产品装配的工艺顺序，根据各车间、工段负责生产该部件零件分工明细表确定的，按此计划单位规定各车间生产任务时，厂部负责列出应生产的部件名称、数量、生产进度。由于具备以上特点，所以这种计划单位具有两大优点：①减少了装配的等待时间，从而减少资金占用、缩短生产周期；②能够保证部件生产的成套性。但是同时也限制了同类零件成批生产的可能性，影响劳动生产率和经济效益的提高。

2）订货计划单位。订货计划单位是以一项订货的全部产品作为计划单位，一般适用于按订货生产、产品品种繁多的单件小批生产类型的企业。

（2）规定车间生产任务。车间生产任务的规定取决于车间的生产组织形式和生产类型，在单件小批生产条件下，生产任务一般都是一次性的，或者不定期重复。此时可以选择生产周期法规定生产任务，生产周期法是根据产品的装配系统和工艺过程工时定额、车间生产能力等资料，绘制出产品生产周期图表，工作程序如下：

1）根据各项订货的生产周期制订出各种产品的生产周期图表。

2）根据各种产品的生产周期图表编制全厂各种产品投入出产综合进度计划。

在编制计划时应该分车间、工段、工种、设备进行平衡，通过生产周期图表可以确定产品在各个阶段的投入和出产日期，确定产品零件的投入出产日期。编制计划时，将属于各车间当月投入和出产的任务进行汇总，据此可以得出车间的月度生产任务。

2．车间内部生产作业计划的编制 单件小批生产作业的特点决定了其不能编制零件分工序进度计划。因此，对于单个或一个出产的产品，先对其中主要零件、主要工种安排计划，以此来指导生产过程中各工艺阶段的衔接。其余零件可以根据产品生产周期图表中规定的各工艺阶段的提前期类别，或按厂部计划规定的具体日期，以旬或周为单位，按各零件的生产周期规定投入和出产时间。在日常生产活动中，只要主要零件和主要设备能按计划进行生产，其余零件能按配套需要的先后次序和投入提前期及时投入，加强生产调度，即可顺利完成计划任务。为使工人更清楚地了解全月生产任务，应尽可能编制出月度生产作业计划，包括旬、周、日等短期计划。

3.6 生产作业控制

3.6.1 生产作业控制的概念与内容

1．生产作业控制的概念 企业根据生产计划与生产作业计划的要求组织生产活动，这些要求具体表现为生产过程中规定的产品数量、质量和交货期限等内容。但是，生产作业计划在具体执行过程中，不可避免地要受到各种主客观因素的影响，从而使预定的目标、计划和标准与生产实际之间产生差异，这种差异一般表现为生产进度过快或过慢，生产数量的过多或过少，以致不能按规定要求完成生产任务，实现经营目标。因此，必须通过控制，找出差距，分析原因，采取措施，以预防或减少差异。所谓生产作业控制，就是企业按照生产计划的要求，组织实施生产作业计划，全面掌握企业的生产情况，了解计划与实际之间产生的差异及其原因，及时调整生产进度，调配劳动力，合理利用生产设备、生产面积，控制物料供应和储存，以及厂内外物料的运输工作，并统一组织力量，做好生产服务工作。生产作业控制是实现生产作业计划的重要保证，生产作业计划是生产作业控制的基础。

生产作业控制主要包括三个方面的要素：标准、信息和措施。标准是指生产作业计划及根据其制订的各种标准，是衡量生产过程是否产生偏差的根本依据。信息是指实际执行结果与制订的标准之间将要产生和已经产生的偏差，据此可以了解、评价生产作业计划执行情况及其发展趋势。措施是指对将要产生和已经产生的偏差做出的解决方法，是根据标准和信息控制生产过程的结果。这三个要素是缺一不可的。标准是生产作业控制的基础，没有标准，就无法对生产过程进行了解和评价；信息是生产作业控制的依据，没有事先测定和事后检查与标准发生偏差的信息，就无法制订纠正偏差的措施；措施是生产作业控制的落脚点，没有纠正措施，生产作业控制就成为无意义的活动。

生产作业控制程序是与构成生产作业控制的三个要素分不开的，也就是说，生产作业控制三个要素之间的关系，决定了生产作业控制的程序：首先，制订生产作业控制的标准；其次，检测执行结果与标准进行比较；最后，采取纠正偏差措施。

2. 生产作业控制的内容　生产作业控制的内容主要有生产作业调度、生产作业统计和在制品管理。

3.6.2　生产调度工作的任务、内容和原则

生产调度工作是根据生产作业计划对企业日常生产活动进行控制和调节的活动过程。它通过对信息的测量、比较，使目标差异减少，而逐步接近目标，是组织实现生产作业计划的重要手段。

1. 生产调度工作的任务

（1）按照生产作业计划的要求，协调、控制生产过程的各环节，保证均衡生产并全面完成生产计划任务。

（2）对生产活动过程进行监督、控制，加强管理，克服生产的不平衡、不均衡现象，通过各种信息，预防和消除生产过程中可能出现的问题。

2. 生产调度工作的内容　在不同的行业，生产调度工作的内容是不完全相同的，一般说来生产调度工作的内容主要有：

（1）按照生产作业计划规定的产品品种、数量、质量、期限和成本等要求，组织企业的日常生产活动并检查计划的执行情况，特别是关键产品、零件，必须按照各工艺阶段规定的出产和进度要求按期完成生产任务。

（2）生产调度部门应检查、督促、协调各有关部门及时做好各项生产准备工作，保证生产作业计划得以顺利实施。

（3）对轮班、昼夜、周、旬及月计划完成情况做好作业统计和分析工作。

（4）合理调配各生产环节的劳动力。

（5）控制生产过程的原材料、标准件、工具、半成品等物资供应和厂内运输工作，检查生产设备的利用情况。

（6）发现异常情况应采取纠正措施，以实现生产作业计划。

（7）协调厂部与车间、车间之间、工段之间的关系，保证均衡生产。

3. 生产调度工作的原则

（1）计划性。计划性是生产调度工作最基本的原则，任何调度工作都必须以此作为依据，调度的灵活性应该服从计划的原则性。为了保证生产任务的全面完成，生产调度人员必须深入掌握重点车间、重点产品、重点任务的生产情况，同时全面了解企业的生产情况。

（2）预见性。生产调度工作不能单纯依靠事后补救，要做到预防为主，防患于未然，这样才能取得调度工作的主动性。为此，生产调度人员必须勤检查、勤分析，督促各部门做好生产技术准备工作，检查生产过程中的薄弱环节，预见可能发生的各种隐患。

（3）及时性。在生产作业计划的具体执行过程中，必然会出现各种新情况、新问题，为了预防和制止生产的间断，要求生产调度部门迅速掌握这些信息，机动灵活地采取有力措施及时解决。为此，生产调度人员必须亲自深入生产第一线，全面、及时、准确地获取生产中的物资、设备、生产、技术、劳动力等各种资料和信息，深入细致地研究分析问题。这样，才能制订并采取有效措施及时解决问题。

（4）统一性。企业应根据集中领导、分级管理的原则，在生产副厂长的领导下，建立一个强有力的生产调度系统。调度的主要权力应集中于厂部。各级调度人员是同级生产领导的助手，在主管生产厂长的统一领导下行使调度职权和发布调度命令。各级调度人员应做到步调一致，各级领导应维护调度职权，以共同维护计划的统一性。

（5）群众性。生产调度工作要发扬民主，深入群众，倾听群众意见，做到集思广益。在进行调度时，要把生产作业计划的执行情况和生产进度向群众公布，讲清楚完成工作任务的意义和作用，调动广大员工的积极性和主动性。如果上级调度命令和实际情况不符，要及时倾听群众意见改变命令。只有发扬民主精神才能防止瞎指挥和乱指挥，做好调度工作。

3.6.3 如何做好生产调度工作

1．建立健全调度工作制度 生产调度工作是一项非常复杂和细致的工作，健全的调度工作制度是做好生产调度工作的坚实基础，对于现代企业而言，建立强有力的生产调度系统更有十分重要的意义。

（1）值班制度。为了经常检查生产作业计划的执行情况，连续而系统地掌握生产信息，随时处理生产中发生的各种问题，厂部和车间都应建立调度值班制度。调度员在值班期间要负责下列工作：

1）按班或按小时（大量生产时）检查产品出产计划的完成情况。

2）检查有关部门调度决议和重点任务的执行情况。

3）记录和发出企业、车间领导对生产的指标和要求，并检查其执行情况。

4）及时处理生产中临时发生的问题，并将当班发生的问题及采取的措施和执行结果，详细记录在调度日记内，以便检查和做进一步的处理。

（2）调度报告制度。企业各级调度机构都应建立一套完整的调度报告制度。各班组、各车间都应将执行计划任务的情况准确及时地报告给上级部门，总调度室应根据班组、车间的调度报告进行汇总后向生产副厂长汇报。

（3）调度会议制度。通过调度会议，可以广泛听取各方面的意见，了解生产中存在的各种问题，同时，也可以发扬民主，统一思想，协调工作。调度会一般分为厂部和车间两级，厂部调度会由生产副厂长主持，车间调度会由车间主任主持。厂级生产会议每周召开一次，车间调度会议每周召开一至两次，会议做出决定后，各有关部门要严格执行。定期调度会议应和现场调度会、专题调度会、日常碰头会相结合，共同发挥生产调度作用。

（4）现场调度制度。现场调度就是到生产现场去讨论和解决问题的调度方法。采用这种方法，一般由生产领导亲自到现场，与调度员、技术员以及员工一起共同讨论、研究急需解决的关键问题。

（5）班前班后会议制度。通过班前会议，布置本班应当完成的生产任务和注意事项；通过班后会议，检查计划的完成情况并总结本班生产的经验和教训。

2. 建立健全生产调度机构 建立健全统一的、强有力的生产调度系统，做好调度工作是社会化大生产的需要。调度机构的设置因企业的生产规模、生产类型和具体的生产特点而各有不同。一般情况下，企业设有厂部、车间和工段三级调度组织。厂部设总调度室，对生产副厂长负责；车间设车间调度组，由车间主任负责；工段（班组）设调度员，由工段长（班组长）负责；劳动、工具、运输、供应等部门根据实际需要也可以设立专业调度组织。这样，就形成了一个统一、集中和健全的生产指挥系统。要保证生产过程均衡、协调地进行，生产调度工作必须由厂部总调度室全面控制，统一指挥。各部门、各环节都要服从总调度室的安排和指挥，以保证顺利完成生产作业计划。

为了做好调度工作，厂部调度室可以配备一定数量的专业调度人员，分工负责。调度员的分工有以下三种。

1）按条分工：调度人员分工主管一种产品的调度业务。这种分工的优点是调度员责任明确；缺点是容易出现多头领导，影响调度工作的统一性。

2）按块分工：调度人员分工主管一个车间的调度工作。这种分工的优点是调度员全面了解产品在该车间的生产情况，便于统筹兼顾；缺点是不能了解产品生产的全过程。

3）条块结合分工：这种综合分工结合了以上两种分工形式的优点，既集中统一，又统筹兼顾。可以根据生产条件选择以条为主或者以块为主的条块结合分工形式。

3. 配备生产调度的技术设备 为了使调度工作人员能够及时了解和掌握生产过程中的情况，及时采取有效措施，提高调度工作的效率，各级调度部门应当配备和充分利用各种先进的调度技术设备。一般可以配备和使用下列技术设备：通信设备、远距离文件传送设备、工业电视、企管通信系统和收发报机、电子自动记录系统。

3.7 生产作业统计及在制品管理

3.7.1 生产作业统计

生产作业统计就是对生产过程中的工件移动、劳动成果、产品出产所做出的统计，是按照企业生产作业计划规定的数量、质量、品种、成本、均衡性等要求，来记录、检查、核算、分析规定要求的完成情况，以便更好地实现生产作业计划。它要求对材料投入、工件移动、劳动成果、产品出产等情况进行记录核算、分析的数据要准确、及时、全面。数据准确才能反映真实的生产情况，数据及时信息才有价值，数据全面才能本质、综合地认识生产过程的多样特征。

做好生产统计工作对于更好地组织和指挥生产，使生产过程做到连续、均衡、稳定，提高企业的生产效率有着重要的意义。

1．如何做好作业统计工作 做好作业统计工作，主要包括以下内容：

1）建立健全作业统计的组织机构。

2）建立健全作业统计制度。

3）确保数据准确、及时、全面。

4）做好统计整理和分析的工作。

5）以专业为主，发动群众做好统计工作。

2．生产作业原始记录 生产作业原始记录又称原始凭证，它是通过一定的要求，以单卡、报表、票据的形式用数字或者文字对某一项活动所做的最初记录。生产作业原始记录不仅是生产调度的一项重要依据，同时也是会计核算、统计核算的依据。通过生产原始记录，可以反映生产过程中的原材料投入、在制品数量、库存变化、产品出产等情况，为做好生产统计工作奠定基础。在生产实际中，不同类型的企业根据自身的具体条件为生产管理设置不同的原始记录。

大量流水生产条件下，产品品种固定，工艺稳定，生产动态比较容易控制，只需记录每个轮班生产情况及在制品盘存情况。因此，大量流水生产企业一般设置这样一些原始记录：轮班生产记录、停工生产记录、产品合格验收单、零部件收发清单、废品通知单等。在成批生产和单件小批生产条件下，产品品种不固定，工艺不稳定，工作地任务不固定，因此，原始凭证一般设置有加工路线单、单工序工票、个人生产记录、工作班任务和报告、班组生产记录、领料单、完工入库单、废品通知单、停工记录单、返修通知单、厂内协作单等。在原始凭证中有一些凭证，如加工路线单、单工序工票等，不仅是生产作业统计的凭证，而且是派工指令的依据。这样可以把生产指令和实际完成结合在一起，便于进行对比分析。做好原始凭证的设计和记录工作，是实现科学管理，搞好生产活动的一项重要工作。

3．生产作业统计台账 通过原始凭证，企业可以获取到生产过程的大量数据，但是这些数据是个别的、零散的，还需要进一步汇总和整理，以形成完整的、系统的资料。生产作业统计台账是通过一定的图式或者表式，按时间顺序，一般按日，也可按旬、月等，把统计资料汇总在一起，以反映生产作业进展情况。

根据生产实际需要，企业可以按厂部、车间和工段等管理机构设置统计台账，中间仓库也要设立台账；也可以按产品、部件、零件和工序设置台账，其中，零件统计台账和工序统计台账是掌握产品生产进度的重要依据。工段生产作业台账根据工段内班组发生的原始记录登录，车间根据工段报来的资料分工段设置台账，填报日报，厂部根据车间报来的日报进行登录，填写对外报表。

4．生产作业统计分析 生产作业统计的目的是对取得的数据进行科学的整理和分析，了解生产作业计划的完成情况，掌握生产动态，控制生产作业进度，有利于总结经验和教训，进一步改进生产工作。

在统计分析时，为了更清晰、直观地揭示客观事物发展变化的规律和趋势，常常使用一些图表。用图解法分析问题的形式多种多样，主要有以下几种：

（1）甘特图。它又称横道图、条形图，是一种经常使用的安排和检查计划完成情况的图表。通过甘特图可以清晰、直观地掌握生产计划执行过程中发生的异常情况，如图3-9所示。

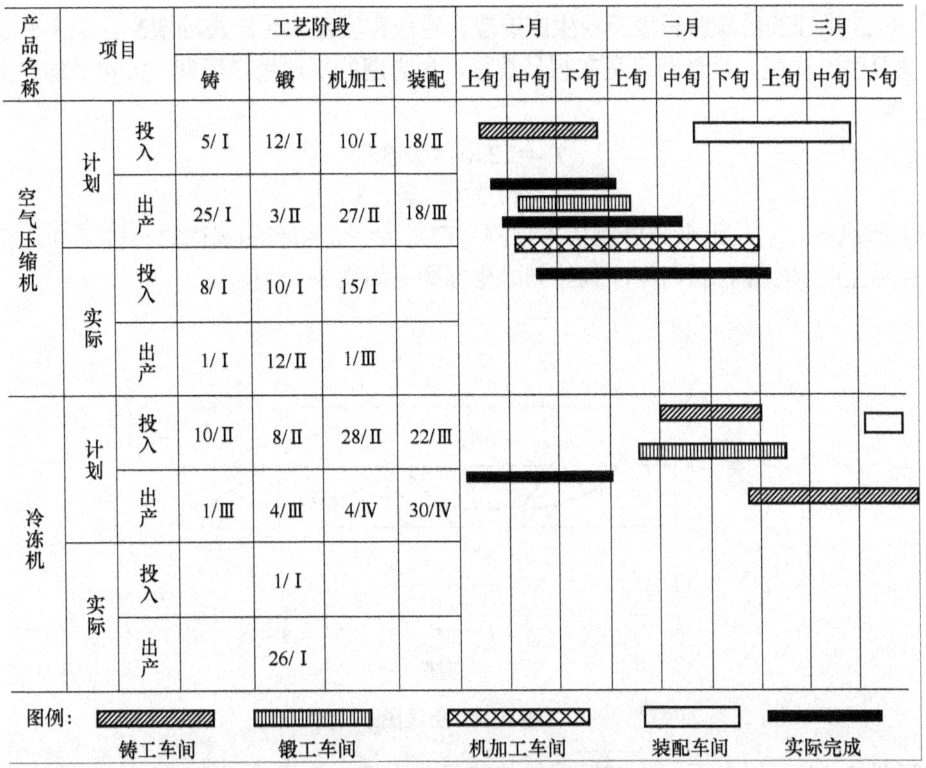

图 3-9　产品投入出产进度甘特图

（2）流动数曲线图。这是一种控制投入出产实际情况的曲线图，根据产品生产台账中记录的数据绘制。表 3-7 是某产品投入出产实际完成情况汇总表。

根据表 3-7 绘制流动曲线图，如图 3-10 所示。

表 3-7　某产品投入出产实际完成情况表　（单位：件）

日　期		1	2	3	4	5	6	7	8	9	10	合计
投入	日投量	160	40	40	20	20	0	40	20	40	60	440
	累计	160	200	240	260	280	280	320	340	380	440	
出产	日产量	10	20	60	20	20	40	20	40	60	50	340
	累计	10	30	90	110	130	170	190	230	290	340	
结存		150	170	150	150	150	110	130	110	110	100	1 330

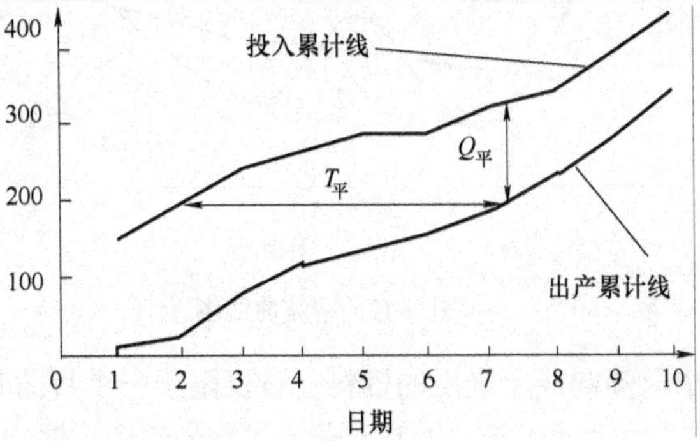

图 3-10　流动曲线图

图 3-10 中曲线的倾斜程度反映生产速度，弯曲程度反映生产波动情况，两条曲线之间的水平距离是生产周期，垂直距离是在制品数量，报告期的平均生产周期 $T_{平}$和平均在制品数量 $Q_{平}$分别为：

$$T_{平}=1\,330\div340=3.91$$

$$Q_{平}=1\,330\div10=133$$

（3）折线图。它是用来分析现状，预测生产进度变化趋势和规律的一种工具。它把各工序每日实际完成的数量，按时间序列绘制成坐标图，如图 3-11 所示。

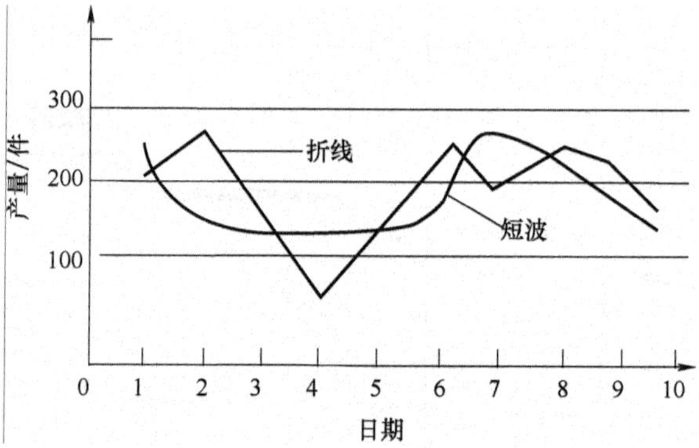

图 3-11　折线图

观察图 3-11 可以发现，生产发展的趋势很难看清。为了准确掌握生产发展的趋势和规律，必须进一步做倾向分析，具体步骤如下：

（1）将每日实际完成的数量每三天（平均期的天数根据资料的参差程度和分析的要求而定）做一次平均，得到一个平均值，重复前述工作，可以得到若干平均值，将其连成一条平滑曲线，称为短波，以观察生产发展趋势和规律。

（2）将短波的各波峰值连成一线，各波谷值另连成一线，此两条线称为外覆线。

（3）在两条覆线的中间绘制一条平滑曲线，该曲线称为中波。据此可以进行倾向分析，如图 3-12 所示。

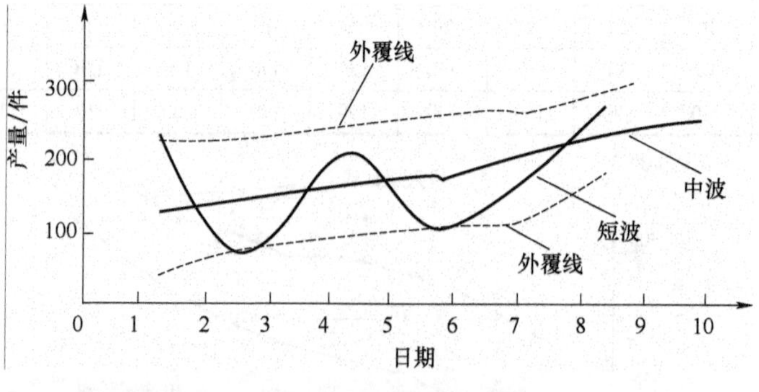

图 3-12　中波曲线图

（4）按上述方法求取倾向线所采用的资料一般仅限于一个月的时间，如果需要求取更长时间的中波曲线，则再重复上述工作，得到一条曲线称为长波，据此进行生产趋势分析。

3.7.2 在制品管理

1. 在制品管理的意义 在生产过程中，各生产环节都保持有一定数量的在制品，对在制品进行计划、协调和控制的工作称为在制品管理工作。在制品是企业生产物料的重要组成部分，其费用一般占到产品总成本的 20%～60%，其时间消耗的大部分是处于运输等待之中，尤其是机械生产企业，其产品生产周期长，大型产品要多次成套和组装，因此，加强在制品科学管理和控制，正确确定和保持在制品的数量对企业有着十分重要的意义。科学、合理地控制在制品的储备量，做好保管工作可以保证产品质量，保证生产连续、均衡地进行，缩短生产周期，减少在制品积压，减少资金占用，加速资金流转，从而减少产品成本，提高管理水平和经济效益。

2. 在制品管理的内容 在生产过程中，加工产品的零部件繁多，且各有其特定的工艺流程，为了保证在制品在各个工艺阶段能顺利、及时地传递，就必须按生产要求对在制品流转的数量和质量进行严格地管理和控制，主要做好以下两个方面的工作：

（1）控制在制品变化情况。产品在各个工艺阶段加工过程中，不可避免地要发生报废、回用、返修等现象，这样必然引起在制品数量的增加或减少，因此，必须及时采取有效措施以保证生产顺利进行。在大批量生产条件下，在制品数量稳定，在生产过程中的移动是沿一定的路线有节奏地进行，通常采用轮班任务表和统计台账来控制在制品的流转；在单件小批生产和成批生产条件下，由于产品品种以及投入和生产批量比较复杂，通常采用加工路线单、工作票等凭证以及统计台账来控制在制品的流转。

（2）控制在制品占用量和储备量。为保证生产连续、均衡地进行，必须根据企业的生产类型、生产组织形式以及原材料、生产批量等因素制订在制品定额。在此基础上，车间和仓库应建立毛坯、零件成套率的检查制度和对储备量的检查制度，掌握在制品的变化情况，及时进行调节，使在制品经常保持在定额水平。

3. 在制品的日常管理 为了做好在制品的日常管理，生产企业需要做好以下工作：

（1）建立和健全在制品、半成品的收发领用制度。在制品在生产流动过程中，要经过许多生产环节和工作地，从而形成一系列的收发交接关系。这项工作一旦组织不好，就会造成在制品丢失、损坏以及账卡不符、账物不符。因此，要建立在制品管理工作责任制度。在制品入库时，要有入库单；领用时，要有出库单、领料单等原始凭证。对在制品、半成品的收发领用要计量、签字、登账，严格执行计划限额制度。同时，要遵守“先进先出”原则，使库存的在制品和半成品经常新旧更迭，质量常新。在实际生产中，在制品的数量随其收发领用、报废、代用、补发、回用等因素不断地发生变化，因此，要相应地建立在制品增减数字管理制度、对账制度和改账制度。这样，才能使在制品的管理做到有数、有据、有手续、有制度、有秩序。

（2）对在制品和半成品要正确、及时地记账核对。反映在制品和半成品在车间之间、工作地之间、工段之间、工段与车间内仓库之间流动的原始记录必须做到账目清楚、准确、翔实，账账相符，账物相符。为此，要及时记账，结清存账，并及时进行核对，发现账物不符或账账不符时，要及时更正。

（3）合理地存放和保管在制品、半成品，充分发挥库房的作用。工业企业在制品品种、数量繁多，价值和重要程度各不相同，因此对在制品的存放和保管应当进行分类管理。按照在制品的价值和数量分为A、B、C类零件：A类零件，品种大约占10%，价值大约占50%～70%；B类零件，品种大约占15%～25%，价值大约占20%～25%；C类零件，品种大约占65%～75%，价值大约占5%左右。对于A类零件进行重点管理，对库存数量定期检查，严格盘点，尽可能减少库存量；对于B类零件进行普通管理，除按期进行检查、盘点外，其数量可以稍大一些；C类零件进行一般管理。在车间工作地、仓库中存放在制品时，要减少零件磕碰、丢失、损坏、变质、混号，为此，在制品要分类、分区存放，尽量固定地点，摆放整齐，做到现场整齐美观，消除二次搬运的无效劳动，提高搬运效率；根据各种在制品的不同性质建立相应的保管制度，尤其对精密的零件更应制订严格的保管措施；解决各种辅助装置和设施，做好在制品存放、保管的基础工作。

（4）做好在制品和半成品的清点、盘存工作。在制品和半成品在生产过程中不断移动变化，数量时增时减，要确切掌握实际情况，必须经常记账和核对。除此之外，还必须做好清点盘存工作。清点盘存工作的范围、方法和时间可以根据具体情况确定，全厂性的清点盘存工作可以定期进行，车间内部的盘存工作应经常进行，以便及时发现问题和解决问题。

想一想

1. 什么是生产计划？生产计划的指标有哪些？
2. 编制生产计划的依据是什么？
3. 如何用盈亏平衡分析法确定企业总产量？用这种方法时需注意哪些问题？
4. 怎样核定企业的生产能力？企业的生产能力仅与设备有关吗？
5. 什么是标准产品？什么是代表产品？什么又是假定产品？它们分别在什么情况下使用？
6. 产品生产进度安排有哪些具体形式？它们分别适用于什么情况？
7. 什么是生产作业计划？其编制的依据是什么？
8. 什么是期量标准？为什么要制订期量标准？
9. 为什么要进行生产作业控制？生产作业控制工作的具体内容有哪些？
10. 做好生产调度工作必须遵循哪些原则？为什么？
11. 如何做好在制品的日常管理工作？
12. 生产作业统计包括哪些内容？如何做好生产作业统计工作？

做一做

1. 某厂铣床组有铣床14台，每台铣床全年有效时间为3 787h，铣床组加工A、B、C、D四种结构和工艺相似的产品，其计划产量分别为160台、280台、50台、100台，单位产品台时定额分别为30h、50h、25h、70h，选定B为代表产品，试计算铣床组的生产能力。

2. 某厂车床组有车床12台，每台车床全年有效时间为3 753h，车床组加工A、B、C、D四种结构、工艺不相同的产品，其计划产量分别为150台、100台、120台、160台，单位产品台时定额分别为80h、60h、70h、100h，试用假定产品法计算车床组的生产能力。

3. 某企业拟采用累计编号法编制 A 产品 201×年度 6 月份在有关车间的投入产出计划。已知该产品 5 月份的装配车间投入累计号为 2 480，产出累计号为 2 345；机加工车间 5 月份的投入累计号为 2 660，产出累计号为 2 510；铸造车间 5 月份的投入累计号为 2 775，产出累计号为 2 715。假设该产品铸造生产周期为 8 天，机加工生产周期为 14 天，装配生产周期为 6 天，各车间的保险期为 1 天。已知 6 月份的生产任务为 460 台，有效工作日 23 天。试计算 6 月份各车间的投入量和出产量。

案例分析

海利公司的工人为什么完不成任务

海利工艺制品有限公司位于深圳市西丽镇，是一家粤港合作企业，由粤方珠光村提供厂房，港方新奇世界有限公司提供注册资金 500 万元，现有人数 450 人，其中管理人员 35 人，质量检查人员 57 人，厂房面积 10 750m^2。该公司是以生产布线玩具为主的劳动密集型企业，产品销往美国、加拿大、英国等世界各地。

随着公司的发展，管理制度和管理方式暴露出许多弊端与不足，如果不对其进行改革，将会严重影响公司的有效运转和进一步发展。经过调查研究，发现公司迫切需要解决的问题有：①组织结构不合理，职能不明确，组织管理功能存在严重问题；②工序工价制订欠公平；③生产安排不合理；④分配制度不完善；⑤员工培训力度不够；⑥没有建立起良好的员工关系。下面就公司生产安排问题展开研究。

在生产安排方面，由于测定工时时没有考虑到工人熟练程度的分布状况，致使生产安排脱离实际。以现在正在生产的“榄球人”为例，生产部门规定每天每个车缝工人至少完成 200 个，多生产的才有超产奖。实际上目前熟练的车缝工人有 30 人左右，每人每天可完成 180 个，比较熟练的有 90 人左右，每人每天可完成 110 个，新手有 50 人左右，每人每天可完成 40 个左右。所以除了极个别的可以完成 200 个以上外，其他人均达不到，超产奖自然也就成了空中楼阁，可望而不可即。原生产计划 22 天完成 80 万显然行不通，如果用加权平均的方法计算一下可得出每人每天大约完成 102 个，这样 22 天 203 个车缝工人可完成 45 万个，这个结果正好与实际产量相符。所以在安排生产任务时，一定要考虑到员工的生产能力，使每天的产量与员工的生产能力相当或略高于员工的生产能力，这样员工每天都可以完成任务，有一种成就感，提高了工作的热情。相反，如果安排的生产任务远远高于员工的生产能力，员工每天都完不成任务，有一种受压迫感，情绪也就随之低落，不利于提高产量。

另外在安排生产的过程中，一定要注意减少瓶颈。根据西方管理学家的研究，低层（或第一线）管理者的有效管理幅度可达到 30 人，所以员工每 30 人可以分成一组，车间总体布置没有必要按对象专业化布置，即三道工序三人组成一条流水线，该公司称之为“小流水”生产方式，因为每个小组都会存在一个瓶颈，而瓶颈过多不仅难于管理而且还严重限制流水线的产量。如果采用工艺专业化布置，把同道工序所有的人集中在一起，势必会增加管理的难度，而且会增加搬运成本，这种布置显然是不可取的。经过研究决定，把 30 人的一组组织成一条流水线，总体布置采用成组布置，连续性、柔性兼顾，即公司所谓的“大流水”生产方式。采用这种生产方式对组长的素质要求比较高，组长不仅对每个组员的熟练程度了如指掌，对组员进行合理的分配，而且要保证生产过程的连续性、比例性和均衡性。经过改革后，必然会降低成本、提高效率。

我们相信，经过大家的共同努力，一定会解决海利工艺制品公司目前存在的问题，使公司走出低谷，走向辉煌！

（改编自《生产与运作管理》，陈荣秋，马士华编著，高等教育出版社）

思考题

1．影响海利工艺制品有限公司生产能力的最主要因素是什么？为什么？
2．你认为应如何制订产品工时定额？
3．你认为海利公司设备怎样布置最好？理由是什么？

第4章 工作研究与工作设计

建议学时

6学时

知识目标

- 理解工作研究的内容与程序；
- 掌握工作研究的方法；
- 掌握劳动定额的概念及形式；
- 理解劳动定额的时间组成；
- 了解工作设计的基本原理；
- 理解工作环境设计要考虑的因素。

能力目标

- 具备工作研究的基本能力；
- 具有制订劳动定额的初步能力；
- 具有设计工作环境的初步能力。

素质目标

- 引导学生对劳动管理人员职业素养的感性认识与理性思考；
- 培养严谨、科学等基本的职业素养；
- 培养劳动管理员职业兴趣。

案例导读

红星电子工业公司是国家生产刻录机定点企业之一，2015年10月，红星电子工业公司（以下简称红星）与松树电器公司（以下简称松树）签订一批刻录机的组装合同，该机种及生产形式对于红星来说是首次接触，工艺部门只能根据松树提出的技术资料和红星现有条件做出人员、工时、生产流程等计划安排。设计日产量为20台，整个流水生产线有主要工序5道，工位73个，其他工序和辅助工序29人，合计102人。按合同规定，产品使用松树商标，但必须经过松树的质量认定才能出厂。所以在试生产阶段，红星把工作重点放在产品质量上。产品顺利地过了质量关，但如果按照试制阶段的进度，红星是无法及时交货的，因此，如何在保证质量的前提下提高生产效率就成了关键问题。

从试生产阶段红星观察到流水线主要堵塞在修正工序，所以决定从修正工序入手进行工作研究。修正工序共7个工位，通过分析发现：第二工位的工作地面积较小，工具、工装和半成品的摆放不尽合理。工具拿取不方便，并且存在寻找工具的情况，浪费时间。红星根据动作经济原则，重新布置了工作地，把工具、工装和半成品摆放在几个固定的地点，方便工人拿取，并且调了一名操作比较熟练的工人到第二工位。经过这样的改进，生产效率提高了 88%。在修正工序效率提高之后，红星顺利将产品按时完工交货，为公司取得历年来最好经济效益做出了贡献。

从以上案例中可以发现，通过改善工作系统设计，不但可以提升生产效率，而且可以降低员工劳动强度，同时为绩效管理提供了基准。对企业而言，开展工作研究与工作设计一定可以收到很好的成效。

4.1 工作研究

工作研究的理论基础是由泰勒和吉尔布雷斯奠定的。20 世纪初，他们分别创立了时间测定技术和动作分析技术，后人在这两项技术的基础上又吸收了其他学科的理论与方法，建立了一门技术，称为“作业研究”，也叫“工作研究”。它是一门用系统分析的（科学的）方法对人的工作（work）进行分析、设计和管理的工程学（engineering），是以提高生产率和整体效益为目的的。工作研究利用方法研究和作业测定（工作衡量）两大技术，采用系统分析方法，对现行生产过程和业务流程进行分析和改进，排除流程中不合理、不协调和不经济的作业因素，以期更合理地利用各种资源和提高系统的生产率。工作研究的特点是贯彻以内涵方式提高生产率的原则，即在现有资源条件下，不依靠增加设备投资和不增加工作人员的劳动强度，而是通过重新组合生产要素、优化作业流程、改进操作方法、整顿生产现场等，以消除各种浪费，节约时间和资源，从而提高系统的产出率和经济效益。同时，通过作业规范化和工作标准化等措施，还可以实现稳定产品质量和提高工作人员的业务技能及操作水平的目的。

4.1.1 工作研究的内容和程序

工作研究的内容和方法体系如图 4-1 所示。

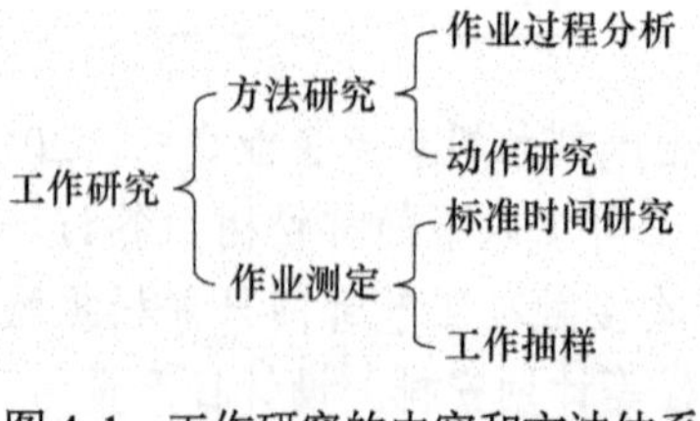

图 4-1 工作研究的内容和方法体系

由图 4-1 可知，工作研究包括方法研究与作业测定两部分，而方法研究是时间研究的前提，其中作业过程分析又是动作研究的前提。因为只有先从总体上进行过程分析，找出了作业过程中的薄弱环节，才能有针对性地对薄弱环节进行更进一步的作业内容的分析与改进。所以进行方法研究，就是寻求最经济、最有效的作业方法，将此方法（包括动作、操作、过程）予以标准化，形成方法标准。作业测定则是方法研究和过程分析的基础，因为作业标准和工时定额是分析和改进现行作业的参照依据。首先要进行作业测定，确定此标准作业方法所需要的时间，形成时间标准；然后将作业标准和时间标准，再加上其他要求形成工作标准；最后企业按工作标准训练工人，以提高作业效率。所以方法研究和作业测定是进行工作研究的一套有机的方法体系。

工作研究的程序通常可按以下7个步骤来进行：

1．发掘问题，选择研究项目　在选择工作研究项目时，应考虑以下3个方面因素：

（1）对全局有重大影响的项目，如制约全局的薄弱环节和关键环节。

（2）问题解决后能取得较大经济效益的项目。

（3）项目的可行性，是指有必要的人力、财力和技术力量做保证，有能力去开展研究，并有望取得成效的项目。

2．选定具体的研究对象和制订工作计划　在项目选定之后，还要确定具体的研究对象及其要达到的目标，选择方法研究的工作对象时，应考虑3个方面的因素：经济因素、技术因素、人的因素。对象确定的同时也要确定其要达到的目标，如目标是减少作业时间、提高生产率，还是节约物料消耗、降低成本；是提高产品质量，还是改善工作环境、减轻工人的劳动强度等。任务确定以后，要制订详细的工作计划。

3．分析现行的作业过程和作业方法　首先要很好地记录和描述现行的作业过程和作业方法。这里可以通过录像来记录生产现场的作业活动，并应用一套专用的图表工具，准确地记载要研究的事实。然后是分析现行作业过程和作业方法的合理性，找出存在的问题及其产生的原因。一般要从原因、对象、地点、时间、人员、方法、关联7个方面提出问题，进行考察和分析，通常人们称之为“6W1H”分析法。其典型的提问方式见表4-1。

表4-1　“6W1H”分析法典型的提问方式

提问 问题	第一轮提问 现状	第二轮提问 为什么	第三轮提问 能否改进	结论 新方案
原因	干的必要性	理由是否充分	有无其他原因	新的理由
对象	干的内容	为什么干这个	有无更合适的对象	应该干什么
何地	在何地干	为何在此地干	有无更合适的地点	应在哪里干
何时	在何时干	为何在此时干	有无更合适的时间	应在何时干
何人	由何人干	为何由此人干	有无更合适的人选	应由何人干
关联	和谁联系	为什么和他联系	应和谁联系	明确与其他工作的关系
方法	用何种方法干	为什么这样干	有无更合适的方法	应该如何干

4．制订新的工作方案　对上述7个方面的问题经过认真考虑后，就要着手提出改进意见，制订新的更好的工作方案。在构思新的方案时，可以在现行方案的基础上，运用取消、合并、重排、简化、平行等5项技术，对现行方案进行改进。这5项技术人们称之为工作研究的5巧（5项技巧），其具体内容如下：

（1）取消。对任何工作首先要问，为什么要干它？能否取消？取消多余的动作和步骤，尽量不用手固定、搬运物件，减少对惯性和动量的克服，取消工作中的怠工和闲置。

（2）合并（结合）。如果该项工作不能取消，则考虑能否与其他工作合并。将多个突变的动作合并为一个连续的动作，将多个工具合并为一个多功能的工具。

（3）重排。试进行改进工作的顺序，对工作内容重新进行排列组合，对工作顺序进行合理的重排，使工作顺当，左右手负荷均衡，相互协调，使之高效、合理。

（4）简化。对工作内容和工作步骤进行简化，也包括动作的简化和能量的节约。减少目光搜索的范围和变焦的次数，工作时尽量较少身体的移动，减少动作的幅度，简化复杂的动作，减少把手、按钮的数量等。

（5）平行。对于没有关联的作业，在不同的工作地，由不同的人工进行平行交叉作业，缩短作业时间。

5．对新的工作方案进行评价 对前一步提出的若干新方案进行技术经济分析、可靠性分析、安全性分析，在全面分析比较后，从中选出最佳方案。

6．实施新方案 对选定的新方案进行作业的标准化和规范化，再组织员工培训，然后付诸实施。通过试行期，制定工作的时间标准，然后再组织推广。

7．跟踪检查与再评价 新工作方法付诸实施后，应组织跟踪检查，观察实行新方法后取得的那些成效，根据实际运行情况进行再评价。了解制定的作业标准和工时定额在实际执行中存在的问题，是否需要调整或修订。

4.1.2 生产过程分析

1．生产过程分析的概念 生产过程分析是以产品（零件）的制造过程为研究对象的一种分析技术。它主要是从经济有效的角度，分析工艺过程、运输过程、检验过程等是否经济、合理，按照现行工作流程，从第一个工作地到最后一个工作地，全面地分析有无多余、重复、不合理的作业，程序是否合理，搬运是否过多，延迟等待是否太长等问题，通过对整个工作过程的逐步分析，改进现行的作业方法及空间布置，提高生产效率。也可以说，生产过程分析是通过调查分析现行工作流程，改进流程中不经济、不均衡、不合理的现象，提高工作效率的一种研究方法。

其目的是：

（1）取消不必要的程序（工艺、操作、动作）。

（2）合并一些过于细分或重复的工作。

（3）改变部分操作程序，以避免重复。

（4）调整布局，以节省搬运次数和距离。

（5）重排和简化剩余的程序，重新组织一个效率更高的程序。

总之，生产过程分析能够通过改善生产过程中不经济、不合理、不科学的作业方法、作业内容以及现场布置，设计出科学、先进、合理的作业方法、作业程序以及现场布置，以达到提高生产效率的目的。它是工序管理、搬运管理、布局管理、作业编制等获取基础资料的必要手段。

2．流程程序图生产过程分析 可以采用画流程程序图的方式进行。流程程序图用符号表示制造过程中的事项，以简洁的方式记录制造一个产品（零件）的过程。常用符号见表 4-2，派生符号见表 4-3。

表 4-2　常用符号

符　号	名　称	说　明
	加工	改变加工对象物理状态或化学性质的活动
	加工	文字加工处理符号，表示生成一项记录、一个报告
	加工	文字加工处理符号，表示往一个记录上添加信息
	搬运	将一个物件从一个位置搬运到另一个位置的活动
	储存	物料或文件处于储备状态
	检验	对材料或制品的质量、数量进行检查，查看仪表数据等
	延迟	在加工、运输、检验之前发生的等待

表 4-3　派生符号

符　号	表示的意义
	表示同一时间或同一工作场所由同一人同时执行加工与检查工作
	以质量检查为主，同时也进行数量检查
	以数量检查为主，同时也检查质量
	以加工为主，同时也进行数量检查
	以加工为主，同时也进行搬运

在实际工作中，一般都有采用事先设计好的流程程序图表，分析记录时，只需将各项工作按发生的顺序用直线符号连接起来。例如，一个仓库用手锯切割皮管及发料的工作过程，见表 4-4。

表 4-4　切割皮管及发料的工作过程

工作单位：仓库
工作名称：发橡皮管
图 开 始：发料员在柜台收到领料单
图 结 束：发料员在柜台旁放领料单
研 究 者：　　　　　　　　年　月　日
审 阅 者：　　　　　　　　年　月　日

步　骤	线 路 符 号	过 程 说 明	距离/m
1		审阅领料单	
2		至铁架处	1.5
3	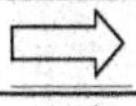	取合适长度管子放在锯切架上	
4	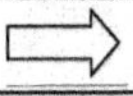	从钩子上取锯	
5	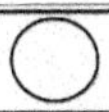	锯切需要长度	
6		余料放回铁架，锯挂钩上	
7	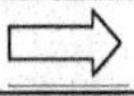	带管子到柜台	1.5
8		发给领料人	
9		在领料单上签字	
10		放领料单于抽屉中	

3．生产过程分析的要点

基本原则：尽可能减少不必要的步骤；合并步骤；缩短步骤；安排最佳顺序；尽可能使各个步骤更经济、更合理。

操作要点：取消不需要的操作；改变设备和利用新设备；改变工厂布置或重新编排设备；改变产品设计；发挥各工人的技术特长。

检验要点：是否可以取消检验；是否可以边加工边检验；能否运用抽样检验和数理统计。

流程要点：改变工作顺序；改变工厂布置；改进现有的工作流程。

4.1.3 人-机操作分析

工艺过程、运输过程及检验过程都有许多基本组成部分，这些基本组成部分称为作业或工序。作业分析主要是研究与分析其组成部分和影响作业时间的因素，重点在于改进操作方法，以达到提高作业效率和减轻工人劳动强度的目的。

1．作业分析的基本要求

（1）通过删减、合并、简化，使操作总数减至最低、工序排列最佳，并使每一项操作简单易行。

（2）合理利用肌肉群，防止某些肌肉群由于动作过于频繁而产生劳损。发挥两手作用，平衡两手负荷。

（3）要求机器设备完成更多的工作，减少工人的劳动强度。

（4）减少物料运输和转移次数，缩短运输和移动距离。

（5）改进设备、工具、材料规格或工艺性，采用经济的切削用量。

（6）工作地点应有足够的空间，使操作者有充分的回旋余地。

（7）消除不合理的空闲时间，尽量实现人机同步工作。

总之，通过作业分析，达到使作业的机构合理、操作者的劳动强度减轻、作业时间减少的目的。

2．人-机操作分析的用途 人-机作业分析是广泛应用于机械作业的一种分析技术，通过对某一项作业的现场观察，记录操作者和机器设备在同一时间内的工作情况，并加以分析，寻求合理的操作方法，使人和机器的配合更加协调，以充分发挥人和机器的效率。

（1）发现影响人-机作业效率的原因。人-机作业时，若人与机器的相互关系不协调，人-机分析图能一目了然，发现产生无效时间的原因。

（2）判断操作者能够同时操作机器的台数，即确定 1 名操作者可能操作几台机器，充分发挥闲余能力的作用。

（3）判定操作者和机器两方中哪一方对提高工效更为有利。

（4）进行安全性研究。如因过分提高机器的运转速度和设备的利用率而使操作者的安全受到危害时，应如何保证操作者的安全问题。

（5）改造设备、实现自动化及改善作业区的布置。从提高人-机作业效率的观点出发，有效进行设备改造，提高设备的运转速度，重点是实现自动化及合理改善作业区的布置。

3．人-机操作分析的步骤

第一步：观察和记录操作者与机器设备在一个作业周期（周程）内各自的操作步骤和操

作内容。

第二步：用作业测定法确定这些操作活动的时间，按照操作者和机器设备操作活动的时间配合关系，在操作分析图表中清晰地表示出来。

第三步：运用工作简化和合并的原则，研究改进操作的各种可能性，提出切实可行的改进方案。

第四步：绘出新的操作分析图表。新的操作方法经过现场验证以后，即应用于生产，并对改进的效果进行评价。

4. 人-机程序图　人-机程序图主要用于记录作业者和机器在同一时间内的工作情况，以便分析寻求合理的操作方法，使人的操作和机器的运转协调配合，充分发挥人和机器的效率。如图 4-2 所示为塑料压铸机压铸制品时不断改进的人-机程序图。

改进前：

<table>
<tr><th>时间</th><th>人</th><th>机</th></tr>
<tr><td>1</td><td rowspan="2">准备零件</td><td rowspan="2">空闲</td></tr>
<tr><td>2</td></tr>
<tr><td>3</td><td>装上零件</td><td>被装零件</td></tr>
<tr><td>4</td><td rowspan="4">空闲</td><td rowspan="4">加工</td></tr>
<tr><td>5</td></tr>
<tr><td>6</td></tr>
<tr><td>7</td></tr>
<tr><td>8</td><td>卸下零件</td><td>被卸零件</td></tr>
<tr><td>9</td><td rowspan="2">修整和存放零件</td><td rowspan="2">空闲</td></tr>
<tr><td>10</td></tr>
<tr><td>利用率</td><td>60%</td><td>60%</td></tr>
</table>

第一次改进：

<table>
<tr><th>时间</th><th>人</th><th>机</th></tr>
<tr><td>1</td><td>装上零件</td><td>被装零件</td></tr>
<tr><td>2</td><td rowspan="2">准备下一个零件</td><td rowspan="4">加工</td></tr>
<tr><td>3</td></tr>
<tr><td>4</td><td rowspan="2">空闲</td></tr>
<tr><td>5</td></tr>
<tr><td>6</td><td>卸下零件</td><td>被卸零件</td></tr>
<tr><td>7</td><td rowspan="2">修整和存放零件</td><td rowspan="2">空闲</td></tr>
<tr><td>8</td></tr>
<tr><td>利用率</td><td>75%</td><td>75%</td></tr>
</table>

第二次改进：

<table>
<tr><th>时间</th><th>人</th><th>机</th></tr>
<tr><td>1</td><td>装上零件</td><td>被装零件</td></tr>
<tr><td>2</td><td rowspan="2">修整和存放零件</td><td rowspan="4">加工</td></tr>
<tr><td>3</td></tr>
<tr><td>4</td><td rowspan="2">准备下一个零件</td></tr>
<tr><td>5</td></tr>
<tr><td>6</td><td>卸下零件</td><td>被卸零件</td></tr>
<tr><td>利用率</td><td>100%</td><td>100%</td></tr>
</table>

图 4-2　塑料压铸机压铸制品时不断改进的人-机程序图

4.1.4 动作分析

动作分析是方法研究中的微观分析，它以操作者在操作过程中手、眼和身体其他部位的动作为研究对象，通过动作分析，找出并剔除不必要的动作要素，改善动作的顺序、方法及相关的工件、材料、工夹具和作业现场布置等，消除实施动作过程中存在的浪费、不合理性和不稳定性，对减少活动数、缩短活动时间、减轻疲劳、舒适作业具有重要意义。

1. 动素 动素是由美国吉尔布雷斯夫妇提出的，他们将人的操作活动分解为17种最小的动作单元（动素——基本动作要素）来对作业进行分析，找出最合理的动作，从而使作业时间缩短，并使作业达到标准化，依据其性质分为以下三大类（见表4-5）：

第一类：有效动素。有效动素指对操作有直接贡献的动素，包括伸手、握取、移物、定位、装配、拆卸、放手、使用和检查9种动素。

第二类：辅助动素。辅助动素有时是必需的，但是会影响动素的有效性。因此，辅助性动素在动作中越少越好，应尽量取消此类动素。包括：寻找、发现、选择和预置5种动素。

第三类：无效动素。此类动素对工作只有消耗性作用，因此一定要想办法消除此类动素，包括手持、迟延、休息和故延4种动素。

表4-5 动作分析表

类 别	动素名称	文字符号	定 义
一类	伸手	RE	接近或离开目的物的动作
	抓取	G	抓住目的物的动作
	移动	M	将目的物放由一个位置移到另一个位置的动作
	装配	A	结合两个以上目的物的动作
	使用	U	利用器具或设备改变目的物的动作
	拆卸	DA	分解两个以上目的物的动作
	放手	RL	放下目的物的动作
	检查	I	将目的物与规定标准比较的动作
二类	寻找	SH	确定目的物位置的动作
	选择	ST	选定要抓取的目的物的动作
	计划	PN	计划作业方法而延迟的动作
	定位	P	把目的物放在所希望的正确位置上的动作
	预位	PP	物品使用完，把它放在下次使用方便的位置上的动作
三类	持住	H	保持目的物不动的动作
	休息	RT	不含有用的动作，以休息为目的
	迟延	UD	不含有用的动作，工作者本身不能控制的延迟
	故延	AD	不含有用的动作，工作者本身能控制的延迟

2. 动作经济原则 吉尔布雷斯提倡作业动作原则，其目的是要实现高效率而又减少疲劳。现在将此命名为"动作经济原则"。后经许多学者、实践家的补充和修改，使之日臻完善，成为现在进行动作研究的重要指导原则。

动作经济原则涉及三个领域，即关于使用身体的原则，关于作业场地布置的原则，关于工具、机器设备设计的原则。

（1）关于使用身体的原则：

1）排除不必要的动作。

2）动作应以最短距离进行。

3）动作应使用最低位次的身体部位进行。人手的动作分为 5 个等级，最低为手指，依次上升是手腕、前臂、后臂、肩。在能满足工作要求的前提下，能用手指的尽量不用手腕。

4）尽可能利用重力、惯性力替代人力。

5）保持作业姿势稳定，避免身体上下移动。

6）避免急转弯的动作，尽量使动作成为连续的曲线运动。

7）双手动作尽可能同时开始，同时结束。

8）手指与两腕动作应同时、相反方向、对称地进行。

（2）关于作业场地布置的原则：

1）工件和工具应放在操作者眼可见、手可及的各自的固定位置上，且应按使用的顺序摆放。

2）工具、材料和控制装置不要做直线布置，而应围绕作业位置布置成圆弧形。

3）应使作业面与操作者的高度相适应，如为使操作者能采取正确的坐姿，椅子的高度应适宜。

4）作业面应布置适当的照明。

（3）关于工具、机器设备设计的原则：

1）工具和机器的手柄应尽量增大其与手的接触面积。

2）能用脚操作的装置来代替手工操作时，就不用手操作。

3）尽量把两个以上的工具组合起来，尽量采用复合式工具。

4）材料、工件的搬运，尽量利用重力装置，如倾斜滑道等。

5）常用工具（如手提钻等）可设计成吊挂式，使其能保持在常用位置状态。

4.1.5 工时消耗分类

生产过程中工作人员所消耗的一切时间，从管理的角度可以把它分为定额时间与非定额时间两大部分。要想提高劳动生产率，就应减少工时消耗，其中首先应减少非定额时间的消耗，而定额时间部分，则通过工作研究、工艺改进和管理改善等方法逐步降低。但是在一定的技术组织条件下，定额时间是存在极限的，不能无限压缩，这是科学制定工时定额的客观依据。生产过程中工时消耗分类是从操作者的角度研究工作时间是如何被消耗掉的。工时消耗分类如图 4-3 所示。

1．定额时间 生产工人在工作班内为完成生产任务，直接和间接的全部工时消耗。

2．准备与结束时间 准备与结束时间是指在加工一批工件或进行一项作业之前的技术组织准备和完工时的结束工作所耗用的时间，如生产线、工模具的调整，熟悉图样和工作要求等。

3．作业时间 作业时间是指制造产品或完成作业所用的时间，其中基本时间是直接用于加工产品的作业时间；辅助时间是为完成基本工作所进行的辅助性工作所花费的时间，如拆卸工件、开机停机、测量工件等。

4. 布置工作地时间 布置工作地时间包括组织性布置时间和技术性布置时间。其中组织性布置时间是指整理工具、设备、清扫工作等所耗用的时间；技术性布置时间是指磨刀、去除设备上的小毛病等所用的时间。

5. 休息与生理需要时间 休息与生理需要时间是指工作人员在班内进行必要的休息，如喝水、抽烟、上厕所、工间操等所用的时间。

6. 非生产工作时间 非生产工作时间是指工作人员在工作班内从事与其本职工作不相干的工作所花费的时间。

7. 工人原因造成的停工损失时间 工人原因造成的停工损失时间是指迟到、早退和由于工人的过失引起的设备事故、质量事故所造成的时间损失。

8. 非工人原因造成的停工损失时间 非工人原因造成的停工损失时间是指并非由于工人的原因，如停电、停气或因管理不当等引起的停工等待和延误的时间。

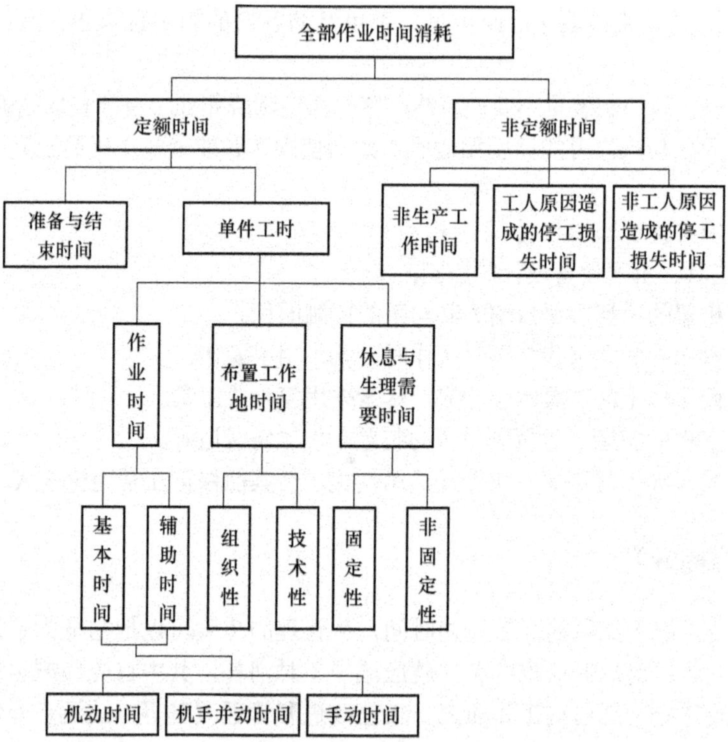

图4-3 工时消耗的分类图

随着工作者操作熟练程度的提高，经验的积累（学习曲线效应）和设备、工具、工艺技术的改进，工时定额应进行相应的调整和修订。同一件产品在不同的企业常有不同的定额水平。同一件产品在同一个企业的不同时期，其工时定额也是发展变化的。但是工时定额是计算劳动力需要量、计算生产能力、编制生产计划、制订产品成本计划、制订计件工资与奖金标准的基础资料和重要依据，因此又不宜频繁修改，定额要保持适当的稳定。

4.1.6 作业测定

作业测定是运用各种技术来确定合格工人按规定的作业标准完成某项工作所需要的时

间。制定工作标准时需要应用作业测定。因为只有通过对实际工作的作业时间进行统计分析，找出其中的规律后，才能建立适用的工作标准。

作业测定常用的方法有直接法和间接法。直接法有秒表法和工作抽样法，间接法有预定动作时间标准法和标准资料法。

1．秒表法　秒表法也称密集抽样法，是利用秒表或电子计时器，在一段时间内，对作业的执行情况做连续观测，直接取得各种操作活动的时间消耗数据；然后，把实际状况与标准概念对比，确定工作（速度）评定系数和宽放等数据，利用这些数据计算出作业标准时间。秒表法主要用于对重复进行的操作寻求标准时间。

工作步骤如下：

（1）选择观测对象。被观测者应熟悉工作内容，具有一般熟练程度。

（2）划分作业的操作要素，制作测时记录表。

（3）记录观察时间，剔除异常值，计算各项作业要素的平均时间值。

（4）计算该项作业的总时间，即取该作业各项作业要素平均时间之和。

（5）效率评定，计算正常作业时间。当观测者发现操作者并不是按正常速度在工作，如故意放慢速度或特别兴奋超常发挥等，则应根据情况适当修正观测到的时间值，通过效率评定系数来确定正常作业时间。

（6）考虑宽放时间比例，确定标准作业时间。例如，通过调查研究发现：个人生理需要时间约占正常时间的 4%；正常休息时间应占作业时间的 5%；非操作者过失所造成的无法避免的工时损失约占正常作业时间的 3%，则总的宽放时间系数为：4%+5%+3%=12%。

标准作业时间=正常作业时间×（1+宽放时间比例）　　(4-1)

2．预定动作时间标准法（PTS 法）　PTS（Predetermined Time Standard）法又称预定时间标准法，这种方法把人们所从事的各种作业都分解成基本动作单元。对每一种基本动作单元都经过详细观测，根据它的特点制成基本动作单元的标准时间表。当要为实际工作确定其作业时间时，只要把该项工作分解为各种基本动作单元，再从基本动作单元的标准时间表查出相应的时间值，累加起来就可以得到正常作业时间，最后把宽放时间加进去，即可得到标准作业时间。

PTS 法根据基本动作的分类与采用的时间单位的不同，可以分为 23 种。使用最广泛的是 MTM 法（Methods of Time Measurement，时间测量法）。MTM 法中有若干种基本动作标准数据，其中 MTM-1 是最精确的一种。该方法将基本动作分为 8 种，即：伸手（Reach）、施压（Apply Pressure）、定位（Position）、放手（Release）、移动（Move）、抓取（Grasp）、解开（Disengage）、转动（Turn）。

3．工作抽样和工作日写实　工作抽样和工作日写实是时间研究的重要组成部分。它们不是用来制定工时定额或工作标准，而是用于调查工时的利用情况和工作负荷的分布情况的。

（1）工作抽样法（Work Sampling Method）。工作抽样法又称为瞬间观测法。其基本原理是采用间断性地大量随机观测工作人员在瞬间时刻的工作状态（正在工作或处于空闲），以获得一定数量的子样，根据数理统计理论，从大量事件中随机取样，当样本足够多时，子样可以反映母体的特性。该方法并不去测定具体动作所耗用的时间，而是为了了解某些行为在一项工作中所占的时间比例。

工作抽样法是根据数理统计原理，通过子样来估计母体的状况。所得数据的准确性（即估计的精确度）与观测的次数及获得子样的数量有关。子样数量越多，估计的精度越高，所得数据的准确度就越高。但观测次数越多，所需的时间、费用也越多，可以根据估计精度的要求来推算观测次数。

设：p 为观测到的某事件发生率；n 为观测总次数；m 为事件实际发生的次数；则 p 的估计值为

$$\overline{p}=\frac{m}{n} \tag{4-2}$$

标准偏差 σ_{p} 为

$$\sigma_{\mathrm{p}}=\sqrt{\frac{\overline{p}(1-\overline{p})}{n}} \tag{4-3}$$

一般工作抽样观测中取可靠度为95%，则抽样的绝对精度为 ε，且有

$$\varepsilon=2\sigma_{\mathrm{p}}=2\sqrt{\frac{\overline{p}(1-\overline{p})}{n}} \tag{4-4}$$

所以，当抽样开始之前规定了抽样精度，就可以确定相应的观测次数为

$$n=\frac{4\overline{p}(1-\overline{p})}{\varepsilon^2} \tag{4-5}$$

下面举例说明工作抽样法的应用。

【例 4-1】 机加工车间有车床若干台，任意抽查了 280 次，观测到的在工作的有 108 次。问该车间车床的利用率 p 的估计值 $\overline{p}$ 和绝对精度是多少？

解：由题意得，n=280，m=108，则

$$\overline{p}=\frac{m}{n}=\frac{108}{280}=38.57\%$$

绝对精度（95%的概率意义下）：

$$\varepsilon=2\sigma_{\mathrm{p}}=2\sqrt{\frac{\overline{p}(1-\overline{p})}{n}}=2\sqrt{\frac{0.385\,7\times(1-0.385\,7)}{280}}=0.058\,2$$

【例 4-2】 对工人甲的作业观测 100h，共 1 000 次，其中观测到“工作”的有 800 次，其余均为“空闲”。其间产量为 500 件，设效率评定系数为 0.882 5，宽放率为 15%，试确定单件时间定额。

解：

1）实际工作时间。

$$实际工作时间=总工作时间\times\frac{实际作业次数}{总观测次数}=100\times\frac{800}{1\,000}=80(\mathrm{h})$$

2）工人甲的实际作业时间。

工人甲的实际作业时间=实际工作时间×效率评定系数=80×0.8825=70.6（h）

3）单件产品作业时间。

$$单件产品作业时间=\frac{实际作业时间}{总件数}=\frac{70.6}{500}=0.1412(h)$$

4）单件产品定额时间。

考虑宽放率 15%，得：

单件产品定额时间=单件时间×（1+宽放度）=0.1412×60×（1+0.15）=9.74（min）

（2）工作日写实。工作日写实是由专职人员利用时间记录工具，对工作人员整个工作日内工时的利用情况，按其工作内容的顺序，连续地进行观察并记录其时间消耗情况的一种方法。它的作用是：①全面了解整个工作日内的工时利用情况以及工人和设备的负荷情况；②为制订准备终结时间、工作地布置时间、休息和生理需要时间提供依据；③通过对先进工作者的写实，可以总结和推广先进工作者的操作方法和工作经验。

4. 标准资料法　标准资料法是将直接由秒表时间研究、工作抽样、预定时间标准法所测得的测定值，根据不同的作业内容，分析整理为某作业的时间标准，以便将该数据应用于同类工作的作业条件上，使其获得标准时间的方法。

4.2 工作设计

4.2.1 工作设计的定义及内容

工作设计是指为有组织的群体中的某一个人或某一群人指明活动内容，其目的是为了设计出满足组织及其技术要求和满足工人生理及个人需求的工作结构。

工作设计是一项复杂的事情，因为最终的工作结构将涉及许多因素，工作设计必须决定由谁来完成这项工作，何时完成且如何完成。每个因素可能还涉及其他问题。

任何一个生产运作系统中都存在两个子系统：技术子系统和社会子系统。如果只强调其中的一个而忽略另一个就可能导致整个系统的效率低下。因此在工作设计中应该把技术因素与人的行为、心理因素结合起来考虑，如图 4-4 所示。

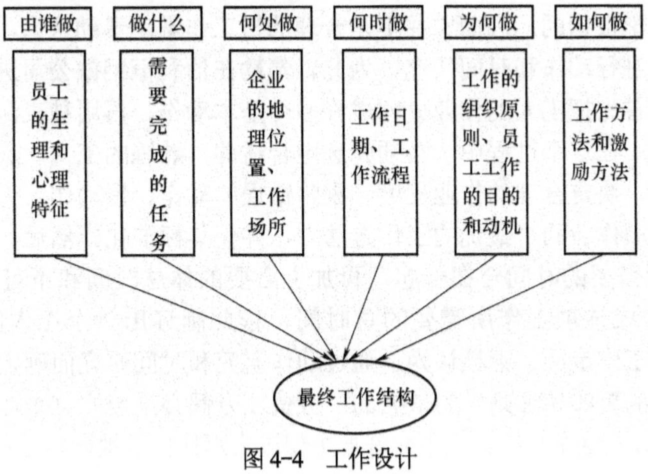

图 4-4　工作设计

工作设计探讨如何有效地安排生产劳动过程，其内容包括：

（1）明确工作任务的作业过程。

（2）通过合理分工，确定各岗位的工作内容。

（3）明确每个工作人员的工作职责（如作业规范、完成的质量标准等）。

（4）通过采取一定的组织形式，规定分工后彼此的协作配合关系，以保证任务的完成。

工作任务如何才能完成，在工作设计上有个采取何种策略的问题。随着社会经济的发展，人们的需求层次普遍发生了变化。现在越来越多的工作设计已由高效率策略调整为“高情感”“高参与”策略，即试图以提高员工的工作主动性、自觉性，来提高效率和更好地去完成工作任务。

4.2.2 泰勒的管理思想及其方法

1. 科学管理的基本思想 工作设计的概念和方法最早由美国的科学管理之父——泰勒提出的。泰勒科学管理的基本思想是：

（1）工作方法不能光凭经验，应当通过研究，制订科学的工作方法，并规定应达到的标准工作量，即科学确定工时定额。

（2）每项工作都可以通过下述步骤得到改进，即把工作内容分解为基本单元，观察和研究这些单元的工作内容和工作方法，测定所需的时间，并找出更合理有效的方法。

（3）对于经过培训，使用标准工作方法，并能达到标准工作量的人员，则应该给予奖励。当时工人们使用的是世代相传的、单凭经验、落后的工作方法，工作效率极其低下，并且，几乎所有的雇主都是事先为各种工人确定了最高工资额，而一旦雇主发现某个工人能完成更多的生产任务时，就会要求其他工人也干同样的工作量，但很少甚至不增加工人的报酬。因此，工人们便采取有意识“磨洋工”来反抗雇主对工资的克扣。

泰勒认为只要合理地确定工资率，进行适当的激励，便能减少工人们的消极怠工现象。但这要求首先确定一个雇主和工人们都能接受的“合理的日工作量”，即工作定额。而在当时的情况下，无论是雇主或是工人，对于一个工人一天应该干多少活，都没有把握。雇主往往凭印象或根据不完全的记录来确定“合理的日工作量”，或者是雇主亲自进行实际操作，掌握完成某项工作所必需的时间，以确定“合理的日工作量”。显然，这样所确定的日工作量是缺乏一定的科学根据的，因而它并不是合理的日工作量。泰勒认为，客观地确定“合理的日工作量”必须进行动作和时间研究。为此，泰勒在伯利恒钢铁公司进行了著名的“搬运铁块试验”。泰勒首先把工人的作业分解成许多个基本动作，再用秒表测定出完成这些基本动作所需要的时间。在这个过程中，必须先选定合适的、熟练的工人，选定适合于完成这种作业的工具、设备，决定合理的作业程度，剔除错误的动作、慢动作、无用的多余动作，从而找到一种完成这项作业的“最优的工作方法”，并使其标准化。然后，把测定的每一项动作、每一道工序所需要的时间合在一起，再加上必要的休息时间和不可避免的其他延误时间，这样就得出完成该项工作所需要的总时间，依此制订出一个工人的“合理的日工作量”，从而确定了工作定额。泰勒认为，通过动作研究和时间研究而确定的“合理的日工作量”，是以“科学的事实和法则”为依据的。劳资双方都必须遵守这个标准，既不允许工人利用工会的力量来改变这个标准，也不允许雇主像过去那样任意地确定工资率。

泰勒的思想和他所创立的工作方法对企业提高生产率，曾起到了非常重要的作用，在世界管理史上具有划时代的意义。

2. 泰勒管理思想的局限性 泰勒的工作设计思想和其他的一些方法，主要是考虑了工作设计的技术层面，忽略了集体协作、团队工作，致使各部门、各工序之间协作配合不力，这不利于提高企业整体效率；不是寻求动态优化，而是追求一种静态的最优，但实际上并不存在静态的最优方法。在进行工作设计时，应同时考虑技术和社会两方面的因素。

4.2.3 工作设计中的社会技术理论

工作设计中的社会技术理论是由英国特瑞斯特（Eric Trist）及其研究小组首先提出的。这种理论认为，在工作设计中应该把技术因素与人的行为、心理因素结合起来考虑，任何一个生产系统都包含两个子系统，即技术子系统和社会子系统。因此，应该把生产系统看作是一个社会技术系统，其中包括人、设备、工具、物料等。人与系统中其他物质要素结合得好坏，不仅决定系统运行的效果和经济效益，还影响人的工作积极性。人作为生产系统运行的主导力量，如何调动人的积极性和创造性，这是工作设计必须认真考虑的重要问题。

4.2.4 工作设计中的行为理论

行为理论的主要内容之一是研究人的工作动机，这一理论对于工作设计有重要的指导意义。人的工作动机可以多种多样，总的都是为满足不同层次的需求。人的需求可以分为五个层次（从生存到自我实现），为满足不同层次的需求，将产生不同的工作动力。不同的工作动机对人如何进行工作以及会产生什么样的结果有很大的影响。因此，在工作设计中必须考虑如何去满足人的这些精神和物质的上的需求。

1. 工作专业化 工作专业化（Job Specialization）的主要原则是集中工作注意的能力，从而精通特定类型的工作。工作专业化可以迅速地培养工人和专业人员，生产率高；但工作单调，会使人厌倦，效率下降。

2. 工作扩大化 工作扩大化（Job Enlargement）是指工作任务的横向扩大，使每一个工作者都能参与完成一项任务的全过程或整项任务的大部分过程。这样他们能够看到自己的工作成果，使该工作者感受到一种成功的喜悦，对工作产生满足感。

3. 工作职务轮换 工作职务轮换（Job Rotation）是指让员工定期轮换其所从事的工作（这里的定期可以是小时、天、几天或数月），工作职务轮换可以给员工提供更丰富多样化的工作内容。采用工作职务轮换对减轻单调性、乏味性是很有效的；工作职务轮换要求员工掌握多种专业知识和技能，促使他们成为多面手；增加了工作任务安排的灵活性，便于给瓶颈环节增添人员等；通过互换工作岗位，使员工体验到其他工作的难处和责任，有利于不同岗位之间的沟通和相互理解，有利于增强员工之间的团结和工作上的协调配合；通过轮换工作岗位有助于扩大员工的视野，有助于让他们站到全局的高度去考虑问题，有利于发挥员工参与管理的积极性。

4. 工作内容丰富化 工作丰富化（Job Enrichment）是指工作内容的纵向扩大，即授予职工更多的权力和责任，更多的参与管理和决策的机会。例如，一个生产第一线的工人除了上机床操作外，还让他负责产品检验、设备保养等工作，当他们需要自己去安排几台设备的工作程序，自己制订设备的保养计划和对产品质量进行互检时，他们的责任心会大大加强。当他的工作成果被肯定时，就会产生成就感和满足感。

以上 4 种方法的实施可以通过团队来进行，因为这样可以使员工之间更好地沟通和协作，从而可以取得更好的成效。

4.2.5 团队工作方式

团队是劳动组织（生产组织）的一种组织形式。一般是围绕某一项任务，采用对象专业化原则，把有关的专业人员和所需的设备、工具等集中在一起组成一个工作小组，组内实行民主管理，小组成员对该项任务的完成共同负责，并对如何去完成这项任务授予必要的自主决策权，这样的工作小组称为团队。

团队工作方式（Team Work）的基本思想是授权于基层，提高基层对市场变化的应变能力；让团队成员参与团队管理和工作决策，提高其责任心，从而使每个成员发挥其积极性和创造性。

根据不同的情况，团队可以采取不同的形式，常见的有以下几种：

1. 解决问题式团队 解决问题式团队是一种非正式组织，通常由若干名来自不同部门、不同班组成员组成，如产品质量问题、生产率提高问题、操作方法问题、设备或工具的小改革问题等。团队提出具体的建议，提交给管理决策部门。

2. 特定目标式团队 特定目标式团队是为解决某项特定的任务，实现一个具体的目标而组建的。例如，开发一项新产品，引进和评价一项新技术，处理生产经营管理中的某个特殊问题等。团队不但要对所承担的任务提出解决的方案与措施，而且在方案通过论证后，将负责（或参与）方案的实施。

3. 自我管理式团队 自我管理式团队是现代企业中一种正式的永久性组织，它是一种新的组织形式，代表企业内部组织的发展方向。它为实现企业管理机构的扁平化，为提高企业对市场变化的应变能力，奠定了重要的基础。自我管理式团队的主要特征是：

（1）充分授权。在给团队明确任务的同时，授予团队必要的自主经营权。把决策权和责任层层下放，直至团队的每一个成员。

（2）自我管理式团队都是围绕一定的任务组建的。每一个团队要完成一项相对完整的任务，即需要去参与完成一项任务的全过程。

（3）采用团队这种组织形式，加强了基层组织在生产经营中的作用，这样不仅可以大大压缩过去只是从事下达命令和汇总情况的中间管理层，实现企业管理机构的扁平化，而且还可以使高层领导摆脱许多日常的事务性工作，从而有利于领导去规划企业的明天，更好地去研究、制定和组织实施企业的发展战略。

4.2.6 工作设计还需要考虑的因素

1. 组织因素 组织因素包括专业化、工作流及工作习惯。

所谓专业化，就是按照所需工作时间最短、所需努力最少的原则分解工作，结果是形成很小的工作循环。

工作流问题是指在相互协调的工作团体中，需要考虑各岗位之间的均衡性问题，以确保不出现所谓的“瓶颈”。

工作习惯是在长期实践中形成的传统工作方式，它反映工作集体的愿望，因此也是岗位工作设计的考虑因素。

2. 环境因素　环境因素包括人力供给与社会期望两方面。

工作设计要考虑现实人力资源供给和社会期望。社会期望是指人们希望通过工作满足什么。在经济不发达的地区，劳动者主要追求的是满足基本的物质需要，可以接受比较繁重和枯燥的工作。随着经济和社会的发展，人们对工作生活质量有了更高的期望。在工作环境设计时，除了考虑经济效益，还要更多地考虑人对精神等方面的需求。

3. 行为因素　工作设计不能只考虑经济效益，而应该考虑员工的精神需要，使工作本身成为激励员工的主要因素，应注意以下几点：

（1）自主权。在工作设计时，应考虑授予员工一定的自主权，满足员工的自尊心，增强员工的责任感。

（2）多样性和完整性。工作设计要尽量使员工工作的内容多样化、丰富化，发展员工的多样技能，改善工作单调性，以提高作业效率和促进员工身心健康。

（3）工作的意义。工作设计要让员工感觉到本项工作对于组织总目标的重要性及其社会意义，从而提高员工工作的积极性和热情，产生成就感。

4.3 生产环境设计

生产环境设计主要是使生产系统与环境和谐相处，不仅能满足生产产品的要求，还要美观大方，使工作人员身心舒畅，减少职业病的发生。

环境设计的主要内容如下：

（1）工厂的总体风格设计，包括厂名的大小、颜色、位置，工厂的形象、宗旨，厂房、地面的形状，色彩、线条的搭配。工厂的总体风格要力求反映企业的愿景、企业文化以及企业的追求，使人有一种责任感、亲切感、使命感、快乐感和归宿感。

（2）车间的总体风格设计，内容同样有标识、形状、色彩、线条和形象。

（3）车间内部的环境设计，重点是功能的设计，要求能够使工作人员的身心舒适，预防和减少职业病。设计的主要内容是色彩、灯光、物品的摆放、气候、噪声对人体的影响。

（4）工作装的设计，在需要突出企业形象、统一着装的部门，工作装的设计要成为一种流动的风景，成为车间环境的一种补充。

以下重点介绍几个对车间环境设计影响重大的因素。

4.3.1　气候状况的分析与设计

工作地和工作室内的气候状况取决于下列因素：气温、气压、空气的流动速度和大气的污染程度。

1. 空气温度对人劳动的影响　人有体温，本身就是一个热源。如果人体产生的热量等于向体外散发的热量，人就处于热平衡状态，此时的体温在 36.5℃左右，人会感到比较舒适。当产生的热量大于散发的热量时，人便会感到发热，反之则感到寒冷。适宜的气候条件是保持良好工作能力的重要保证。室内的温度过高会引起瞌睡、疲劳，从而使工作能力降低，并引起差错发生。室内温度过低，由于寒冷同样会使工作效能降低。因此需要给工作环境规定一个适宜的温度。但是对于冷暖的主观感觉不仅依赖于气候条件，而且与工作人员的体质、年龄、性别、服装、工作强度和对气温的适应能力等因素都有关系。因此，所谓的最佳温度，不是某一个固定的数值，而是某一个温度区域。例如，美国关于最佳温度范围的规定是：脑力劳动为 15.5～18.3℃，轻劳动 12.7～18.3℃，体力劳动 10～16.9℃。

2. 空气流通对人劳动的影响 工作环境中的空气流通情况也会影响人的工作效率。实验证明，在温度相同的情况下，保持空气新鲜的工作环境要比空气不流通的工作效率高出 10%。一般情况下，在工作人员不多的空间中，空气流动的最佳速度约为 0.3m/s，在拥挤的房间中约为 0.4m/s，而当室内温度和湿度都很高时，空气流通速度最好能达到 1～2m/s。

3. 空气污染对人劳动的影响 工作环境中的空气污染有两个来源：

第一个来源于工作人员本身。在人的呼吸过程中会排出二氧化碳，随着劳动强度的加大，二氧化碳的排放量会随之增加。

第二个污染源来自生产过程（包括加工、运输、储存等）。生产过程中产生的粉尘、烟雾、气体、纤维质、蒸气等都会对各种人体器官引起刺激，造成损害。有的污染不仅影响工作效率，而且损害健康，甚至危及工作安全。因此，保持室内空气清洁，至少需把污染限制在许可范围之内。

4.3.2 照明的影响与照明设计

视觉对于人的工作的重要性是不言自明的，眼睛作为接受视觉显示信息的器官，其功能及其效率的发挥依赖于照明条件和被观察物的颜色特征。

1. 照明对工作人员的影响 人的视觉功能的发挥依赖于周围环境的照明水平和对比度。所谓对比度，是指被观察物体与其背景的亮度差。有关的统计资料表明，照明条件与对比度情况越好，工作中的差错率、事故率越低，同时还有助于提高工作效率。照明除了对工作人员的效率有一定影响外，实验还表明，在照明不好时，人会更快地疲劳，工作效果变差。如果创造舒适的光线条件，不仅在从事手工劳动时，而且在从事要求记忆和进行逻辑思维的脑力劳动时，也会提高工作能力。此外，照明对人的自我感觉也有影响，它主要影响工作人员情绪，而情绪的好坏对工作效率有很大影响。一般认为明亮的工作环境是令人愉快的，因此人们在选择工作地点时，都喜欢选择明亮的地方，在休息时才选择比较幽暗的地方。

2. 工作场地和厂房的照明要求 工作场地上必须有适宜的照明。一般在设计照明系统时，应考虑以下因素：

（1）保证工作地点有适宜的亮度。

（2）工作地点固定照明。

（3）工作物与背景之间应有适当的亮度差。

（4）避免光源或在作业区域发出眩光。

按以上这些要求，再根据科学研究的成果和有关的经验来确定工作所适宜的照明条件，这里包括照明亮度、照明方式、照明方法和照明设备的安装等。选择照明条件的原则，既要防止因照明不好造成作业损失和工伤设备事故的发生，又要避免照明上的浪费。因此，合理的照明应该使工作面照度适宜、均匀、稳定。良好的照明不仅要照亮，还需要消除黑角暗道，还要避免闪光反射和不产生过高的热量。因此在进行照明设计时，不仅要考虑光源种类的选择，还要考虑光源的数量和分布，这里要考虑操作者对光强的适应能力。

4.3.3　色彩对工作人员的影响

由于色彩容易营造气氛，能够激发心理想象和联想，许多国家的工业卫生、环境保护专家、劳动心理学家和医学专家指出，厂房、建筑物及工作地装备的色调，对工人的劳动情绪、生产效率和工作质量有明显的影响。实践证明，色彩已不是可有可无的装饰，而是一种管理手段，可以为改善劳动环境和提高生产效率服务。

1. 关于颜色的表示方法　为分辨不同的颜色，人们以色调（H）、明度（V）和彩度（C）三个要素将各种各样的颜色加以排列和区分。

色调分为五种基本色调：红（R）、黄（Y）、绿（G）、蓝（B）、紫（P），加上五种中间色调：黄红（YR）、绿黄（GY）、蓝绿（BG）、紫蓝（PB）、红紫（RP），合起来叫作十色环。每一种色调又分为 10 个等级。

明度是指在一定背景下的明亮感觉，在白与黑中间分成 0～10 的十个等距离的等级。

彩度是指颜色的浓淡饱和程度。无彩色如黑、白、灰的彩度为 0。彩度分为 12～14 个等级，当某种颜色达到饱和时，便是纯色。

色彩的标定方法：色调、明度/彩度=HV/C。例如 7.5YR8/4 的颜色就是指色调是 7.5 橙色、明度 8、彩度 4。这种颜色对保护眼睛是有利的。

2. 颜色对人的影响　色彩对工作人员的影响表现在两个方面：一方面是对人的机体的影响，另一方面是对人心的影响。医学专家从医学上证实，颜色对人体的机能和生理过程发生作用，影响内分泌系统、血液循环、血压和含水量的平衡。红色和红的色调会使人各种器官的机能稳定。之所以颜色对人体机能会产生影响，是因为色彩能引起某种情绪或改变某种情绪。例如，“明快”的颜色可产生愉快的感觉，“阴郁”的色调容易引起压抑的心情。一般情况下，红、橙、黄色给人以温暖的感觉，所以称之为“暖色”；青、绿、紫色给人以寒冷的感觉，常称这些颜色为“冷色”。因此朝北的房间室内温度低，可用暖色，而高温车间则宜用冷色。

暖色在心理上可起积极的兴奋作用。红色系列颜色对人在生理上可起积极的兴奋作用。红色系列颜色对人在生理上起增加血液及脉搏的作用，在心理上起兴奋作用，并有不安感及使神经紧张的副作用，因此不宜广泛使用。橙色系列颜色可以增加食欲，故适用于食堂、餐厅。黄色系列颜色的生理反应近于中性，所以可用于一般工作场所。在以女工作人员为主的场所，宜采用黄色。

冷色一般可起镇静情绪的作用。青色系列颜色对人在生理上可起降低血压和脉搏的作用，在心理上有镇静作用，产生清洁感。但大面积使用会使人产生凄凉的感觉，所以应该与其他颜色配合使用。绿色系列颜色对人的生理反应影响近于中性，给人以平和的感觉。

此外，由反射决定的色彩亮度也会影响人的情绪。例如，明色调会使人产生轻松、自在、舒畅的感觉，暗色调会使人产生压抑和不安的感觉。色彩的选择除了上述一般情况外，还与人的年龄、性别、生活经历有关。例如，儿童一般喜欢鲜艳的色调，如红色、黄色；成年人则往往喜欢蓝色、绿色和红色。

3. 工作环境与设备的色彩调节 生产用房一般不主张把房间涂成单一的颜色或者一种颜色成为主调。因为单一颜色会使视觉疲劳，采用对比色调效果较好。具体选用什么颜色要根据房间的用途，如普通生产用房应采用明快的色调；温度很高的房间最好选用冷色调；俱乐部和休息室应选用使人感到舒适的暖色调；而会客室可选用暗色调。通常天花板要求具有较大的反射值；而墙与地板的反射应较小。表4-6提供了可供参考的工作环境色彩。

表4-6 工作环境用色的建议值

场　所	天花板	墙壁上部	墙壁下部
车间	7.5GY9/2	7.5GY8/2	10GY5.5/2
办公室	7.5GY9/2	7.5GY8.5/2	7.5GY7.5/2
食堂	7.5GY9/2	6YR8/3	7.5YR8/2
候诊室	N（白）9/0	6.5YR8/2	5YR6/3
走廊	7.5GY9/2	7.5GY9/2	7.5GY7.5/3

设备不论其体积大小，大体上均有主机、辅机和动力源，以及控制板和工作台等。一般来说，设备的颜色宜采用中性的绿色系列和没有刺激的灰色系列，因为这种色彩可使工作人员的眼睛不易感到疲劳。对卫生管理有严格要求的食品工厂、饮料工厂的设备，则采用白色或近于白色为最佳。对于搬运设备如堆垛机、手推车等应尽量避免深色，以采用较明快的色调为佳。

4.3.4 噪声的影响与控制

人-机工程对噪声的理解是：凡是对工作人员形成干扰，使其感到不快、不安或者引起伤害的一切声音信号，包括城市交通噪声、工厂噪声、建筑施工噪声以及商业、体育和娱乐场所的人群喧闹声等。

1. 噪声对工作人员的影响 噪声可以危害人们的健康，这种危害有长期的遗留性。它可以引起慢性疾病、器质性病变和对神经系统的损害。在噪声的声音强度不大时（30～40dB）就能对人的心理产生消极影响。例如，妨碍注意力集中，使人心情烦躁，容易疲劳；当噪声刺激非常强烈时（65dB 以上），就会引起人体内各种系统工作失调，若较长时间噪声超过90dB，则会使人的肌体遭到严重的、往往是不可挽回的损伤，包括失去听觉。除此之外，噪声还会引起新陈代谢功能障碍、血液成分改变，对中枢神经系统和交感神经系统造成损害，引起血压与心率的变化等。

2. 噪声控制 形成噪声干扰的过程是：噪声源—传播途径—接受者。因此，噪声控制需从这三方面研究解决。

（1）声源控制。减小机器设备本身的振动及由此产生的噪声。例如，研制和选用低噪声设备，提高设备的精度和安装技术，改进生产工艺等，使发音源降低声音强度；对产生噪声的机件如齿轮、轴承等加强维护；用软性物质将声源部分与其支撑物隔离等。

（2）限制噪声传播。在传播途径上阻断和屏蔽声波的传播，主要措施是：

1）工厂总体设计布局要合理，将高噪声车间、场所与一般车间、生活区区分布置，让噪声源远离这些车间和生活区。

2）利用天然地形如山冈、树丛和已有建筑阻断和屏蔽大部分噪声向接受者传播，也可以建立人工的屏蔽来阻挡噪声的传播。

3）在声源周围采用消声、隔音、吸音、阻尼等局部措施来降低噪声等。

（3）接受者的防护。当上述措施达不到预期的效果时，使用防护用具进行个人防护是一种经济有效的方法。防护用具常见的有橡胶或塑料制的耳塞、耳罩、防噪声帽等。在噪声大的车间里建立小的隔音室，工人可以在其中休息。

想一想

1. 举例说明如何开展工作研究。
2. 什么是劳动定额？劳动定额如何表示？
3. 简述工作设计的原理。
4. 工作环境设计要考虑哪些因素？举例说明应如何进行工作环境设计。

做一做

无锡威孚集团在加工 A 零件的过程中，第三道工序加工的最乐观时间为 8min，最保守时间为 15min，最可能时间为 10min。若希望有 95%的可能性完成定额，则该道工序的定额水平应为多少？

案例分析

Shenandoah 人寿保险公司改变他们的销售策略组合，这样可以推进更通用的寿险政策。分析家认为：通用寿险政策可以通过来自 3 个部门 9 个部分的 32 人来进行。销售服务、接收、保险费清算、保险政策、保险记录和再保险等这些工作由一系列专家以流水线形式进行。在 1983 年，公司重新设计这个过程并组成首个实验性的自我管理团队。

团队负责弗吉尼亚州的所有健康保险和普通寿险业务。管理层希望团队进行自我管理，这样就不需要指派监督人员。在像人力资源管理、质量控制等这些领域，团队有管理者，团队负责保险政策、保险费等业务与保险客户的联系等所有工作。鼓励所有的团队成员培养独立进行团队商业活动的能力。而且团队有最终选择成员的权力，可以分配工作，安排休假，分配办公室的使用，决定薪水支付的基本政策，并且可以纠正那些不按他们规定办事的成员。成员间相互进行培训或者安排训练。大约在一年以后，公司看到业务上有 13%的增长，但是在人员上并没有增长。公司也发现对错误或者服务的抱怨显著下降。公司能够迅速适应快速变化的商业需要。

（摘自 DOC88.com）

思考题

试分析 Shenandoah 人寿保险公司能够得以发展的原因。

第5章 企业资源计划（ERP）

建议学时

6学时

知识目标

- 理解企业资源计划的概念；
- 掌握MRP的基本原理；
- 了解MRPⅡ的原理与特点；
- 理解ERP的管理思想及包括的功能模块；
- 了解ERP与MRPⅡ的区别；
- 掌握ERP生产管理模块。

能力目标

- 具有利用ERP进行生产管理的初步能力。

素质目标

- 引导学生对生产管理人员职业素养的感性认识与理性思考；
- 培养严谨、科学等基本的职业素养；
- 培养生产管理员职业兴趣。

案例导读

无锡东风服装有限公司从2013年开始公司开始实施ERP工程，并取得良好的效果，主要体现在以下几个方面：

一是生产管理。实施ERP前，一个生产计划下达后，由于没有规范的生产信息反馈流程，各车间按自己设计的生产日报样式填写并上报，但上报的内容不一样，有的车间上报的是生产完工量，有的车间上报的是产品入库量，有的车间根本不上报，这使企业无法及时掌握生产情况和计划完成情况，对生产计划缺乏事中控制和调度，同时业务员也无法动态掌握客户订单的生产进度，满足客户的询问，提高售后服务水平。实施ERP后，在系统中按生产计划生成车间订单，不但可以通过查询来了解此车间订单是为哪个客户生产的，还可以按公司的管理要求，把这个车间订单设置到每道工序的开工、完工。这样的生产控制流程不但使企业的相关部门能即时掌握生产情况，同时也保证了生产数据的及时性和唯一性。

二是库存管理。实施 ERP 前，库存管理中做账凭证不唯一，各仓库出入库手续不统一，仓管员随意性大，且做账不及时，无法动态反映库存情况。实施 ERP 后，所有信息只能由规定的某个职能部门按要求录入和维护，其他部门只能进行查询，保证了整个系统信息的正确性和唯一性，同时也提高了许多统计数据的正确率，如统计生产入库，只要查询库存信息即可，而不用再自己录入，这样就不存在月底与仓库对账的。

三是质量管理。ERP 系统的质量管理模块对原辅材料、半成品、成品的质检信息及产品售后质量反馈信息进行收集、统计、分析，提供各环节的质量分析报告，使公司及时了解情况，及早采取措施，避免了不必要的损失，提高了产品信誉。同时，ERP 软件的“客户反馈信息录入”功能帮助公司积累、分析和处理了一些客户的基本信息，为产品技术分析提供了依据，提高了产品质量。

四是财务管理。应用 ERP 系统前，由于会计软件是一个独立的、只用于财务部业务核算的软件，所以，会计人员进行业务核算需通过手工录入后生成记账凭证，数据传递较慢，工作量较大。应用 ERP 系统后，“账务管理”子系统提供建账、凭证处理、记账、查询、打印以及账务管理在内的全程处理功能，具有规范、灵活、通用性强和操作简单等特点，为企业库存、采购、销售、生产提供了指导，为公司决策提供了及时的财务信息。

ERP 为公司创造巨大的效益，计划编制速度和准确率提高了 30～80 倍，数据处理准确率提高了 10 倍，管理效率提高了 80%，使公司提高了服务质量，大大减少了采购、库存，降低了成本。ERP 已经成为公司的一项至关重要的竞争因素。

5.1 企业资源计划概述

5.1.1 企业资源计划的概念

企业处在日新月异的市场机遇、价格和服务水平等的挑战环境中，处在现代竞争环境的企业要保持生存和持续发展，必须与商业合作伙伴充分协调以建立一个具有竞争优势的价值链。ERP 能将企业内部所有资源有效整合在一起，对采购、生产、成本、库存、分销、运输、财务、人力资源进行规划，从而达到最佳资源组合，取得最佳效益。

ERP 是英文 Enterprise Resource Planning 的缩写，中文意思是企业资源计划。它是一个以管理会计为核心的信息系统，识别和规划企业资源，获取客户订单，完成加工和交付，最后得到客户付款。

企业资源计划的合理运用已经改变了企业运作的面貌。ERP 通过运用最佳业务制度规范（Business Practice）以及集成企业关键业务流程（Business Processes）来提高企业利润和市场需求反应速度。

5.1.2 企业资源与 ERP

ERP 是借用一种新的管理模式来改造原企业旧的管理模式，是先进的、行之有效的管理思想和方法。ERP 的投入和产出与其他固定资产设备的投入和产出比较，并不那么直观、浅显和明了，投入不可能马上得到回报，见到效益。ERP 的投入是一个系统工程，并不能立竿见影，它所贯彻的主要是管理思想，这是企业管理中的一条红线。它长期起作用、创效益，在不断深化中向管理要效益。厂房、生产线、加工设备、检测设备、运输工具等都是企业的硬件资源，人力、管理、信誉、融资能力、组织结构、员工的劳动热情等就是企业的软件资源。企业运行发展中，这些资源相互作用，形成企业进行生产活动、完成客户订单、创造社会财富、实现企业价值的基础，反映企业在竞争发展中的地位。ERP 系统的管理对象便是上述各种资源及生产要素，通过 ERP 的使用，使企业的生产过程能及时、高质地完成客户的订单，最大限度地发挥这些资源的作用，并根据客户订单及生产状况做出调整资源的决策。

企业发展的重要标志便是合理调整和运用上述资源，在没有 ERP 这样的现代化管理工具时，企业资源状况及调整方向不清楚，要做调整安排是相当困难的，调整过程会相当漫长，企业的组织结构只能是金字塔形的，部门间的协作交流相对较弱，资源的运行难于把握，不易调整。信息技术的发展，特别是针对企业资源进行管理而设计的 ERP 系统正是针对这些问题设计的，成功推行的结果必使企业能更好地运用资源。

5.1.3 ERP 的发展历程

计算机技术特别是数据库技术的发展为企业建立管理信息系统奠定基础，甚至对改变管理思想起着不可估量的作用，管理思想的发展与信息技术的发展是互成因果的环路。而实践证明信息技术已在企业的管理层面扮演越来越重要的角色。信息技术最初在管理上的运用，也是十分简单的，主要是记录一些数据，方便查询和汇总，而现在发展到建立在互联网基础上的跨国家、跨企业的运行体系。ERP 的发展历程大致可分为四个阶段，如图 5-1 所示。

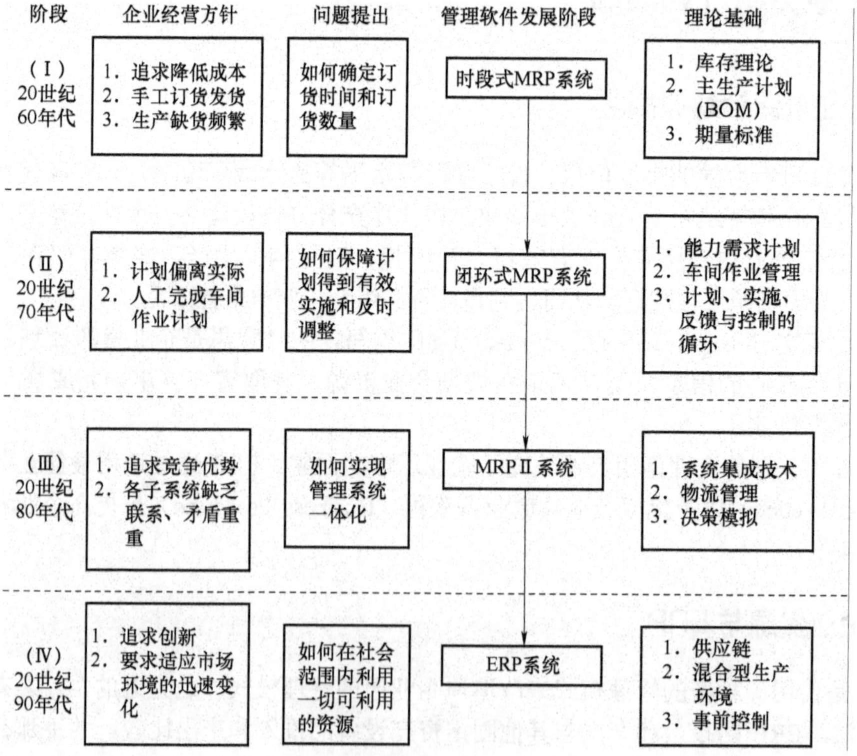

图 5-1 ERP 的发展历程

1．时段式 MRP 阶段　20 世纪 60 年代，企业主要追求降低成本，采用手工订货发货，企业生产缺货频繁，因此，当时主要要解决如何确定订货时间和订货数量的问题。

2．闭环式 MRP 阶段　20 世纪 70 年代，企业的信息管理系统对产品构成进行管理，借助计算机的运算能力及系统对客户订单、在库物料、产品构成的管理能力，实现依据客户订单，制订生产计划并计算物料需求计划，实现减少库存、优化库存的管理目标。

3．MRPⅡ阶段　20 世纪 80 年代，在 MRP 管理系统的基础上，系统增加了对企业生产中心、加工工时、生产能力等方面的管理，以实现计算机进行生产排序的功能，同时也将财务的功能囊括进来，在企业中形成以计算机为核心的闭环管理系统，这种管理系统已能动态监察到产、供、销的全部生产过程。

4．ERP 阶段　20 世纪 90 年代起，进入了 ERP 阶段，以计算机为核心的企业级的管理系统更为成熟，系统增加了包括财务预测、生产能力核定、调整资源调度等方面的功能。配合企业实现 JIT 管理、全面质量管理和生产资源调度管理及辅助决策的功能，成为企业进行生产管理及决策的平台工具。

互联网技术的成熟为企业信息管理系统增加了与客户或供应商实现信息共享和直接的数据交换的能力，从而强化了企业间的联系，形成共同发展的生存链，体现企业为达到生存竞争的供应链管理。ERP 系统实现这方面的功能，使决策者及业务部门实现跨企业的联合作战。

5.1.4　ERP 的作用

ERP 为企业提供了先进的信息系统平台，促进企业管理水平提高。ERP 实质上就是一套规范的由现代信息技术保证的管理制度，它能整合企业各种资源，帮助企业实现科学决策，提高企业的竞争力，具体作用有：

1．实现管理系统运行集成化　ERP 系统是对企业物流、资金流、信息流进行一体化管理的软件系统，其核心管理思想就是实现对“供应链（Supply Chain）”的管理。软件的应用将跨越多个部门甚至多个企业，实现集成化应用，建立企业决策完善的数据体系和信息共享机制，可能达到：降低库存，提高资金利用率和控制经营风险；控制产品生产成本，缩短产品生产周期；提高产品质量和合格率；减少财务坏账、呆账金额等。

2．实现绩效监控动态化　ERP 的应用将为企业提供丰富的管理信息。如何用好这些信息并在企业管理和决策过程中真正起到作用，是衡量 ERP 应用成功的另一个标志。在 ERP 系统完全投入实际运行后，企业应根据管理需要，利用 ERP 系统提供的信息资源设计出一套动态监控管理绩效变化的报表体系，以期即时反馈和纠正管理中存在的问题。这项工作一般是在 ERP 系统实施完成后由企业设计完成。企业如未能利用 ERP 系统提供的信息资源建立起自己的绩效监控系统，将意味着 ERP 系统应用没有完全成功。

3．实现业务流程合理化，改善管理　ERP 实现对企业实施业务流程重组，使企业业务处理流程趋于合理化，企业竞争力得到大幅度提升，企业管理水平将会明显提高，客户满意度显著改善。据美国生产与库存控制学会（APICS）统计，使用一个 ERP 系统，平均可以为企业带来以下经济效益：库存下降 30%～50%；延期交货减少 80%；采购提前期缩短 50%；停工待料减少 60%；制造成本降低 12%；管理人员减少 10%；生产能力提高 10%～15%。

5.2 物料需求计划（MRP）的基本原理

5.2.1 MPS与MRP的关系

主生产计划（Master Production Schedule，MPS）是ERP系统计划的开始，是把企业的企业战略、企业生产计划大纲等宏观计划转变成可操作的微观作业计划，描述企业生产什么、生产多少以及什么时段完成的生产计划。它是根据企业产品销售计划制订的，是企业经营计划的重要组成部分，同时又是编制企业其他计划的主要依据。

MPS是确定每一具体的最终产品在每一具体时间段内生产数量的计划。这里的最终产品是指对于企业来说最终完成、要出厂的完成品，它要具体到产品的品种、型号。这里的具体时间段，通常是以周为单位，在有些情况下，也可以是日、旬、月。MPS详细规定生产什么、什么时段应该产出，它是独立需求计划。MPS是企业生产管理的依据，它对企业的生产任务做统筹安排，规定着企业在计划期内生产的产品品种、质量、数量和期限等指标，这些指标各有不同的经济内容，从不同的角度反映计划期内企业生产活动的要求。主要指标有：

（1）品种指标。

（2）产量指标。

（3）质量指标。

（4）产值指标。

（5）出产期。

在讲到MPS和MRP之间的关系时，需要了解独立需求和相关需求的概念。独立需求是指需求量和需求时间由企业外部的需求来决定，如客户订购的产品、科研试制需要的样品、售后维修需要的备品备件等；相关需求是指根据物料之间的结构组成关系由独立需求的物料所产生的需求，如半成品、零部件、原材料等的需求。

MRP是指在产品生产中对构成产品的各种物料的需求量与需求时间所做的计划，其基本思想是围绕物料转化组织制造资源，实现按需、准时生产。在企业的生产计划管理体系中，它一般被排在MPS之后，属于实际作业层面上的计划。

MRP在ERP系统中的处理过程：MPS是把企业的宏观计划转变成了可操作的微观作业计划，描述企业生产什么、生产多少以及什么时段完成的生产计划，是把企业战略、企业生产计划大纲等宏观计划转化为生产作业和采购作业等微观作业计划的工具，是MRP的直接来源。

5.2.2 MRP的原理与逻辑

1．**MRP的原理** 根据主生产计划确定独立需求产品或备件、备品的需求数量和日期；依据物料清单自动推导出构成独立需求物料的所有相关需求物料的需求，即毛需求；由毛需求以及现有库存量和计划接收量得到每种相关需求物料的净需求量；根据每种相关需求物料的各自提前期（采购或制造）推导出每种相关需求物料开始采购或制造的日期。其处理过程如图 5-2 所示。

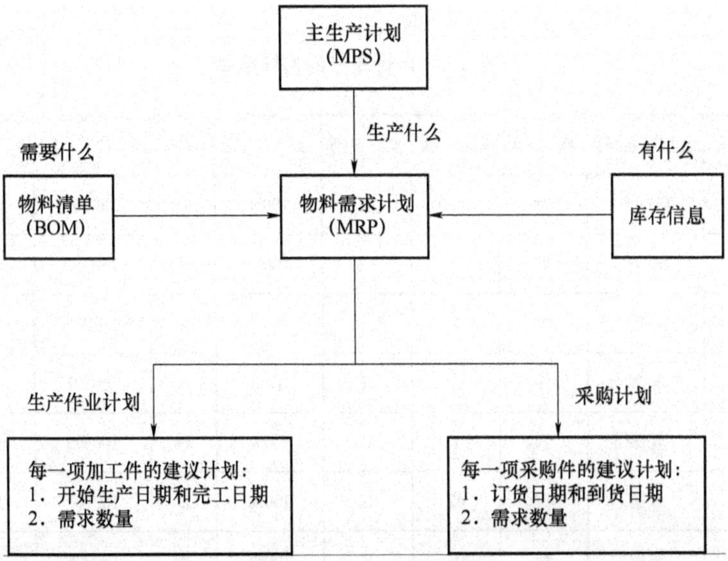

图 5-2　MRP 基本构成

（1）主生产计划。主生产计划根据客户合同和市场预测，把经营计划或生产大纲中的产品系列具体化，使之成为展开物料需求计划的主要依据，起到了从综合计划向具体计划过渡的承上启下作用。

（2）产品结构与物料清单（Bill of Material，BOM）。MRP 系统要正确计算出物料需求的时间和数量，特别是相关需求物料的数量和时间，首先要使系统能够知道企业所制造的产品结构和所有要使用到的物料。产品结构列出构成成品或装配件的所有部件、组件、零件等的组成、装配关系和数量要求。它是 MRP 产品拆零的基础。举例来说，图 5-3 是一个大大简化了的自行车的产品结构图，它大体反映了自行车的构成。

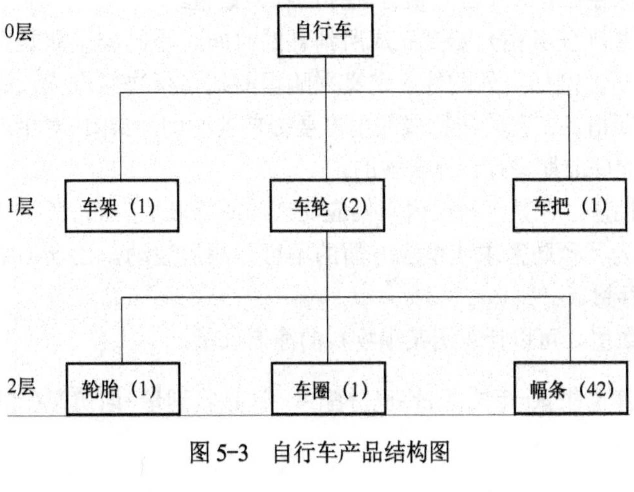

图 5-3　自行车产品结构图

当然，这并不是最终的 BOM。为了便于计算机识别，必须把产品结构图转换成规范的数据格式，这种用规范的数据格式来描述产品结构的文件就是物料清单。它必须说明组件（部件）中各种物料需求的数量和相互之间的组成结构关系。表 5-1 是一张简单的与自行车产品结构相对应的物料清单。

表 5-1 自行车产品物料清单

层次	物料号	物料名称	单位	数量	类型	成品率	ABC码	生效日期	失效日期	提前期/天
0	GB950	自行车	辆	1	M	100%	A	160101	181231	2
1	CJ120	车架	件	1	M	100%	A	160101	181231	3
1	CL120	车轮	个	2	M	100%	A	160905	171002	2
2	LQ300	轮圈	件	1	B	100%	A	160101	181231	5
2	LT890	轮胎	套	1	M	100%	B	160905	171002	7
2	FT30	幅条	根	42	B	100%	B	160101	181231	4
1	CB120	车把	套	1	B	100%	A	160905	171002	4

注：类型中“M”为自制件，“B”为外购件。

（3）库存信息。库存信息是保存企业所有产品、零部件、在制品、原材料等存在状态的数据库。在 MRP 系统中，将产品、零部件、在制品、原材料甚至工装工具等统称为“物料”或“项目”。为便于计算机识别，必须对物料进行编码。物料编码是 MRP 系统识别物料的唯一标识。

期初库存量：在企业仓库中期初实际存放的可供下期用的库存物料数量。

计划收到量（在途量）：根据正在执行中的采购订单或生产订单，在本期将要入库或将要完成的物料数量。

已分配量：尚保存在仓库中但已被分配掉的物料数量。

提前期：执行某项任务由开始到完成所消耗的时间。不同类型和类别的库存项目，其提前期的含义是不同的。例如，外购件应定义采购提前期，指物料进货入库日期与订货日期之差。零件制造提前期指各工艺阶段比成品出产要提前的时间。MRP 对生产库存的计划与控制就是按各相关需求的提前期进行计算实现的。

订购（生产）批量：在某个时段内向供应商订购或要求生产部门生产某种物料的数量。

安全库存量：为了预防需求或供应方面的不可预测的波动，在仓库中经常应保持最低库存数量作为安全库存量。

根据以上各个数值，可以计算出某项物料的净需求量：

$$净需求量=毛需求量+已分配量-计划收到量-期初库存量$$

2．MRP 的运算逻辑　MRP 是以矩阵的形式展开，MRP 的计算是根据反工艺路线的原理按照主生产计划规定的产品生产数量及期限要求，利用产品结构、零部件和在制品库存情况及生产（或订购）的提前期、安全库存等信息，反工艺顺序地推算出各个零部件的出产数量与期限。MRP 的基本运算逻辑图如图 5-4 所示。

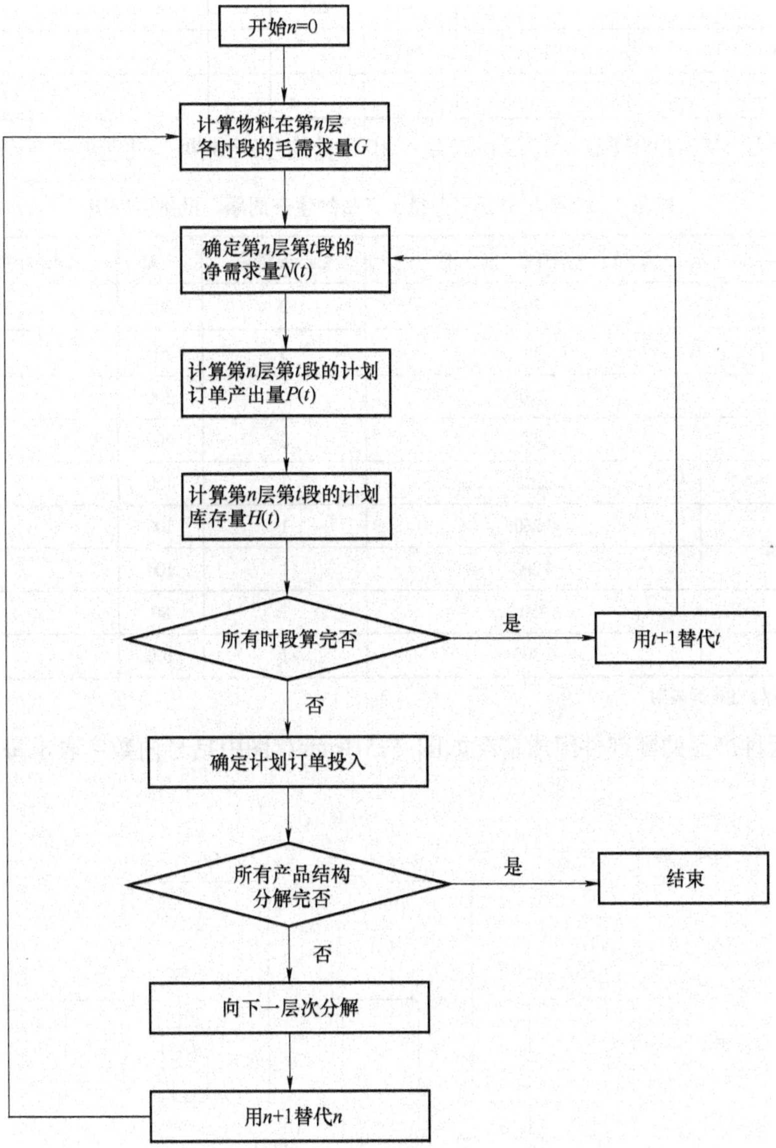

图 5-4　MRP 运算逻辑图

下面结合实例说明 MRP 的运算逻辑步骤。

例如，某厂生产甲、乙两种主要产品并外销部分零部件，根据合同要求，2016 年下半年月度出产计划安排见表 5-2（交货期都假设在月底）。

表 5-2 2016 年下半年月度出产计划表

产品及零部件名称	单 位	月 份						
		6	7	8	9	10	11	12
甲	台	320			310			300
乙	台		200			200		
A	套	190					150	
B	件							200

各种产品和零部件的现有库存量以及生产和订货的生产周期、批量要求见表 5-3。

表 5-3 2016 年年初库存量、订货的生产周期、批量要求表

产品及零部件名称	2015 年末库存量/（台、件）	生产周期/月	批量	2016 年第一批投产月份
甲	30	3	300	3
乙	20	3	200	4
A	940	2	300	1
B	500	2	200	1
C	240	1	100	1
D	1 260	1	100	1
E	4 200	1	100	1
F	250	1	80	1
G	2 300	1	100	2

注：设生产周期=生产间隔期

甲、乙两种产品的零部件组成情况如图 5-5 所示，图中括号内数字表示每一产品需要的零部件数。

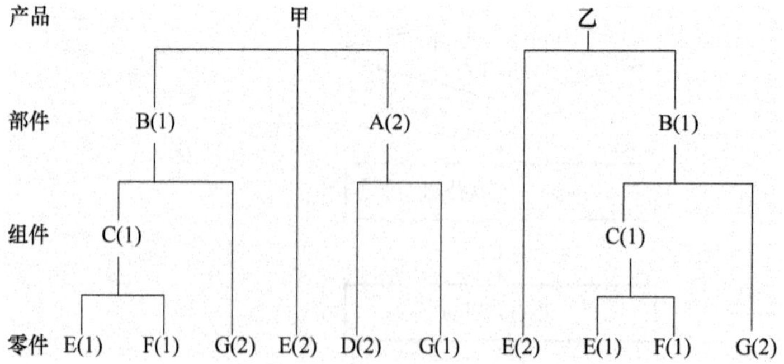

图 5-5 甲乙两种产品零部件组成图

现根据上述资料，组织和安排产品、零部件的生产及外协订货计划。

分析：

（1）根据资料，把各产品、部件、组件对各部件、组件、零件的单位直接需要量整理成表 5-4。

表 5-4 各产品、部件、组件对各部件、组件、零件的单位直接需要量

部件、组件、零件名称 \ 单位直接需要量 \ 产品、部件、组件名称		甲	乙	A	B	C
部件	A	2				
	B	1	1			
组件	C				1	
零件	D			2		
	E	2	2			1
	F					1
	G			1	2	

（2）计算各产品、部件、组件、零件的总需要量。

甲产品：320+310+300=930（台）

乙产品：200+200=400（台）

A 部件：930×2+190+150=2 200（套）

B 部件：930×1+400×1+200=1 530（套）

C 组件：1 530×1=1 530（套）

D 零件：2 200×2=4 400（件）

E 零件：930×2+400×2+1 530×1=4 190（件）

F 零件：1 530×1=1 530（件）

G 零件：2 200×1+1 530×2=5 260（件）

（3）安排各产品和零部件的生产与外协计划。

1）各产品、部件、组件、零件的每月需要量的确定。

各产品的需要量=订货任务数

部件（组件、零件）的需要量=外售任务数+Σ｛上一层次的产品（部、组件）的计划投入量×单位产品（部、组件）对该部件（组、零件）的需要量｝

2）当月库存量的确定。

当月库存量=上月库存量+本月出产量−本月需要量

其生产及外协订货见表 5-5。

表 5-5 生产及外协订货表

名称	项目	2015 年年末	2016 年各月度											
			1	2	3	4	5	6	7	8	9	10	11	12
甲	需求量	30						320			310			300
	期末库存量		30	30	30	30	30	10	10	10				
	计划出产量							300			300			300
	计划投入量				300			300			300			
乙	需求量	20							200			200		
	期末库存量		20	20	20	20	20	20	20	20	20	20	20	20
	计划出产量								200			200		
	计划投入量					200			200					

（续）

名称	项目	2015年年末	2016年各月度											
			1	2	3	4	5	6	7	8	9	10	11	12
A	需求量	940			600			790			600		150	
	期末库存量		940	940	640	640	940	150	450	450	150	150		
	计划出产量				300		300		300		300			
	计划投入量		300		300		300		300					
B	需求量	500			300	200		300	200		300			200
	期末库存量		500	500	400	200	400	100	100	100	100	100	300	100
	计划出产量				200		200		200		200		200	
	计划投入量		200		200		200		200		200			
C	需求量	240	200		200		200		200		200			
	期末库存量		40	140	40	140	40	140	40	140	40	40	40	40
	计划出产量			100	100	100	100	100	100	100	100			
	计划投入量		100	100	100	100	100	100	100	100				
D	需求量	1 260	600		600		600		600					
	期末库存量		660	860	460	660	260	460	60	60	60	60	60	60
	计划出产量			200	200	200	200	200	200					
	计划投入量		200	200	200	200	200	200						
E	需求量	4 200	100	100	700	500	100	700	500	100	600			900
	期末库存量		4 100	4 100	3 500	3 100	3 100	2 500	2 100	2 100	1 600	1 600	1 600	1 600
	计划出产量			100	100	100	100	100	100	100	100			
	计划投入量		100	100	100	100	100	100	100	100				
F	需求量	250	100	100	100	100	100	100	100	100				
	期末库存量		150	130	110	90	70	50	110	170	230	230	230	230
	计划出产量			80	80	80	80	80	160	160	160			
	计划投入量		80	80	80	80	80	160	160	160				
G	需求量	2 300	700		700		700		700		400			
	期末库存量		1 600	1 600	1 000	1 100	500	600		200				
	计划出产量				100	100	100	100	100	200	200			
	计划投入量			100	100	100	100	100	200	200				

5.2.3 闭环 MRP

20 世纪 60 年代的时段式 MRP 能根据有关数据计算出相关物料需求的准确时间与数量，但它还不够完善，其主要缺陷是没有考虑到生产企业现有的生产能力和采购的有关条件的约束。因此，计算出来的物料需求的日期有可能因设备和工时的不足而没有能力生产，或者因原料的不足而无法生产。同时，它也缺乏根据计划实施情况的反馈信息对计划进行调整的功能。正是为了解决以上问题，MRP 系统在 20 世纪 70 年代发展为闭环 MRP 系统。闭环 MRP 系统除了物料需求计划外，还将生产能力需求计划、车间作业计划和采购作业计划也全部纳入 MRP，形成一个封闭的系统。

1．闭环 MRP 逻辑流程图 MRP 系统的正常运行，需要有一个现实可行的主生产计划。它除了要反映市场需求和合同订单以外，还必须满足企业的生产能力约束条件。因此，除了要编制资源需求计划外，还要制订能力需求计划，同各个工作中心的能力进行平衡。只有在采取了措施做到能力与资源均满足负荷需求时，才能开始执行计划。而要保证实现计划就要控制计划，执行 MRP 时要用派工单来控制加工的优先级，用采购单来控制采购的优先级。这样，基本 MRP 系统进一步发展，把能力需求计划和执行及控制计划的功能也包括进来，形成一个环形回路，称为闭环 MRP，如图 5-6 所示。

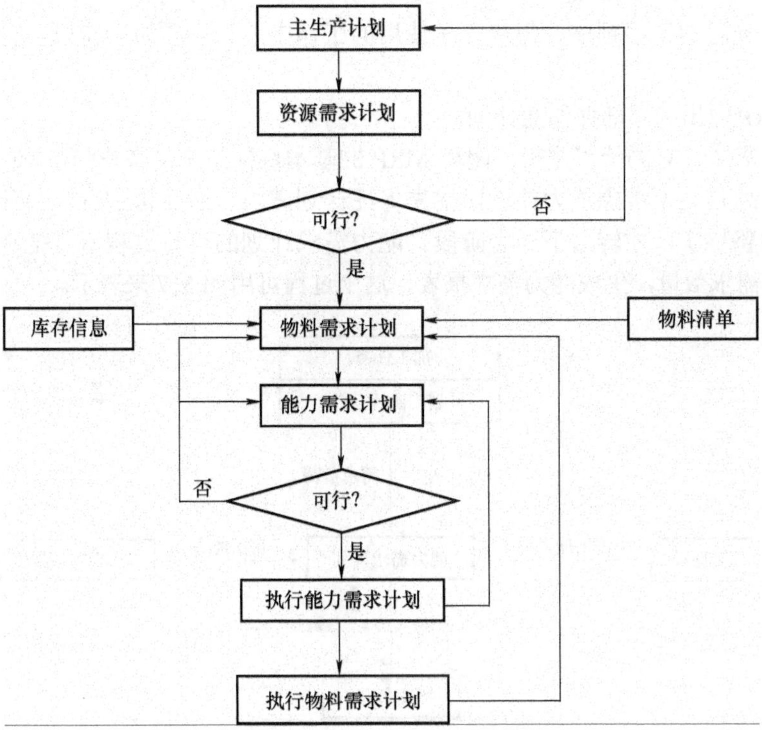

图 5-6 闭环 MRP 逻辑流程图

因此，闭环 MRP 则成为一个完整的生产计划与控制系统。

2．能力需求计划

（1）能力需求计划（Capacity Requirement Planning，CRP）处理过程。在编制主生产计划时，一般要在总体上进行能力平衡核算，即能力计划工作。但是，对于多品种小批量生产的企业，生产的产品品种、数量每月各不相同，生产能力需求经常变化，当总负荷核算平衡时，每个生产周期、每个工作中心可能并不平衡。所以还要按较短的时间期、更小的能力范围（如工作中心）进行详细负荷核算与能力平衡，这称之为能力需求计划。

能力需求计划处理过程如下：

1）编制工序进度计划。用倒序编排法或工序编排法，利用订单下达日期（开工期）、计划订单入库日期（完工日期）及数量，对工序进度计划进行编制。

2）编制负荷图。当所有订单都编制了工序计划以后，以工作中心为单位进行负荷计算。

3）负荷与能力调平。如果能力与负荷不平衡，那么要进行原因分析，可能的原因是MRP计划不全面，能力数据、提前期数据不准确等，需根据原因进行纠正。

（2）能力需求计划的依据。

1）工作中心。工作中心主要包括人力资源及设备资源。它是各种生产或加工能力单元和成本计算单元的统称。对工作中心，都统一用工时来量化其能力的大小。

2）工作日历。工作日历是用于编制计划的特殊形式的日历，它是由普通日历除去每周双休日、假日、停工和其他不生产的日子，并将日期表示为顺序形式而形成的。

3）工艺路线。工艺路线是一种反映制造某项“物料”加工方法及加工次序的文件。它主要说明加工和装配的工序顺序、每道工序使用的工作中心、各项时间定额、外协工序的时间和费用等。

4）由MRP输出的零部件作业计划。

（3）能力需求计划的计算逻辑。闭环MRP的基本目标是满足客户和市场的需求，因此在编制计划时，总是先不考虑能力约束而优先保证计划需求，然后再进行能力计划。经过多次反复运算，调整核实，才转入下一个阶段。能力需求计划的运算过程就是把物料需求计划订单换算成能力需求数量，生成能力需求报表，这个过程可用图5-7来表示。

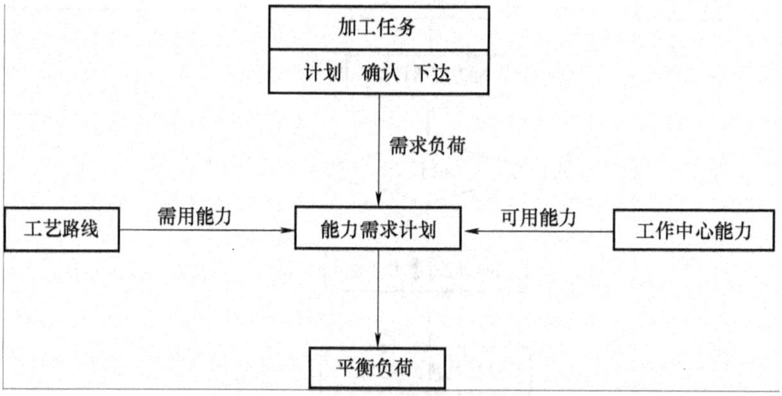

图5-7 能力需求报表生成过程

当然，在计划时段中也有可能出现能力需求超负荷或低负荷的情况。闭环MRP能力计划通常是通过报表的形式（直方图是常用工具）向计划人员报告，但是并不进行能力负荷的自动平衡，这个工作由计划人员人工完成。

3. 现场作业控制 各工作中心能力与负荷需求基本平衡后，接下来就要集中解决如何具体地组织生产活动，使各种资源既能合理利用又能按期完成各项订单任务，并将客观生产活动进行的状况及时反馈到系统中，以便根据实际情况进行调整与控制，这就是现场作业控制。它的工作内容一般包括以下4个方面：

（1）车间订单下达。车间订单下达是指核实MRP生成的计划订单，并转换为下达订单。

（2）作业排序。作业排序是指从工作中心的角度控制加工工件的作业顺序或作业优先级。

（3）投入产出控制。投入产出控制是一种监控作业流（正在作业的车间订单）通过工作中心的技术方法。利用投入/产出报告，可以分析生产中存在的问题，采取相应的措施。

（4）作业信息反馈。作业信息反馈主要是跟踪作业订单在制造过程中的运动，收集各种资源消耗的实际数据，更新库存余额并完成 MRP 的闭环。

5.3 制造资源计划（MRPⅡ）

制造资源计划即 MRPⅡ，是在 MRP 在基础上发展起来的一种新的生产方式。MRPⅡ实际上是整个企业的系统，包括了整个生产经营活动：销售、生产、库存、生产作业计划与控制，等等。

MRPⅡ反映了它是以计划管理为主线的生产经营管理模式，其基本思想是使企业的制造资源在周密、客观的计划下得到最有效、充分的利用。

MRPⅡ贯穿于企业生产制造的全过程，充分体现“三结合”原则，即把企业长远发展宏观计划和企业接受订单确定要求的中层计划、产品计划、零部件和原材料等微观计划结合起来，把执行计划和阶段工作结合起来，把企业物流、信息流及资金流有机结合起来。

5.3.1 MRPⅡ的原理与逻辑

MRPⅡ的基本思想就是把企业作为一个有机整体，从整体最优的角度出发，通过运用科学方法对企业各种制造资源和产、供、销、财各个环节进行有效的计划、组织和控制，使他们得以协调发展，并充分地发挥作用。MRPⅡ的逻辑流程图如图 5-8 所示。

在流程图的右侧是计划与控制的流程，它包括了决策层、计划层和控制执行层，可以理解为经营计划管理的流程；中间是基础数据，要储存在计算机系统的数据库中，并且反复调用。这些数据信息的集成，把企业各个部门的业务沟通起来，可以理解为计算机数据库系统；左侧是主要的财务系统，这里只列出应收账、总账和应付账。各个连线表明信息的流向及相互之间的集成关系。

从图 5-8 中可以看出，经营规划是 MRPⅡ的起点。经营规划就是确定企业的产值与利润指标，而要实现一定的产值与利润，必须按市场的需求决定生产什么和生产多少。并根据市场预测和企业当前的生产条件，确定生产计划。而且在制订生产计划时要进行粗略能力平衡。接着按生产计划确定产品出产计划，产品出产计划计划是 MRP 的一项关键输入。MRP 输出的零部件投入出产计划计划作为车间的“生产计划”，它规定了车间的生产任务，规定了车间“产品”的完工期限与数量，因而以此制订车间生产作业计划。车间生产作业计划规定每个工作地每天的工作任务，使 MRP 输出的零部件投入出产计划落实到每一道工序。企业内部的一切活动都围绕物料转化准时进行，这就是 MRPⅡ。

MRPⅡ提供了一个完整而详尽的计划，可使企业内各部门的活动协调一致，形成一个整体。各个部门享用共同的数据，消除了重复工作和不一致，也使得各部门的关系更加密切，提高了整体效率。

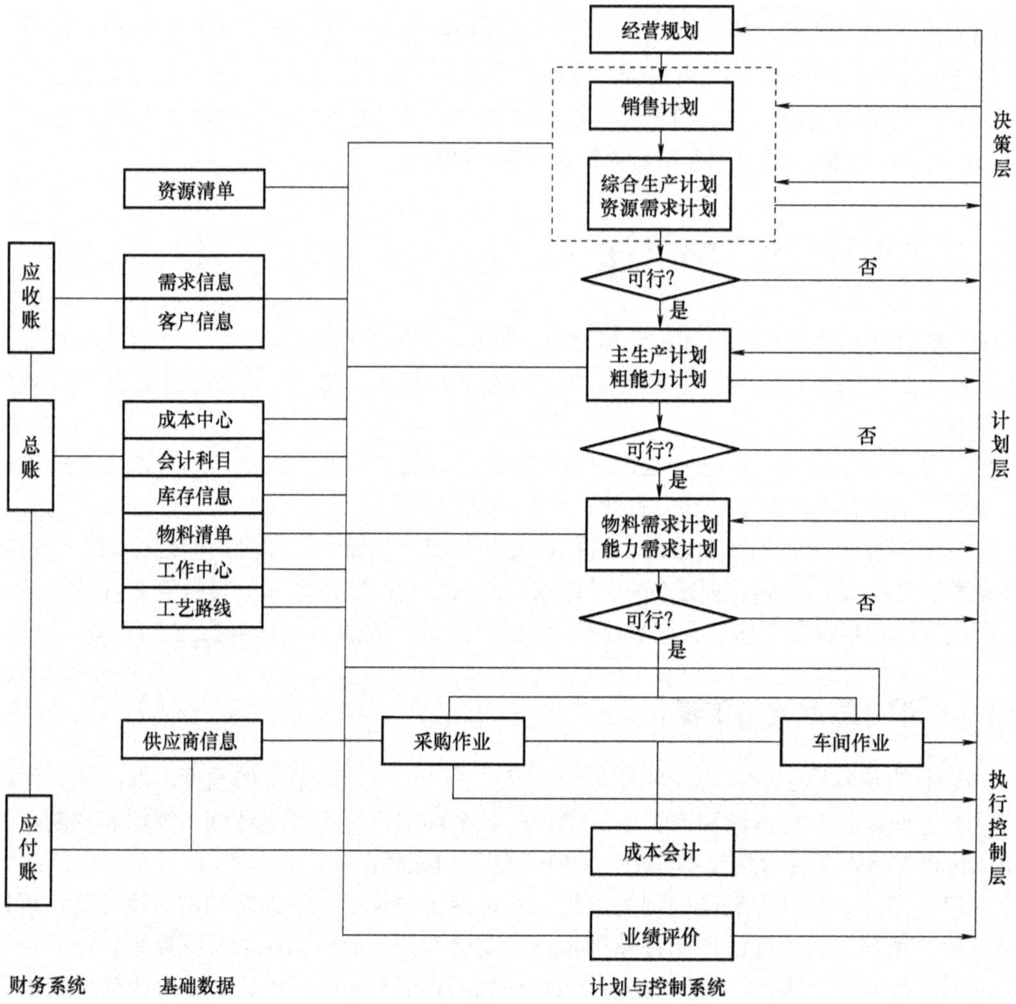

图 5-8 MRPⅡ逻辑流程图

5.3.2 MRPⅡ管理模式的特点

MRPⅡ的特点可以从以下几个方面来说明，每一项特点都含有管理模式的变革和人员素质或行为变革两方面，这些特点是相辅相成的。

1. 计划的一贯性与可行性 MRPⅡ是一种计划主导型管理模式，计划层次从宏观到微观、从战略到技术、由粗到细逐层优化，但始终保证与企业经营战略目标一致。它把通常的三级计划管理统一起来，计划编制工作集中在厂级职能部门，车间班组只能执行计划、调度和反馈信息。计划下达前反复验证和平衡生产能力，并根据反馈信息及时调整，处理好供需矛盾，保证计划的一贯性、有效性和可执行性。

2. 管理的系统性 MRPⅡ是一项系统工程，它把企业所有与生产经营直接相关部门的工作联结成一个整体，各部门都从系统整体出发做好本职工作，每个员工都知道自己的工作质量同其他职能的关系。这只有在“一个计划”下才能成为系统，条块分割、各行其是的局面应被团队精神所取代。

3．数据的共享性　MRP Ⅱ是一种制造企业管理信息系统，企业各部门都依据同一数据信息进行管理，任何一种数据变动都能及时地反映给所有部门，做到数据共享。在统一的数据库支持下，按照规范化的处理程序进行管理和决策，改变了过去那种信息不通、情况不明、盲目决策、相互矛盾的现象。

4．动态应变性　MRP Ⅱ是一个闭环系统，它要求跟踪、控制和反馈瞬息万变的实际情况，管理人员可随时根据企业内外环境条件的变化迅速做出响应，及时进行决策调整，保证生产正常进行。它可以及时掌握各种动态信息，保持较短的生产周期，因而有较强的应变能力。

5．模拟预见性　MRP Ⅱ具有模拟功能。它可以解决“如果怎样……将会怎样”的问题，可以预见在相当长的计划期内可能发生的问题，事先采取措施消除隐患，而不是等问题已经发生了再花几倍的精力去处理。这将使管理人员从忙碌的事务堆里解脱出来，从而致力于实质性的分析研究。

6．物流、资金流的统一　MRP Ⅱ包含了成本会计和财务功能，可以由生产活动直接产生财务数据，把实物形态的物料流动直接转换为价值形态的资金流动，保证生产和财务数据一致。财务部门及时得到资金信息用于控制成本，通过资金流动状况反映物料和经营情况，随时分析企业的经济效益，参与决策，指导与控制经营和生产活动。

7．质量保证的功能　虽然 MRP Ⅱ的逻辑流程图中没有直接表示质量的框架，但是作为一个规范、成熟的管理模式，它处处体现了质量保证体系的要求。事实上，MRP Ⅱ系统的质量保证不只是依靠一个质量管理模块，而是渗透到系统的各个环节中。

以上几个方面的特点表明，MRP Ⅱ是一个比较完整的生产经营管理计划体系，是实现制造业企业整体效益的有效管理模式。

5.3.3　MRP Ⅱ对企业生产经营活动的影响

一个企业内往往有多个系统，如生产系统、财务系统、销售系统、供应系统等。由于 MRP Ⅱ系统能够提供一个完整而详细的计划，使企业内部各个子系统协调一致，形成了一个整体，这就使得 MRP Ⅱ系统不仅作为生产和库存的控制系统，而且还成为企业的整体计划系统，使得各部门的关系更加密切，消除了重复工作和不一致性，提高了整体的效率。

1．销售管理　MRP Ⅱ是企业的总体计划，它将销售部门和生产部门联系起来，让销售部门了解生产部门能够生产什么和正在生产什么，而生产部门也了解市场需要什么。销售部门对于保持生产计划的有效性有着直接的责任，在制订主生产计划时，由销售部门提供的预测数据和客户订单是制订主生产计划的依据。

2．生产管理　有了 MRP Ⅱ以后，计划的完整性、周密性和应变性大大加强，使调度工作大为简化，生产部门能够为其他部门提供准确的信息，工作质量得到提高。由于 MRP Ⅱ，使生产管理从经验管理走向科学管理，使生产部门正规化。

3．采购管理　有了 MRP Ⅱ系统，采购部门做到按时、按量地供应各种物料，而且，由于 MRP Ⅱ的计划期可以长达一至两年，产品所需的外购物料能提前相当长时间告诉采购部门，并能准确地提供各种物料的“期”和“量”方面的要求，避免了盲目多订和早订。同时，

MRPⅡ是按要求按计划分期分批地交货，也为供方组织均衡生产创造了条件。

4. 财务管理 实行MRPⅡ，可使不同部门采用共同的数据，使一些财务数据在生产和销售等相关部门数据基础上很容易做出来。如当生产计划发生变更时，通过 MRPⅡ系统，马上反映到经营计划上，使决策者迅速了解这种变更在财务上造成的影响。

5.4 ERP系统概述

5.4.1 ERP系统的管理思想

ERP的核心管理思想就是实现对整个供应链的有效管理，主要体现在以下三个方面：

1. 体现对整个供应链资源进行管理的思想 现代企业的竞争已经不是单一企业间的竞争，而是一个企业供应链与另一个企业供应链之间的竞争，即企业不但要依靠自己的资源，还必须把经营过程中的有关各方如供应商、制造工厂、分销网络、客户等纳入一个紧密的供应链中，才能在市场上获得竞争优势。ERP 系统正是适应了这一市场竞争的需要，实现了对整个企业供应链的管理。

2. 体现精益生产、同步工程和敏捷制造的思想 ERP 系统支持混合型生产方式的管理，其管理思想表现在两个方面：①“精益生产”的思想，即企业把客户、销售代理商、供应商、协作单位纳入生产体系，同他们建立起利益共享的合作伙伴关系，进而组成一个企业的供应链。②“敏捷制造”的思想。当市场上出现新的机会，而企业的基本合作伙伴不能满足新产品开发生产的要求时，企业组织一个由特定的供应商和销售渠道组成的短期或一次性供应链，形成“虚拟工厂”，把供应和协作单位看成是企业的一个组成部分，运用“同步工程”组织生产，用最短的时间将新产品打入市场，时刻保持产品的高质量、多样化和灵活性，这就是“敏捷制造”的核心思想。

3. 体现事先计划与事中控制的思想 ERP 系统中的计划体系主要包括主生产计划、物流需求计划、能力计划、采购计划、销售执行计划、利润计划、财务预算和人力资源计划等，而且这些计划功能与价值控制功能已完全集成到整个供应链系统中。另一方面，ERP 系统通过定义事务处理相关的会计核算科目与核算方式，在事务处理发生的同时自动生成会计核算分录，保证了资金流与物流的同步记录和数据的一致性，从而实现了根据财务资金现状，可以追溯资金的来龙去脉，并进一步追溯所发生的相关业务活动，便于实现事中控制和实时做出决策。

5.4.2 ERP的功能模块

ERP 是将企业所有资源进行整合集成管理，简单地说是将企业的物流、资金流、信息流进行一体化管理的管理信息系统。它的功能模块以不同于以往的MRP或MRPⅡ的模块，它不仅可用于生产企业的管理，而且在许多其他类型的企业，如一些非生产性单位、公益组织也可导入ERP系统进行资源计划和管理。下面以用友U8为例简介ERP各功能模块。

1. 生产管理系统 生产管理系统是ERP系统的核心所在，其业务活动涉及企业的销售、计划、生产、采购、委外等业务内容。

以用友 U8 为例，生产管理系统的总体结构是：企业销售部门业务员根据客户的需求，对客户进行报价，从产品、规格、价格、期限、折扣等方面，了解客户的需求；当与客户签订了购销合同以后，将客户的实际需求和市场预测的需求相结合，由规划部门结合产能情况编制企业的采购计划、生产计划和物料需求计划；采购部门按照采购计划组织安排采购人员开展采购工作，生产部门根据生产计划组织车间完成生产任务，按照委托外加工（生产中一般简称“委外”）计划安排委外商来企业领料回厂加工生产；采购部门将采购到货的物料交给仓库，仓库负责入库处理；委托外加工完成和生产完工的料品交给仓库，仓库负责入库处理；销售部门根据销售合同向客户发货，仓库负责出库处理。

（1）基础数据管理模块。基础数据的管理质量体现企业管理水平的高低，同时也是 ERP 系统应用效果的重要衡量标准。基础数据主要包括：

1）物料主文件。它包括成品、半成品、原材料、辅料的各项管理属性，是整个系统的基础。

2）BOM。产品的构成结构或配方，其中包含产品对各层物料的用量及相关管理属性，它是 MPS、MRP、定额领料控制及成本管理的基础。

3）工作中心。它是能力平衡及物料投放的场所，是组织生产、费用发生和作业成本管理的基本单元，该基础文件描述了有关现有能力信息及标准作业成本信息。

4）工艺过程。它描述每种自制物品的加工顺序及过程，在每一工序详细描述各种工时情况及分类信息，是能力计划、车间作业管理、成本管理的基础。

5）工厂日历。设定休假日，是计划计算及能力平衡的基础。

（2）启用系统模块。由系统管理员创建账套后，启用生产管理各系统。它包括共用基础资料设置、客户订货、产能管理、采购业务、委外业务、生产业务、车间管理、销售发货、制单业务、期末处理、物料清单模块。

共用资料设置包括：设置部门档案、人员档案；设置供应商分类及其档案；设置客户分类、级别及其档案；设置存货分类、计量单位；设置仓库档案、存货档案；设置结算方式、付款方式；设置银行档案、本单位开户银行；设置仓库收发类别；设置采购类型、销售类型；设置费用项目分类、费用项目；设置料品发运方式；设置工作中心、设置生产制造参数；设置时栅、时格；设置预测版本资料；设置资源资料、标准工序资料；物料清单资料维护，设置单据变化原因码；输入存货期初结存、客户信用额度、料品的价格级别及客户料品价格、供应商的料品价格、应交税费会计科目；进行应收与应付账款科目的受控设置；输入应收与应付账款的期初余额。

（3）客户订货模块。该模块主要完成向客户进行报价及与客户签订销售订单的业务工作。销售报价是企业针对不同客户、不同存货、不同批量提出有关货品、规格、价格、结算方式、折扣率等信息，双方达成协议后，销售报价单转为销售订单。通过对报价单的查询跟踪，为销售部门提供相关客户信息。销售订货是指企业与客户签订购销合同，主要对销售订单的执行进行管理、控制和追踪。销售订单是由购销双方确认的客户要货需求的单据，是企业销售合同中关于货物的明细资料。经审核确认的报价单可作为生成订单的依据，传递到销售订货系统；已审核的销售订单可增加库存管理中物品的预约量，减少物品的可用量，也可作为出货参照的依据，同时为销售分析系统提供了原始分析数据。

（4）排程业务模块。该模块主要根据客户需求完成 MPS 和 MRP 的制作。

（5）产能管理模块。产能管理从资源需求计划、粗能力需求计划（RCCP）和能力需求计划（CRP）三个方面，对企业的工作中心和资源的产能与负载情况进行计算，以确保有足够的生产能力来满足企业的生产需求。该模块主要根据生产订单工序资料中各工序经过的工作中心和资源，以及各工序的开工时间和完工时间，计算生产订单所需要的产能，然后对比该工作中心该资源所能提供的产能及负载情况进行产能检核，以便进行产能调整，保证生产活动顺利进行。

（6）采购业务模块。该模块主要针对由 MPS 和 MRP 生成的采购订单和由其他部门请购单转成的采购订单进行采购业务的处理。采购流程选用最长的业务流程，包括请购、订货、到货、开票、采购结算的采购过程。

（7）委外业务模块。该模块主要针对由 MPS 和 MRP 生成的委外订单进行委托外加工业务的处理。委外管理包括从委外询价开始，到委外单的输入与审核、委外件的领料加工、完工验收入库，直至财务制单的全部业务处理程序。它兼有采购管理和生产订单的特点，既有询价和验收入库的环节，又有领料和发料等业务内容。

（8）生产业务模块。它是指应用“生产制造”子系统中的“生产订单”模块，对生产订单业务进行操作，主要完成生产订单的生成、生产领料、生产完工入库的工作。该模块主要是针对自制件的生产进行管理的。自制件的生产要通过制订生产计划并核发可执行的生产订单，然后根据生产订单进行领料、加工生产、入库等作业。

（9）车间管理模块。该模块根据生产订单编制工序计划，然后按照各个工序进行领料和加工生产，通过工序转移，完成末道工序，最后完工入库。车间是企业进行产品制造加工的单位，车间管理的具体内容包括：随时了解与掌握产品的加工进度和完工状况，了解生产现场的用料和不良品的情况，进行必要的调度，以确保能适时完成生产订单的计划要求；统计各生产订单、各完工工序的实际加工工时、用料情况、不良品情况，提供给生产管理部门和财务部门以计算料品成本和工作中心效率。

（10）销售发货模块。该模块主要完成根据销售订单进行发货的业务。销售发货是企业执行与客户签订的销售合同或销售订单，将货物发往客户的行为，是销售业务的执行阶段。发货单是销售方给客户发货的凭据，是“销售管理”的核心单据。

（11）制单业务模块。该模块主要完成销售、采购和委外业务与财务相联系的制单功能操作。它根据所发生的销售、采购和委外业务，制作应收与应付款记账凭证，并传递给总账。

（12）期末处理模块。该模块主要对销售业务、采购业务、委外业务、库存业务进行月末结账处理。月末结账是逐月将每月的单据数据封存，并将当月的业务数据记入相关报表。

（13）物料清单模块。该模块主要针对 BOM 进行建立和维护工作。BOM 是进行 MPS 和 MRP 规划的基础，同时也是编制生产与采购计划、配套领料、跟踪物流、把握生产、计算成本、投资报价、改变产品设计等需要参照的重要文件。

（14）工程变更模块。该模块主要对工程物料清单和工艺路线的变更过程进行管理。工程变更的目的是协助工程部门及物料管理部门，监控设计变更过程的各项工作，提供所需的相关信息，以减少设计变更造成的损失。

（15）设备管理模块。该模块的功能包括：提供设备的使用维护信息管理，将设备的预防性维修同事后修理结合，建立起一个包括设备计划、使用、保养、维修等功能为一体的设备管理系统；通过编制设备计划并根据事先的计划或是故障产生作业单，形成维修记录；通过查询设备报表，提高设备的监督与管理水平。设备管理包括设备档案管理、设备维修保养计划管理、设备维修保养记录、设备状态分析、设备备件计划及管理等，设备管理紧密结合车间作业运转台时自动完成维修保养计划制订，并跟踪维修保养全过程。

2．财务管理系统 以用友 U8 为例，将财务管理系统分为两大层次：财务会计和管理会计。财务会计主要完成企业日常的财务核算，并对外提供会计信息；管理会计则灵活运用多种方法，收集整理各种信息，围绕成本、利润、资本三个中心，分析过去、控制现在、规划未来，为管理者提供经营决策信息，并帮助其做出科学决策。

3．购销存系统 以用友 U8 为例，购销存系统主要由采购计划、采购管理、销售管理、库存管理、存货核算等模块组成。用友 U8 进销存系统面向企业中三个主要层次（操作员层、部门经理层、企业决策层）的角色提供对应的功能。决策层需要根据前两个层次不断反馈信息，进行综合的统计、分析，发现规律和问题，进行经营决策，使企业的管理模式更符合实际情况，制订出最佳的企业运营方案，实现管理的高效率、实时性、安全性、科学化、现代化、智能化。

4．分销系统 分销系统是由一系列标准功能模块以及子模块组成的应用平台，通过模块化的组合和少量的客户化定制，构成完整的分销管理系统。标准模块主要分为三个大类：业务管理类（处理原始单据，描述业务流程，管理各类档案，实现动态数据的查询与分析），综合查询类（汇总下级系统上报的各类数据，生成静态销售数据库，供企业管理人员进行高效的查询、分析、决策），系统管理类（系统管理员专用，对整个系统进行管理和维护）。

5．客户关系管理（CRM）系统 CRM 系统的目标主要有：如何将潜在客户变为现实客户，如何管理渠道，如何随时间的推移不断地驱动客户，如何凝聚客户关系，使企业增加收入，提高赢利性和用户的满意度。

6．人力资源系统 人力资源系统的目标是让使用者不再为复杂、琐碎的人事管理事务而繁忙，能更好地进行人力资源的发展和规划。系统重点是实现人力资源部门在员工素质管理、薪资管理、绩效考核等方面的需求。

5.5 ERP 的实施过程

在引入 ERP 系统的过程中，实施是一个极其关键也是最容易被忽视的环节。因为，实施的成败最终决定着 ERP 效益的充分发挥。企业的 ERP 项目只有在一定科学方法的指导下，才能够成功实现企业的应用目标。一个典型的 ERP 实施进程主要包括以下几个阶段，如图 5-9 所示。

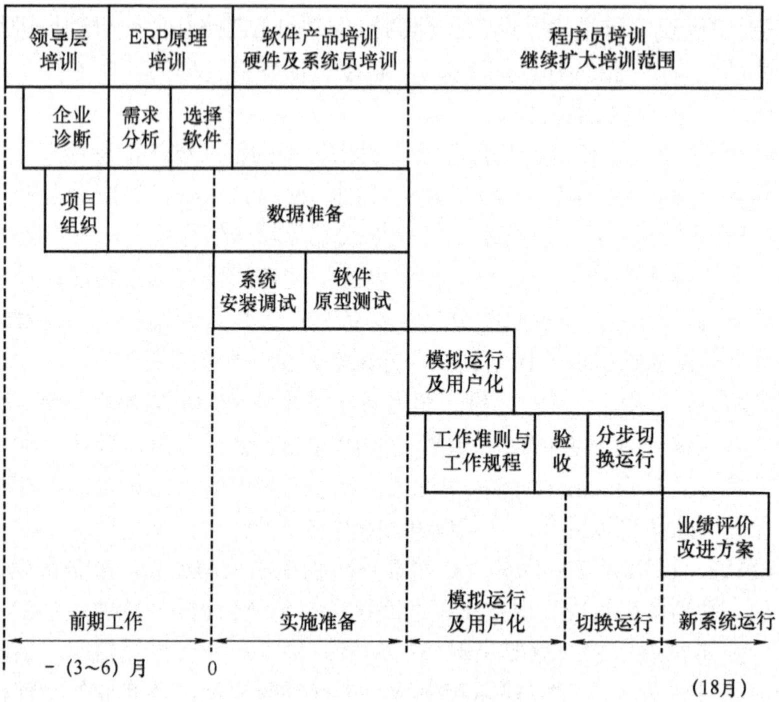

图 5-9 ERP 实施进程简图

5.5.1 项目的前期工作

这个阶段非常重要，关系到项目的成败，但往往为实际操作所忽视。这个阶段的工作主要包括以下内容：

1．领导层培训及 ERP 原理的培训 主要的培训对象是企业高层领导及今后 ERP 项目组人员，使他们掌握 ERP 的基本原理和管理思想。这是 ERP 系统应用成功的思想基础。因为只有企业的各级管理者及员工才是真正的使用者，真正了解企业的需求，只有他们理解了 ERP，才能判断企业需要什么样的 ERP 软件，才能更有效率地运用 ERP。

2．企业诊断 由企业的高层领导和今后各项目组人员用 ERP 的思想对企业现行管理的业务流程和存在的问题进行评议和诊断，找出问题，寻求解决方案，用书面形式明确预期目标，并规定评价实现目标的标准。这里会用到下一个部分里将要介绍的业务流程重组方法。

3．需求分析，确定目标 企业在准备应用 ERP 系统之前，还需要理智地进行立项分析：

（1）企业是不是到了该应用 ERP 系统的阶段？

（2）企业当前最迫切需要解决的问题是什么？ERP 系统是否能够解决？

（3）对 ERP 系统的投资回报率是否满意？

（4）企业在财力上能不能支持 ERP 的实施？

（5）企业运用 ERP 的目的是什么？系统到底能够解决哪些问题和达到哪些目标？

（6）基础管理工作有没有理顺、人员的素质够不够高？

（7）将分析的结果写成需求分析和投资效益分析书面报告，从而做出是否上、如何上 ERP 项目的正确决策。

4．软件选型　在选型过程中，首先要知己知彼。知己，就是要弄清楚企业的需求，即对企业本身的需求进行细致的分析和充分的调研，这些在需求分析阶段已经完成；知彼，就是要弄清软件的管理思想和功能是否满足企业的需求。这两者是相互交织进行的。可以通过软件先进的管理思想来找出企业现有的管理问题，但特定的软件则可能由于自身的原因，不一定能够满足企业的特殊需求，还需要一定的补充开发。因此，还要了解实施的环境。这里的环境包括两个方面：国情（像财务会计法则等一些法令法规，还包括汉化等）、行业或企业的特殊要求。根据这些来运行流程和功能，从“用户化”和“本地化”的角度来为 ERP 选型。

5.5.2　实施准备阶段

这一阶段要建立的项目组织和所需的一些静态数据可以在选定软件之前就着手准备和设置，图 5-9 用向左延伸到前期工作阶段来表示。在这个准备阶段中，要做以下几项工作：

1．项目组织　ERP 的实施是一个大型的系统工程，需要组织上的保证。如果项目的组成人选不当、协调配合不好，将会直接影响项目的实施周期和成败。项目组织应该由三层组成，而每一层的组长都应是上一层的成员。

（1）领导小组。领导小组由企业的一把手牵头，并与系统相关的副总一起组成领导小组。这里要注意的是人力资源的合理调配，像项目经理的任命、优秀人员的发现和启用等。

（2）项目实施小组。大量的 ERP 项目实施工作是由项目实施小组来完成的，一般是由项目经理来领导组织工作，其他成员应当由企业主要业务部门的领导或业务骨干组成。

（3）业务组。这部分工作的好坏是 ERP 实施能不能贯彻到基层的关键所在。每个业务组必须有固定的人员，带着业务处理中的问题，通过对 ERP 系统地掌握，寻求一种新的解决方案和运作方法，并用新的业务流程来验证，最后协同实施小组一起制订新的工作规程和准则。它还包括基层单位的培训工作。

2．数据准备　在运行 ERP 系统之前，要准备和录入一系列基础数据，这些数据是在运用系统之前没有或未明确规定的，所以需要做大量分析研究的工作。数据准备包括一些产品、工艺、库存等信息，还包括了一些参数的设置，如系统安装调试所需信息、财务信息、需求信息等。

3．系统安装调试　在人员、基础数据已经准备好的基础上，可以将系统安装到企业中来，并进行一系列的调试活动。

4．软件原型测试　这是对软件功能的原型测试（Prototyping），也称计算机模拟（Computer Pilot）。由于 ERP 系统是信息集成系统，所以在测试时，应当是全系统的测试，各个部门的人员都应该同时参与，这样才能理解各个数据、功能和流程之间相互的集成关系，找出不足的方面，提出解决企业管理问题的方案，以便接下来进行用户化或二次开发。

5.5.3　模拟运行及用户化

这一阶段的目标和相关的任务如下：

（1）模拟运行及用户化。在基本掌握软件功能的基础上，选择代表产品，将各种必要的数据录入系统，带着企业日常工作中经常遇到的问题，组织项目小组进行实战性模拟，提出解决方案。模拟可集中在机房进行，也称之为会议室模拟（Conference Room Pilot）。

（2）制订工作准则与工作规程。进行了一段时间的测试和模拟运行之后，针对实施中出现的问题，项目小组会提出一些相应的解决方案，在这个阶段就要将与之对应的工作准则与工作规程初步制订出来，并在以后的实践中不断完善。

（3）验收。在完成必要的用户化的工作、进入现场运行之前还要经过企业最高领导的审批和验收通过，以确保 ERP 的实施质量。

5.5.4 切换运行

切换运行要根据企业的条件来决定应采取的步骤，可以各模块平行一次性实施，也可以先实施一两个模块。在这个阶段，所有最终用户必须在自己的工作岗位上使用终端或客户机操作，处于真正应用状态，而不是集中于机房。如果手工管理与系统还有短时并行，可作为一种应用模拟看待（Live Pilot），但时间不宜过长。

5.5.5 新系统运行

一个新系统被应用到企业后，实施的工作其实并没有完全结束，而是将转入到业绩评价和下一步的后期支持阶段。这是因为企业有必要对系统实施的结果做一个小结和自我评价，以判断是否达到了最初的目标，从而在此基础上制订下一步的工作方向。还有就是由于市场竞争形势的发展，将会不断有新的需求提出，再加之系统的更新换代、主机技术的进步都会对原有系统构成新的挑战。所以，无论如何，都必须在巩固的基础上，通过自我业绩评价，制订下一目标，再进行改进，不断地巩固和提高。

以上就是对 ERP 的实施过程做了简要的介绍。当然，这些阶段是密切相关的，一个阶段没有做好，绝不可操之过急进入下一个阶段，否则，只能是事倍功半。值得注意的是，在整个实施进程中，培训工作是贯彻始终的。本书只是对第一个阶段的领导层培训和 MRPⅡ原理培训做了详细的介绍。而那些贯穿于实施准备、模拟运行及用户化、切换运行、新系统运行过程中的有关培训，如软件产品培训、硬件及系统员培训、程序员培训和持续扩大培训也都是至关重要的。因为只有员工才是系统的真正使用者，只有他们对相关的 ERP 软件产品及所要求的硬件环境有了一定的了解，才能够保证系统最终的顺利实施和应用。

5.5.6 企业在实施 ERP 过程中必须注意的问题

（1）选择合适的 ERP 软件。企业引进 ERP，就是为了提升自己的业务效率与管理水平。我国许多企业导入 ERP 失败的原因之一就是因为选择了不合适的 ERP 产品。要将 ERP 软件成功应用于企业，必须对我国的国情、企业的特点有深入的研究和分析，提出企业导入 ERP 软件的独特思路、方法和工具。

（2）领导的重视是成功实施 ERP 技术的关键。企业高层领导必须掌握 ERP 的基本原理和管理思想，这是 ERP 系统应用成功的思想基础。因为只有企业的各级管理者理解了 ERP，才能更有效率地运用 ERP。

（3）员工的积极参与是 ERP 技术发挥作用的基础。只有员工才是系统的真正使用者，只有他们对相关的 ERP 软件产品及所要求的硬件环境有一定的了解，认识实施 ERP 的深刻意义，积极参与到这项工作中来，才能够保证 ERP 系统最终的顺利实施和应用。

5.6 ERP 实施效果的评价

ERP 实施效果的评价主要看 ERP 的实施是否达到了预期的实施目标，ERP 系统的实施目标体现在企业的 ERP 的需求分析报告和投资效益分析报告中。这两份报告含有 ERP 系统功能目标、企业管理层获取信息目标、业务流程改造目标、ERP 系统收益与成本的权衡分析等内容。对比 ERP 系统实施效果与预期目标，就可以科学评价 ERP 的效果如何。从原则上说，ERP 系统实施是否成功可以从以下几方面判断，详见表 5-6。

表 5-6　ERP 实施效果的评价标准

评价原则	基本含义	具体标准
系统运行集成化	ERP 系统应该是对企业物流、资金流、信息流进行一体化管理的软件系统，ERP 系统软件的应用将跨越多个部门甚至整个企业。ERP 系统能够运行起来，实现集成化应用，建立企业决策完善的数据体系和信息共享机制	降低库存，提高资金利用率和控制经营风险 控制产品成本，缩短产品生产周期 提高产品质量和合格率 减少财务坏账、呆账金额等
业务流程合理化	ERP 应用成功的前提是必须对企业事实业务流程重组，因此，ERP 应用成功也即意味着企业业务处理流程趋于合理化	企业竞争力得到大幅度提升 企业面对市场的响应速度大大加快 客户满意度显著改善
绩效监控动态化	ERP 的应用，将为企业提供丰富的管理信息。企业如未能利用 ERP 系统提供的信息资源建立起自己的绩效监控系统，将意味着 ERP 系统应用没有完全成功	利用 ERP 系统提供的信息资源设计出一条动态监控管理绩效变化的报表体系 即时反馈和纠正管理中存在的问题
管理改善持续化	随着 ERP 系统的应用和企业业务流程的合理化，企业管理水平将会明显提高。管理持续的改善也是 ERP 应用成功的一个经常不被人们重视的标志	设计企业管理评价指标体系 利用该指标体系对企业管理水平进行综合评价 为企业建立一个可以不断进行自我评价和不断改善管理的机制

想一想

1. 简述 MRP 的工作原理。
2. ERP 的管理思想是什么？它包括哪些功能模块？
3. ERP 与 MRPⅡ有哪些区别？
4. ERP 的生产管理模块由哪些内容组成？

做一做

已知乒乓球台的产品结构树如图 5-10 所示，乒乓球台的物料清单见表 5-7。若乒乓球台的批量为 50 个，试安排各产品和零部件的生产计划。

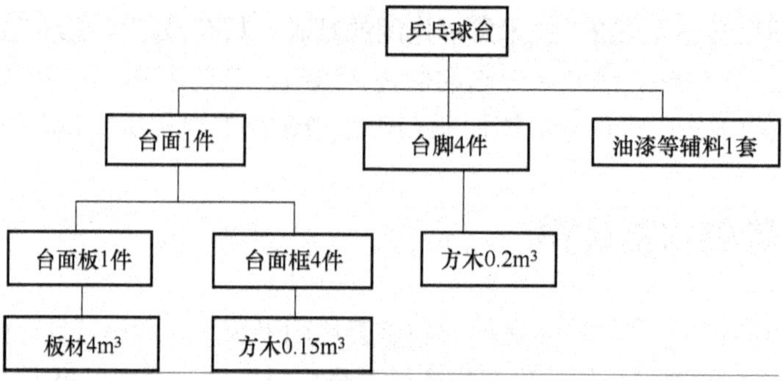

图 5-10 乒乓球台的产品结构树

表 5-7 乒乓球台的物料清单

层次	物料号	物料名称	单位	数量	类型	成品率	ABC 码	生效期	失效期	采购提前期
0	PP005	乒乓球台	张	1	自制	1	A	160808	181231	3
1	TM1225	台面	件	1	自制	1	A	160728	181231	3
1	TT0415	台脚	根	4	自制	1	A	160728	181231	2
2	MB1225	台面板	件	1	自制	1	A	160630	181231	1
2	MK0208	台面框	根	4	自制	0.99	B	160628	181231	1
2	080031	方木	m^3	0.2	外购	1	A	160728	180831	8
3	030045	板材	m^3	4	外购	1	A	160728	181231	5
3	080035	方木	m^3	0.15	外购	1	A	160728	180831	7

案例分析

宏宇汽车制造厂是一家装配轻型卡车的小型工厂，专门承接一些大的汽车公司不愿生产、消费者有特殊需求的变形汽车。这些变形汽车生产批量小、品种较多，适合宏宇生产。2月份，宏宇收到生产 100 辆某种型号轻型卡车的任务，生产科李科长要新来的科员小张安排生产和采购计划。由于过去宏宇生产过这种车型，尚有余下的零部件，经小张查点，库房里还有该车型可以使用的零部件。其中有变速器两件，该变速器使用的齿轮箱组 15 件用于齿轮箱的最大齿轮 7 个和制造该齿轮的毛坯 46 件。小张看了看零件清单和图样，发现一辆轻型卡车除了其他的零部件外，还包含变速器一件，每个变速器包括齿轮箱组件一件，每个齿轮箱中有最大齿轮一个，而制造这种齿轮需要（100−2）=98 件变速器，需要（100−15）=85 个齿轮箱组件，需要（100−7）=93 个大齿轮，需要（100−46）=54 件毛坯。当小张兴致勃勃地找到李科长，告诉他需要生产和采购的零部件数量时，李科长连连摇头，说："错了！错了！"小张顿时感到不解："难道我连这样简单的算术都不会了吗？"

思考题

试分析各零部件的生产量和采购量应该如何计算。

第6章 生产现场管理和作业排序

建议学时

6学时

知识目标

- 理解生产现场管理的概念、任务和内容；
- 掌握6S管理、看板管理；
- 掌握生产现场管理优化方法；
- 理解定置管理的概念、基本理论及内容；
- 掌握作业排序方法。

能力目标

- 具备6S管理的基本能力；
- 具有优化生产现场管理的初步能力；
- 具有定置管理的初步能力；
- 具有作业排序的初步能力。

素质目标

- 引导学生对生产管理人员职业素养的感性认识与理性思考；
- 培养严谨、科学等基本的职业素养；
- 培养生产管理员职业兴趣。

案例导读

江苏新明印刷有限公司6S管理

江苏新明印刷有限公司主要从事包装用瓦楞纸箱、丝网印刷和传统的胶印业务。两年前，公司上马了一套“印刷管理信息系统”，在竞争非常激烈的印刷市场上，确实发挥了很大的作用。此时的公司总经理王总，开始把目光瞄准了全数字印刷领域。公司与香港某公司洽谈中的合资项目，是在公司引进新的数字印刷设备和工艺，同时改造公司的印刷信息系统。然而，与港商的合资谈判进行得并不顺利。对方对江苏新明印刷有限公司的工厂管理，提出了很多在王总看来太过“挑剔”的意见：比如仓库和车间里的纸张、油墨、工具的摆放不够整齐；地面不够清洁、印刷机上油污多得“无法忍受”；工人的工作服也“令人不满”。后来，在合资条款里，投资者执意将“引入现代生产企业现场管理的6S方法”，作为一个必要的条件，写进了合同文本。刚开始的时候，王总和公司管理层觉得港方有点“小题大做”。“不就是做做卫生，把环境搞得优美一些”，王总觉得这些事情太“小儿科”，与现代管理、信息化管理简直不沾边。不过，为了合资能顺利进行，王总还是满口答应下来。几个月的时间过去了，王总回想起来这些“鸡毛蒜皮的小事”，“有一种脱胎换骨的感觉”。

企业推行6S管理刚开始的时候，大家很不以为然。几天后，港方派来指导6S管理实施的李工程师，通过实地调查，用大量现场照片和调查材料，让江苏新明印刷有限公司的领导和员工，受到了一次强烈的震撼。李工程师发现，印制车间的地面上，总是堆放着不同类型的纸张，里面有现在用的，也有“不知道谁搬过来的”；废弃的油墨和拆下来的辊筒、丝网，躺在车间的一个角落里，沾满了油腻；工人使用的工具都没有醒目的标记，要找一件合适的工具得费很大的周折。堆放纸张、油墨和配件的货架与成品的货架之间只有一个窄窄的、没有隔离的通道，货号和货品不相符合的情况司空见惯。有时候，车间返回来的剩余纸张与成令的新纸张混在一起，谁也说不清到底领用了多少。李工程师还检查了王总引以为荣的MIS系统，查看了摆放在计划科、销售科、采购科的几台计算机，发现硬盘上的文件同样混乱不堪。到处是随意建立的子目录，随意建立的文件。有些子目录和文件，除非打开看，否则不知道里面到底是什么。而且，李工程师发现，文件的版本种类繁多，过时的文件、临时文件、错误的文件或者一个文件多个副本的现象，数不胜数。在江苏新明印刷有限公司里，长久以来大家对这样一些现象习以为常：想要的东西，总是找不着；不要的东西又没有及时丢掉，好像随时都在“碍手碍脚”；车间里、办公桌上、文件柜里和计算机里，到处都是这样一些“不知道”——不知道这个是谁的，不知道是什么时候放在这里的，不知道还有没有用，不知道该不该清除掉，不知道这到底有多少。“在这种情况下”，李工程师直率地问王总，“你如何确保产品的质量？如何确信计算机里的数据是真实的？如何鼓舞士气？增强员工的荣誉感和使命感？”最后一个问题，李工程师指的是墙上贴的一个落着灰尘的标语，“视用户为上帝，视质量为生命”。

李工程师把推进6S管理的工作分为两大步骤，首先是推进前三个“S”，即整理、整顿、清洁。整理，就是要明确每个人、每个生产现场（如工位、机器、场所、墙面、储物架等）、每张办公桌、每台计算机，哪些东西是有用的，哪些是没用的、很少用的，或已经损坏的；把混在好材料、好工具、好配件、好文件中间的残次品、非必需品挑选出来，该处理的就地处理，该舍弃的毫不可惜。“特别是电子‘垃圾’”，李工程师告诫管理人员，“可以让你的工作效率大打折扣；不断冒出来的文件查找、确认、比较工作，会浪费大量的工作时间。”整顿，就是要对每个清理出来的“有用”的物品、工具、材料、电子文件，有序地进行标识和区分，按照工作空间的合理布局，以及工作的实际需要，摆放在“伸手可及”“醒目”的地方，以保证“随用随取”。听上去“整顿”很简单，从李工程师的经验来看，其实是很仔细的工作。比如计算机文件目录，就是最好的例子。“一般来说，时间、版本、工作性质、文件所有者，都可以成为文件分类的关键因素”，李工程师结合自己的体会，向大家详细介绍了“什么是电子化的办公”。对一个逐步使用计算机、网络进行生产过程管理和日常事务处理的公司而言，如何处理好纸质文件和电子文件的关系，是养成良好的“电子化办公”习惯的重要内容。清扫，简单说就是做彻底的大扫除。发现问题，就及时纠正。但是，“清扫”与过去大家习惯说的“大扫除”还有一些不同。“大扫除”只是就事论事地解决“环境卫生”的问题，而“清扫”的落脚点在于“发现垃圾的源头”。用李工程师的话说，就是“在进行清洁工作的同时进行检查、检点、检视”。随着 3S（整理、整顿、清洁）的逐步深入，车间和办公室的窗户擦干净了，卫生死角也清理出来的，库房、文件柜、计算机硬盘上的文件目录、各种表单台账等“重点整治对象”，也有了全新的面貌。但是，包括王总在内的所有人，都没有觉得李工程师引进的“灵丹妙药”有什么特别之处。不过，王总承认，大家的精神面貌还是有了一些微妙的变化：人们的心情似乎比过去好多了，一些“不拘小节”的人的散漫习惯，多少也有了收敛；报送上来的统计数据，不再是过去那种“经不住问”的“糊涂账”，工作台面和办公环境的确清爽多了。李工程师结合前一阶段整治的成果，向王总进言：“6S 管理的要点，或者说难点，并非仅仅是纠正某处错误，或者打扫某处垃圾；6S 管理的核心是要通过持续有效的改善活动，塑造一丝不苟的敬业精神，培养勤奋、节俭、务实、守纪的职业素养。”按李工程师的建议，公司开始了推进 6S 管理的第二步：推行后三个“S”，一个是整洁（Seiketsu），一个是安全（Safety），最后一个是素养（Shitsuke）。整洁的基本含义是“如何保持清洁状态”，也就是如何坚持下去，使清洁、有序的工作现场成为日常行为规范的标准；安全是使人身不受伤害，环境没有危险；素养的基本含义是“陶冶情操，提高修养”，也就是说，自觉自愿地在日常工作中贯彻这些非常基本的准则和规范，约束自己的行为，并形成一种风尚，李工程师进一步说明道，后三个“S”其实是公司文化的集中体现。经过一年的 6S 管理的推进，江苏新明印刷有限公司厂容厂貌焕然一新，经济效益也有了较大的提升。

从本案例中可以看出该公司必须要加强现场管理，利用科学的管理方法，提高管理效率与效果。

6.1 生产现场管理概述

1. 生产现场管理的概念　现场包含“现”与“场”两个因素，“现”指现在、现时，强调的是时间性。“场”指的是地点、场所，强调的是区域性。现场就是赋予了一定时间的特定区域。对于制造业来说，生产现场就是从事生产、制造和提供生产服务的场所，既包括各基本生产车间的作业场所，也包括各辅助生产部门的作业场所，如仓库、试验室、锅炉房等。生产现场集中了企业大量的人力、物力和财力，由劳动者、机器设备、材料、工艺方法和测量方法、生产环境和信息等要素组成。我们可以利用现场管理方法进行合理有效的计划、组织、协调等。使现场管理处于良好的发展状态，达到优势、高效、低耗、均衡、安全、文明生产的目的。

现场管理是在生产第一线的综合管理，就是要把生产活动中的 5 个要素即人、设备工装、加工方法、材料物资和信息有机地、协调地组织起来，以保证优质、高效、低耗、均衡、安全地进行生产。

2. 生产现场的任务　生产现场的任务如图 6-1 所示。

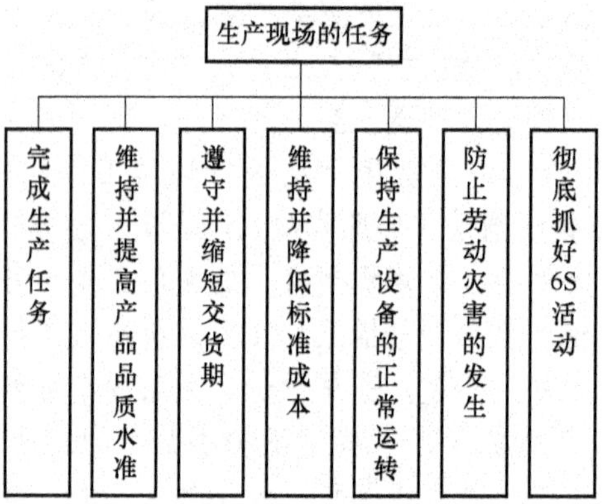

图 6-1 生产现场的任务

3. 生产现场管理的内容 生产现场管理的内容可以概括为“点”“线”“面”三个字。点——工序管理；线——物流管理；面——环境管理，即安全生产、文明生产、定置管理。现场中要管理的对象具体包括可分为人员、设备、材料、作业方法、作业环境五大部分，即：4M1E。人员包括人员的数量、技能、岗位、资格等；机器包括机器的检查、验收、保养、维护、校准等；材料包括用料的交期、品质、成本等；方法包括工作流程、工艺、作业技术、操作标准等；测量是指测量和检测的要求；环境是指环境状态适宜性。围绕这些对象而展开的各种管理目标中，最根本的可概括为提升品质、降低成本、确保交货期、确保人身安全、提高士气五点。

4. 良好生产现场的表现形式

（1）不良品少。生产现场按生产作业计划的要求开展生产作业；及时进行工序诊断，预防不良行为发生；尽可能改善工序布局，提高工序能力；将以往的经验、教训，反馈到将来的新机种里，以保证生产效率高，产品合格率高。

（2）延误货期的事少。企业应编定《生产小日程》，做进度管理；适当调节工序，平衡工时；确保材料准时到位，不发生停工待料现象，按生产计划进度开展生产活动，确保保质保量完成生产任务，按销售合同及时交货。

（3）生产成本低。在规定时间内，完成生产数量，减少材料、设备的在线库存量；按定额消耗材料；进行经济动作分析，减少作业工时；杜绝各种白干、瞎干、蛮干的行为，以降低产品生产成本。

（4）工伤事故少。企业应强调安全守则，必要时可强制执行；必要时请专家会诊，提出改善方案；定期检查各种安全防护措施有无失效；万一发生事故，第一时间内组织抢救，并向上级报告；不遗余力推进6S管理。

（5）所有成员都认真地工作。推进6S管理，提升全体员工的素养，所有员工能够认真努力地工作。

（6）工作现场所有成员配合默契。生产计划完善，所有成员按计划有序开展生产，前后工序交接及时有序。

（7）工作现场的业绩持续上升。员工工作积极性高，生产效率率，产品合格品率高，产量持续上升。

6.2 现场管理的方法

6.2.1　目视管理法

1．定义　目视管理又称“看得见”管理，它是一种通过各种标志、牌、板和显示工具，及时反映生产现场作业动态、产品质量、设备状态等信息，让每个生产工人和现场管理者做到一目了然，以便及时发现问题，采取纠正措施，保证生产顺利进行的管理方法。通过目视管理将所有的管理方法以及管理内容展示出来，包括：岗位责任制的公布；工作任务和完成情况的公布；作业规程和标准的公布；定置图的公布；各种物品的彩色标志；安全生产的标志；人员着装的情况等。

2．目视管理的作用

（1）使异常、问题点明显化。通过应用目视管理，揭示出理想状态与现实状态或正常状态与异常状态，同时可以使管理人员一走进现场就能直接接触到现场的事实，一眼就能看出问题的所在，以便当场下达指示或做出正确的处理。

（2）使现场管理效率化。工作人员能够直接获取经营管理情报，就可以减少不必要的中间管理环节，有助于使管理层下达的指示准确反映生产现场的实际情况，避免干扰生产活动的情况发生。

（3）使现场正常状态体现。使现场正常状态体现，即各种操作的目标清晰化，作业员在现场的操作有各种规范数据指导。

（4）使现场作业简洁。在生产现场往往存在着很多复杂、琐碎的日常工作，目视管理可以使这些工作达到简洁化，而且可以起到提高生产效率，降低失误率的作用。

3．实行目视管理的措施　实行目视管理，要求在各个作业现场采取以下措施：

（1）规定场所和去向。规定产品、零件、物件的放置场所、流转去向，使库存管理、工作程序、进展状况、搬运作业等发生异常时就能反映出来，如设置取货看板、生产看板、在制品储备定额看板、库存目视板、实物对照板、标准作业指导书、标准作业目视板、各种管理板等。

（2）装置指示信息。在生产线、装配线或关键设备上装置停工指示信息，以便及时了解生产线、装配线的运转和事故状况。

（3）悬挂目视板。目视板应悬挂在生产线（或管理场所）的醒目处，以使人们了解正在进行的工作和需要做些什么。

实行目视管理的方法很多，不应拘泥于某几种特定形式，而应因地制宜地采用，只要能做到一目了然、迅速反映信息、指导生产作业就行。

4．目视管理的分类管理

（1）目视管理的物品管理。物品可随身携带、放在伸手可及之处，如较近的架子、抽屉内或放置储物室、货架中。物品管理的要点是：

1）明确物品的名称及用途，用分类标示及用颜色区分。

2）决定物品的放置场所，容易判断。采用有颜色的区域线及标识加以区分。

3）物品的放置方法能保证顺利地进行，先入先出。可采用轨道方式（一头入，另一头出），斜坡方式（上入，下出）。

4）决定合理的数量，尽量只保管必要的最小数量，且要防止断货。方法是标识出最大库存线、安全库存线、下单线，明确下单数量。

（2）目视管理的作业管理。作业管理的内容是各工序的作业是否是按计划进行？是否是按决定的那样正确地实施？目视管理的作业管理的要点是：

明确作业计划及事前需准备的内容，且很容易检查实际进度与计划是否一致。具体方法是利用保养日历、生产管理看板、各类看板核查实际进度与计划。

（3）目视管理的品质管理。目视管理能有效防止许多“人的失误”的产生，从而减少品质问题的发生。品质管理的要点是：

1）防止因“人的失误”导致的品质问题。采取合格品与不合格品分开放置，用颜色加以区分，类似品采用颜色区分。

2）设备异常的“显露化”。方法是重要部位贴“品质要点”标贴，明确点检线路，防止点检遗漏。

3）能正确地实施点检。用计量仪器按点检表逐项实施定期点检。

（4）目视管理的安全管理。目视管理的安全管理是要将危险的事物予以“显露化”，刺激人们的“视觉”，唤醒人们的安全意识，防止事故、灾难的发生。目视管理的安全管理要点如下。

1）注意有高低、突起之处：使用油漆或荧光色，刺激视觉。

2）设备的紧急停止按钮设置：设置在容易触及的地方，且有醒目标识。

3）注意车间、仓库内的交叉之处：设置凸面镜或“临时停止脚印”图案。

4）危险物的保管、使用严格按照法律规定实施：法律的有关规定醒目的表示出来。

5. 目视管理表 目视管理可以通过目视管理检查表的运用有效地实现，见表6-1。

表6-1 目视管理检查表

年 月 日

场 所		检 查 者		
检 查 项 目		检 查 方 法	评 价	备 注
人员管理	是否维持了出勤率	调查出勤管理表		
	是否进行了必要的教育	调查教育记录		
	离开工作现场的人员的去向是否清楚	确认不在者		
整理、整顿	通路是否确保畅通	确认道路的标记		
	废品、不良品是否有区别	确认不良品放置场所		
	各现场有无标识	确认现场的标识		
	在道路上有无纸屑等脏物	观察道路、现场		
	是否遵守6S的时间	查看日常例行工作计划表		
现场管理	现场的整理、整顿如何	调查作业现场		
	是否根据作业标准书进行作业	调查作业标准书		
	安全卫生状况如何	调查劳动灾害率		

（续）

场 所		检 查 者		
检 查 项 目		检 查 方 法	评 价	备 注
货期管理	能否掌握与预定的货期延误了多少天	确认进度管理表		
	作业者是否知道预定的货期	向作业者做提问调查		
	安全卫生状况如何	清洁卫生执行表		
品质管理	品质保证系统是否确立	调查品质手册		
	有无 QC 工程表、作业标准书	调配标准资料		
	是否了解不良率的情况	调查不良率图表		
	计量器的制度管理如何	确认计量器		
	了解投诉发生的情况	调查投诉发生图表		
资料管理	材料、在制品放置场所有无标识	确认放置场所的标识		
	能否知道资料的过剩与不足	调查资料管理表		
	有无老化的资料	查看老化管理对象		

评价标准：A——非常清楚，B——清楚，C——一般，D——不太清楚，E——不清楚

6.2.2 6S 管理

1. 内容 6S 管理是指对生产要素所处的状态不断地进行整理、整顿、清扫、清洁、安全和提高素养的活动。由于整理（Seiri）、整顿（Seiton）、清扫（Seiketsu）、清洁（Seiso）、安全（Safety）、素养（Shitsuke）这六个词的日文用拉丁字母拼音时，头一个字母都是 S，所以简称“6S”。

通过开展 6S 管理，可使现场的工作做到井然有序，产品质量得到保证，设备故障的再发生得到有效预防和控制，使人际关系和睦，人们心情舒畅，从而进一步提高人的素质。

（1）整理。整理是区分要与不要的东西，坚决扔掉不要的东西。目的是将“空间”腾出来活用。

整理不仅仅是指平常所说的把东西整理好，而更多的意思是指将不要的东西处理掉。通过整理，对物品进行区分和归类，划分出有用的和无用的东西，在此基础上将多余的物品从作业现场清除出去。

整理的推行要领有：对工作场所的物品制定“要”和“不要”的判别基准；对工作场所（范围）进行全面检查；按“要”和“不要”的判别基准对物品进行判别，要的物品调查使用频度，决定日常用量；不要的物品进行清除；并坚持每日自我检查。

（2）整顿。整顿是将必要的东西定位放置，使用时随时就能拿到。整顿就是将必要的物品以容易的方式放置于固定场所，并做好适当的标识，在最大限度内消除寻找的行为。实施整顿可以创造整齐的工作环境，减少过多的积压物。目的是通过整顿，可以减少寻找物料而造成的时间损失。

整顿的推行要领有：在整理工作落实的基础上，对需要的物品明确放置场所；对地板进行划线定位，并且用固定的、醒目的标识标明不同的场所和物品，可以避免放错地方和物品混乱。例如，待检查区以白色标志；良品区以绿色标志；废品区或危险警告区以红色标志；待处理区以黄色标志；并且物品要摆放整齐、有条不紊。

整顿的结果是任何人都能立即取出所需要的物品；要站在新人、不熟悉现场的人的立场来看，使得什么物品该放在什么地方更为明确；使物品能立即取出使用，使用后要能容易恢复到原位，没有回复或误放时能马上知道。

（3）清扫。清扫是将工作场所、设备的灰尘、油污、垃圾清除干净，使工作场所保持一个干净、宽敞、明亮的环境，使不足、缺点凸现出来。目的是通过清扫把污秽、油渍、灰尘、原材料加工剩余物清除掉，这样漏油、裂纹、松动、变形等设备缺陷就会暴露出来，就可以采取相应的措施加以弥补，维护生产安全，减少工业灾害，保证品质。

清扫的推行要领有：建立清扫基准，明确清扫对象、方法、重点、周期、使用工具等项目；建立清扫责任区（室内、室外），进行公司的大清扫，每个地方都要清洁干净，对于清扫，应该进行区域划分，实行区域责任制，责任到人；调查污染源，予以杜绝或隔离。

（4）清洁。清洁是前项的坚持和深入。清洁有三个要素：一是干净；二是高效；三是安全。目的是通过制度化来维持已有的成果。

清洁的推行要领有：落实前 3S 的工作；制订 6S 实施办法；制订稽核方法及奖惩制度；主管经常带头巡查，进行考核，并带动全员重视 6S 管理。

（5）安全。安全是使人身不受伤害，环境没有危险。目的是创造对人、企业财产没有威胁的环境，避免安全事故苗头，减少工业灾害。

安全的推行要领有：制订服装、臂章、工作帽等识别标准；电源开关、风扇、灯管损坏及时报修；物品堆放、悬挂、安装、设置不存在危险状况；特殊工位无上岗证严禁上岗；正在维修或修理设备贴上标识；危险物品、区域、设备、仪器、仪表特别提示；保障企业财产安全，保证员工在生产过程中的健康与安全；杜绝事故苗头，避免事故发生。

（6）素养。素养是指遵章守纪，重视道德品质修养，目的是提升“人的品质”，培养对任何工作都讲究认真的人。素养活动是指员工时刻牢记 6S 规范，自觉地进行整理、整顿、清扫和清洁，使 6S 管理更重于实质，而不是流于形式。素养是使员工言行举止都具有良好的习惯，它是 6S 的核心。

素养推行要领有：制订公司员工的行为准则；对员工进行素养方面的教育与培训；开展各种形式的评比与竞赛活动。

6S 本意是以 5S（整理、整顿、清扫、清洁、安全）为手段完成基本工作，并借以养成良好习惯，最终达成全员“品质”的提升。

2. 6S 管理实施的技巧

（1）明确 6S 管理的岗位责任制。

（2）严格执行检查、评比和考核制度。

（3）坚持 PDCA 循环，不断提高现场的 6S 管理水平。

（4）进行红牌作战。在 6S 管理展开的过程中，红牌作战是个很重要的活动工具之一，运用醒目的红色标签标明问题所在。

（5）开展目视管理。目视管理配合 6S 管理来进行能达到更好的效果。

（6）严格执行“生产现场 6S 检查表”（见表 6-2）制度。通过定期检查，掌握 6S 管理的开展情况，若有偏差，则立即采取修正措施。

表 6-2　生产现场 6S 检查表

部门：　　　　　　　　　　　　日期：　　　　　　　　　　　　检查人：

项　目	内　容	满　分	得　分	问题点
整　理	1．有无定期实施红牌作战管理	4		
	2．有无不还需要用、不急用的工具、设备	4		
	3．有无剩余材料等不需要品	4		
	4．有无不必要隔离挡住视野	4		
	5．作业现场有无定置区域化标志	4		
整　顿	1．有无设置地址、物品是否放置在规定位置	4		
	2．工具、夹具有无手边化、附近化、集中化	4		
	3．工具、夹具有无归类存放	4		
	4．工具、夹具、材料有无规定放置位置	4		
	5．废料有无规定存放点，并妥善管理	4		
清　扫	1．作业现场是否杂乱	4		
	2．工作台是否混乱	4		
	3．生产设备有无污损或附着灰尘	4		
	4．区域线（存物、通道）是否明确	4		
	5．工作结束、下班前有无清扫	4		
清　洁	1．整理、整顿和清扫有无规范化	4		
	2．有无定期按规定点检设备	4		
	3．有无穿着工作服	4		
	4．有无任意放置私人用品	4		
	5．有无规定吸烟场所并被遵守	4		
安　全	1．有无制订服装、臂章、工作帽等识别标准	4		
	2．电源开关、风扇、灯管损坏有无及时报修	4		
	3．物品堆放、悬挂、安装、设置是否存在危险状况	4		
	4．特殊工位无上岗证是否严禁上岗	4		
	5．正在维修或修理设备有无贴上标识	4		
	6．危险物品、区域、设备、仪器、仪表有无特别提示	4		
素　养	1．有无日程进度管理表并认真执行	4		
	2．有无安全保护装备用品并按规定使用	4		
	3．有无制定作业指导书并严格执行	4		
	4．有无发生紧急事件的应急方案、程序	4		
	5．有无遵守上、下班时间，积极参加推进小组的会议	4		
评　语				

6.2.3　看板管理

1．看板管理的概念　看板管理是日本丰田汽车公司创立的一种生产管理方法，以流水线作业为基础，以看板为工具，使原材料、半成品等都按照既定的期量标准在整个生产作业过程中流转。

看板管理是通过看板的运动或传递实现的。看板在生产流水线上的传递过程，是以总装配线为起点，在上下两道工序之间往返运动。

2．看板管理的作用

（1）用看板作为“生产指令”“取货指令”和“运输指令”，能起到严格控制生产进度的作用。

（2）由于“看板”任何时候都与实物一起移动，因而生产管理人员和全体职工只要通过看板，就可以直接了解生产情况，及时发现生产中的问题。

（3）生产中前后工序都严格按“看板”规定的时间和数量取货和生产，可以对在制品实现最有效的实物管理，杜绝在制品账实不符。

（4）由于“看板”作为生产中的原始凭证记载了必要的生产信息，因而看板就成了准确传递信息，保持信息流畅的有力工具。

3．看板的类型 看板的形式很多，如卡片、标识牌、各种颜色的小球、信号灯等。按照看板的功能差异和应用对象的不同，可分为以下几类。

（1）工序看板。工序看板是在各工序之间使用的看板，具体有以下几种用途：

1）取货看板。操作者按看板上所列数目到前道工序领取零部件，没有看板不得领取。

2）送货看板。由后道工序填写零部件取货需要量，当前道工序送货时，将收发清单带回，作为下次送货的依据。

3）加工看板。指示某工序加工制造规定数量的看板，一般根据机械加工、装配、运输、发货、外部订货的需要情况分别编制。

4）信号看板。在固定的生产线上作为生产指令的看板，一般是信号灯或不同颜色的小球等。

5）材料看板。材料看板是指生产时用于材料准备工作的看板。

6）临时看板。生产中出现次品、临时任务或加班时用的看板，只用一次，用完后马上收回。

（2）外协件看板。工厂向外部订货时，用以表示外部应交零部件数量、时间等的一种领取看板，仅适用于固定的协作厂之间。

（3）生产管理看板。具体包括：

1）指示管理板。管理者并非以口头指示，而是借管理板使作业者明了当天的作业内容和优先顺序，通过指示管理板分配员工及设备的工作，对于当日的作业与顺序加以确认，并将其当作作业批示而另以标示，尽可能分配时间。

2）进度管理板。借此把握有关计划的生产进度，了解加班或交货期变更的必要性，通过进度管理板，把握并调整生产的延误状况，用于交货期的确定。

3）交期管理板。了解每种产品的交货期，进行产品交货期的管理；通过交期管理板，了解产品入库的预定日与实际日，制订防止误期的对策。

6.2.4 优化现场管理

1．制订、执行现场作业标准，做到现场平面布置标准化

（1）作业标准。所谓作业标准，是指工人进行生产的技术规范和作业依据。它主要包括技术标准和生产的期量标准。技术标准是对技术活动统一规定的准则，包括产品标准、零部件标准、原材料及毛坯标准、工艺标准、工艺装备标准、设备使用维修规程、安全与环境标准等期量标准是对劳动对象在生产过程中的运动所规定的一套生产期限和数量的标准，是编制生产作业计划的根本依据。大量生产的期量标准主要有节拍、节奏、在制品储备量定额、流水线标准工作指示图表等；成批生产的期量标准有批量、生产间隔期、生产周期、提前期、在制品定额；单件小批生产的主要期量标准有产品生产周期、生产提前期等。

（2）现场平面布置标准化。现场平面布置标准化就是根据全厂的统一规定，将车间的厂房面积按照生产的具体需要，对作业面积、辅助面积、通道面积做明确的划拨，并绘出平面布置图。

对生产现场布置的要求是：

1）现场平面布置要划清部位，责任明确，落实到人。

2）在制品的摆放要成行成线，便于清点。

3）各种标牌标志（如安全标志、物流图、生产显示屏等）都有标准的形式，标牌的大小、悬挂部位、标牌内容、颜色都有统一规定。

4）班组管理园地要有小组自然状况、考勤、产量、质量、安全、核算等必要的图表和制度。

5）工具箱、休息室、办公室、地下室、平台玻璃窗、通道、仓库的库容库貌、工装存放地、设备维护及保养都要做统一的规定。

2. 建立以生产工人为主体的生产劳动组织 在生产现场，要以一线生产工人为主体建立生产劳动组织，其他有关人员（如机电修理、工具、检查、物料供应等人员）都应围绕着工人的现场生产提供优质服务，以保证工人生产正常不间断地进行，有效创造新的价值。

3. 组织均衡的同步生产 组织均衡的、有节奏的同步生产的关键是要做好作业计划的编制、计划的综合平衡和生产准备工作，组织好外购件、材料、毛坯等保质保量、准时供应，组织好各加工工序、检验工序、运输工序的均衡协调，使各种物料运输都按要求准时运行。

4. 彻底消除无效劳动 所谓无效劳动，是指付出的劳动收不到有益的成果。

5. 严格遵守生产岗位交接班规范

（1）“十交”。“十交”是指交本班生产和任务完成情况；交设备运行使用情况；交不安全因素的预防措施；交事故处理情况；交原始记录；交原材料使用；交产品质量及存在的问题；交上级指示、要求和注意事项；交岗位区域卫生情况；交本岗位跑冒滴漏情况。

（2）“五不交接”。“五不交接”是指生产不正常、事故未处理完不交接；设备问题不清不交接；卫生区域不净不交接；记录不齐、不清、不准不交接；车间指标任务未完成不交接。

（3）“三个一”。“三个一”是指对重要的生产部位要一点一点地交接；对重要的生产数据要一个一个地交接；对主要的生产工具要一件一件地交接。

（4）“四到”。“四到”是指交接班时应看到的要看到；应听到的要听到；应摸到的要摸到；应闻到的要闻到。

（5）“五报”。“五报”是指报检查部位；报部件名称；报生产状况；报存在问题；报采取的措施。

6. 实行目视管理 通过开展目视管理，使生产现场的管理者和生产工人对现场的各种物品及各项工作开展情况做到一目了然，能发现潜在的危险，及时采取纠正措施，保证生产安全、顺利地进行。

7. 发展快速换调工装技术 为了适应生产的发展和满足市场的各种需要，不断提高企业经济效益，必须用多批次、小批量的生产组织方法来克服前一种生产组织方法的缺点。实现多批次、小批量生产需要以减少换件调整工装模具的时间为基础。

8．实行准时化生产 准时化生产是指生产、运输、检查等工作都必须准时地按工艺要求、物流要求、按质、按量、准点进行，就是按需要的时间、需要的品种和数量由后工序向前工序取货，前工序只在后工序取走产品的时候才开始生产取走的数量和品种。要实行准时化生产就应推行“看板管理”。

9．实行文明生产 实行文明生产就要加强现场管理，对生产现场的松、散、脏、乱、差和一切不文明、不合理、不科学的习惯、方法、制度进行治理和改革，通过开展现场的“6S”管理和定置管理以及建立文明生产保证体系，来实现文明生产。

6.3 定置管理

6.3.1 定置管理的概念

定置管理是要以生产现场为对象，研究生产要素中人、物、场所三者在生产活动中的相互关系的科学管理方法。它以加强生产管理运行机制，提高生产效率，保证产品质量为目的，对生产现场进行整理、整顿，科学利用现场空间，将企业的生产现场管理提高到科学化、规范化、标准化、量值化的新水平。

所谓“定置”，就是根据生产活动的规律和目的，考虑到生产活动的安全、质量、效率等制约条件和物品自身的特点，划分适当的放置场所，确定物品在场所中的位置状态，明确人与场所、物品联系的信息媒介，从而有利于人、物结合，有效进行生产活动。

定置管理实际上是 6S 管理的深入和继续。企业定置管理研究就是追求生产现场中的人、物、场所的一体化，如图 6-2 所示。

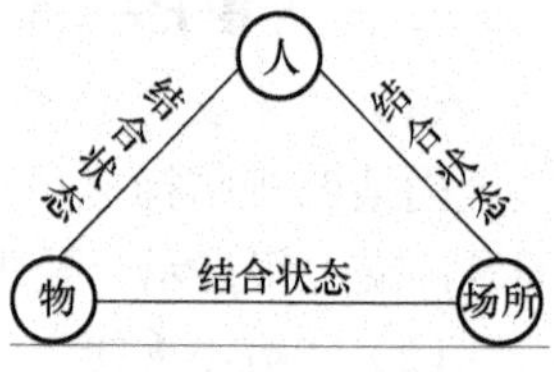

图 6-2 定置管理关系图

由图 6-2 可知，企业定置管理的过程就是正确处理现场中人、物、场所三者结合关系的过程。也就是说，企业定置管理是企业在生产过程中研究人和物在时间与空间上的结合关系的一项科学的现场管理技术。

6.3.2 定置管理的基本理论

1．人与物的三种结合状态 在企业生产活动中，构成生产工序的要素人、物、场所、信息等因素，其中最基本的是人与物的因素，只有人、物的合理结合，才能使生产有效地进行。人与物的结合可归纳为以下三种基本状态。

（1）A 状态。在此状态下，人与物处于能够立即结合并发挥效能的状态。例如，操作工人使用的各种工具，由于摆放地点合理而且固定，当操作者需要时，能立即拿到或者做到得心应手。

（2）B 状态。在此状态下，人与物处于寻找状态或尚不能很好地发挥效能的状态，即人与物的结合需经过整理或整顿等活动。例如，加工某个零件，需要使用某种工具，由于生产现场杂乱或忘记了这个工具放在何处，结果需要寻找因而浪费时间，既影响了工时，又增加了工人的劳动强度。

（3）C 状态。在此状态下，人与物失去联系。此时的物是长期无用，已经报废或失去使用价值的物品，它们与生产无关，不需要人与它们结合。例如，生产现场中存在的料头、垃圾、废品、切屑以及同生产现场无关的工人生活用品。这些物品放在生产现场，势必占用作业现场和空间，而且影响工人的工作效率及安全。

因此，定置管理就是要在整理、整顿的基础上通过相应的设计、改进和控制，消除 C 状态，分析和改进 B 状态，使之都成为 A 状态并长期保持下去。

2．人与物的结合成本　在生产活动中，为实现人与物的结合，需要消耗劳动时间，支付相应的工时费用，这种工时费用称为人与物的结合成本，用符号 g 表示。

从人与物结合的价值观念来计算人与物的结合成本，表现为两种价值形态，即物的存在价值和物的原来价值。物的存在价值是指人与物未结合时物品呈存在状态时的价值，用符号 V 表示。物的原来价值是指人与物结合发挥效用状态时的价值。它由物品的平均购买价格和物品的合理储备期间发生的保管费用之和构成。在实际工作中，这相当于物品的厂内计划价格，用符号 V_0 表示。

如果想把呈存在状态的物品改变成人与物结合并发挥效用的状态，还需要支付结合成本。所以物的存在价格 V、物的原来价格 V_0 和人与物的结合成本 g 三者有如下关系

$$V_0=V+g \tag{6-1}$$

当人与物的结合处于 A 状态时，即人与物立即结合进行有效的生产活动时，物的存在价值几乎等于物的原来价值。结合成本 g 近似于零时，此时 $V\approx V_0$。

【例 6-1】 某塑料成型加工厂，注射成型所需的某模具按定额领取模具需用 10min，由于管理规范化，实际领取模具只用 6min。若该模具价值为 1 000 元，该厂每工时产值为 10 元，则模具存在价值为

$$V=V_0-g=1\,000-[10\times（6\div60）]=999（元）$$

所以，人与物的结合成本为：$g=V_0-V=1\,000-999=1$（元）

可见，处于 A 状态下，人与物的结合成本很低，物的存在价值几乎等于物的原来价值。当人与物的结合处于 B 状态时，即人与物处于寻找状态，这时人与物结合成本高，物的存在价值明显小于原来价值。

仍以上例为例，若寻找模具时间为 4h，则人与物结合成本为：$g=10\times4=40$（元）

所以：$V=1\,000-40=960$（元）

当人与物的结合处于 C 状态时，即物的存在与生产活动无关，在这种状态下，物的存在价值等于零。

通过以上讨论不难看出，人与物的结合保持 A 状态，则是降低结合成本、提高物的存在价值的最佳途径。

3．场所与物的关系　在工厂生产活动中，人与物的结合状态是生产有效程度的决定因素，但人与物的结合是在一定场所进行的。要想实现人与物的最佳结合，首先必须处理好物与场所的关系，实现物与场所的合理结合，这是人与物结合的基础。定置管理要研究物与场

所的有效结合，缩短人取物的时间，消除人的重复动作，促进人与物的最佳结合。

（1）实现物与场所的合理结合，首先要使场所本身处于良好的状态，场所本身的布置也有三种状态。

1）A 状态：良好状态，即良好的工作环境。作业场所布局合理，场所中通风、采光、照明、噪声、粉尘等状态符合国家标准，即符合人的生理要求，符合生产和安全的要求。

2）B 状态：需要改善的状态，即工作环境需要不断改善。在这种状态下的作业场所，布局不尽合理，对人的生理要求和安全要求不能满足或不能同时满足。

3）C 状态：需要彻底改造的状态。因为在这种环境下，人的生理要求和生产、安全要求都得不到满足。定置管理的任务，就是要把 C、B 状态改为 A 状态。

（2）实现场所与物的结合，要根据物流运动的规律性，科学地确定物品在场所内的位置，即定置。定置方法有两种基本形式，即固定位置和自由位置。

1）固定位置，即场所固定、物品存放位置固定、物品的信息媒介物固定。此法适用于那些在物流系统中周期性地回归原地，在下一次生产活动中重复使用的物品，如工艺装置、工位器具和检测具等。

2）自由位置，即相对固定一个存放区域内，但具体位置有一定的自由。此法适用于物流中那些不回归、不重复使用的物品，如原材料、毛坯、产成品等。

4．信息媒介与定置的关系 信息媒介就是人与物、物与场所合理结合过程中起着指导、控制和确认等作用的信息载体。当生产中使用的物品种数繁多，为了及时寻找，需要信息指引；物品在流动中不回归时，其流向和数量也需要信息指导和控制，为了避免混放，也需要信息确认。因此，在定置管理中，完善而正确的信息是十分重要的，它影响到人、物、场所的有效结合程度。

信息媒介在定置管理中所起的作用，可分为以下两类。

（1）引导信息。引导信息告诉人们“物在何处”，以便于人与物结合，如定置的平面设置图，它指示存放物的处所或区域的位置。

（2）确认信息。确认信息是为了避免物品混放和场所误置所需的信息。例如，各区域的标志线、标志牌和彩色标志，它告诉人们“这儿就是某场所”。

定置管理必须重视和健全各种信息媒介物。良好的定置管理，要求信息媒介物达到下列要求：场所标志清楚、场所设有定置图、位置台账齐全、信息标准化。

6.3.3 定置管理的基本内容

1．现场调查、查明问题 企业应组织有经验的管理人员和现场有关人员对生产进行调查。主要调查内容包括：设备和各工序的联系情况；工人操作情况：原材料、在制品和半成品的管理情况；加工对象物的流动、停放和搬运情况；物流过程中的质量保证手段和安全措施。在调查的基础上，将查出的问题加以逐条分析、归纳整理。

2．分析问题，提出改善方案

（1）工艺路线和加工方法分析。主要是分析现有工艺在技术上的先进性和经济上的合理性，分析是否需要和有无可能对现行工艺手段、加工方法进行改造和更新。定置应当在先进的工艺方法和工艺路线的基础上来确定。因此，进行工艺分析是开展定置管理的起点。

（2）人、物结合状态分析。分析人与物的结合情况是开展定置管理的关键环节，定置管理要在生产现场实现人、物和场所的最佳结合，首先就应解决人与物的有效结合问题，定置管理就是要做到使人与物的结合处于 A 状态。

（3）物流、信息流分析。在推行定置管理中，需要定置的物品无论是毛坯、半成品、成品，还是工装、工具等，都随着生产的进行而按照一定规律流动着，它们所处的状态也在不断变化。这种有规律的流动和状态变化称为物流。同样，在生产现场，起着引导和确认作用的信息也随着对象物流动，这就是信息流。

3．定置管理的设计

（1）定置设计。如各种场地（厂区、车间、仓库等）及各物品（机台、货架、箱柜、管道等）的定置设计。一般应有工厂、车间、区域定置图以及机台、工具箱定置图，实质是工厂布置的细化过程，所以场所及物品的定置设计要符合全厂布置的基本要求，即：单一的流向和看得见的搬运路线，最大限度地利用空间，最方便的操作；最短的运输距离和最少的装卸次数；切实的安全防护措施；最小的改进费用和统一标准；最大的灵活性及协调性。

（2）信息的标准化设计。如各种区域、通道的位置符号的标准设计；各种物品的结构和编号的标准设计；位置台账、物品确认卡片的标准设计；物品收发、进出的定置管理办法的设计等。

4．定置实施 按照定置设计的具体内容进行定置管理。将生产现场的所有物品进行定位，做到有物必有区，有区必有牌，按区存放，按图定置，图物相符。通过科学的整理、整顿，使人、物、场所三者结合状态达到最佳程度。

5．定置考核 为了巩固已取得的成果，发现存在问题，不断完善定置管理，必须坚持定期检查考核。定置管理开展好与坏以定置率作为衡量标准。其计算公式如下：

$$定置率=\frac{实际定置的物品种数}{定置图规定的定置物品种类}\times 100\% \tag{6-2}$$

6.3.4 推行定置管理需注意的几个问题

1．领导重视 这项工作涉及面广、工作量大，必须领导重视，才能使这项工作发挥作用，如果把它视为是厂区卫生工作，当成是后勤部门的事，则定置管理工作是无法搞好的。

2．从班组抓起 定置管理要从班组抓起，班组是管理的基本单位，没有班组的积极性，就没有过硬的现场管理。

3．从实际出发 推行定置管理，应从本企业的实际情况出发，不宜生搬硬套、使用统一模式，目的是使生产中的人、物、场实现科学合理的结合。

4．量力而行 推行定置管理要力求节俭，实行定置管理需要一定的资金条件，要量力而行。

5．贵在坚持 推行定置管理贵在坚持，它在技术上和管理上并不是难度很大，但要长期坚持使职工养成习惯、成为自觉行动是比较难的。抓好这项工作不可能是一劳永逸的，必须领导下决心常抓不懈。

6.4 作业排序

6.4.1 作业排序的基本概念

具体地确定每台设备、每个人员每天的工作任务和工件在每台设备上的加工顺序就称为作业排序。作业排序要解决先加工哪个工件、后加工哪个工件的加工顺序问题，还要解决同一设备上不同工件的加工顺序问题。在很多情况下，可选择的方案都很多，而不同的加工顺序得出的结果差别很大。为此，需要采用一些方法和得出最优或令人满意的加工顺序。

排序问题有不同的分类方法。在制造业领域和服务业领域中，有两种基本形式的作业排序：一是劳动力排序，主要是确定人员何时工作；二是生产作业顺序，主要是将不同工件安排到不同设备上或安排不同的人做不同的工作。在制造业和服务业企业中，有时两种作业排序问题都存在。在这种情况下，应集中精力注意其主要的、占统治地位的方面。在制造业中，生产作业排序是主要的，因为要加工的工件是注意的焦点，许多绩效衡量标准，如按时交货率、库存水平、制造周期、成本和质量都直接与排序方法有关，除非企业雇用了大量的非全日制工人或每周 7 天都运行，否则劳动力作业排序问题就是次要的。反过来，在服务业中，劳动力作业排序是主要的，因为，服务的及时性是影响企业竞争力的主要因素，许多绩效衡量标准，例如顾客等待时间、排对长度、设备利用情况、成本和服务质量等，都与服务的及时性有关。

一个企业应该有一个行之有效的作业排序系统，这样才能保证生产计划的顺利执行，因此，在作业排序系统的设计中，必须满足各种不同功能活动的要求。有效的作业排序系统应能够做到：

（1）对将要做的工作进行优先权设定，以使工作任务按最有效顺序排列。

（2）针对具体设备分配任务及人力，通常以可利用和所需的能力为基础。

（3）以实施为目标分配工作，以使工作任务如期完成。

（4）不断监督以确保任务的完成，周期性检查是保证已分配的工作如期完成的最常用方法。

（5）对实施过程中出现的问题或异常情况进行辨识，这些问题或异常情况有可能改变已排序工作的状况，需要探索，运用其他解决问题的方法。

（6）基于现存状况或订单变化情况对目前的作业排序进行回顾和修改。

作业排序的设计必须反映企业及运用该系统的工作过程的需要。许多组织运用各种作业排序技术的组合来管理所需要进行的工作。如果一种作业排序系统没有监督跟踪体制，以确保所计划事件如期发生，以及一旦事件偏离了计划，可立即采取行动，该系统将是无效的。作业排序系统的设计应当能够处理计划的偏离、纠正操作中的问题，并尽快返回原计划状态，以便维护计划和作业排序过程的有效性。

6.4.2 制造业中的生产作业排序

在制造业中，许多项工作要在一个或几个工作地进行加工，每个工作地都安置有不同的机器和工人，一般来说，每一个工作地都可以执行多种任务，因此有可能造成排队等待。

1. **甘特图** 甘特图是作业排序中最常用的一种工具，最早由美国管理专家甘特于 1917 年提出。这种方法是基于作业排序的目的，将活动与时间联系起来的最早尝试之一，主要用计划进度与实际进度进行比较控制，如图 6-3 所示。

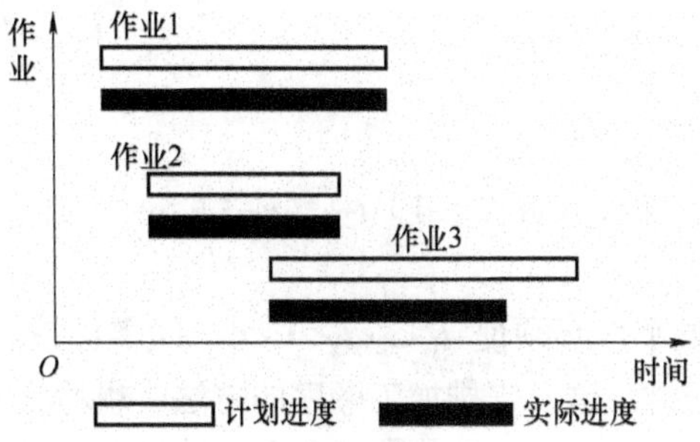

图 6-3 甘特图

2. **加工顺序的安排** 合理安排加工顺序，有利于缩短产品的生产周期，减少在制品的占用量，保证产品的交货期等。过去安排加工顺序都凭计划工作人员的经验。近年来，国内外对排序问题进行了大量的理论研究，提出了许多的排序方法。

对加工顺序安排合理与否的评价标准有：工件的最大流程时间、工件的平均流程时间、工件的最大延期量、工件的平均延期时间、总调整时间。工件的最大流程时间是指从第一种零件开始加工起到所有等待加工零件加工完毕的时间，排序的目标是最大流程时间最短。工件的平均流程时间是指各等待加工零件流程时间的平均值，合理排序要使平均流程时间最短。工件的最大延期量是指等待加工零件中完工日期超过交货期的最大值，最大延期量要求最小。工件的平均延期时间是指各等待加工零件延期时间的平均值，平均延期时间要求最小。总调整时间是指各零件调整时间之和，由于零件相似程度不同，不同的加工顺序可有不同的总调整时间，总调整时间以最小为好。下面介绍几种排序方法：

（1）单台设备的排序问题。即只有一道工序的零件在同一台设备上加工的排序问题。几种零件在一台设备上加工，不论加工顺序如何，最大流程时间 T 是一个固定值，计算公式为

$$T=\sum_{i=1}^{n}t_i \tag{6-3}$$

式中 t_i——零件 i 的加工时间；

n——零件种数。

评价标准是平均流程时间最短或最大延期量最小。

平均流程时间 $\overline{T}$ 的计算公式如下：

$$\overline{T}=\frac{\sum_{j=1}^{n}T_j}{n} \tag{6-4}$$

$$T_j=T_{j-1}+t_j \tag{6-5}$$

式中 T_j——第 j 零件的流程时间（j 为排列顺序）；

t_j——零件 j 的加工时间。

令 $T_0=0$，由 $T_j=T_{j-1}+t_j$ 得：

$$T_1=T_0+t_1=t_1$$
$$T_2=T_1+t_2=t_1+t_2$$
$$T_3=T_2+t_3=t_1+t_2+t_3$$
$$\vdots$$
$$T_n=T_{n-1}+t_n=t_1+t_2+t_3+\cdots+t_n$$
$$\sum_{j=1}^{n}T_j=T_1+T_2+T_3+\cdots+T_n=nt_1+(n-1)t_2+(n-3)t_3+\cdots+t_n$$

由上式可知，为使 $\overline{T}$ 最小，必须使 $t_1<t_2<t_3<\cdots<t_n$，即零件按加工时间的大小安排加工顺序，加工时间最短者最先安排。这一安排加工顺序的方法，也称为 SPT 规则。

【例 6-2】 设有 A、B、C、D、E 5 种零件在同一设备上加工，其加工时间及交货期见表 6-3，试安排其加工顺序。

表 6-3 零件加工时间及交货期

零件编号	A	B	C	D	E
加工时间/天	10	4	2	6	8
预定交货期（第几天）	20	28	16	14	10

按 SPT 规则，该 5 种零件的加工顺序应为 C-B-D-E-A，$\overline{T}$ 为：

$$\overline{T}=\frac{2+6+12+20+30}{5}=\frac{70}{5}=14\text{（天）}$$

为使最大延期时间最小，零件应按预定交货期的先后排序。最早交货者最先安排，这一安排加工顺序的方法，称为 EDD 规则。按这一规则，上例中零件的加工顺序及交货延期时间见表 6-4。

表 6-4 零件加工顺序及交货延期量

零件编号及加工顺序	E	D	C	A	B
加工时间/天	8	6	2	10	4
完工时间（第几天）	8	14	16	26	30
交货期（第几天）	10	14	16	20	28
交货延期量/天	0	0	0	6	2

由表 6-4 知，最大延期时间 $D_{max}=6$ 天

（2）两台设备流水型排序问题。几种零件在两台机床上加工，他们的工艺顺序相同，即流水型排序问题，可用约翰逊—贝尔曼法则求解，使最大流程时间最短。

设 t_{iA} 和 t_{iB} 分别为零件 i 在第一台设备（设备 A）和第二台设备（设备 B）上的加工时间，用约翰逊—贝尔曼法则确定零件加工顺序的步骤如下：

1）列出所有零件的加工时间表。

2）找出最短加工时间。

3）根据最短加工时间所属工序，确定零件的排列顺序。如最短加工时间属于第一台设备，则排在最前面，如属于第二台设备，则排在最后面。

4）将已排定加工顺序的零件除去。

5）重复步骤 2）、3）、4），直至排定所有零件的加工顺序。

【例 6-3】 设有甲、乙、丙、丁 4 种零件，均需先在车床 A 上加工，然后再在铣床 B 上加工，车床、铣床均仅有一台，各种零件在机床上加工所需时间见表 6-5。试安排 4 种零件的加工顺序。

表 6-5　零件加工时间　　（单位：min）

工序号	加工时间 / 零件 / 机床	甲	乙	丙	丁
1	车床 A	4	10	5	9
2	铣床 B	2	8	6	12

解：根据约翰逊—贝尔曼法则：

1）最小值在第二道工序，对应的零件为甲，则将甲安排在最后加工。

2）去掉甲后，最小值在第一道工序，对应的零件为丙，则将丙安排在最先加工。

3）去掉甲、丙后，最小值在第二道工序，对应的零件为乙，则将乙安排在丁之后加工。

4）得加工顺序为：丙→丁→乙→甲。

5）画甘特图，如图 6-4 所示，计算总工时。

由图 6-4 可知，总工时=5+9+12+8+2=36（min）

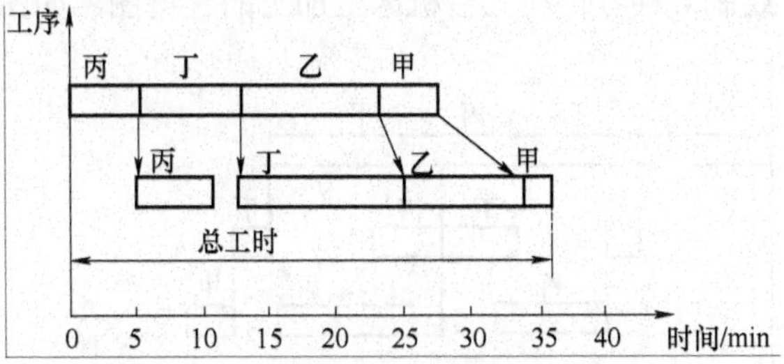

图 6-4　4 种零件在两台机床上加工的顺序图

（3）三台设备流水型排序问题。几种零件在三台机床上加工，它们的工艺顺序相同。对此种排序问题，可用约翰逊—贝尔曼法则的扩展方法求解。

加工的机床为三台，而且符合下列条件之一的情况下，可以将三台机床变换为两台假想的机床：

1）$\min t_{iA} \geqslant \max t_{iB}$

2）$\min t_{iC} \geqslant \max t_{iB}$

计算假想的机床上零件的加工工时，用假想的机床 G、H 代替 A、B、C 三台机床，以 t_{iG} 和 t_{iH} 表示假想的机床上的零件工时，则：

$$t_{iG}=t_{iA}+t_{iB}$$

$$t_{iH}=t_{iB}+t_{iC}$$

于是问题转换为对 G、H 两台假想机床的求解，用约翰逊—贝尔曼法则求解，使最大流程时间最短。

如果三台机床的零件加工时间不符合上述两个条件，用此法也可求得近似最优方案。

【例 6-4】 有甲、乙、丙、丁 4 种零件均需依次在三台机床上加工，其工艺顺序相同，加工时间见表 6-6。

表 6-6 零件加工时间 （单位：min）

工序号	加工时间 零件 / 机床	甲	乙	丙	丁
1	车床 A	24	16	12	18
2	铣床 B	6	4	10	12
3	磨床 C	8	20	10	14

因为，$\min t_{iA}$（=12）≥$\min t_{iB}$（=12）符合上述条件（1），故可将三台机床转换为两台假想机床，并求出各零件在两台假想机床上的加工时间，见表 6-7。

表 6-7 零件在两台假想机床上的加工时间 （单位：min）

工序号	加工时间 零件 / 机床	甲	乙	丙	丁
1	机床 G	30	20	22	30
2	机床 H	14	24	20	26

根据约翰逊—贝尔曼法则，使总流程时间最短的加工顺序为：乙→丁→丙→甲。

根据此排序方案，绘制 4 种零件在三台机床上加工的甘特图，如图 6-5 所示。

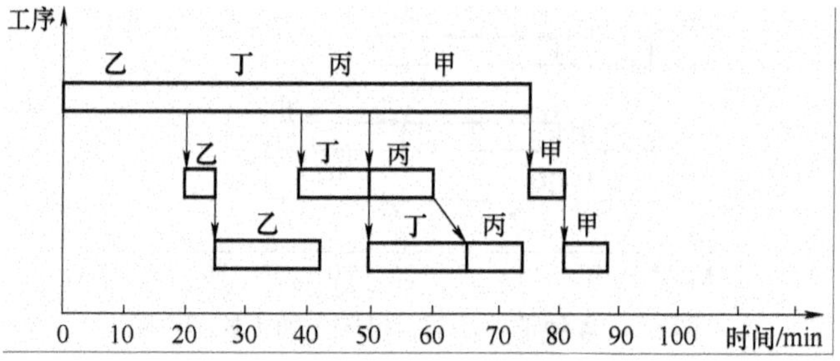

图 6-5 4 种零件在三台机床上加工的顺序图（甘特图）

由图 6-5 可得出：总流程时间为：16+18+12+24+6+8=84（min）

（4）n 台设备流水型排序问题。n 种零件在 n 台机床上加工，他们的工艺顺序相同。对此种排序问题，可用匈牙利法则求解。

由于每个小组去完成这些任务的效率不同，应如何分配，以发挥每个小组的优势，使完成这些任务的总效率最高，或者说总的工时最少。步骤如下：

1）根据资料列出矩阵。

2）进行出零运算，使每行、每列中均有零出现。各行（列）元素均减去本行中的最小元素，使每行（列）中都有零。没有“零”的列中各元素均减去本列中的最小元素，使每列中都有零。

3）检查是否可进行分配。用最少的横线或纵线划去所有的零位，若线数之和等于行（列）数，即得到最佳分配方案。

4）否则，寻求未被划去的数值中的最小数值，将所有未被划去的数分别减去最小数值，将横、纵线相交的数值加上最小数值。则得一新的分配方案。

5）重复步骤 3）直至可分配为止。

6）确定最优分配方案，并计算总工时。

进行分配时，可按行（或列）来分配，首先分配只有一个“零”的行（或列），划去已分配的“零”所在的行与列，对剩下的仍按一个“零”优先分配的原则进行分配。即可得到最优方案。

【例 6-5】 某产品有 4 个部件分配给 4 个小组去完成，各小组完成各任务所需时间见表 6-8，试安排该生产任务，使总工时最少。

表 6-8　各小组完成各任务情况表　（单位：h）

小组 \ 工时/h \ 部件	A	B	C	D
甲	2	10	5	7
乙	15	4	14	8
丙	13	14	12	11
丁	4	15	13	9

根据匈牙利法则求解：

$$\begin{pmatrix} 2 & 10 & 5 & 7 \\ 15 & 4 & 14 & 8 \\ 13 & 14 & 12 & 11 \\ 4 & 15 & 13 & 9 \end{pmatrix} \to \begin{pmatrix} 0 & 8 & 3 & 5 \\ 11 & 0 & 10 & 4 \\ 2 & 3 & 1 & 0 \\ 0 & 11 & 9 & 5 \end{pmatrix} \to \begin{pmatrix} 0 & 8 & 2 & 5 \\ 11 & 0 & 9 & 4 \\ 2 & 3 & 0 & 0 \\ 0 & 11 & 8 & 5 \end{pmatrix} \to \begin{pmatrix} 0 & 8 & \mathbf{0} & 3 \\ 11 & \mathbf{0} & 7 & 2 \\ 4 & 5 & 0 & \mathbf{0} \\ \mathbf{0} & 11 & 6 & 3 \end{pmatrix}$$

总流程时间为：甲 C+乙 B+丙 D+丁 A=5+4+11+4=24（h）

（5）优先规则。在实际生产中，由于零件品种多，每种零件的工序数也很多，而且多数零件不属于流水型（各零件的工艺顺序不相同）。因此，很多排序的应用受到限制。较为简单的做法是按照优先规则，逐一选出优先加工的零件。

优先规则的种类也很多，目前提出的优先规则已达几十种，但具有代表性的有以下几种：

1）按到达的先后次序（FCFS），即最先到达的零件先加工。

2）按加工时间大小的次序（SPT），即加工时间最少的最先加工。

3）按交货期前余裕小的次序（SLAK），从交货期中减去总加工时间，从宽裕时间最小的零件开始加工。

4）按留待的总作业时间多少的次序（MWKR），从留待加工的作业时间合计为最大的任务开始，依次进行加工。

5）按留待加工工序多少的次序（MOPR），不考虑加工时间，而仅考虑工序的多少，留待加工工序越多，等待加工时间也多，因此优先加工。

以上各种优先规则的使用，由于任务条件不同，可能取得的效果也不同。在实践中，有时可将几种规则加以组合，可以取得效果较好的进度安排。

想一想

1. 什么是生产现场管理？生产现场管理的目标是什么？
2. 影响生产现场管理的因素有哪些？如何优化生产现场管理？
3. 如何消除无效劳动？
4. 什么是目视管理？目视管理有何作用？
5. 什么是“6S”管理？“6S”管理内容和要点是什么？
6. 什么是定置管理？定置管理的基本内容是什么？
7. 现场管理中用到的看板有哪几种类型？其用途是什么？

做一做

1. 某车间有一台大型铣床，承担着6种零件的加工任务，各零件的单件工时定额和预定完工周期见表6-9。试安排较优的加工顺序。使得平均流程时间最短，并求出交货的最大延期量。

表6-9 零件的单件工时定额和预定完工周期

零件编号	A	B	C	D	E	F
加工时间/天	2	4	3	6	5	4
预定交货期（第几天）	10	12	16	4	25	20

2. 设有5种零件均需先在车床A上加工，然后再在钻床B上加工，车床、钻床均仅有一台，各种零件在机床上加工所需时间见表6-10。试安排5种零件的加工顺序。

表6-10 零件在机床上的加工时间 （单位：min）

工序号	机床 \ 零件（加工时间）	甲	乙	丙	丁	戊
1	车床A	20	10	6	10	5
2	钻床B	4	12	3	8	6

3. 有4种零件均需依次在车床、钻床、磨床上加工，其工艺顺序相同，加工时间见表6-11。各种设备均为一台。试求总流程时间最短的加工顺序安排方案，并求出总流程时间。

表6-11 零件在机床上的加工时间 （单位：min）

工艺号	机床 \ 零件（加工时间）	甲	乙	丙	丁
1	车床A	5	3	4	5
2	钻床B	4	8	2	6
3	磨床C	7	2	5	4

案例分析

调整设备布局，划分物品区域
——华强水泵厂实行生产现场定置管理

华强水泵厂是以潜水电泵、污水电泵为主导产品的生产企业，有职工 302 人，固定资产 1 980 万元，设有 6 个生产车间。该厂多年来狠抓技术进步，及时调整产品结构，开发出了一批适销对路的新产品，使企业得到较快发展。但也存在不少问题，如产品成本高，质量不稳定，生产周期长，资金周转慢等，这些问题严重影响了企业信誉和发展。

通过分析诊断，发现问题主要出在生产现场管理上，具体表现在：①工艺流程欠合理，有些设备布局不当；②生产现场物品存放混乱，既没有标志也没有固定位置，脏、乱、差的现象比较严重；③工位器具少，且不合要求，在制品在存放和运输过程中经常发生磕划碰伤；④生产现场作业方法不规范，执行工艺纪律不严，甚至存在“野蛮操作”。

针对以上情况，企业决定以实施定置管理为突破口，全面改进生产现场管理：

首先，成立由厂长任组长的厂级定置管理领导小组，生产副厂长、总工任副组长，有关职能部门负责人参加，下设定置管理办公室。各车间也响应成立定置管理小组，由车间主任任组长，由技术员、调度员、班组长、分工会主席参加。

其次，进行广泛的思想发动。不少干部、职工对定置管理不了解，认为就是打扫卫生、摆摆工件，只要完成生产任务，搞不搞定置管理无所谓。对此，企业认真组织广大干部职工学习定置管理知识，派人到无锡威孚集团等定置管理先进企业学习，统一思想。此外还利用黑板报、宣传栏、广播、电视等宣传工具广泛宣传。

在做好一系列组织思想准备的基础上，他们根据实际情况，确定在污水泵车间进行试点。该车间面积约 3 500m^2，厂房较新，但设备布置较乱，工位器具不全，青工多。通过学习，他们自己找问题，制订了严密的定置管理计划方案：

（1）优化工艺流程，调整设备布局，使物流合理化。他们调整了 15 台设备的位置，使整个车间主要设备和生产班组的布局趋向合理。

（2）确定物品类别，划分定置区域，制订定置平面图，使物品摆放有序。根据生产现场特点，将物品分为 4 类，分别规定定置区域、定置要求及标识，见表 6-12，将车间内所有设备、物品按类就位的情况，科学合理地表现在车间定置图上，车间定置图用 0 号图样绘制，挂在车间显要位置。

（3）改进和增设工位器具，改善车间环境，设计制作各种工位器具 112 套（件），工具箱 35 个，更衣柜 12 个。

表 6-12 车间物品类别、定置区域、定置要求及标识

物资类别及符号	定置状态	实例	定置区域划分规定	定置颜色
A	人、物紧密联系或立即结合，直接影响产品质量和生产效率的物品（每天使用）	正在加工、交检的产成品，正在装配的零部件，正在使用的工装等	作业现场周围	红色 A 标牌
B	人、物周期性联系或半紧密状态，随时可能转为 A 类的物品（轮番使用）	作业计划的毛坯，加工周转为半成品；带装配的外购配套件，周转零件用的运输工具，润滑清洁设备，吊装器具及消防设备	近离作业现场	黄色 B 标牌

（续）

物资类别及符号	定置状态	实例	定置区域划分规定	定置颜色
C	人、物处于待联系或处于寻找状态的物品（暂时不用）	已办理入库手续而未入库等待处理的产成品；外协产成品、零部件；封存设备；使用很少的工装、辅具等	远离作业现场	蓝色C标牌
D	人、物失去联系或生产现场不需要的物品（等待消除）	废品、料头、垃圾、废料等	检查台周围或指定地点	黑色D标牌

（4）严格验收，制订定置管理考核办法，使定置管理制度化，该厂的定置管理考核内容主要有：①定置率，$定置率=\dfrac{实际定置物的个数}{定置图上定置物的个数}\times 100\%$；②将定置率的考核纳入内部责任制考核；③做好定置管理考核记录，及时上报有关部门。

通过试点，全公司职工看到了推行定置管理的优越性，各部门主动在本部门开展定置管理工作，大大改善了生产现场管理工作，主要表现为：①提高了安全文明生产水平，良好的作业环境使操作者心情舒畅，物品合理存放，道路畅通，实行安全文明操作，最大限度地清楚了事故隐患；②提高了产品质量和生产效率，企业产品合格率由89%提高到93%；③促进了职工传统思想观念的转变，为进一步系统优化生产现场管理打下了基础。

思考题

1. 你对华强水泵厂推行定置管理，促进生产现场管理全面整顿优化的做法有何评价？
2. 从本案例或你所了解的企业中，你认为实施定置管理应注意哪些问题？

第7章 项目管理

建议学时

8学时

知识目标

- 理解项目、项目管理的概念特点；
- 了解项目管理的实用性、优缺点；
- 了解项目控制、矩阵组织；
- 掌握网络图的计算。

能力目标

- 具备项目计划编制的基本能力；
- 具有绘制网络图的能力；
- 具有网络图优化的初步能力。

素质目标

- 引导学生对项目管理人员职业素养的感性认识与理性思考；
- 培养严谨、诚信、科学等基本的职业素养；
- 培养项目管理员职业兴趣。

案例导读

三峡工程的进度管理

三峡工程是一个具有防洪、发电、航运等综合效益的巨型水利枢纽工程，主要有大坝、水电站厂房、通航建筑物三部分组成。其中大坝最大坝高 181m，装机容量 22 720MW，通航建筑物包括双线连续五级船闸、垂直升船机、临时船闸及上下游引航导组成。

根据计划，三峡工程总工期为 17 年，工程分三阶段实施：第一阶段（1993—1997 年），建成导流明渠，实现大江截流，基本建成临时船闸；第二阶段（1998—2003 年），建成永久船闸，第一批发电机组发电；第三阶段（2004—2009 年），全部机组发电，三峡枢纽工程完工。

针对三峡工程的特点，工程分三个层次进行管理：业主层、监理层、施工承包商层。具体采用统一进度计划编制办法：由业主根据合同要求制定统一的工程进度计划编制办法，通过监理转发给各施工承包商，照此执行。分标段工程进度计划的编制必须服从总进度计划要求，统一进度计划提交、更新时间。为提高工作效率、加强联系并及时互通信息，由业主出资建立计算机局域网，统一编制计划的软件和计划格式。通过建立工程进度日报系统，业主和监理等有关单位及时了解和掌握工程进展情况，从而确保了三峡工程的顺利进行。

（资料来源：项目管理资料 http://www.leadge.com）

7.1 项目管理概述

项目是一种一次性的工作，必须在明确规定的时间内，由为此专门组织起来的人员完成。因此，可以把项目看成是一种特殊的生产类型，为此也需要用到特殊的管理方法—— 项目管理方法。

项目管理主要是从生产大型、高费用、进度要求严的复杂系统的需要中发展起来的。美国在 20 世纪 60 年代只有航空、航天、国防和建筑业才愿意采用项目管理。70 年代项目管理在新产品开发领域中扩展到了复杂性略低、变化迅速、环境比较稳定的中型企业中。到 70 年代后期至 80 年代初，越来越多的中小企业也开始注目项目管理，将其灵活地运用于企业活动的管理中，项目管理技术及其方法本身也在此过程中逐步发展和完善，到了 80 年代末，项目管理已经被公认为是一种有生命力并能实现复杂的企业目标的良好方法。

7.1.1 项目的基本概念及其特点

什么叫项目？项目是这样一种一次性的工作：它应当在规定的时间内，由为此专门组织起来的人员来完成；它应有一个明确的预期目标；有明确的可利用资源范围；它需要运用多种学科的知识来解决问题；没有或很少有以往的经验可以借鉴。项目可以是建造一栋大楼、一所学校或一座水电站，也可以是解决某个研究课题，这些都是一次性的，都要求在一定的期限内完成，不得超过一定的费用，并有一定的性能要求等。所以，有人说项目是新企业、新产品、新工程、新系统和新技术的总称。

由此可见，在各种不同的项目中，项目内容可以说是千差万别的。但项目本身有其共同的特点，这些特点可以概括如下：

（1）项目是一个单一的、可辨认的任务。

（2）项目由多个部分组成，跨越多个组织，因此需要多方合作才能完成。

（3）可利用资源预先要有明确的预算，且一经约定，不再接受其他支援。

（4）有严格的时间期限，并公之于众。

（5）项目任务的完成需要多个职能部门的人员的同时协作配合。

（6）项目产物的保全或扩展通常由项目参加者以外的人员来进行。

7.1.2 项目管理及其特点

与项目的概念相对应，项目管理可以说是在一个确定的时间范围内，为了完成一个既定的目标，并通过特殊形式的临时性组织运行机制，通过有效的计划、组织、领导与控制，充分利用既定有限资源的一种系统管理方法。在这个定义中的确定的时间范围应该是相对短期的，但在不同项目中，所谓相对短期的概念并不完全相同。例如，一种新产品的研制开发可以是半年至两三年。工业建设项目可能是 3～5 年，而一座核电厂的建设周期可能更长。

项目管理具有以下特点：

1．项目管理是一项复杂的工作　项目管理一般由多个部分组成，工作跨越多个组织，需要运用多种学科的知识来解决问题；项目工作通常没有或很少有以往的经验可以借鉴，执行中有许多未知因素，每个因素又常常带有不确定性；还需要将具有不同经历、来自不同组织的人员有机地组织在一个临时性的组织内，在技术性能、成本、进度等较为严格的约束条件下实现项目目标等，这些因素都决定了项目管理是一项很复杂的工作，而且复杂性与一般的生产管理有很大不同。

2．项目管理具有创造性　由于项目具有一次性的特点，因而既要承担风险又必须发挥创造性。这也是与一般重复性管理的主要区别。项目的创造性依赖于科学技术的发展和支持，在项目管理的前期构思中，要十分重视科学技术情报工作和信息的组织管理，这是产生新构思和解决问题的重要途径。创造总是带有探索性的，会有较高的失败概率。有时为了加快进度和提高成功的概率，需要有多个试验方案并进。例如在新产品、新技术开发项目中，为了提高新产品、新技术的质量和水平，希望新构思越多越好，然后再严格地审查、筛选和淘汰，以确保最终产品和技术的优良性能或质量。而筛选淘汰下来的方案也并不完全是没用的，它们可以成为企业内部的技术储备，这种储备越多，企业则越能应付外界条件的变化和具有应变能力。

3．项目有其寿命周期　项目管理的本质是计划和控制一次性的工作，在规定期限内达到预定目标。一旦目标满足，项目就失去其存在的意义而解体。因此，项目具有一种可预知的寿命周期。项目在其寿命周期中，通常有一个较明确的阶段顺序。这些阶段可通过任务的类型来加以区分，或通过关键的决策点来加以区分。根据项目内容的不同，阶段的划分和定义也有所区别。但一般认为项目的每个阶段应涉及管理上的不同特点并提出需完成的不同任务。表 7-1 提出了一种项目阶段的划分方法并说明每个阶段应采取的行动。无论如何划分，对每个阶段开始和完成的条件与时间要有明确的定义，以便于审查其完成程度。

表 7-1　项目阶段的划分

阶段Ⅰ——概念	阶段Ⅱ——计划	阶段Ⅲ——执行	阶段Ⅳ——完成
1. 确定项目需要 2. 建立目标 3. 估计所需投入的资源和组织 4. 按需要构成项目组织 5. 指定关键人员	1. 确认项目组织方法 2. 制订基本预算和进度 3. 为执行阶段做准备 4. 进行研究与分析	项目的实施（设计、建设、生产、建立场地，试验，交货等）	1. 帮助项目产品转移 2. 转移人力和非人力资源到其他组织 3. 培训职能人员 4. 转移或完成承诺 5. 项目终止

4．项目管理需要集权领导和建立专门的项目组织　项目的复杂性随其范围不同变化很大。项目越大越复杂，其所包括或涉及的学科、技术种类也越多。项目进行过程中可能出现的各种问题多半是贯穿于各组织部门的，它们要求这些不同的部门做出迅速而且相互关联、相互依存的反应。但传统的职能组织不能尽快横向协调，因此需要建立围绕专一任务进行决

策的机制和相应的专门组织。因此，复杂而包含多种学科的项目，大都以矩阵方式来组织。

5．项目负责人（或称项目经理）在项目管理中起着非常重要的作用 项目管理的主要原理之一是把一个时间和预算有限的任务委托给一个人，即项目负责人，他有权独立进行计划、资源分配、指挥和控制。项目负责人的位置是由特殊需要形成的，因为他行使着大部分传统职能组织以外的职能。项目负责人必须能够了解、利用和管理项目的技术逻辑方面的复杂性，必须能够综合各种不同的专业观点来考虑问题。但只有这些技术知识和专业知识仍是不够的，成功的管理还取决于预测和控制人的行为的能力。因此项目负责人还必须通过人的因素来熟练地运用技术因素，以达到其项目目标。也就是说，项目负责人必须使他的组织成员成为一支真正的队伍，成为一个工作配合默契、具有积极性和责任心的高效率群体。

7.1.3 项目管理的适用性

如前所述，项目管理的概念已被广为接受，应用于军事、工业、建筑等各个不同领域中。但是项目管理也并非万能管理，不是在任何场合都可以使用的。项目管理只有在适当的条件下应用才有效，是否需要采用项目管理的方式以及项目管理是否能发挥积极的作用，取决于有关技术的复杂性、组织的相互关系、公共团体或用户的需求，以及其他一些因素。关于这个问题，并没有一个简单划一的评判标准可遵循，但一般来说，应考虑以下几方面因素：

（1）必须是一个单一的、可辨认的完整任务。

（2）任务是复杂的，且具有风险，有赖于交叉组织与技术的相互依存。

（3）任务的完成需要多个职能部门之间配合协作，而传统的职能组织对管理这样的任务显得不充分。

（4）任务具有一个明确的寿命周期与终止日期。

在现代工业企业中，项目管理的方法也得到广泛的应用。例如在以下几个方面：新产品开发，项目管理本身不能开发出新产品，但它能为开发新产品工作创造更好的条件，使它更容易、更快地取得成功；软件系统开发；设备大修工程；单件生产等。

7.1.4 项目管理的优缺点

1．优点 根据到目前为止应用过项目管理的公司的经验，应用项目管理除了有其必要性和适用性以外，还有以下一些优点：

（1）有更好的工作能见度和更注重结果。

（2）对不同的工作任务可改进协调和控制。

（3）项目成员有较高的工作热情和较明确的任务方向。

（4）广泛的项目职责能够加速管理人员的成长。

（5）能够缩短产品开发时间。

（6）能够减少总计划费用，提高利润率。

（7）项目的安全控制较好。

2．缺点 应用项目管理也容易产生以下一些问题：

（1）容易形成一种各项目与各职能部门之间职能技能重复，从而职能组织忽视他们的工作，而让项目组织替他们工作的倾向。

（2）由于相对优先权的改变，项目间人员流动频繁。

（3）内部作业较复杂，从而使管理也变得复杂。

（4）有可能导致企业政策的应用不一致。

7.2 项目管理的计划与控制

项目是一项独特的或具有风险的一次性工作，这个任务应该按照一定的期限、一定数量的费用，在预期的实施范围内来完成。为实现项目的目标，项目需要适当的“投入”，即完成项目所需的各种资源，包括人力、资金、材料、设备以及信息等。而把这些投入变成“产出”，即项目结果的过程，则构成项目管理的全过程。

项目管理的目标是将完成项目所需的资源在适当的时候按适当的量进行合理分配，并且力求这些资源的最优利用。

项目管理方法大致可分为传统管理方法与系统管理方法。系统管理方法是在传统管理方法的基础上产生和发展起来的，但与传统管理相比还是有很大区别，主要表现在：

（1）强调系统的高效率。传统管理方法强调管理工作的专业化，把任务、职责、权限分得很清楚。这当然是项目管理所必不可少的，但系统管理方法则更强调各类人员和各个部门之间的沟通、协调和综合。前者较注重各个部门的高效率，而后者则以达到整个系统的高效率为主要目标。

（2）强调信息传递的准确及时。传统管理方法强调指挥、命令、控制和汇报，要以文件的传递形式予以保证；而系统管理方法则用信息流把各管理层次和不同的职能部门沟通起来，使物质流与信息流保持一致和同步，保证信息的准确性和及时性。

（3）力求达到量化。与传统管理方法不同，随着系统工程理论和方法的发展，项目工程中的系统管理方法也越来越多地强调运用系统模型，力求达到量化，能精确地表达多因素的实际行为状况和各要素之间的相互关系。

（4）在科学化的基础上，把个人经验与科学方法紧密地结合起来。传统管理方法以个人经验为基础，而系统管理方法则强调系统地、合乎逻辑地分析，按程序有条不紊地进行工作，在科学化的基础上，把个人经验与科学方法紧密地结合起来。

由此可见，系统管理方法比传统管理方法更合理，更具科学性。但并不是所有的项目都应该用类似于关键路线法、计划评审技术这样的系统管理方法。在项目确定后采用什么方法来进行项目管理，必须考虑其具体情况。在以下的叙述中，将同时说明传统管理方法和系统管理方法，并就其应用条件加以分析。

7.2.1 项目计划

项目管理的首要目标是制订一个构思良好的项目计划，以确定项目的范围、进度和费用。在整个项目寿命周期中，最基本、最重要的功能之一就是项目计划，特别是在做出影响项目整个过程的主要决策的初始阶段。但从另一方面来说，如前所述，由于项目管理是一个带有创造性的过程，项目早期的不确定性很大，所以项目计划又不可能在项目一开始就全部一次完成，而必须逐步展开和不断修正。这又取决于能适当地对计划的执行情况做出反馈和控制以及不间断地交流信息。从这里也可看出项目进行过程中控制的重要性。

1. 项目计划的特点及其主要内容 计划之所以成为项目管理最重要的功能，是因为它指出了项目组织未来努力的方向和奋斗目标，是经过仔细分析后综合而成的对未来的构思，又是当前行动的准则。一个完善的计划可以使失败的概率降至最低，以最大限度地保证在预期的期限内取得预期的效果。

（1）项目计划的特征。项目计划尽管带有很大的不确定性，但是它仍然是指引项目成员自始至终完成并实现项目目标所必需的。它应具有以下4个方面的特征：

1）弹性和可调性。它是指能够根据预测到的变化和实际存在的差异，及时做出调整。

2）创造性。它是指充分发挥和利用想象力和抽象思维的能力，满足项目发展的需要。

3）分析性。分析性就是要探索研究项目中内部和外部的各种因素，确定各种变量和分析不确定的原因。

4）响应性。响应性就是能及时地确定存在的问题，提供计划的多种可行方案。

（2）制订项目计划的前提条件。在制订一个综合的项目计划之前，需要具备以下一些前提条件：

1）整个项目要能够按照工作内容详细地分解，分成独立的可衡量的活动。

2）根据工作组合关系，产品结构、拥有的资源（设备与人员等）以及管理目标等，能够确定组成项目的各项活动的先后顺序，并应有充分的理由。

3）每项任务或活动的时间、成本和性能要能估计出来，并尽量详细。

在进行上述第一条前提条件的工作时，可采用20世纪60年代末期发展起来的“工作分解结构”（Work Breakdown Structure，WBS）方法。这一方法不仅可用在项目管理中，还可用在一些大型复杂产品上，如汽车制造和飞机制造等。WBS的结构形式如图7-1所示。

WBS的结构形式

1 总工作
1.1 分工作I
1.1.1 主任务A
1.1.1.1 子任务a
1.1.1.2 子任务b
1.1.1.3 子任务c
1.1.2 主任务B
1.1.2.1 子任务a
1.1.2.2 子任务b
1.1.2.3 子任务c
1.2 分工作II
1.2.1 主任务A
1.2.1.1 子任务a
……

图7-1 WBS的结构形式

例如，如果是制造汽车，1总工作就是汽车，1.1分工作可能是车身，1.2分工作可能是发动机，1.3分工作是底盘，等等，这样依次往下排列，各个分工作又分为主任务A、主任务B等，各个主任务又可细分为子任务。这样把工作分得越细，制订计划时就越容易。在以下将要谈到的成本估算中，WBS也是很有用的。还可以利用WBS作为项目所有有关信息沟通的共同基础，用WBS对项目的所有信息进行统一的定义，在此基础上开展全面的项目控制。这一方法将在下面专门加以叙述。

项目计划以及控制的基本要素是项目进度计划和成本估算，以下就这两方面进行讨论。

2. 项目进度计划方法 安排进度计划的目的是为了控制时间和节约时间，而项目的主要特点之一就是有严格的时间期限要求，由此决定了进度计划在项目管理中的重要性。

基本进度计划要说明哪些工作必须于何时完成和完成每一任务所需要的时间，但最好同时也能表示出每项活动所需要的人数。常用的制订进度计划的方法有以下几种：

（1）关键日期表。关键日期表是最简单的一种进度计划表，它只列出一些关键活动和进行的日期。

（2）甘特图。甘特图的优点是简单、明了、直观，易于编制，因此到目前为止仍然是小型项目中常用的工具。即使在大型工程项目中，它也是高级管理层了解全局、基层安排进度时有用的工具。但对于复杂的项目来说，甘特图就显得不足以适应。

（3）关键路线法（Critical Path Method，CPM）。

（4）计划评审技术（Program Evaluation and Review Technique，PERT）。

CPM和PERT是20世纪50年代后期几乎同时出现的两种计划方法。这两种计划方法是分别独立发展起来的，但其基本原理是一致的，即用网络图来表达项目中各项活动的进度和它们之间的相互关系，并在此基础上，进行网络分析，计算网络中各项时间参数，确定关键活动与关键路线，利用时差不断地调整与优化网络，以求得最短周期。然后，还可将成本与资源问题考虑进去，以求得综合优化的项目计划方案。因这两种方法都是通过网络图和相应的计算来反映整个项目的全貌，所以又叫作网络计划技术，其具体内容将在第四节专门介绍。

此外，后来还陆续提出了一些新的网络技术，如图示评审技术（GERT），风险评审技术（VERT）等，这里就不再介绍。

很显然，采用以上几种不同的进度计划方法本身所需的时间和费用是不同的。关键日期表编制时间最短，费用最低。甘特图所需时间要长一些，费用也高一些。CPM要把每个活动都加以分析，如活动数目较多，还需用计算机求出总工期和关键路线，因此花费的时间和费用将更多。PERT法可以说是制订项目进度计划方法中最复杂的一种，所以花费时间和费用也最多。应该采用哪一种进度计划方法，主要应考虑下列因素：

（1）项目的规模大小。很显然，小项目应采用简单的进度计划方法，大项目为了保证按期按质达到项目目标，就需考虑用较复杂的进度计划方法。

（2）项目的复杂程度。这里应该注意到，项目的规模并不一定总是与项目的复杂程度成正比。例如修一条公路，规模虽然不小，但并不太复杂，可以用较简单的进度计划方法。而研制一个小型的电子仪器，要很复杂的步骤和很多专业知识，可能就需要较复杂的进度计划方法。

（3）项目的紧急性。在项目急需进行，特别是在开始阶段，需要对各项工作发布指示，以便尽早开始工作，此时，如果用很长时间去编制进度计划，就会延误时间。

（4）对项目细节掌握的程度。如果在开始阶段项目的细节无法明确，CPM和PERT法就无法应用。

（5）总进度是否由一两项关键事项所决定。如果项目进行过程中有一两项活动需要花费很长时间，而这期间可把其他准备工作都安排好，那么对其他工作就不必编制详细复杂的进度计划了。

（6）有无相应的技术力量和设备。例如，没有计算机，CPM和PERT进度计划方法有时就难以应用。而如果没有受过良好训练的合格的技术人员，也无法胜任用复杂的方法编制进度计划。

此外，根据情况不同，还需考虑客户的要求，能够用在进度计划上的预算等因素。到底采用哪一种方法来编制进度计划，要全面考虑以上各个因素。

3. 项目成本估算 进度计划是从时间的角度对项目进行规划，而成本估算则是从费用的角度对项目进行规划。这里的费用应理解为一个抽象概念，它可以是工时、材料或人员等。

成本估算是对完成项目所需费用的估计和计划，是项目计划中的一个重要组成部分。要实行成本控制，首先要进行成本估算。理想的是，完成某项任务所需费用可根据历史标准估算。但对许多工业来说，由于项目和计划变化多端，把以前的活动与现实对比几乎是不可能的。费用的信息，不管是否根据历史标准，都只能将其作为一种估算。而且，在费时较长的大型项目中，还应考虑到今后几年的职工工资结构是否会发生变化，今后几年原材料费用的上涨如何，经营基础以及管理费用在整个项目寿命周期内会不会变化等问题。所以，成本估算显然是在一个无法以高度可靠性预计的环境下进行的。在项目管理过程中，为了使时间、费用和工作范围内的资源得到最佳利用，人们开发出了不少成本估算方法，以尽量得到较好的估算。这里简要介绍以下几种。

（1）经验估算法。进行估计的人应有专门知识和丰富的经验，据此提出一个近似的数字。这种方法是一种最原始的方法，还称不上估算，只是一种近似的猜测。它对要求很快拿出一个大概数字的项目是可以的，但对要求详细的估算显然是不能满足要求的。

（2）因素估算法。因素估算法是比较科学的一种传统估算方法。它以过去为根据，并利用数学知识来预测未来。它的基本方法是利用规模—成本图。如图 7-2 所示，图上的线表示规模和成本的关系，图上的点是根据过去类似项目的资料而描绘，根据这些点描绘出的线体现了规模和成本之间的基本关系。这里画的是直线，但也有可能是曲线。成本包括不同的组成部分，如材料、人工和运费等。这些都可以有不同的曲线。项目规模知道以后，就可以利用这些线找出成本各个不同组成部分的近似数字。

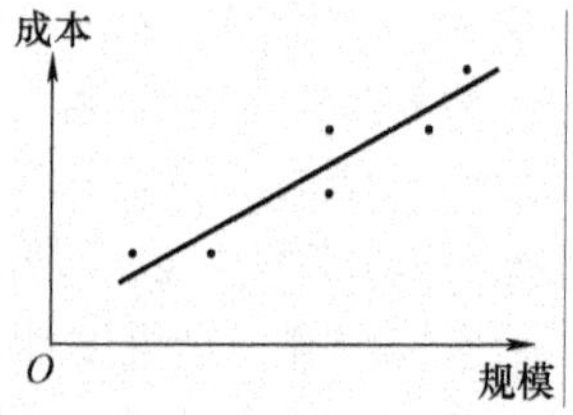

图 7-2 规模—成本图

这里要注意的是，找这些点要有一个“基准年度”，目的是消除通货膨胀的影响。画在图上的点应该是经过调整的数字。例如以 1990 年为基准年，其他年份的数字都以 1990 年为基准进行调整，然后才能描点画线。项目规模确定之后，从线上找出相应的点，但这个点是以 1990 年为基准的数字，还需要再调整到当年，才是估算出的成本数字。此外，如果项目周期较长，还应考虑到今后几年可能发生的通货膨胀、材料涨价等因素。做这种成本估算，前提是有过去类似项目的资料，而且这些资料应在同一基础上，具有可比性。

（3）WBS 基础上的全面详细估算。即利用 WBS 方法，先把项目任务进行合理的细分，分到可以确认的程度，如某种材料、某种设备、某一活动单元等，然后估算每个 WBS 要素的费用。采用这一方法的前提条件或先决步骤是：①对项目需求做出一个完整的限定；②制订完成任务所必需的逻辑步骤；③编制 WBS 表。

项目需求的完整限定应包括工作报告书、规格书以及总进度表。工作报告书是指实施项目所需的各项工作的叙述性说明，它应确认必须达到的目标。如果有资金等限制，该信息也应包括在内。规格书是对工时、设备以及材料标价的根据。它应该能使项目人员和用户了解工时、设备以及材料估价的依据。总进度表应明确项目实施的主要阶段和分界点，其中应包括长期订货、原型试验、设计评审会议以及其他任何关键的决策点。如果可能，用来指导成本估算的总进度表应含有项目开始和结束的日历时间。

一旦项目需求被勾画出来，就应制订完成任务所必需的逻辑步骤。在现代大型复杂项目中，通常是用箭头图来表明项目任务的逻辑程序，并以此作为下一步绘制 CPM 或 PERT 图以及 WBS 表的根据。编制 WBS 表的最简单方法是依据箭头图，把箭头图上的每一项活动当作一项工作任务，在此基础上再描绘分工作任务。

进度表和 WBS 表完成之后，就可以进行成本估算了。在大型项目中，成本估算的结果最后应以下述的报告形式表述出来：

（1）对每个 WBS 要素的详细费用估算。除此之外，还应有一个各项分工作、分任务的费用汇总表，以及项目和整个计划的累积报表。

（2）每个部门的计划工时曲线。如果部门工时曲线含有“峰”和“谷”，应考虑对进度表进行若干改变，以得到工时的均衡性。

（3）逐月的工时费用总结表。以便项目费用必须削减时，项目负责人能够利用此总结表和工时曲线做权衡性研究。

（4）费用分配表。此表以 WBS 要素来划分，表明每年（或每季度）所需费用。此表实质上是每项活动的项目现金流量的总结。

（5）原料及支出预测。它表明供货商的供货时间、支付方式、承担义务以及支付原料的现金流量等。

采用这种方法估算成本需要进行大量的计算，工作量较大，需要花费一定的时间和费用。但这种方法的准确度较高，用这种方法做出的这些报表不仅仅是成本估算的表述，还可以用来作为项目控制的依据。最高管理层则可以用这些报表来选择和批准项目，评定项目的优先性。

以上介绍了三种成本估算的方法。除此之外，在实践中还可将几种方法结合起来使用。例如，对项目的主要部分进行详细估算，其他部分则按过去的经验或用因素估算法进行估算。

7.2.2 项目控制

前面已经提到，在项目寿命周期中，最重要的功能之一是项目计划。但由于项目所具有的早期不确定性，在初始阶段确定了项目的范围和计划之后，在实施过程中有效的项目控制就成为项目成功的基本要素。特别是在现代大型复杂项目中，项目管理要支配多种组织、复杂的工作和昂贵的资源，要达到在预定的期限内、用有限的资源完成任务的目的，这一切都取决于有一个对项目信息和活动能进行有效控制的系统以及方法。

传统的项目控制是以各种文件、报表、图表为主要工具，以定期或不定期地召开各类有关人员参加的会议为主要方法，再加上沟通各方面信息的通信联系制度。而在资源昂贵、复杂并有较大风险的现代大型项目中，就需要开发一个有效的项目管理信息和控制系统。以下将首先介绍项目控制的一般方法，然后介绍一种适用于大型复杂项目的以计算机为基础的项目管理信息和控制系统的开发与实施方法，最后论及 WBS 在项目控制中的应用。

1. 项目控制的一般方法

（1）项目控制的主要文件。项目的任务要求、工作范围、全部进度和项目规模等一旦明确以后，就应准备项目控制所需的主要文件。这些文件应包括以下内容。

1）工作范围细则：确定项目实施中每一任务的具体业务内容，制订工作变动的基准。

2）职责划分细则：说明项目实施过程中各个部门或个人所应负责的工作，包括工艺、工程设计、采购供应、施工、会计、保险、成本控制等各个方面。

3）项目程序细则：规定涉及项目组、用户以及主要供货厂商之间关于设计、采购、施工、作业前准备、质量保证与控制以及信息沟通等方面协调活动的程序。

4）技术范围文件：列出项目的设备清单，制订项目设计依据以及所需的技术依据，以及将要使用的标准、规范、编码及手续步骤等。

5）成本控制文件：包括项目总成本预算以及分解到各部门和各项工作的分预算，把不同的账户分类编号，列成表格。

6）信息控制文件：规定各种文件、报表、图表的发放对象和方式、通信联系制度以及会议记录和工作记录的方法。

此外，根据不同项目的具体内容，还可增减项目控制文件。项目负责人在对项目进行管理和控制时，首要的任务就是在这些文件中明确规定各种有关事项。还应注意的是，项目中的某项工作一旦发生变动，相应的各有关文件均必须修正，然后再执行。在项目管理中缺少信息是很糟糕的，但得到错误的信息更糟糕。在工作中，如果一个部门执行的是原始文件，而另一部门执行的是修改后的文件，可以想象，这两部分的工作协调和结果会变得如何混乱。

（2）项目控制的重要会议。项目开始进行以后，要有效地控制项目，一般需要在各个关键时刻召开关键会议。这是项目管理与通常的直线职能管理的主要不同点之一。以一个企业新建一条空调生产线为例，这个项目进行中的不同阶段以及各个阶段开始时的关键会议，如图 7-3 所示。

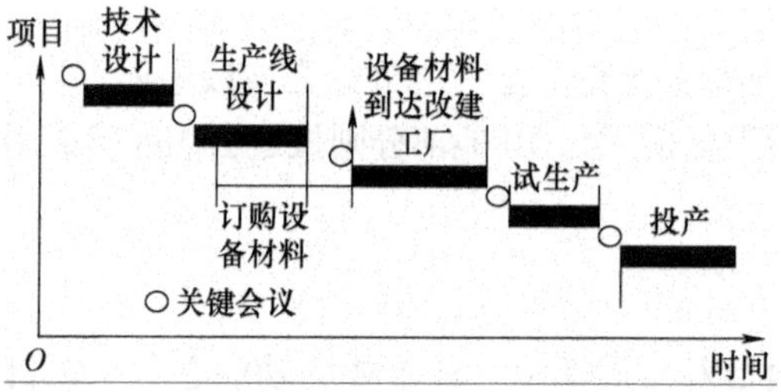

图 7-3 项目进行中的关键会议

关键会议的主要内容是总结上一阶段的工作，分析问题，提出新的建议，并介绍下一阶段的主要任务和目标，使各有关人员都能做到心中有数，明确努力方向。关键会议也是协调各不同学科、不同职能部门之间的人员以及工作任务的重要手段。

除关键会议外，在项目进行的全过程中，应定期召开例会，如每月一次。会上主要介绍项目进展情况，检查有无拖期、是否存在问题等，以便及时发现和解决问题。

还有些非定期的特别会议，在有必要时随时召开。比如要订购大型设备、有重要的分承包要进行、某一活动出现了意外重大变化等，都需要召开会议。

由此可见，项目管理中的会议是很多的。项目负责人若不能很好地控制会议，就有可能陷入会海之中。所以项目负责人的职责之一是控制会议的召开，为召开会议做准备，使会议开得有效。

（3）信息控制制度。加强通信联系、沟通各方面信息是搞好项目控制的关键性一环。为了控制好一个项目，需要进行大量的通信联系。联系的方式很多，如信件、电话、谈话、传真、图样等。这里应遵循以下几条原则：

1）所有的重要问题均应有书面材料。任何问题都不能靠记忆，因为任何人都不可能做到永远记忆并准确无误。记忆的错误会造成损失与扯皮，因此必须用书面材料。

2）所有会议都应有正式记录。

3）分发的文件、备忘录、会议记录等必须说明要由谁来处理文件中的事项。

4）所有来往信件和电函都应编号存档。如果不编号，函件积累多了就会无从查找，还应记录信件或电函抄送哪些有关的人。

5）应保持完整的档案，有的文件应分别存入不同的档案。如工程的变动，应同时存入变动档案和技术档案。

2．以计算机为基础的项目管理信息和控制系统　现代大型项目的基本特征是所需资源昂贵，技术条件复杂，涉及的人数、机构和职能相互依存度高、风险大。在这种项目中，有一个能对项目信息和活动进行系统性管理的充分开发的系统是项目成功的关键所在。

（1）开发项目管理信息和控制系统的必要性。在当今的企业环境中，大部分管理信息系统被设计来支持传统组织机构中的决策和职能。例如，用计算机处理的会计系统、工资报表系统等为企业的财务管理职能提供了系统化的方法；销售和预测的计算机辅助系统帮助和改进了这些职能的效率；人事管理系统支持了企业的人力资源开发；在产品设计和生产系统，也有很多计算机辅助设计、辅助制造系统用来为企业最终生产的产品提供服务。但这些传统的企业管理信息系统不能直接被有效地和实际地应用于项目管理中。因为就项目管理的本质而言，项目负责人必须超越职能机构的界限才能完成其目标，即综合和指挥各个机构的特有资源走向一个特定的目标。而传统的企业管理信息系统是为其他目的，即为使职能机构有效地实施其职责而设计的，它不能产生使项目经理和其他项目参加人员需要的具体信息，也没有综合和协调不同职能的功能。因此，适合于项目管理需要的、以计算机为基础的独特的项目信息和控制系统的开发是非常必要的。

（2）项目管理信息和控制系统的特点。一个项目要达到某些特定的目标或产出，为实现这些目标或产出，项目需要适当的投入或资源。而在此过程中进行控制的是管理部门。管理部门的职责是有效地分配和利用各种资源以达到项目的预定目标，并在项目进行过程中控制和检查这些资源是否根据项目目标正在被有效地利用。而为了做到这一切，需要通过信息系统。所以，信息系统的主要功能是使管理部门能够评价项目如何逼近目标，从而为有效地利用宝贵资源及时做出决策。

根据上述观念，在设计任何项目管理系统时必须仔细考虑两个要素：信息系统与控制系统。这是两个既有区别又相互关联的要素。系统的信息要素本身主要涉及与项目费用、进度及实施方向有关的准确的、结构性的信息的产生和数据加工工作；而系统的控制要素主要涉及利用所提供的信息形成决策和给出与资源的利用或问题的解决有关的指令。控制要素和信息要素必须设计为彼此兼容和相互依存的，否则它们将起不到综合系统的作用。

图 7-4 给出了项目管理信息和控制系统的概念，它应用了综合信息和管理控制的一对一标准组件的概念，即在建立各种特殊模块（以计算机为基础或手工操作）以处理数据和产生有关信息的同时，还应建立进行项目控制的模块。在图 7-4 所示的系统中，信息系统接受项目数据，对照已经确定的计划目标，评价项目的计划、进度、费用以及其他实施状况，产生有关项目计划与实际完成之间的偏差信息，将此信息提供给控制系统。控制系统按照已建立

的标准评价各个项目参数的偏差，以便确定到此为止的进程是否可以接受。该控制系统的输出是更改项目资源、工作任务、实施与计划、标准等的决策或指令。

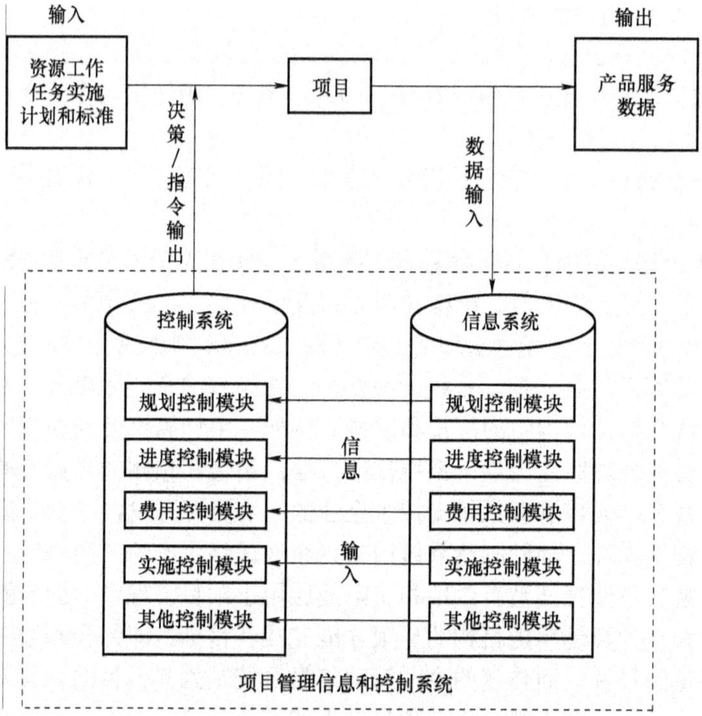

图 7-4 项目管理信息和控制系统的概念

（3）项目管理信息和控制系统的设计与开发。对于一个项目管理信息和控制系统来说，不管其应用范围广泛与否，都应该有支持表 7-2 所给出的基本要求的能力。

表 7-2 项目管理系统的基本要求

项目管理职能	项目管理职能的基本内涵
1. 项目目标	规定项目的费用、进度和实施目的
2. 工作定义	规定要完成的工作任务和组织职责
3. 进度表	规定进行工作的顺序和时间限制
4. 预算	规定资源
5. 基准	规定衡量费用、进度、实施成果的参数
6. 监控/报告	规定如何跟踪进程和如何报告跟踪情况
7. 分析	规定如何和由谁对照计划评价进程
8. 修正	规定谁负责修正，如何实现和何时实现

表 7-2 中规定的要求对以计算机为基础的系统和简单的人工系统应该都是成立的。项目管理信息和控制系统除去产生信息的程序和系统以外，还必须包括保证产生作为信息输出结果的决策的程序和系统。在建立各种特殊模块（以计算机为基础或手工操作）以处理数据和产生与具体课题有关的信息的同时，还应建立进行项目控制的模块。信息系统接受项目的数据，对照已经确定的计划和目标，评价项目的计划、进度、费用以及其他实施状况，产生有

关项目计划与实际完成之间的偏差信息，将此信息提供给控制系统。控制系统按照已建立的标准评价各个项目参数的偏差，以便确定到此为止的进程是否可以接受。该控制系统的输出是更改项目资源、工作任务、实施与计划、标准等的决策或指令。

1）信息系统的设计。管理信息系统通常包括两个主要部分：第一个部分是数据库管理系统（DBMS），它是该系统的中心，并且包括一系列与数据库有关的成套软件，它在综合的和逻辑的基础上“管理”（储存和检索）该项目的数据；系统的第二个部分包括一系列计算机成套软件或专为该项目特定功能产生信息提供手段的模块。信息系统模块的主要目的是组织、收集、储存和迅速而有效地处理数据，产生有意义的信息。这些信息将向管理部门提出关于项目情况、趋势和潜在问题范围的建议。这些模块可以用来规划、进度表、估算、费用管理、项目会计等编制，附加的模块可以用来产生管理部门希望控制项目的几乎任何方面的信息，如人力资源、材料库存及控制，文件索引与检索，安全及环境记录等。总之，能用明确的数据限定的任一需要都可以用搭积木式的方法设计和综合到总系统中。

在信息系统的实际开发和设计工作中，包括研究、评价、选择和购买可利用的商业软件包，以及对定制的专用模块或应用软件包进行设计和编程。为了选择一个最适合项目管理的DBMS，应根据项目的需求事先制订一些评价准则，如 DBMS 的技术性能和要求、DBMS 的灵活性、标准化、设计特征、资源支持要求等。在计划和进度模块的开发与设计中也同样，关键还是要首先确定项目的具体需要，制订一个合适的标准并进行调查研究，以选择一个在性能、特征等各方面最适合于项目需求的软件包。

总之，决定购买和修改软件包去满足一个项目的特定要求，还是从零开始去开发一个系统，要看系统要求的独特性、系统设计和程序支持的可用性。

2）控制系统的设计。控制的目的是保证项目活动符合计划。控制关心的是现在，它包括查找和鉴定对计划的偏离，并采取适当行动以确保希望达到的结果。与控制有关的主要因素是：设置目标→报告→评价→纠正行动。

对一个项目来说，目标通常以进度、费用、技术以及质量指标来表示。项目管理的职能是去调整活动、资源与事件，去完成在项目计划中所规定的进度、费用以及技术的目标。这一职能只有在对项目状态透彻了解的基础上才能完成。这就需要一个能够报告项目所有重要方面的信息系统，该系统引出控制的第二个要素，即报告。

由于控制行为涉及的是现在，所以需要一个对时间敏感的报告系统，即报告系统必须做到能够使项目负责人及时做决策和发指令，从而引导项目做积极的变更。如果报告系统仅能在事实发生了相当一段时间、已经成为历史问题之后提供反馈，则无法达到控制的目的。因此，控制的核心是一个能够及时反馈重要的项目事件的信息系统，这也正是项目管理过程中有一个信息系统是十分重要的原因。

控制的第三个主要因素是评价由信息系统产生的信息。这一因素是采取纠正行动的基础。如前所述，在项目的早期阶段，不确定性很大，因而在项目进行过程中不断对项目费用、进度、技术参数的指标或趋势进行分析和评价是十分重要的。一个综合的项目信息系统应该能够提供一个强有力的工具，使早期问题的范围和要求突出、醒目。问题一经查明，则必须及时采取纠正行动，这是项目控制的最后一个要素。

控制模块的基本功能是从与项目活动及其完成状况有关的信息系统接受输入，然后对照已建立的项目目标来衡量是否在此期间存在变化或偏差。偏差偏离标准的多少将自动指出管理层次采取纠正行动的责任以及开始此行动可以利用的时间。由于程序建立在控制模块中，因此如果不采取行动或行动不符合下一个报告期的要求，模块就自动把问题引到下一个管理层次，整个过程不断重复，直到问题被解决。这样，控制系统的最终输出是项目管理部门（所有层次）的决策。

3. WBS 在项目控制中的应用 通过将细分化的所有项目要素统一编码，使其代码化，WBS 可以充当一个共同的信息交换语言，为项目的所有信息建立一个共同的定义。这样，将所有的要素在一个共同的基础上相关联，在此基础上建立信息系统之间的所有信息沟通。应用 WBS 作为信息的共同基础的最大优点是为监控及预测费用、进度、实施等不同的项目信息，WBS 的应用给所有的项目管理人员提供了一个可以与之做对比的一致基准。并且，在大型项目中，由于参加者众多及人员可能发生变化，使所用的全部名词对所有的参加者都具有相同意义是很重要的，而 WBS 通过代码可使这一点得到保证。

（1）WBS——信息沟通的共同基础。在现代大型复杂项目中，一般要涉及大量的资源，涉及许多公司、供货商、承包人等，有时还会有政府部门的高技术设施或资金投入，因而要求的综合信息和信息沟通的数量往往相当大。这些大项目涉及巨资并历时若干年，因此项目开始进行时设想的项目环境随着项目的进展有时会发生很大的变化，即本书已多次提到的项目早期阶段的不确定性。这就要求所有的有关集团要有一个共同的信息基础，一种各有关集团或用户从项目一开始到最后完成都能用来沟通信息的工具。这些集团包括业主、供货商、承包人、项目管理人员、设计人员以及政府有关部门等。而一个设计恰当的 WBS 将能够使这些集团或用户有一个较精确的信息沟通联结器，成为一种相互交流的共同基础，因为 WBS 具有编码结构及代码字典，利用 WBS 作为基础来编制预算、进度和描述项目的其他方面能够使所有与项目有关的人员或集团都知晓为完成项目所需做的工作以及项目的进程。

（2）WBS——系统综合与控制的手段。典型的项目控制系统包括进度、费用、会计等不同的子系统。这些子系统在某种程度上都是相互独立的，但是各个系统之间的系统信息转移是不可缺少的，必须将这些子系统很好地综合起来，才能真正达到项目管理的目的。WBS 的应用可以提供一个这样的手段。

在 WBS 的应用中，各个子系统都利用它收集数据，这些系统都是在与 WBS 有直接联系的代码字典和编码结构的共同基础上来接受信息的。由于 WBS 代码的应用使所有进入到系统的信息都是通过一个统一的定义方法做出来的，这样就能确保所有收集到的数据能与同一基准相比较，并使项目工程师、会计师以及其他项目管理人员都参照有同样意义的同种信息，这对于项目控制的意义是显而易见的。此外，各个子系统之间在 WBS 基础上的共同联系越多，对项目控制就越有益，因为这样可以减少或消除分析中的系统差异。

（3）WBS 的设计。WBS 的基本要素有三个：结构、代码和报告。

1）WBS 的结构。WBS 结构的总体设计对于一个有效的工作系统来说是个关键。结构应以等级状或树状来构成，使底层代表详细的信息，而且其范围很大，逐层向上。即 WBS 结构底层是管理项目所需的最低层次的信息，在这一层次上，能够满足用户对交流或监控的需要，这是项目经理、工程和建设人员管理项目所要求的最低水平；结构上的第二个层次将比第一个层次要窄，而且提供信息给另一个层次的用户，以后依此类推。

结构设计的原则是必须有效和分等级，但不必在结构内建立太多的层次，因为层次太多了不易有效管理。对一个大项目来说，4～6 个层次就足够了。在某些情况下，可以用两组。例如，每组 5 个层次，一组详细搜集直到一个合同层次或一个主要设施层次的数据，而另外一组作为与设施较大的组成部分或较大的合同结合在一起的上层部分或综合部分。

这种双层次结构的 WBS 只要设计得当也可以工作得很好，而且不限制 WBS 的发展。在设计结构的每一个层次中，必须考虑信息如何向上流入第二个层次。原则是从一个层次到另一个层次的转移应当以自然状态发生。此外，还应考虑到使结构具有能够增加的灵活性，并从一开始就注意使结构被译成代码时对于用户来说是易于理解的。

2）代码设计。代码设计对作为项目控制系统应用手段的 WBS 来说是个关键。在设计代码时，对收集的信息以及收集信息所用的方法必须仔细考虑，使信息能自然地通过 WBS 代码进入应用记录系统。代码设计与结构设计是有对应关系的。结构的每一层次代表代码的某一位数，有一个分配给它的特定代码数字。在最高层次，项目不需要代码；在第二个层次，要管理的关键用代码的第一位数来编。如果要管理的关键活动数目小于 9，假设只用数字编码，则代码是一个典型的一位数代码，如果用字母加数字，此层可能有 35 个；下一个层次代表上述每一关键活动所包含的主要任务，这个层次将是一个典型的两位数代码，其灵活性范围为 99 以内，或者再加上字母，则大于 99；以下依此类推。如果结构有 20 个层次，需要的代码至少有 20 位，那就未免太长了，这也是结构层次不宜过多的原因之一。

在一个既定的层次上，应尽量使同一代码适用于类似的信息，这样可以使代码更容易理解。此外，设计代码时还应考虑到用户的方便，使代码以用户易于理解的方式出现。例如，在有的 WBS 设计中，用代码的第一个字母简单地给出其所代表的意义，如用 M 代表人力，用 E 代表设备等。

3）报告设计。设计报告的基本要求是以项目活动为基础产生所需的实用管理信息，而不是为职能部门产生其所需的职能管理信息或组织的职能报告。即报告的目的是要反映项目到目前为止的进展情况，通过这个报告，管理部门将能够去判断和评价项目各个方面是否偏离目标，偏离多少。

7.3 项目管理组织

项目管理组织是指为了完成某个特定的项目任务而由不同部门、不同专业的人员所组成的一个特别工作组织，它不受既存的职能组织构造的束缚，但也不能代替各种职能组织的职能活动。根据项目活动的集中程度，它的机构可以是少量的人，也可以是很庞大。

项目管理组织有多种形式，如项目组或特别工作组，矩阵结构组织，计划结构组织与产品结构组织。项目管理组织的形式应当随项目的需要而变化。例如，在复杂与多变的项目中，需要采用矩阵结构的组织，而在不太复杂多变的中小型项目中，特别工作组就能解决问题。

鉴于矩阵组织是最广泛应用的项目管理组织方式，以下着重介绍矩阵组织。

7.3.1 矩阵组织

矩阵组织是一种项目—职能混合结构。一个矩阵组织相当于一个水平的、对角线的与垂直的关系的网，而不是传统的垂直职能关系。其典型结构如图7-5所示。

当很多项目对有限资源的竞争引起对职能部门的资源的广泛需求时，矩阵管理就是一个有效的组织形式。在矩阵组织中，项目经理在项目活动的“什么”和“何时”方面，即内容和时间方面对职能部门行使权力，而各职能部门负责人决定“如何”支持。每个项目经理要直接向最高管理层负责，并由最高管理层授权。而职能部门则从另一方面来控制，对各种资源做出合理的分配和有效的控制调度。职能部门负责人既要对他们的直线上司负责，也要对项目经理负责。

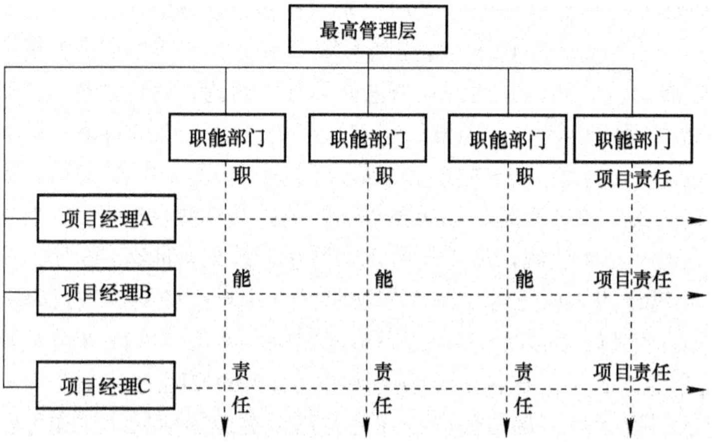

图7-5 矩阵组织

7.3.2 矩阵组织的基本原则

矩阵组织的基本原则是：

（1）必须有一个人花费全部的时间和精力用于项目，有明确的责任制，这个人通常即为项目经理。

（2）必须同时存在纵向和横向两条通信渠道。

（3）要从组织上保证有迅速有效的办法来解决矛盾。

（4）无论项目经理之间，还是项目经理与职能部门负责人之间，要有确切的通信渠道和自由交流的机会。

（5）各个经理都必须服从统一的计划。

（6）无论是纵向或横向的经理（或负责人）都要为合理利用资源而进行谈判和磋商。

（7）必须允许项目作为一个独立的实体来运行。

矩阵组织中的职权以纵向、横向和斜向在一个公司里流动，因此在任何一个项目的管理中，都需要有项目经理与职能部门负责人的共同协作，将二者很好地结合起来。要使矩阵组织能有效地运转，必须考虑和处理好以下几个问题：

（1）应该如何创造一种能将各种职能综合协调起来的环境。由于具有每个职能部门从其职能出发只考虑项目的某一方面的倾向，考虑和处理好这个问题就是很必要的。

（2）一个项目中哪个要素比其他要素更为重要？是由谁来决定的？考虑这个问题可以使主要矛盾迎刃而解。

（3）纵向的职能系统应该怎样运转才能保证实现项目的目标，而又不与其他项目发生矛盾？

要处理好这些问题，项目经理与职能部门负责人要相互理解对方的立场、权力以及职责，并经常进行磋商。

7.3.3 矩阵组织的优劣分析

1．矩阵组织的优点 矩阵组织的优点如下：

（1）强调了项目组织是所有有关项目活动的焦点。

（2）项目经理拥有对拨给的人力、资金等资源的最大控制权，每个项目都可以独立地制订自己的策略和方法。

（3）职能组织中专家的储备提供了人力利用的灵活性，对所有计划可按需要的相对重要性使用专门人才。

（4）由于交流渠道的建立和决策点的集中，对环境的变化以及项目的需要能迅速地做出反应。

（5）当指定的项目不再需要时，项目人员有其职能归宿，大都返回原来的职能部门，他们对于项目完成后的奖励与鉴定有较高的敏感，为个人指出了职业的努力方向。

（6）由于关键技术人员能够为各个项目所共用，充分利用了人才资源，使项目费用降低，又有利于项目人员的成长和提高。

（7）矛盾最少，并能通过组织体系容易地解决。

（8）通过内部的检查和平衡，以及项目组织与职能组织间经常性的协商，可以得到时间、费用以及运行的较好平衡。

2．矩阵组织的缺点 矩阵组织的缺点如下：

（1）职能组织与项目组织间的平衡需要持续地进行监视，以防止双方互相削弱对方。

（2）在开始制定政策和方法时，需要花费较多的时间和劳动量。

（3）每个项目是独立进行的，容易产生重复性劳动。

（4）对时间、费用以及运行参数的平衡必须加以监控，以保证不因时间和费用而忽视技术运行。

由上述可见，任何一种组织形式都有它的优点和缺点，没有一种形式是能适用于一切场合的，甚至是在同一个项目的寿命周期内。所以，项目管理组织在项目寿命周期内为适应不同发展阶段的不同突出要求而加以改变也是很自然的。项目管理应环绕工作来组织，工作变了，项目组织的范围也应跟着改变。在实际工作中，必须注意这一点。

7.4 网络计划技术

7.4.1 网络计划技术概述

前面已经提到网络计划技术的产生背景及其基本原理，并已提到，网络计划技术中的

CPM和PERT是两种分别独立发展起来的技术。其中CPM是美国杜邦公司和兰德公司于1957年联合研究提出的，而PERT则是在1958年由美国海军特种计划局和洛克希德航空公司在规划和研究在核潜艇上发射“北极星”导弹的计划中首先提出的。这两种方法在初期发展阶段的主要区别是：

（1）CPM假设每项活动的作业时间是确定值，而PERT中作业时间是不确定的，是用概率方法进行估计的估算值。

（2）CPM不仅考虑时间，还考虑费用，重点在于费用和成本的控制，而PERT主要用于含有大量不确定因素的大规模开发研究项目，重点在于时间控制。

到后来两者有发展一致的趋势，常常被结合使用，统称为网络计划技术，以求得时间和费用的最佳控制。

网络计划技术最初是作为大规模开发研究项目的计划、管理方法而被开发出来的，但现在已应用到世界军用、民用等各方面大大小小的项目中。美国规定承包与军用有关的项目时，必须以PERT为基础提出预算和进度计划并取得批准。我国对网络计划技术的推广与应用也较早，1965年著名数学家华罗庚教授首先在我国推广和应用了这些新的计划管理方法，他把这种网络计划技术称为“统筹法”。

应用网络计划技术于项目进度计划，主要包括以下三个阶段。

（1）计划阶段。这一阶段的工作是将整个项目分解成若干个活动，确定各项活动所需的时间、人力、物力，明确各项活动之间的先后逻辑关系，列出活动表或作业表，建立整个项目的网络图以表示各项活动之间的相互关系。网络图可分为总图（粗略图）、分图、局部图（详细图）等几种，视需要而定。

（2）进度安排阶段。这一阶段的目的是编制一张表明每项活动开始和完成时间的时间进度表，进度表上应重点明确为了保证整个项目按时完成必须重点管理的关键活动。

对于非关键活动应提出其时差（富余时间），以便在资源限定的条件下进行资源的处理分配和平衡。为有效利用资源，可适当调整一些活动的开始和完成日期。

（3）控制阶段。这一阶段的任务是应用网络图和时间进度表，定期对实际进展情况做出报告和分析，必要时可修改和更新网络图，决定新的措施和行动方案。

7.4.2 网络图

网络计划技术的一个显著特点，就是借助网络图对项目的进行过程及其内在逻辑关系进行综合描述。这是进行计划和计算的基础，因此，研究和应用网络计划技术首先要从网络图入手。

1. 网络图的组成 新产品开发的生产技术准备工作内容包括产品设计、工艺准备、零件制造、外购标准件、产品装配、产品鉴定等项工作。如果将其绘制成网络图，则如图7-6所示。

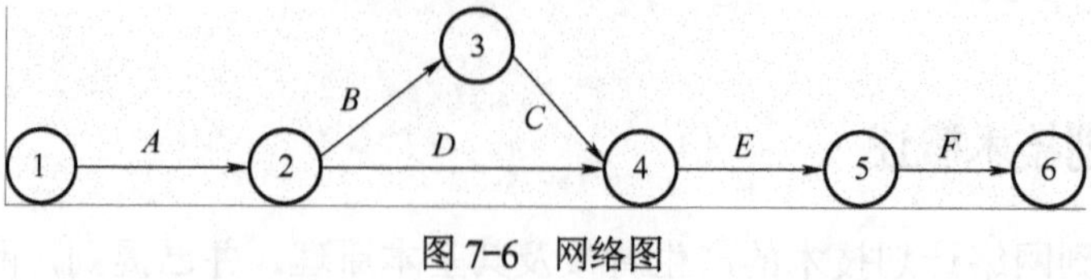

图7-6 网络图

从图 7-6 可以看出网络图由圆圈（节点）、箭线以及由圆圈和箭线连成的线路组成。圆圈是两条或两条以上箭线的交节点，也称为节点。网络图分为节点式（以节点表示活动）和箭线式（以箭线表示活动）两大类。这里仅介绍后者。

网络图的箭线和圆圈分别代表项目的活动和事项。所以，也可以说网络图是由活动、事项以及路线三个部分组成的。

（1）活动。活动是指一项需要消耗一定的资源（人力、物力、财力），经过一定时间才能完成的具体工作。活动用箭线表示，如箭线的箭尾节点编号和箭头节点编号分别为 i、j，则该项活动可用（i, j）表示，i、j 分别表示活动的开始和完成。箭线上的数字表示该活动所需的时间。在不附设有时间坐标的网络图中，箭线的长短与活动所需时间无关。

虚箭线表示一种虚活动，它是一种作业时间为零的活动。它不消耗资源，也不占用时间，其作用是表示前后活动之间的逻辑关系，便于人或计算机进行识别计算。

（2）事项。事项是指活动开始或完成的时刻，它由节点表示。它不消耗资源，也不占用时间和空间。每个网络图中必定有一个始节点和终节点，分别表示项目的开始和结束。介于始点和终点之间的事项称为中间事项，所有中间事项都既表示前一项活动的结束，又表示后一项活动的开始。

（3）路线。路线是指从网络始点事项开始，顺着箭线方向连续不断地到终点事项为止的一个序列。在一个网络图中，可能有很多条路线，如图 7-6 所示，①—②—③—④—⑤—⑥是一条路线，①—②—④—⑤—⑥也是一条路线。路线中各项活动的作业时间之和就是该路线的作业时间，其中作业时间最长的路线叫作“关键路线”，它决定着完成网络图上所有工作必需的时间，即该项目的完工周期。

2. 网络图绘制的规则 网络图的绘制应遵守以下原则：

（1）网络图是有向图，图中不能出现回路。

（2）活动与箭线一一对应，每项活动在网络图上必须有也只能有连接两节点的一根箭线表示。

（3）两个相邻节点间只允许有一条箭线直接相连，平行活动可引入虚线活动，以保证这一原则不被破坏，如图 7-7 所示。

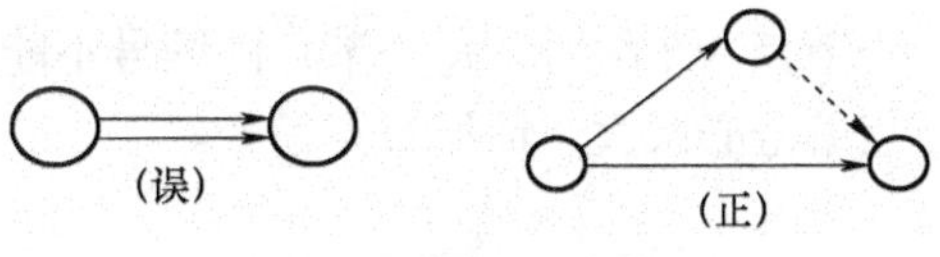

图 7-7 平行活动的表示法

（4）箭线必须从一个节点开始，到另一个节点结束，不能从一条箭线中间引出其他箭线。

（5）每个网络图必须也只能有一个始点事项（源）和一个终点事项（汇）。不允许出现没有先行事项或没有后续事项的中间事项。如果在实际工作中发生这种情况，应将没有先行事项的节点用虚箭头线同网络始点事项连接起来，将没有后续事项的结点用虚头箭线同终点事项连接起来，如图 7-8 所示。

（6）网络图中所有的箭线都应当尽量指向右方或向右方倾斜，不允许出现向左方倾斜。

（7）网络图应尽量避免箭线转折与交叉。只要布局合理，有些转折和交叉是可以避免的，当箭线交叉不可避免时宜采用暗桥表示。

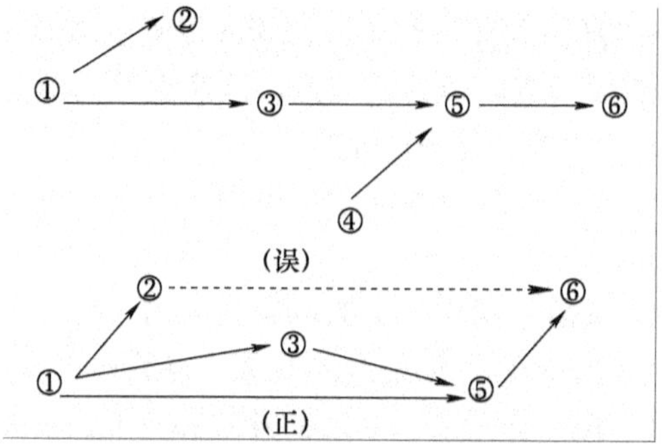

图 7-8　网络图中保证只有一个源一个汇的绘图方法

（8）网络图中的任何活动，只能用一条箭线，不能用两条或两条以上箭线代表同一活动。

3．网络图的绘制方法　遵循上述各项规则，根据作业明细表中的各项活动的先后顺序关系，就可以绘制网络图了。通常可以采用以下方法绘制网络图：

（1）顺推法。从源点活动开始，根据每项活动的后续活动，顺序逐一绘出各项活动的箭线，直到汇点活动为止。

（2）逆推法。从汇点活动开始，根据每项活动的先行活动，逆箭头前进方向逐一绘出各项活动的箭线，直到源点活动为止。

究竟采用哪种方法为好，应视具体条件而定。当活动明细表中给出各项活动的后续活动时，采用顺推法绘制网络图；反之，当给出的是各项活动的先行活动，则应当采用逆推法绘制网络图。

网络图的绘制需要一定的经验和技巧，这需要通过实践的锻炼，特别是虚作业的灵活应用，更是绘制网络图的关键所在。当网络图画好后，应当进行检查和调整，按照网络图上的活动关系推出活动明细表，看其结果是否正确。此外，还要对网络图进行调整，改善网络图的布局，尽量减少虚活动和箭线交叉，使整个网络图正确、清晰、明了、整齐、匀称。最后在画好的网络图的箭线上标出它所代表的活动时间。

4．网络图的节点编号　网络图绘制好后，应按照下述原则对节点进行统一编号：

（1）节点的编号必须是正整数。

（2）从源节点开始，一个节点一个编号，每个节点的编号不能重复。

（3）每项活动的箭头节点编号必须大于箭尾节点编号。

（4）编号可以不连续。

按照上述原则可以从左到右，顺着节点在网络图上的位置对节点进行编号。节点编号以后，则每项活动可以用它的箭尾节点号 i 和箭头节点号 j 来表示，写成（i，j）的形式。

5．网络图的时间计算　当工程项目的网络图绘制好之后，接下来最关心的问题是：总工期预计是多少？如何形成的？到达各个节点的活动什么时候结束？从各节点开始的活动什么时候开始？各项活动何时开始（最早最晚）？何时完成（最早最晚）？哪些活动的提前或延误对整个工期的影响最大？所有这些问题都要通过对网络图的时间值的计算来完成。

（1）作业时间。作业时间是指完成一项活动所需的时间，也就是一项活动的延续时间。作业时间具体采用什么单位，应随任务的性质而定。一般来说，作业时间就是这些活动所需的工时定额。估计确定作业时间一般有以下两种方法：

1）单一时间估计法。对各项活动的作业时间，仅确定一个时间值。估计时，应以完成各项活动可能性最大的作业时间为准。这种方法适用于在有类似的工时资料或经验数据可借鉴且完成活动的各有关因素比较确定的情况下使用。

2）三种时间估计法。对于不确定性较大的问题，可预先估计三个时间值，然后应用概率的方法计算各项活动作业时间的平均值和方差。

这三个时间值为：

① 最乐观时间，以 a 表示，是指在顺利情况下的最快可能完成时间。

② 最保守时间，以 b 表示，是指在不利情况下的最慢可能完成时间。

③ 最可能时间，以 m 表示，是指在一般正常情况下的最大可能完成时间。

在 PERT 中，通常假设作业时间服从 β 分布。作业时间的平均值和方差计算如下：

平均时间

$$t_m = \frac{a+4m+b}{6} \tag{7-1}$$

方差

$$\sigma^2 = \left(\frac{b-a}{6}\right)^2 \tag{7-2}$$

σ 数值越大，表明作业时间概率分布的离散度越大，t_m 值的代表性越小；反之，σ 数值越小，t_m 值的代表性越大。

（2）网络时间参数的计算。

1）最早开始时间。最早开始时间是指一项活动在紧前工作和有关时限约束下，工作有可能开始的最早时间。一般用 ES（i，j）来表示。在网络图上标识示例如图 7-9 所示。

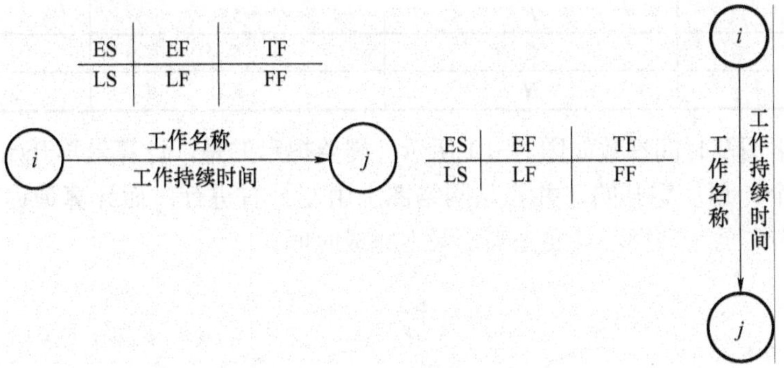

图 7-9　网络图标识示例

2）最早完成时间。最早完成时间是指一项活动在紧前工作和有关时限约束下，工作有可能完成的最早时间。一般用 EF（i，j）来表示，如图 7-9 所示。显然，存在下列关系

$$\mathrm{EF}(i,\ j)=\mathrm{ES}(i,\ j)+T(i,\ j) \tag{7-3}$$

3）最迟完成时间。最迟完成时间是指在不影响任务完成和有关时限约束的条件下，工作最迟必须完成的时间，一般用 LF（i，j）来表示，如图 7-9 所示。

4）最迟开始时间。最迟开始时间是指在不影响任务按期完成和有关时限约束的条件下，工作最迟必须开始的时间，一般用 LS（i，j）来表示，如图 7-9 所示。显然，存在下列关系

$$LS(i, j) = LF(i, j) - T(i, j) \tag{7-4}$$

5）总时差。总时差也称富裕时间或机动时间，是指在不影响工期和有关时限的前提下，一项工作可以利用的机动时间，即一项工作从其最早开始时间到最迟开始时间，或从最早完成时间到最迟完成时间，中间可以推迟的最大延迟时间，一般用 TF(i, j) 来表示。时差的计算公式为

$$TF(i, j) = LS(i, j) - ES(i, j) \tag{7-5}$$

或

$$TF(i, j) = LF(i, j) - EF(i, j) \tag{7-6}$$

时差越大，说明挖掘时间的潜力也越大；反之则相反。若时差为零，就说明该项工作无任何宽裕时间。时差为零的工作称为关键工作。由关键工作组成的线路就是关键线路。

6）自由时差。自由时差是指在不影响其紧后工作最早开始和有关时限的前提下，一项工作可以利用的机动时间；或紧后工作最早开始时间减该工作的最早开始时间，再减工作时间后的机动时间。一般用 FF_{ij} 表示，其计算公式为

$$FF_{ij} = ES_{jm} - ES_{ij} - TF_{ij} \tag{7-7}$$

网络图上标识如图 7-9 所示。

例如，某项工程由 8 项工作组成，各项工作的工作时间及紧后工作如表 7-3 所示。

表 7-3 工作时间及工作相互关系

序 号	工作代号	工作时间/天	紧后工作
1	*A*	1	*C*、*D*
2	*B*	5	*E*、*F*
3	*C*	3	*E*、*F*
4	*D*	2	*G*、*H*
5	*E*	6	*G*、*H*
6	*F*	5	*H*
7	*G*	5	/
8	*H*	3	/

该例的网络图及时间参数如图 7-10 所示。需要提示的是，计算最早开始时间及最早完成时间，假设整个计划从零开始，并要从网络图上由左至右进行；而计算最迟完成时间及最迟开始时间时，由右至左进行，且要先确定最迟完成时间。

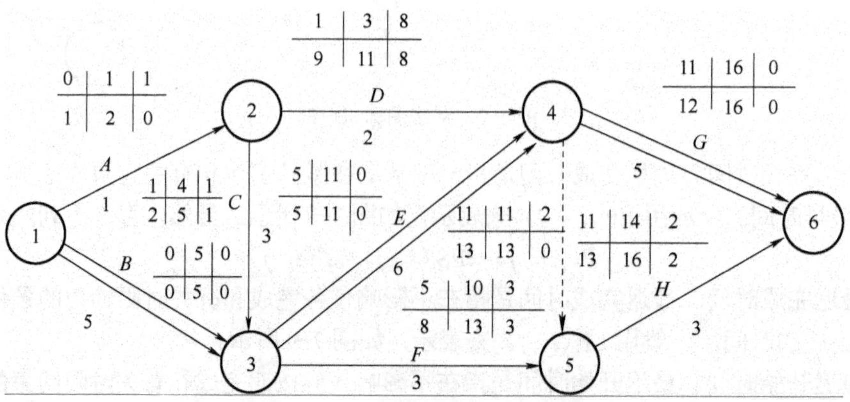

图 7-10 网络图及时间参数计算

根据图 7-10，将时差为零的工作连接起来便是关键线路：

①→③→④→⑥，即 B→E→G。

其工期为：　　　　T=5+6+5=16（天）

7.4.3　网络计划的调整与优化

通过绘制网络图、计算时间参数和确定关键路线，可以得到一个初始的计划方案。但一般不可能在最初的方案中就得到最经济合理的指标。为此，在初始计划方案制订以后，通常都需要进行调整与改善，使方案不断优化。而最优化方案的标准，应根据编制计划的要求，综合考虑进度、费用和资源等目标，寻求一个工期短、质量好、资源消耗少、成本低的计划方案。

下面从两个方面谈网络计划的优化，即时间—资源优化和时间—费用优化。

1．时间—资源优化　时间—资源优化所说的资源包括人力、物力以及财力。资源常常是影响项目进度的主要因素。在一定条件下，增加投入的资源，可以加快项目进度，缩短工期；减少资源，则会延缓项目进度，拉长工期。资源有保证，网络计划才能落实。资源利用得好，分配合理，就能带来好的经济效益。所以制订网络计划时必须把时间进度与资源情况很好地结合起来。要达到时间—资源优化，应考虑以下两种情况。

（1）在资源一定的条件下，寻求最短工期。其主要途径有：

1）抓住关键路线，缩短关键活动的作业时间。例如，采取改进作业方法或改进工艺方案、合理划分工作任务、改进工艺装备等技术措施。

2）采取组织措施，在作业方法或工艺流程允许的条件下，对关键路线上的各项关键活动组织平行或交叉作业。合理调配工程技术人员或生产工人，尽量缩短各项活动的作业时间。

3）利用时差，从非关键活动上抽调部分人力、物力集中用于关键活动，缩短关键活动的时间。

（2）在工期一定的条件下，通过平衡资源，求得工期与资源的最佳结合。制订网络计划时，对资源平衡的要求是：

1）根据规定的工期和工作量，计算每一项活动所需资源数量，并按计划规定的时间单位做出日程上的进度安排。

2）在不超过有限资源和保证总工期的条件下，合理地调配资源，将资源优先分配给关键活动和时差较小的活动，并尽量使资源能够均衡地、连续地投入，避免骤增骤减。

3）必要时适当调整总工期，以保证资源的合理利用。

在编制网络计划时，合理安排有限资源，通常是按照每天的需要量，根据资源对完成项目计划的重要性，对不同资源分别进行安排与调配。要考虑到总人数的限制，并要在保证项目完工时间不变的条件下，调整各项活动的时间安排，使使用人数尽量均匀。

调整原则是：

1）首先要保证各项关键活动的需要量。

2）利用非关键路线上各项活动的总时差，调整各项非关键活动的开工时间与完工时间。

以上简要说明了在总人数受到限制时，如何在保证项目完工时间不变的条件下，合理安排各项活动的进度，使人力分配均匀并不超过允许数量的方法。这种方法同样适用于有限的能源、材料、设备能力等资源的安排与调配问题。

在大型复杂项目中，时间—资源优化问题中的变量和约束条件的量会变得很大，就需要有更专门的数学手法以及借助计算机来求解。

2. 时间—费用优化 时间—费用优化是综合考虑工期与费用两者之间的关系，寻求以最低的项目总费用获得最佳工期的一种方法。

项目费用可分为直接费用和间接费用。直接费用是指人工、材料、能源等与各项活动直接有关的费用。间接费用是指管理费用、销售费用等其他费用。这两种费用与工期的关系，一般来说，缩短工期会引起直接费用的增加和间接费用的减少，而延长工期会引起直接费用的减少和间接费用的增加。图 7-11 表示费用与工期之间的一般关系。这种关系在实际中也可能呈曲线形式。

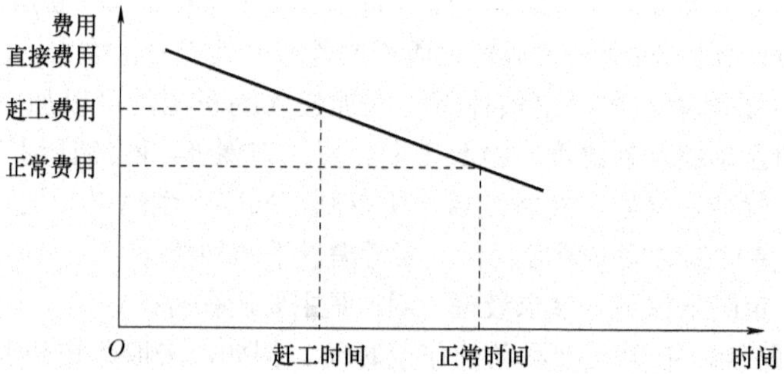

a）

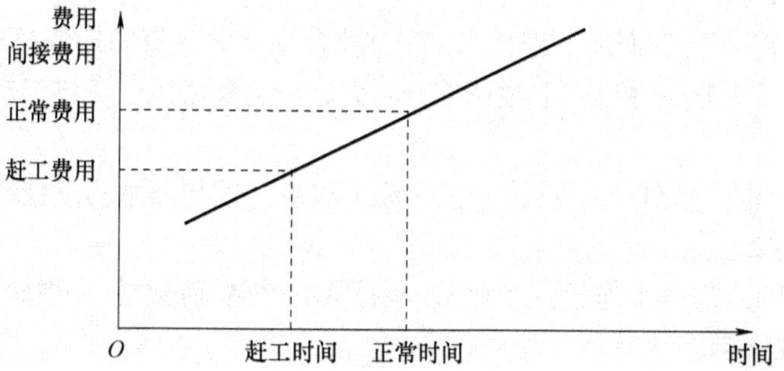

b）

图 7-11 费用与工期的关系

在编制网络计划中，需要计算项目的不同完工时间所对应的项目费用。使得项目费用最低的完工时间，称为最低费用日程。编制网络计划时，如何设法找出一个缩短项目周期的方案，使得为完成项目任务所需的总费用最低，这就是寻求最低费用日程的思路。为了找到这样一个使总费用最低的项目计划方案，通常是从网络计划的关键路线着手，所以也把这一方法称为 CPM 方法。

为了解决时间—费用优化问题已经提出了多种方法，如手算法、线性规划法等。手算法的基本思路是通过压缩关键活动的作业时间来取得不同方案的总费用、总工期，从中进行比较，选出最优方案。其基本步骤是：

（1）找出关键路线。

（2）如果沿此路线不能找出由于缩短作业时间而费用增加比较少的作业，则得到解；否则进行下一步骤。

（3）缩短作业所需时间，计算费用增加量。其缩短的极限是出现下面任何一种情况：

1）其他路线成为关键路线。

2）缩短的作业时间达到其最小所需时间。

返回步骤（1）。

这些解法的更详细内容以及事例可参考其他文献。

想一想

1. 什么叫项目？它的主要特点是什么？
2. 项目管理的主要特点有哪些？试分析项目管理的适用性。
3. 传统的项目管理方法与系统管理方法的主要区别是什么？
4. 为什么说项目计划在项目管理中占有重要的位置？简述项目计划的主要内容及其特点。
5. 项目进度计划方法主要有哪几种？试分析其各自的特点和适用性。
6. 如何进行项目的成本估算？
7. 试述项目控制的一般方法。
8. 为什么有必要开发项目管理信息和控制系统？项目管理信息和控制系统与一般的企业管理信息系统的主要区别是什么？
9. 什么是WBS？它的基本原理和方法是什么？试述WBS在项目管理中的应用。
10. 矩阵组织的特点有哪些？为什么在项目管理中经常采用矩阵组织方式？
11. 什么是网络计划技术？它是如何发展起来的？
12. 网络计划的主要优化方法有哪些？

做一做

已知某项工程由下列作业组成，见表7-4，要求如下：

（1）绘制网络图。

（2）计算网络图的时间参数。

（3）找出关键路线。

表7-4 工作时间及工作相互关系

作业	*A*	*B*	*C*	*D*	*E*	*F*	*G*	*H*
紧前作业	—	—	*A*	*B*	*C*	*AD*	*AD*	*G*
乐观时间	3	2	4	8	2	7	3	6
可能时间	4	3	6	9	4	8	5	7
保守时间	5	4	8	10	6	9	7	8

案例分析

某足球联赛项目的WBS构建

某足球俱乐部董事会决定发起夏季邀请赛以筹资。俱乐部委员会就此进行了讨论。会上采用头脑风暴法集思广益，结果出现了许多主意。有人强调合格裁判员的重要性，花了好几分钟来详细描述他儿子的足球队本来已取得优异成绩是如何在一个执行不良的锦标赛中被“抢夺”的。有人建议，他们应尽快联系地方大学以决定能否使用这些大学的足球场。会上花了 30 多分钟来讨论他们应该如何筛选球队、收取报名费，甚至如何奖励优胜球队等细节问题。有人建议，他们应寻求地方赞助来资助比赛。有人提出，应该招募艺术家来为锦标赛开发一种独特的丝印设计来区别以往常规赛。大量不同的主意导致会议推迟了 30 分钟，超过半数的成员中途离席，会议没有达成一致的行动计划。

俱乐部负责人就此请教了专家，专家建议该足球俱乐部需要做的第一件事是为该项目建立一个 WBS。

思考题

1．锦标赛起草包含至少三个细节层次的工作分解结构草案。主办类似足球赛时间相关的主要可交付物是什么？

2．如何建立一个 WBS 来减少第一次会议中发生的问题，帮助俱乐部组织和计划这一项目？

3．俱乐部可以在哪里找到其他信息来帮助建立足球赛的 WBS？

4．俱乐部如何才能用 WBS 来产生锦标赛的成本估计？为何这会是有用的信息？

第8章 企业物料管理

建议学时

8学时

知识目标

- 了解物料管理的要求与职能；
- 掌握物料消耗定额和储备定额的制订；
- 掌握物料供应计划的制订；
- 掌握车间物料管理方法；
- 理解库存的分类及作用；
- 掌握库存控制方法。

能力目标

- 具备制订物料消耗定额和储备定额的基本能力；
- 具有制订物料供应计划的初步能力；
- 具有管理车间物料的初步能力；
- 具备仓库管理的基本能力。

素质目标

- 引导学生对物料管理人员职业素养的感性认识与理性思考；
- 培养严谨、科学等基本的职业素养；
- 培养物料管理员职业兴趣。

案例导读

斯蒂芬妮与父亲一起经营着家族企业，进行船业的部件批发和零售。公司的仓库由大约12 000种不同的物品组成。这些物品可以卖给附近的造船厂、经销商和五金商店。

由于经营有方，公司业务不断增长，业务的增长已经超出了负责追踪记录库存情况的存货管理员的能力范围，他要大量加班工作才能清点库存和订货物品。管理员们根本没有时间将物品存放适当及保持准确的记录，通常是每周清点一次所有的物品。

斯蒂芬妮发现被清点的很多物料和商品并不需要订货，因为这些物品在一周内根本没有销售额，但是某些物料和商品却需要大批量进货，于是斯蒂芬妮和父亲将物品按ABC法进行了分类，将高速运转的物品，确定为A类，需要每周进行清点；将中速运转的物品，确定为 B 类，需要每两周进行一次清点；将低速运转的物品，确定为 C 类，需要每三周进行一次清点；这样盘活了存货管理员的工作，以确保他们工作的精确度更高，并减少了加班工作的成本。

所谓物料管理，是指企业在生产过程中，对本企业所需物料的采购、使用、储备等行为进行计划、组织和控制。物料管理的目的是，通过对物料进行有效管理，以降低企业生产成本，加速资金周转，进而促进企业营利，提升企业的市场竞争能力。企业的物料管理，包括物料计划制订、物料采购、物料使用和物料储备等几个重要环节，这些环节环环相扣、相互影响，任何一个环节出现问题，都将对企业的物料供应链造成不良影响。因此，在市场异常活跃的今天，物料管理已经成为现代企业管理的重要组成部分，成为企业成本控制的利器，成为企业生产经营正常运作的重要保证，成为企业发展与壮大的重要基础。

有资料显示，在产品的整个生产销售过程中，物料仅有 5%的时间用于加工和制造，其余95%的时间都用于储存、装卸、等待加工和运输。目前，直接劳动成本所占比例不到总成本的10%，并且这一比例还在随着生产自动化程度的提高而不断下降，而储存、运输支付的费用却占到生产成本的 40%。因此，加强和搞好物料管理和库存控制，对于最佳利用物料资源，保证生产顺利进行，提高企业的经济效益和社会效益具有重要的意义。企业物料管理主要包括物料采购管理、物料储备管理和物料使用管理环节。

8.1 物料管理概述

企业的物料管理，即企业对生产所需的原料、材料、辅助材料、燃料、工具等有计划地组织进料、保管使用、节约代用和综合利用等一系列管理工作的总称。加强物料管理，把物料管好、用好，有利于降低成本、提高经济效益。

（1）搞好物料管理，有助于企业生产的正常进行。车间的生产过程同时也是各种物料的消费过程。企业要使其生产过程不间断地、有节奏地进行，就需要不断地补充生产中所消耗的各种物料。如果企业物料管理搞不好，就不能保证在适当的时间、适当的地点，以适当的质量，满足生产适当的需要。

（2）搞好物料管理有助于降低生产成本。物料管理工作的好坏，会直接影响生产成本的高低和效益的好坏。产品的成本中有很大的比重是所消耗的各种物料。

8.1.1 物料管理的基本任务

物料主要是指车间处于生产过程中的生产资料，包括原材料、辅助材料、零配件以及在制品等。物料一般存在两种状态：一是处于运动状态，包括加工、检验、运输等，这是物料在生产过程中的基本状态；二是处于静止状态，包括生产过程中的储备、间歇停放或库存停放等。物料管理的基本任务是：

1. **保证物料供应** 及时、齐备地按生产所需要的品种、规格、数量、质量保证各类物料的供应，使生产经营活动不间断地进行。即，适时（Right Time）：在要用的时候，很及时地供应物料，不会断料；适质（Right Quality）：进来的物料或发出去使用的物料，品质是符合标准的。

2．加快资金周转 通过有效的生产组织和科学地管理，控制合理的库存，减少和消除物料积压，把原材料、在制品的占用量、储备量压缩到期最低限度，加速物料和资金周转。即，适量（Right Quantity）：供应商进来的数量能控制适当，这也是防止呆料的很重要的工作。

3．降低物料消耗 生产过程是原材料转化为产品的过程，是物料消耗的过程。物料消耗占产品成本中很大比例，一般在 80%左右，有的高达 90%。加强生产过程中物料管理，对降低成本，防止污染具有重大意义。

4．节约管理费用 通过研究与改善物料流程，减少物料搬运量和库存量，节省运输、仓储及其他物料管理费用的支出。即，适地（Right Place）：距离最短、能最快速地发料。适价（Right Price）：用合理的成本取得所需的物料。

8.1.2 物料管理的主要内容

物料管理必须做到"三不"：不断料——不使制造现场领不到要用的材料或零件；不呆料——要用、可用的材料进来，不让不要用、不可用的材料、零件进入仓库或放在仓库不用；不囤积——适量、适时地进料，不做过量、过时的囤积。

上面"三不"点出了物料管理的精髓，所以物料管理的主要内容包括：

（1）制订先进合理的物料消耗定额。

（2）制订正确的物料储备定额。

（3）制订物料采购供应计划。

（4）搞好仓库管理和物料节约工作。

（5）建立和健全物料管理的各项规章制度。

总之，物料管理是以供应各方面需要的物料为职责，达到最少占用资金、储备量最合理、成本最低的目的。

8.1.3 物料的分类

为了便于管理，需要对各种物料进行分类，这对制订各种物料的定额，编制物料供应计划，进行物料统计和物料核算及日常供应、管理工作，都具有重要作用。

1．按物料在生产中的作用分类

（1）主要原材料。原材料是指在生产过程中能够直接构成产品主要实体的各种原料、材料。原料一般是指采掘工业和农业的产品。经过进一步加工的原料，称为材料。凡构成产品主要实体的原料和材料称为主要材料。

（2）辅助材料。辅助材料是指在生产过程中起辅助作用的材料。它有助于产品的形成或便于生产的进行，但不构成产品的主要实体。例如，使主要原材料发生物理或化学变化的催化剂以及油漆、润滑油、皮带、型砂、照明设备、清扫工具等。

（3）燃料。燃料是指在生产过程中用来燃烧发热的材料。从它对生产的作用看，燃烧也是一种辅助材料。但是，由于它在现代化工业生产中的重要地位以及在管理工作中的特殊性，一般将它同其他辅助材料分开而单独划为一类。如用于工艺制造、动力生产、运输和取暖等方面的煤炭、汽油、柴油等。

（4）动力。动力是指用于生产和管理等方面的电力、蒸气、压缩空气等。

（5）工具。工具是指生产中消耗的各种刀具、量具、卡具等。

（6）包装物。包装物是指生产中用于产品包装的木材、纸等。

（7）零配件以及在制品。

这种分类方法便于制订各种消耗定额和计算各种物料需求量，同时为计算产品成本、核算储备资金定额提供依据。

2．按物料的自然属性分类

（1）金属材料，包括黑色金属和有色金属两种，黑色金属有生铁、钢材等，有色金属有铜、铝、锡等。

（2）非金属产品，如化工原料、石油产品、纺织原料等。

（3）机电产品，如电机、仪表、机床等。

这种分类方法便于企业内部分工管理和编制供应目录，进行物料申请、采购、供应、保管等。

8.2 物料消耗定额和储备定额

8.2.1 物料消耗定额

1．物料消耗定额的作用 物料消耗定额是指在一定的生产技术组织条件下，制造单位产品或完成单位生产任务所必需消耗的物料数量标准。物料消耗定额可分为单项定额和综合定额两种。单项定额是指制造单位零件的物料消耗定额，是加工前下料及核算各生产环节用料数量的依据，同时也可作为企业发放物料的标准。综合定额是指制造单位产品所消耗的全部物料定额，它是用来核算企业物料需用量，计算产品成本和考核企业物料消耗水平的依据。先进合理的物料消耗定额，具有以下重要作用：

（1）确定企业物料需用量，编制物料供应计划的基础。

（2）科学地组织物料发放，对物料消耗实行有效控制的依据。

（3）监督和促进企业内部合理使用和节约物料的有力工具。

（4）促进企业提高生产技术水平、改善经营管理和提高工人操作水平的重要手段。

2．物料消耗定额的制订方法

（1）经验估计法。经验估计法是一种凭技术人员和生产工人的经验，并组合有关技术文件和技术条件制订消耗定额的方法。通常采用三点估计法

$$\text{物料消耗定额}=(\text{最少消耗定额}+\text{一般消耗定额}\times 4+\text{最多消耗定额})\div 6 \qquad (8\text{-}1)$$

这种方法主要用于新产品或单件小批产品的生产和物料消耗定额的简单判断。

（2）统计分析法。根据物料消耗的统计资料，考虑到计划期内生产技术和生产组织条件的变化等因素，经过对比、分析、计算，从而制订物料消耗定额的方法。这种方法适用于成

批生产。

（3）技术计算法。技术计算法是按照构成定额的组成部分和影响定额的各种因素，如产品设计结构、配方、工艺要求、所用设备、原材料质量、生产工人的技术水平和熟练程度等，通过科学分析和技术计算而制订的物料消耗定额的方法。它要求具备大量的、完整的技术资料，通过一定的计算程序，工作量较大，技术性较强。这种方法适用于大量大批生产的物料消耗定额的具体计算。

（4）实验测定法。实验测定法是运用现场称重量、量尺寸和计算等方式，对工人操作的物料消耗费数量进行测定，然后通过分析研究，制订物料消耗定额的方法。运用这种方法时，应注意生产条件和操作工人的典型性、代表性，测定次数一般不少于三次，以便比较真实地反映出物料的实际消耗水平，避免偶然性。这种方法适用于生产批量大、生产周期短、工艺简单、涉及加工工种和人员较少的生产。

3．物料消耗定额的制订 物料消耗定额按其在生产中的作用可分为主要原材料消耗定额、辅助材料消耗定额、燃料消耗定额、动力消耗定额和工具消耗定额等。

（1）主要原材料消耗定额的制订。

1）主要原材料消耗定额的构成。要正确制订主要原材料消耗定额，首先要分析物料消耗定额的构成，即从原材料投入生产至制成成品的整个过程中，原材料被消耗在哪些方面。以机械产品为例，物料消耗定额包括以下三个部分：

① 产品净重消耗。构成产品（零件）净重的消耗，它是构成消耗定额的主要部分。

② 工艺性消耗。工艺性消耗是指物料在加工过程中，由于工艺技术上的要求所产生的消耗，如加工过程中的切屑、铸造中的烧损、下料过程中的料头等。这部分消耗是由工艺技术水平决定的，应不断提高技术、改善工艺，力求把工艺性消耗降到最低限度。

③ 非工艺性消耗。非工艺性消耗是指由于生产中产生的废品、运输保管不善、材料供应不合要求，以及其他非工艺技术原因产生的消耗。这部分消耗是由于管理不善造成的，并非产品制造必须，应力求避免和减少。

前两项组成工艺消耗定额，三项合计组成物料供应定额。因此，严格地说，物料消耗定额主要包括产品净重和工艺性消耗。

计算公式如下：

$$\begin{matrix}\text{单位产品}\\ \text{（零件）工艺消耗定额}\end{matrix} = \begin{matrix}\text{单位产品}\\ \text{（零件）净重}\end{matrix} + \begin{matrix}\text{各种工艺性}\\ \text{消耗重量}\end{matrix} \tag{8-2}$$

$$\text{单位产品（零件）物料供应定额}=\text{工艺消耗定额}\times(1+\text{材料供应系数}) \tag{8-3}$$

$$\text{材料供应系数}=\text{单位产品非工艺性消耗}\div\text{工艺消耗定额} \tag{8-4}$$

两者是相互联系又有所区别的。物料供应定额是以工艺消耗定额为基础的，是在其基础上按一定比例加上非工艺性消耗。

2）主要原材料消耗定额的制订。机械工业企业主要原材料消耗定额的制订，通常是根据设计图样和有关技术文件规定的产品尺寸、规格、重量等进行计算的。但在具体计算时，按照工艺过程的不同要求，对型材、板材、锻件等的计算方法也不相同。

① 型材、棒材零件消耗定额的制定。以棒材为例，它的构成可用下面公式计算

$$\begin{matrix}\text{零件棒材}\\\text{消耗定额}\end{matrix}=\begin{matrix}\text{锻件毛}\\\text{坯重量}\end{matrix}+\begin{matrix}\text{锻造切割}\\\text{耗损重量}\end{matrix}+\begin{matrix}\text{烧损}\\\text{重量}\end{matrix}+\begin{matrix}\text{锯口}\\\text{重量}\end{matrix}+\begin{matrix}\text{夹头}\\\text{重量}\end{matrix}+\begin{matrix}\text{残料}\\\text{重量}\end{matrix} \quad (8-5)$$

当一根棒材用来制造同种零件时，它的消耗定额可以用下列公式计算

$$\text{零件棒材消耗定额}=\frac{\text{一根棒材重量}}{\text{一根棒材可锯出的毛坯数}} \quad (8-6)$$

$$\text{一根棒材可锯出的毛坯数}=\frac{\text{棒材长度}-\text{料头长度}-\text{夹头长度}}{\text{单位毛坯长度}+\text{锯口宽度}} \quad (8-7)$$

当一根棒材用来制造几种不同零件时，可按下料部门材料利用率来计算，公式如下：

$$\text{零件棒材消耗定额}=\frac{\text{零件毛坯重量}}{\text{下料部门材料利用率}} \quad (8-8)$$

$$\text{下料部门材料利用率}=\frac{\text{零件毛坯总重量}}{\text{制造零件所用棒材总重量}}\times 100\% \quad (8-9)$$

【例 8-1】 用一根长 3 600mm，直径为 55mm 的圆钢，比重 18.64kg/m，来制造某种零件，零件毛坯长 116mm，根据下料工艺，切一个毛坯切口 4mm，试计算这种棒材零件的消耗定额。

解：可切出的毛坯数=（材料长度–夹头长度）÷（单位毛坯+切口宽度）

=3 600÷（116+4）

=30（个）

每个零件的消耗定额=零件毛坯重量+切口重量+夹头重量+残料重量

=116×18.64÷1 000+4×18.64÷1 000

=2.236 8（kg/件）

或=一根棒材重量÷一根棒材可切的毛坯数

=（3 600×18.64÷1 000）÷30

=2.236 8（kg/件）

② 板材零件消耗定额的制订。它是按工艺规定下料方法，首先在板材上裁出所需零件名称和毛坯草图，据此计算这块板材上裁出的零件毛坯的总重量，除以板材重量，求出板材下料利用率，然后再根据零件毛坯重量和板材下料利用率，计算零件板材消耗定额。公式如下：

$$\text{板材下料利用率}=\frac{\text{零件毛坯总重量}}{\text{板材重量}}\times 100\% \quad (8-10)$$

$$\text{零件板材消耗定额}=\frac{\text{每个零件毛坯重量}}{\text{板材下料利用率}} \quad (8-11)$$

③ 锻件材料消耗定额的制订。锻件材料消耗定额由锻件毛坯重量、锻件工艺消耗和下料损耗三部分组成。一般分两步计算：首先是按毛坯重量加上锻造工艺损耗（包括锻造切割损失和烧损重量），求出锻造前重量，称为下料重量；其次是在锻造前重量基础上，加上下料损耗（包括锯口、夹头、残料等）重量，可求出锻件消耗定额。计算公式为

$$\begin{matrix}\text{锻件材料}\\\text{消耗定额}\end{matrix}=\begin{matrix}\text{锻造切割}\\\text{损耗重量}\end{matrix}+\begin{matrix}\text{毛坯}\\\text{重量}\end{matrix}+\begin{matrix}\text{烧损}\\\text{重量}\end{matrix}+\begin{matrix}\text{锯口}\\\text{重量}\end{matrix}+\begin{matrix}\text{夹头}\\\text{重量}\end{matrix}+\begin{matrix}\text{残料}\\\text{重量}\end{matrix} \quad (8-12)$$

（2）辅助材料消耗定额的制订。企业所需的辅助材料品种繁多，使用情况复杂，其消耗定额的制订应根据不同情况采用不同方法。与主要原材料消耗定额成正比例的辅助材料，可按主要原材料消耗量的一定比例计算，与设备开动时间或工作日有关的辅助材料，其消耗定额可根据设备开工时间或工作日来计算，如润滑油等；与使用期限有关的辅助材料，一般按规定的使用期限来确定，如劳保用品和清扫工具等；对于难以计算的辅助材料，可以按统计资料、经验估计或实际耗用来确定。

（3）燃料消耗定额的制订。燃料在生产中使用广、需要量大，其定额应根据不同用途和不同标准分别制订。如动力用燃料消耗定额，是以发一度电、生产一吨蒸气所需燃料为标准来制订；工艺用燃料消耗定额，可以用生产一吨合格铸件所需燃料为标准；取暖用燃料消耗定额，通常是按每个锅炉或单位受热面积来的。但是，由于燃料品种不同，其物理形态和发热量也不一样，在制订定额时应以标准燃料为基础（标准煤发热量为 7 000J/kg）。然后根据燃料消耗定额换算成实际使用燃料消耗定额。

（4）动力消耗定额的制订。动力消耗定额通常按不同用途分别制订。例如用于发电机器的电力消耗定额，先按实际开动功率计算电力消耗量，再按每种产品消耗的机械小时数，最后计算出单位产品的电力消耗定额；而电炉炼钢的耗电定额，可直接按单位产品来计算确定。

（5）工具消耗定额的制订。工具消耗定额，可用生产某种产品所需用某种工具的总工时与该工具的耐用期限的比值来确定，也可根据统计资料来确定。

4．物料消耗定额的管理 物料消耗定额的管理要求做好物料消耗定额的一系列具体工作，包括定额的制订、审批、执行、考核与修订，使定额在物料管理中发挥应有的作用。定额的制订，前面已做论述，定额的管理工作还有：编制定额文件；定额经过制订、审批、下达后，重要的问题是要采用各种技术组织措施贯彻执行；建立健全物料消耗的原始记录和做好统计工作；对物料消耗的分析、考核；及时修订或定期修订，使定额经常保持在先进合理的水平上。

5．降低物料消耗定额的途径 降低物料消耗定额的途径如下：

（1）首先要在产品设计中贯彻节约原则，改革产品设计，减少构成产品或零件净重的物料消耗。

（2）采用先进工艺，尽可能地减少工艺性消耗。

（3）在保证产品质量的前提下，采用新材料和代用品，以减少物料的消耗，降低产品成本。

（4）加强运输保管工作，建立健全管理制度，尽量减小物料在流通过程中的损耗。

（5）着眼于全局需要，实行集中下料，推广套裁下料方法，可最大限度地提高物料利用率。

（6）对生产过程中不可避免地产生的废旧物料及时进行回收利用，也是节约物料消耗的有效途径。

8.2.2 物料储备定额

物料储备定额是指在一定条件下，为保证生产顺利进行所必需的、经济合理的物料储备数量标准。物料储备是生产经营活动不可缺少的重要条件，是企业流动资金占用的重要部分。为保证生产的正常进行，并取得良好的经济效果，必须确定合理的物料储备量。

1. 物料储备的种类 企业的物料储备包括经常储备与保险储备两部分。在生产和物料供应受季节影响的企业中还有季节储备。

（1）经常储备。经常储备是指企业用于经常性周转的物料储备，企业典型的经常储备如图 8-1 所示。在企业前后两批物料进厂并投入使用这一间隔期内，为满足生产日常需要的物料储备。这种储备是动态的，在每批物料进厂时达到最大值，随着生产耗用，在下批物料进厂前降到最小值，到下批物料进厂又上升到最大值，这种周而复始的变化，形成经常储备。

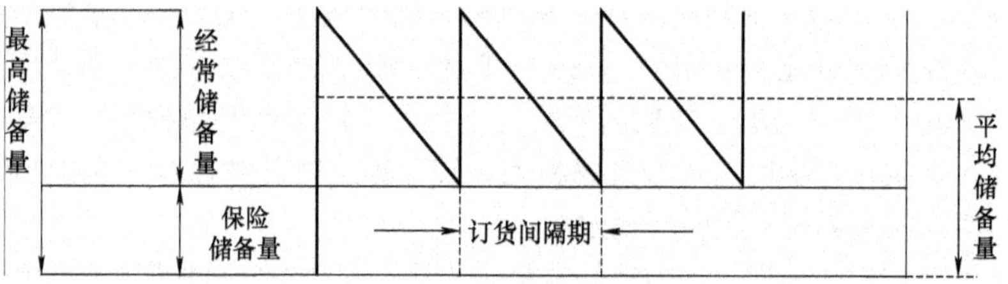

图 8-1 企业典型的经常储备示意图

（2）保险储备。保险储备是一种保险性质的储备，从图 8-2 中可看出，当经常储备达到最低点时，下一批物料如不能进厂，供应就会中断，造成停产的损失。保险储备定额是指为了预防物料在供应过程中因运输误期、拖延，质量、品种、规格不合标准，以及计划超产等不正常情况，能保证生产连续进行所必需储备的物料数量。这种储备在正常情况下不予动用，是一种固定不变的储备，只有在特殊情况下才动用，动用之后应尽快补上。因此，它实际上形成经常物料积压，占用一定的资金。就近就地组织供应、供应中断可能性很小的物料，保险储备可以减少到零或接近于零。

（3）季节储备。某些企业里，某种物料的供应经常受到季节性影响，为保证生产的正常进行，需要一定数量的季节性储备。例如某些农产品受生产季节性影响，或者河道冬季冰冻时间必须由这条河道运输的物料等，这类物料根据季节性要求确定季节性储备量，以便在供应中断时，继续保证生产的需要。

2. 物料储备定额的作用 物料储备定额的作用如下：

（1）物料储备定额是编制物料供应计划和采购订货的主要依据。

（2）物料储备定额是掌握和监督库存动态，使库存经常保持在合理水平上的重要工具。

（3）物料储备定额也是企业核定流动资金的重要依据。

（4）物料储备定额是确定企业现代化仓库容积和储运设备数量的依据。

3. 物料储备定额的制订

（1）经常储备定额的确定。经常储备定额的确定主要有供应间隔期法和经济订购批量法两种。

1）供应间隔期法。供应间隔期法是一种先确定物料的供货间隔天数，然后再确定物料经常储备量的方法。其计算公式为

$$\text{经常储备定额}=\left(\text{供货间隔天数}+\text{验收入库天数}+\text{使用前准备天数}\right)\times\text{平均每日需用量} \tag{8-13}$$

验收入库天数和使用前准备天数是根据企业库存管理统计资料来确定的。

供货间隔天数是指前后两批到货的间隔时间。其确定方法有加权平均法和订货限额法：

① 加权平均法。根据历史统计资料，考虑到每次交货期有一定的差异，而采用的一种平均计算方法，其计算公式为

$$平均供货间隔天数=\frac{\sum(每次入库数量\times每次进货间隔天数)}{\sum每次入库数量} \tag{8-14}$$

② 订货限额法。订货限额法适用于供需双方根据互利原则签订长期合同，明确规定每次订货（发货）限额条件时采用。其计算公式为

$$供货间隔天数=\frac{订货限额}{平均每天需要量} \tag{8-15}$$

2）经济订购批量法。经济订购批量是指采购费用和保管费用两者之和即总费用最小的批量。这是企业本着节约费用支出来确定的物料经常储备。其计算公式为

$$经济订购批量=\sqrt{\frac{2\times每次订购费用\times物资年需要量}{单位物资年保管费用}} \tag{8-16}$$

用经济订购批量法确定企业物料的经常储备定额，是比较经济有效的方法。但采用这种方法需要具备一个前提条件，就是企业能自行决定采购的量和采购时间，不受物料供应方和运输条件的制约。

（2）保险储备定额的制订。保险储备量主要由保险储备天数和每日平均需用量决定，其计算公式为

$$保险储备定额=平均每日需用量\times保险储备天数$$

确定保险储备天数，一般根据以往统计资料中平均误期天数或按实际情况来决定，其计算公式为

$$平均误期天数=保险储备天数=\frac{\sum(每次误期时入库数量\times每次误期天数)}{\sum每次误期时的入库数量} \tag{8-17}$$

【例 8-2】 某企业 2015 年 1—3 季度某物料实际入库的原始统计资料经分析整理，制成物料供应间隔天数表，见表 8-1。2015 年的日平均需用量为 2.5kg，验收天数和使用前准备天数为 2 天和 1 天。试求该种物料的平均供应间隔天数、平均误期天数（即保险储备天数）、经常储备量、保险储备量、最高和最低储备量、平均储备量分别是多少？

表 8-1　物料供应间隔天数表

材料入库日期	1 月 2 日	2 月 4 日	3 月 18 日	4 月 25 日	5 月 23 日	7 月 15 日	8 月 18 日	9 月 20 日	合　计
材料入库数量/kg	82	88	86	84	82	83	82	85	672
供应间隔天数/天	33	42	38	28	52	34	33	37①	297

① 表示是预计的。

解：平均供应间隔天数=（82×33+88×42+86×38+84×28+82×52+83×34+82×33+85×37）÷（82+88+86+84+82+83+82+85）

=24 959÷672≈38（天）

平均供应间隔天数是38天，表8-1中有两次到货是误期的（2月4日是42天，5月23日是52天），所以：

平均误期天数=保险储备天数=［88×（42−38）+82×（52−38）］÷（88+82）≈9（天）

经常储备定额=（供货间隔天数+验收入库天数+使用前准备天数）×平均每日需用量

=（38+2+1）×2.5=102.5（kg）

保险储备量=9×2.5=22.5（kg）

最低储备量=保险储备量=22.5（kg）

最高储备量=经常储备量+保险储备量=102.5+22.5=125.0（kg）

平均储备量=经常储备量÷2+保险储备量=102.5÷2+22.5=73.75（kg）

（3）季节储备定额的制订。季节储备定额是由季节性储备天数确定的。其计算公式如下：

季节储备定额=季节性储备天数×平均日需用量

季节性储备天数，一般是根据生产需要和供应中断天数决定的。凡已建立季节性储备的物料，不再考虑经常储备和保险储备。

8.3 物料供应计划

物料供应计划是企业年度生产计划的有机组成部分，是组织订货和采购的依据。企业的物料供应计划工作包括计划的编制、执行和控制。

8.3.1 物料供应计划的意义

科学合理的物料供应计划对提高物料管理的工作效率具有以下意义：

（1）科学合理的物料供应计划是订货和采购的依据。企业生产经营所需的物料种类繁多、数量不一、规格复杂，只有事先做好计划，才能尽可能少地避免错订、错购、漏订、漏购等错误的发生。并且，可以对物料市场的价格波动进行合理的预测，以做出适时的反应。对价格预期上扬较大的物料可有计划地提前做好准备，避免提价损失；反之，则应控制进货，防止造成资金浪费。

（2）科学合理的物料供应计划可作为监督物料合理使用的标准。物料供应计划设置了一些考核指标以衡量供应部门、生产车间、仓库管理、运输等部门的工作质量和效率。对照检查这些指标可考核企业物料使用的有效性，从而使企业能充分利用资源，发挥物料最大效能，有效地降低成本。

（3）科学合理的物料供应计划有助于存货控制和物料配送。

8.3.2 准备工作

准备工作必须了解物料的市场供求状况、物料的需求量、储备量以及物料分销要求等情况，然后运用系统分析和综合平衡的方法制订出科学合理的物料供应计划。

（1）做好市场预测，掌握物料市场动态。

（2）收集企业内部的相关数据资料，包括物料消耗定额、生产计划、在制品数量、产品设计更改单、物料供应与物料消耗规律分析、上期物料计划在执行中的问题、在途及库存物料资源、委托加工物料资源、预计计划期初资源等。

（3）制订有关物料消耗定额。

8.3.3 编制和执行

1. 编制 物料供应计划按计划期的长短可分为年度、季度和月份计划。三者之中年度计划是企业全年物料供应工作的依据和基础；季度计划是在年度计划基础上编制的，由企业物料部门在季度到来之前 10 天左右编制；月份计划是季度计划的具体化，其任务是将年度计划、季度计划中规定的指标，按月、旬具体地安排。这里重点介绍年度计划的编制，其他计划可参照年度计划进行。

（1）物料供应计划的内容。

1）确定企业计划期的物料需用量。

2）确定物料的消耗定额。

3）清查企业的库存资源，经过综合平衡编制出物料需求计划和物料采购计划等，并组织实现。

（2）确定物料需用量。物料需用量是指计划期内为保证生产进行必需消耗的经济合理的物料数量。物料需用量是按照每类物料的具体品种、规格、用途分别计算的。其计算方法有以下几种。

1）原料及主要材料需用量的计算。其计算公式为

$$\begin{matrix}\text{某种物资}\\\text{需用量}\end{matrix}=\left[\begin{matrix}\text{计划期}\\\text{产量}\end{matrix}\times\left(1+\begin{matrix}\text{不可避免}\\\text{的废品率}\end{matrix}\right)\right]\times\begin{matrix}\text{单位产品}\\\text{消耗定额}\end{matrix}-\begin{matrix}\text{计划回用}\\\text{废品数量}\end{matrix} \tag{8-18}$$

式中，计划期产量包括商品产量和期末期初在制品差额；不可避免废品率，一般根据统计资料并考虑其他因素确定。

2）辅助材料需用量的计算。辅助材料的种类多、用途广，计算时常采用间接计算法，是按一定比例、系数来估算物料需用量的。例如，某种物料消耗占主要材料消耗的百分比；或者平均每千元产值的消耗量等。其计算公式为

$$\text{某种材料需用量}=\frac{\text{上年实际消耗量}}{\text{上年产值/千元}}\times\text{计划年度产值/千元}\times(1-\text{可能降低的百分比}) \tag{8-19}$$

在实际中，若企业的生产任务尚未最后确定，而物料需提前准备，在组织订货采购时，也可先采用此方法初步匡算物料需用量，待任务确定后再做调整。

3）燃料、动力需用量的计算。由于燃料的消耗定额是按标准燃料（标准燃料发热量为 7 000J/kg）来确定的，而实际使用的燃料发热量往往不同于标准燃料，因此，计算出的标准燃料需用量还要经过换算才能成为实物燃料的需用量。其计算公式如下：

$$折算系数=\frac{1\text{kg}实物燃料发热量}{7\,000}$$

$$实物燃料需用量=计划产量\times消耗定额\times\frac{1}{折算系数} \tag{8-20}$$

$$电力需用量=计划产量\times消耗定额 \tag{8-21}$$

燃料需用量的计算单位为kg，电力需用量的计算单位为kW·h。

其他各种材料的需用量可参考上述几种方法确定。

（3）期初期末库存量的确定。在计划期内，期初库存量与期末库存量常常是不相等的，这就是说，即使在物料需用量不变的情况下，物料的采购或供应数量也会发生相应地增减。

1）期初库存量。期初库存量一般是根据编制计划时的实际盘点数，以及预计到货量和耗用量计算出来的。其计算公式为

$$\begin{matrix}期初库\\存量\end{matrix}=\begin{matrix}编制计划时的\\实际库存量\end{matrix}+\begin{matrix}计划期初\\前到货量\end{matrix}-\begin{matrix}计划期初\\前耗用量\end{matrix} \tag{8-22}$$

2）期末库存量。期末库存量一般是指物料储备定额（即经常储备量加上保险储备量）。在实际工作中，通常采用50%～70%的经常储备量加保险储备量作为期末库存量。对于品种繁多的小宗物料，按物料小类或组计算其平均经常储备量加保险储备量来进行储备管理。

（4）编制物料平衡表和物料采购计划。企业在确定了各种物料需用量和物料期初期末储备量之后，就可以编制物料平衡表（也叫物料采购计划表），按物料的具体品种、规格对所需物料进行综合平衡。

物料平衡表格式见表8-2。

表8-2 物料平衡表

填表单位：

材料名称	计量单位	上年实际消耗量	年初已有资源				需用量	年末储备		企业内部可利用资源	采购量	备注
			合计	年初库存	合同结转	在途与待验		天数	数量			
		①	②	③	④	⑤	⑥	⑦	⑧	⑨	⑩=⑥+⑧-②-⑨	
合计												

物料平衡表除按实物量表示外，还应按货币量来表示，以便同成本计划和财务计划相衔接。物料平衡表编好后，即可按物料类别加以汇总，编出物料采购计划。物料采购计划经领导审批后，可作为采购物料的依据。物料采购量可用下列公式表示

$$\begin{matrix}某种物资\\采购量\end{matrix}=\begin{matrix}该种物资\\需用量\end{matrix}+\begin{matrix}计划期末\\库存量\end{matrix}-\begin{matrix}计划期初\\库存量\end{matrix}-\begin{matrix}企业内部可\\利用资源\end{matrix} \tag{8-23}$$

式中企业内部可利用资源，是指企业改制、代用或调剂使用的物料。

【例8-3】已知华强机械制造有限公司2015年需要用丙材料生产A、B、C三种产品，各种产品的计划产量、物料消耗定额等有关资料见表8-3。

表 8-3　各种产品的计划产量、物料消耗定额等有关资料

产品名称	计划产量/件	工艺消耗定额/（kg/件）	材料供应系数
A	40 000	20	0.05
B	30 000	24	0.10
C	36 000	15	0.08

预计 2015 年丙材料的期初库存量为 450t，期末库存量为 680t，企业内部可以回收利用以及代用材料为 45.2t。求 2008 年丙材料的采购量。

解：计划期丙材料需要量=40 000×20×（1+0.05）+30 000×24×（1+0.10）

+36 000×15×（1+0.08）

=2 215.2（t）

丙材料计划采购量=2 215.2+680−450−45.2=2 400（t）

物料采购计划包括各种物料的采购供应量和文字说明两部分。文字说明主要是在编制计划过程中，有必要向上级部门汇报和需要说明的情况。例如，上期计划执行的经验教训；降低物料消耗定额和储备定额所采取的措施等。文字说明要做到突出重点、简明扼要。

2．执行与检查

（1）执行。执行的重点在于资源，要积极组织力量通过订货、采购、委托加工、协作等形式保证物料供应。物料进厂后，一方面要及时发放，重要产品生产所需物料应优先保证，紧张短缺物料择优供应，超储积压物料组织利用；另一方面要加强物料管理，定额发放，防止浪费。执行的方法有两种：一种是内部经济合同，另一种是定额承包。

（2）物料供应计划的检查。在计划执行过程中，要不时地对计划的执行情况进行检查。主要检查内容有：计划需用量与实际耗用量的对比、物料到货衔接情况、供货合同执行进度和情况、物料消耗定额执行情况及物料节约使用等情况。在检查时应做到“有法可依，有章可循”。这里的“章”是指在编制物料供应计划时事先制订好的一些重要考核指标，如计划准确率、订货合同完成率、物料节约率、库存物料周转率、库存物料损失率、仓库机械化作业率、包装容器回收率、资金占用量及周转率等。

（3）计划的修订。计划在执行过程中，要根据执行的情况和外部条件的变化而进行相应的调整。通常，计划的调整原因有生产计划变动、设计变动、工艺变动或由于物料计划本身的不准确而需进行修订等。修订可采用的方法有：定期修订，多在订货前进行；经常修订，是对随时可能发生的变化进行的局部的、较小的修订；专项修订，是指当实际进程与原计划任务相差较大时进行的修订。

8.3.4　采购管理

采购管理在物流管理中是一个十分重要的问题，通过采购管理降低物料成本是企业增加利润的一个极有潜力的途径，同时采购管理不当，会造成大量多余的库存，而库存会导致占用企业的大量资金和发生管理成本，此外，采购管理本身的好坏还会影响到供货的及时性、供货价格和供货质量，而这些都与企业最终产品的价格、质量和及时性直接相关。

1．采购管理的一般程序　在物料采购活动中，采购部门要按部门内采购操作流程，进行合格供应商筛选、采购资料内容传递告知给相关合格供应商同时要求其反馈相关物料质量及

报价信息，然后采购人员进行比价和议价，同时最终确定物料供应商，传递采购订单合同。采购人员按照既定的合同要求对供应商进行跟踪，保证保质保量按时将物料供应到位。供应商按指定仓位将物料运送至物料部后，物料部要取部分物料样送至质检部进行进料检验（小公司由采购人员进行检验），或由物料部向质检部或相关采购人员发出进料检验通知。质检部对进料检验后要迅速将相关质量信息反馈至采购人员，采购人员按照物料质量情况对物料进行进仓、退货或特采等处理决定。每采购一批物料都要对相关的供应商供货的质量、交期及相关合作事项进行评价同时在各供应商档案留档，以备后查及对供应商的定期评审筛选。主要步骤如下：

（1）接受采购指示或采购要求。采购要求的内容包括采购品种、数量、质量要求以及到货期限。

（2）选择供应商。一个好的供应商是确保供应物料的质量、价格与交货期的关键。

（3）订货。现在信息技术使得企业可以和供应商用计算机连接，不需要任何纸的媒介，就可以简洁、迅速地完成订货手续。

（4）订货跟踪。订货跟踪主要是指订单发出后的进度检查、监控、联络等日常工作，目的是防止到货延误或出现数量、质量上的差错。

（5）货到验收。采购货物到达企业，企业仓库部门根据采购订单收料，材料在入库前由质量控制部门进行质量检验，合格后办理入库业务，对于不合格物料要及时退货、索赔，并按生产要求尽可能组织货源，以减少损失。

2. 供应商的管理 供应商管理的前提是确定合格的供应商，不同的企业通过不同的途径来寻找并且选择自己的供应商。有的企业根据新闻媒体的广告来获得供应商的信息并进行选择；有的企业通过互联网来寻找自己的供应商；有的企业根据行业期刊的信息来选择自己的供应商。不管是通过何种途径来选择自己的供应商都必须仔细考虑供应商在以下几个方面的表现：质量标准、原材料价格、生产和财务能力、承担社会责任的状况、交货能力和服务水平等几个方面。总之，在复杂和竞争激烈的商业环境中，企业要想在竞争中建立自己的竞争优势，必须对供应商进行有效管理以获得供应商对自己的支持与配合。而选择合适的供应商是成功管理供应商的第一步。所以企业必须合理选择适合自己的供应商才能在供应商的支持和配合下，在激烈的竞争中保证产品质量、降低产品成本、提高反应速度以赢得市场竞争。

8.4 生产现场物料管理

8.4.1 生产现场物料管理的要求

生产现场物料管理的要求如下：

（1）定置区域、标示清楚。

（2）控制在制物料库存，做到适时、适量。

（3）定期盘点和核对物料。

（4）对不良物料单独分区，及时处理。

（5）对呆料、废料应及时处置。

（6）对超期限的物料，在投入使用时经品质管理员再检验。

（7）车间物料管理应遵循 6S 管理原则。

8.4.2　车间领料与退料

生产现场必须按照生产计划、生产命令单向物料管理部门或仓储单位领料，同时在生产过程中，将多余的料或品质不良的料退回，并补料。

1．发料　由物料管理部门或材料库根据生产计划，将仓库储存的物料，直接向生产现场发放，一般对于直接需求的物料采取发料方式。

直接需求是指按生产计划、生产命令单、生产现场对物料所产生的需求。除此以外任何部门对物料的需求都称为物料间接需求，如生产现场不良品修理换零件、设计部门设计所需零件、销售部门售后服务所需零件等。

采取这种方式须具备以下条件：

（1）有稳定的生产计划。计划部门在 3 天前就要开出生产命令单给仓库备料，仓库在生产现场制造前 2～4h 内向生产现场直接发料。

（2）建立了标准损耗量。因为在生产过程中会发生不良品、制造损耗的现象。那么，仓库应该发多少材料，就要看标准损耗量。

2．领料　领料是生产现场人员在某产品生产前填写领料单，合同号仓库领取材料，这主要用于间接需求的材料，或生产计划常变更、物料计划做得不好、进料常延迟或过分紧急，使物料很难采取主动的发料方式。发料单见表 8-4。

表 8-4　发料单

制造单号：　　　　　　　产品名称：

生产批量：　　　　　　　生产车间：　　　　　　材料　　　　　　半成品　　　　　　日期：

物料编号	品名	规格	单位	单机用量	需求数量	标准损耗	实发数量	备注

生产领料员：　　　　　　　　　　　　仓管员：　　　　　　　　　　　　PMC：

注：共 4 联——PMC 联、仓库联、生产联、财务联。

3．退料　生产线上如果发现有与产品规格不符的物料、超发的物料、不良的物料和呆料，应进行有效的退料补货，满足生产的需要。

（1）生产部门将不良物料分类汇总后，填写“退料单”，送至品管部。

（2）品管鉴定。品管检验后，将不良品分为报废品、不良品与良品三类，并在“退料单”上注明数量。当发生规格不符的物料、超发的物料和呆料退料时，退料人员在“退料单”上备注，不必经过品管，直接退到仓库。

（3）退料。生产部门将分好类的物料送至仓库，仓库管理人员根据“退料单”清点无误后收料。退料单见表8-5。

表8-5 退料单

制造单号： 产品名称：

生产批量： 生产车间： 材料 半成品 日期：

物料编号	品名	规格	单位	退料数量	退料原因	品管鉴定	实退数量	备注

仓管员： 品管员： 退料员：

注：共4联——PMC联、仓库联、生产联、财务联。

（4）补货。因退料而需补货，需开“补料单”，退料后办理补货手续。补料单见表8-6。

表8-6 补料单

制造单号： 产品名称：

生产批量： 生产车间： 材料 半成品 日期：

物料编号	品名	规格	单位	单机用量	标准损耗	实际损耗	损耗原因	补发数量	备注

生产领料员： 仓管员： PMC：

注：共4联——PMC联、仓库联、生产联、财务联。

8.4.3 呆料、废料管理

呆料、废料的存在会占用一定的库存和成本，影响生产计划的执行，必须及时找出各部门产生呆料、废料的原因，进行预防和处理，以保证生产的顺利进行。

呆料是指物料存量过多、耗用量少、库存周转率极低的物料，这种物料可能偶尔耗用少许，呆料为完全可用的物料，一点都未丧失物料原有的特性和功能。

废料是指报废的物料，已经失去原有的功能，本身无利用价值的物料。

呆料、废料管理包括以下几个方面：

（1）建立呆料、废料的鉴定标准。

（2）定期统计和汇总呆、废料数量，最好转化为金额台账。

（3）呆料、废料处置应做到及时。

（4）建立呆料、废料处理程序。

（5）在车间现场规划呆料、废料专门存放区域，并置以醒目的“红牌”标识。

8.4.4 现场在制物料的盘点

现场在制物料的盘点包括以下几个方面：

（1）现场盘点前做好单据、账目的整理，做到心中有数。

（2）不良料、呆滞料、废料预先鉴定清楚。

（3）按生产工令和物料规格分类，逐一清点。

（4）做好计量器具校准工作和现场盘点员的培训工作。

（5）物料的整数和零数标示清晰，并做好交差确认。

（6）盘点之前做一次彻底的6S工作。

8.5 库存管理

库存管理是生产管理中一个核心的问题，也一直是探索的前沿。何谓库存？从客观上来说，库存是企业用于今后销售或使用的储备物料。但是对于管理者来说，库存这一概念的含义是复杂和广泛的，按照管理学上的定义，“库存是具有经济价值的任何物品的停滞与储藏”。持有库存的理由在不同情况下、不同企业内可能各有不同、各有侧重。但一般来说，主要是为了三个目的：①预防不确定性的、随机的需求变动；②为了保持生产的连续性、稳定性；③为了以经济批量订货。几乎在任何一个组织，不论其是否是经营性的，都在生产、使用、储存和分配库存。而库存往往会占用大量的资金，所以有人将其描述为“一个必要的恶魔”。因此，如何在保证均衡生产和满足客户需求的前提下尽可能降低库存，就成为企业管理的重点。

8.5.1 库存管理概述

1. 库存的概念 库存，广义上说可以称为“组织中所用的任何资源或物品的储备”；狭义上讲，库存是指“用于进行生产或满足顾客需求的材料或资源的储备”，库存是必要的。即使企业现代化程度很高，周围环境稳定，条件优越，也不能不要库存。

2. 库存的分类 从不同的角度对库存可以进行多种不同的分类。

（1）按其在生产过程和配送过程中所处的状态划分，库存可分为原料库存、在制品库存和成品库存。三种库存可以存放在一条供应链上的不同位置。

（2）按库存的作用划分，库存可分为周转库存、安全库存、调节库存和在途库存。

由批量周期性地形成的库存就称为周转库存。这里有两个概念，订货周期和订货批量。由于周转库存的大小与订货的频率成反比，因此如何在订货成本和库存成本之间进行权衡选择是决策时主要考虑的因素。在实践中可采用降低订货费用、缩短作业交替时间和利用相似性扩大生产批量等措施来降低周转库存。

安全库存，又称缓冲库存，是生产者为了应付需求、生产周期或供应周期的不测变化，防止缺货造成损失而设置的一定数量的库存。安全库存的数量除受需求和供应的不确定性影响外，还与企业希望达到的顾客服务水平有关，这些是安全库存决策时主要考虑的因素。在实践中可通过缩短生产周期与订货周期、减少供应的不稳定性、改善需求预测工作和加强设备与人员的柔性来降低安全库存。

调节库存是为了调节需求或供应的不均衡性、生产速度与供应速度的不均衡、各个生产阶段的产出不均衡而设置的一定数量的库存。例如，空调、电扇等季节性需求产品。有些季节性较强的原材料或供应商供应能力不均衡时，也需要设置调节库存。

在途库存是指正处于运输的，以及停放在两个工作地之间或相邻组织之间的库存。在途库存的大小取决于运输时间以及该时间内的平均需求。降低在途库存，可采取缩短生产—配送周期的基本策略。

（3）按用户对库存的需求特性划分，库存可分为独立需求库存和相关需求库存。

独立需求是指用户对各种物品的需求之间没有关系，可以分别确定。独立需求是随机的，企业自身不能控制，而是由市场决定的。

相关需求量是指与其他需求有内在相关性的需求，可以根据对最终产品的独立需求精确地计算出它的需求量和需求时间，是一种确定型的需求。相关需求的库存控制是将已有的最终产品的生产计划作为主要信息来源，通过物料需求计划（MRP）来实施的。

3．库存成本 库存成本由以下三个因素构成。

（1）保管费用。库存保管费用主要是指占用资金的利息、仓库租金（或折旧）、仓库管理费、库存损耗费，还有资金的机会成本。一般用库存货物的成本的百分比来表示，如每年10%的库存费用，即为1元物品存1年的花费为0.1元。

（2）订货成本。每订一批货物所支付的必要费用，主要是指采购人员差旅费、合同公证费、手续费、通信费等。它与订购次数有关，与订购数量无关。

（3）短缺成本。短缺成本是指由于库存不足，无法及时满足顾客需求所造成的业务损失、企业信誉损失等。

8.5.2 库存控制

库存控制的目的是以最低的成本，建立起满足生产和销售需要的库存。对于独立库存系统，最常用定量订货模型和定期订货模型来求得经济合理的库存量。

1．定量订货模型 定量订货控制系统如图8-2所示。其中B点为库存补充的重新订货点，Q是每次的订货量，LT为提前期，库存周期中的平均库存量为$Q/2$。

$$订货点=平均日需用量\times备用天数（订货提前期）+保险储备量 \tag{8-24}$$

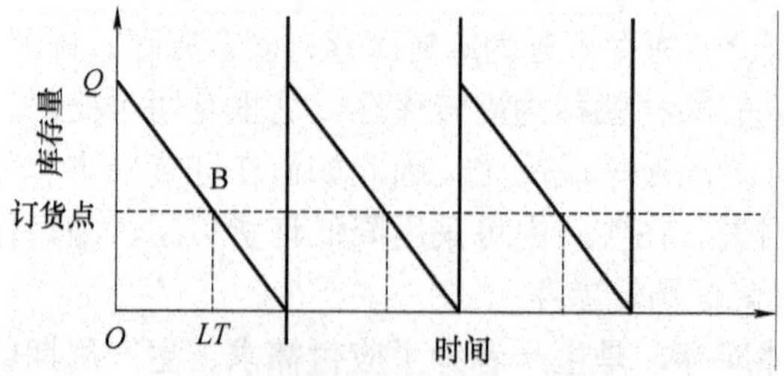

图8-2 定量订货库存控制系统

在库存管理中，连续不断地观察库存量，当其下降到订货点时就发出订货单，每次按批

量 Q 补充库存。这种方法虽工作量大，但库存控制较严密，有时为减少工作量，可采用一种简单形式，称为双堆法或分存控制法，将物料分成两堆，先用第一堆，当其用完时即发出订货，在第二批物料进厂前，继续使用第二堆。

定量订货模型的特点包括：①控制库存量方便，可用双堆法；②能采用经济订购批量，降低采购成本；③安全库存量较少。

2. 定期订货模型 定期订货控制系统的模型如图 8-3 所示。在这个系统中，按照预先确定的固定盘点和订购周期 T，周期性地检查库存并随时提出订购，补充库存到目标水平，物料订购时间是预先固定的，每次订购批量是可变的。

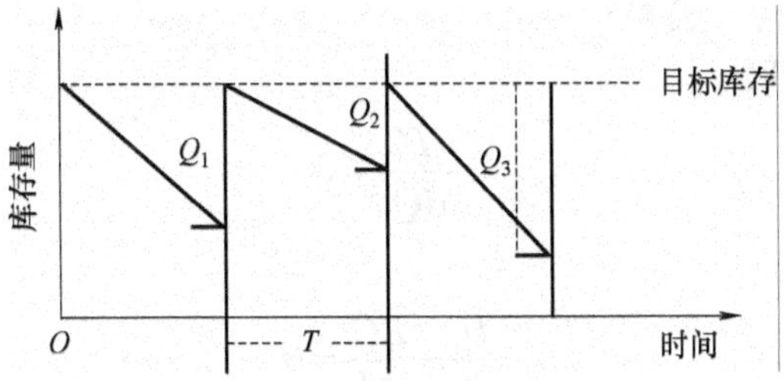

图 8-3 定期订货控制系统

其计算公式为

$$\text{订货量}=\begin{matrix}\text{平均日}\\\text{需用量}\end{matrix}\times\begin{matrix}\text{（订购日期+}\\\text{订购间隔期）}\end{matrix}+\begin{matrix}\text{保险}\\\text{储备量}\end{matrix}-\begin{matrix}\text{现有}\\\text{库存量}\end{matrix}-\begin{matrix}\text{已订购}\\\text{未交量}\end{matrix}\qquad(8\text{-}25)$$

定期订货模型的特点包括：①由于订货期固定，对于许多货品的订购工作可同时进行，也能降低总采购费用；②对库存量进行严格控制（定期盘点）。

8.5.3 经济批量控制法

经济订购批量（Economic Order Quantity，EOQ）是侧重从企业本身经济效益来综合分析物料订购和库存保管费用的一种科学方法。经济订购批量法假定：每次订货的量相同；订货提前期固定；需求率固定不变，是一个理想的抽象模型，一般分为四种。

1. 不允许缺货的经济批量 它是从库存总费用最小的原则出发确定的订货批量。在保证企业生产需要的条件下，只有当订购费用和保管费用之和最小时的订购批量才是经济合理的，其相应关系如图 8-4 所示。

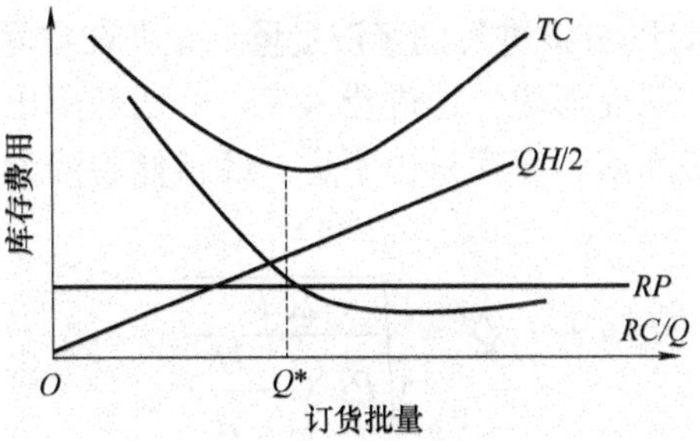

图 8-4 经济订货批量模型

总库存费用=库存保管费用+订货费用+物料价值，即

$$TC=\frac{Q}{2}H+\frac{R}{Q}C+RP \tag{8-26}$$

式中 Q——每次订货批量（件）；

H——单件库存平均年保管费用（元/件·年），$H=PF$；

F——年库存保管费率；

R——某库存物料的年需求量（件/年）；

C——单位订货费用（元/次）；

P——单位产品价格（成本）（元）。

求上式的极小值，即令

$$\frac{dTC}{dQ}=0$$

则有

$$\frac{H}{2}-\frac{RC}{Q^2}=0$$

可推出经济订购批量为

$$Q^*=\sqrt{\frac{2CR}{H}}=\sqrt{\frac{2CR}{PF}} \tag{8-27}$$

【例 8-4】 某企业某类物料的年需求量为 1 000 件，每次订购费用为 5 元，该种物料单价为 12.5 元，单件年平均保管费用为 1.25 元，根据以上数据求经济订购批量与总费用。

解：（1）经济订购批量为：

$$Q^*=\sqrt{\frac{2CR}{H}}=\sqrt{\frac{2\times5\times1000}{1.25}}\approx90\text{（件）}$$

（2）全年总库存费用为：

$$\begin{aligned}TC&=\frac{Q^*}{2}H+\frac{R}{Q^*}C+RP\\&=\frac{90}{2}\times1.25+\frac{1\,000}{90}\times5+1\,000\times12.5\\&=12\,611.81\text{（元）}\end{aligned}$$

2．不允许缺货，一次订购分批进货的经济批量 企业在实际生产中，往往存在一些物料是一次订货而分批进货的，从而形成一边进货入库，一边耗用出库的情况。入库速度小于出库速度，一批订货全部进货库后，库存只出不进，经常储备降为零时，下一次订货又分批入库。其计算公式为

$$Q^*=\sqrt{\frac{2CR}{PF(1-\frac{U}{A})}} \tag{8-28}$$

式中 U——平均每日耗用量；

A——平均每日进货量。

3. 允许缺货的经济批量　如果生产不均衡，而供货又无绝对保障，就难免发生缺货；但是若加大保险储备的话，代价又大于因缺货造成的损失。为此需建立一种库存总费用和缺货损失费用二者之和最小的库存模型，即为允许缺货的经济订货批量。

允许缺货的经济批量和按期入库量计算公式如下：

$$Q^* = \sqrt{\frac{2CR}{H}} \cdot \sqrt{\frac{H+L}{L}} \tag{8-29}$$

$$Q_1 = \sqrt{\frac{2CR}{H}} \cdot \sqrt{\frac{L}{H+L}} \tag{8-30}$$

式中　L——单位物料单位时间缺货损失费用。

8.5.4　库存管理策略

1. 库存管理的衡量指标　衡量库存的方法有许多种，但在管理中具有重要意义的衡量指标有平均库存值、可供应时间和库存周转率。

平均库存值是指全部库存物品的价值之和，之所以用平均，是因为这一指标是指某一段时间内（而不是某一时刻）库存所占用的资金。这一指标可以告诉管理者，企业资产中的多大部分是与库存相关联的。企业管理人员可根据历史数据或同行业的平均水平来衡量企业的情况。

可供应时间是指现有库存能够满足多长时间的需求。这一指标可用平均库存值除以相应时段内单位时间的需求得到，也可以分别用每种物料的平均库存量除以相应时段内单位时间的需求得到。

库存周转率可用下式表示

$$\text{库存周转率} = \frac{\text{年销售额}}{\text{年平均库存值}} \tag{8-31}$$

还可以细分为以下三种：

$$\text{成品库存周转率} = \frac{\text{年销售额}}{\text{成品平均库存值}} \tag{8-32}$$

$$\text{在制品库存周转率} = \frac{\text{生产产值}}{\text{在制品平均库存值}} \tag{8-33}$$

$$\text{原材料库存周转率} = \frac{\text{原材料消耗额}}{\text{原材料平均库存值}} \tag{8-34}$$

需要注意的是，上面每一式的分子、分母的数值均应指相同时间段内的数值。

库存周转越快表明库存管理的效率越高。库存周转率对企业经营中至关重要的资金周转率指标也有极大的影响作用。

2. 如何降低库存　企业总是不断地寻求降低库存的方法。JIT、MRP、ERP 等生产计划模式，其基本目的也是为了降低库存。这里仅从库存作用的角度出发，讨论降低库存的基本策略和具体措施，见表 8-7。

表 8-7 降低库存策略

库存类型	基本策略	具体措施
周转库存	减小批量 Q	降低订货费用 缩短作业交换时间 利用相识性增大生产批量
安全库存	订货时间尽量接近需求时间 订货量尽量接近需求量	改善需求预测工作 缩短生产周期与订货周期 减少供应的不稳定性 增加设备与人员的柔性
调节库存	使生产速度与需求变化吻合	尽量"拉平"需求波动
在途库存	缩短生产—配送周期	标准品库存前置 慎重选择供应商与运输商 减小批量 Q

3. ABC 分类管理法

（1）ABC 分类法的定义。ABC 分类管理法又称为重点管理法，其基本原理是处理问题要分清主次，区别关键的少数和次要的多数，根据不同情况进行分类管理，帮助人们正确地观察问题并做出决策。ABC 分类法就是按存货单元的年利用价值对其进行分类的方法。所谓存货单元，是指因其用途，或因其款式、大小、颜色甚至存放地点的不同而被区别对待的存货项目。

（2）ABC 分类法的具体过程。

1）将商品按其库存额从大到小进行排列，并算出总库存额。

2）计算累计库存额占总库存额的百分比。

3）库存物料按累计库存额的百分比划分 A、B、C 类，并做图，见表 8-8。

表 8-8 库存物料 ABC 分类标准

类　别	因素重要性	物料品种占企业全部物料品种比重	资金占企业资金总额比重
A	关键因素	5%～10%	70%～80%
B	一般因素	15%～20%	20%～25%
C	将要因素	70%～80%	5%～10%

对于 A 类物料，应精确地控制存货，一般宜采用定期库存控制法，尽量缩短订货间隔期，因为对这类物料来说，哪怕多一个月的存货，都会增加不少开支，因而，要投入较大的精力，把库存压到最低水平。

B 类物料，按经济订购批量，采用定量订购方式进行控制。按一般状况调节库存水平，有时可严一些，有时可松一些。

C 类物料重要程度一般，可适当放宽控制，采用定量订购方式、双堆法。但对某些按占用金额属 C 类物料，但却是生产关键用料，资源短缺，企业储备量又不足，则应加强控制。

ABC 分类法的操作非常简单，实践证明，应用这种方法可取得显著效果。这种方法在库存管理中应用十分普遍。但要注意的是，ABC 分类法一般是以库存价值为基础进行分类的，它并不能反映库存品种对利润的贡献度、紧迫性等情况，而在某些情况下，C 类库存缺货所造成的损失也可能是十分严重的。因此，在实际运用 ABC 分类法时，需具体、灵活地根据实际情况来操作。

例如，某仓库库存商品 10 种，按其库存额并作 ABC 分类表见表 8-9。

表 8-9　库存物料的 ABC 分类

商品序号	库存额/元	累计库存额/元	累计库存额（%）	分　类	品种数（%）
1	6 800	6 800	68	A	10
2	1 300	8 100	81	B	20
3	800	8 900	89		
4	350	9 250	92.5	C	70
5	200	9 450	94.5		
6	190	9 640	96.4		
7	120	9 760	97.6		
8	120	9 880	98.8		
9	90	9 970	99.7		
10	30	10 000	100		
合计	10 000	—	—	—	100%

8.5.5　仓库管理

仓库是储存和管理物料的场所，是各种物品供应的中心，是企业物料供应体系的一个重要组成部分，是企业各种物料周转储备环节，同时担负着物料管理的多项业务职能。仓库管理的主要任务是：保管好库存物料，做到数量准确，质量完好，确保安全，收发迅速，面向生产，降低费用，加速资金周转。

仓库设置要根据企业生产需要和厂房设备条件统筹规划，合理布局；内部要加强经济责任制，进行科学分工，形成物料归口管理的保证体系；业务上要实行工作质量标准化，应用现代化管理技术和 ABC 分类法，不断提高仓库管理水平。仓库管理工作主要包括以下几方面的内容。

1．物料的验收入库　搞好验收入库，是对物料进行合理保管、合理使用的前提。搞好验收，才能保证入库物料的质量、数量符合合同规定，才能对库存物料进行合理的保管和使用。

物料验收入库要把好三关：首先要把好物料验收单据关。物料入库，保管员要亲自同交货人办理交接手续，核对清点物料的名称、数量是否一致，按物料交接本上的要求签字。其次，要把好物料的检验关。物料入库，应先进入待验区，未经检验合格不准进入货位。一般情况下应全部检验，以实际验收的数量为实收数。最后，要把好问题事项的处理关。物料验收合格，保管员凭发票所开列的名称、规格型号、数量、计量验收到位，入库各栏应填写清楚，并随同托收单交财务科记账。不合格品应隔离堆放，验收中发现的问题，应及时通知主管和经办人处理。托收单到而货未到，或货已到而无发票，均应向经办人反映查询，直至消除悬念挂账。

2．物料的储存保管　物料的存储保管采用“账物卡”一致的维持法。物料有两种记账方法：一本计算机账；另一本是随物置放一起的库存卡（见表 8-10）。此两料品账为互相核对用，物料实物与这两本账的数字保持一致。为此，必须做到：物料入出库必须都有凭证；物料入出库必须确实点数；物料入出库确实核对无误；养成即时登账的习惯；运用循环盘点的方式，随时保持一致；运用常时盘点的方式，并做整顿作业；经常进行储位整顿；严密仓库门禁管制。

表 8-10 库存卡

储位：________ No：________

料号：________ 单位：________

品名：________ 规格：________

订购点安全存量：________ 最低安全存量：________

日 期	凭单No	期 初 量	入 库 量	出 库 量	结 存 量	备 注

物料的储存保管应注意以下几方面：

1）物料的储存保管，原则上以物料的属性、特点和用途规划设计仓库，并根据仓库的条件考虑划区分工保管。

2）物料堆放的原则是在堆放合理安全的前提下，根据货物的特点，必须做到查点方便，成行成列，摆放整齐。

3）保管员对库存、代保管、待验物料以及设备、容器和工具等负有经济和法律责任。因此要坚决做到人各有责、物各有主、事事有人管。

4）保管物料要根据其自然属性，考虑储存的场所和保管常识处理，加强保管措施，使国家财产不发生保管责任损失。且同类物料堆放，要考虑先进先出，发货方便，留有回旋余地。

实践证明，先进的物料保管可以大大提高仓库的保管质量和工作效率。

3．物料的发放和盘点 物料的发放实行按计划限额发料制度。按“规定供应，节约用料”的原则，凭定额发料单、拨料单核对无误后予以发料，并坚持一盘点、二核对、三发料、四减数。对贪图方便，违反发料原则造成物资失效、霉变、大料小用、优材劣用以及差错等损失，仓管员应负经济责任；领料单应填明物料编号、名称、规格、型号、领料数量或物料用途，部门主管和零料人签名，属计划内的物料应有材料计划；属限额供应的物料应符合限额供应制度；属规定审批的物料应有审批人签字。同时，超领或生产损耗物料领料人未办手续，不得发料；调拨物料时，应该由部门主管和经理同时签名后，仓管员方可发料；对于专项申请用料，除计划采购员留作备用的数量外，均应由申请单位领用。常备用料，凡属可以分割另折的，本着节约的原则，都应另折供应，不准一次性发料；发料必须与领料人和接料生产车间办理交接，当面点交清楚，防止差错出门；发往外单位委外加工材料，应同样办理出库手续，但须在出库单上注明，并设置“发外加工登记簿”进行登记；对于一切手续不全的提货、领料事项、仓管员有权拒绝发货，并视其程度报告部门主管。

盘点的形式有永续盘点和全面盘点两种形式。盘点前先打印物料盘点卡（见表 8-11），由实际从事盘点者填入盘点数量，并签章；盘点卡的号码以流水号码编制，不可遗漏或跳号；盘点结束后，依序收回，作废及或写错须于卡上注明“作废”两字，不可另外集中存放。库存物料的盘点要坚持永续盘点，即每日对库存有变动的物料复核一次，每月抽查库存物料的一半，并结合季末和年末要逐项进行全面盘点。目的是使库存物料准确，及时发现物料的盈余、短缺、损坏、变质等情况，为计划、进货等工作提供可靠的情报。

表 8-11 盘点卡

库别：____________________ ______年______月______日

盘点卡号	料号	品名规格	单位	账面数量	实际数量	盘盈盘亏

会计： 主管： 仓管员：

账物卡三项不一致时，必须追查原因，原因不明时要使用存量调整单（见表 8-12），但须签核至授权主管。

表 8-12 库量调整单

No：____________________ ______年______月______日

料号	品名规格	单位	原库存数量	调整后数量	盘盈（+） 盘亏（-）	调整原因

核准： 主管： 填表：

想一想

1. 物料管理的基本任务是什么？
2. 物料消耗定额有哪些作用？工艺消耗定额和物料消耗定额有何区别？
3. 简述降低物料消耗定额的途径。
4. 降低库存可采用哪些措施？
5. 简述仓库管理的主要工作。

做一做

1. 某种物料的年需求总量为 15 000kg，每次订购费为 500 元，年保管费用率为 20%，物料单价为 15 元/kg。

（1）经济订购批量、供应间隔期是多少？

（2）一年（365 天）中应订货多少次？

2. 某企业年需某材料 3 800t，每批订购费 250 元，存储费用每吨每月 10 元。

（1）计算经济订购批量、订购间隔期、年最低订储总费用。

（2）采用定量订购方式，订购周期为 5 天，保险储备量为 50t，则库存量应降至什么水平提出订货？

3. 某企业年计划生产 8 000 件产品，假设每个生产周期的初装费为 150 元，每年每件产品的存储费为 2.6 元，每天生产产品 50 件，市场需求量每天 26 件。求最佳生产批量、最小费用和最大库存量。

4．某企业用直径 40mm 钢材加工甲轴毛坯，毛坯要求长度 118mm，切口损耗为 4mm，现有同型号的钢材三种，其长度分别为 492mm、538mm、620mm，该种钢材每米为 8kg，下料后的余料 50mm 以上是好材料，不作残料分摊。

（1）用哪种长度的材料下料最合适？

（2）请计算甲轴毛坯的单位钢材消耗定额。

案例分析

新华摩托车公司是一家批发和零售各种电动车的专营公司，年销售各类电动车 1 万多辆，年销售额 2 000 万元。电动车的采购办法是：参加生产厂家组织的订货会，签订下一年度的订货合同，然后按期到生产厂家办理提货手续，组织进货。由于公司离生产厂家较远，为避免缺货公司经常保持较高的库存量。近两年，由于新的销售电动车的企业越来越多，生意越来越难做。

2014 年年底，公司聘请了国内名牌高校的 MBA 毕业生张先生担任公司总经理。张总认为公司应按库存控制理论，在保证市场供应的前提下，尽量降低库存，这是提高经济效益的主要途径。

为此，张总首先以销量最大的 A 产品为例计算其经济批量，根据调查：A 产品年销量为 3 000 辆，价格为 25 000 元；采购成本为 11 400 元/次；每辆车的年维持库存费为 310 元/辆。所以，该产品的经济订购批量 Q 为

$$Q=\sqrt{\frac{2\times 3\,000\times 11\,400}{310}}\approx 70\text{（辆）}$$

年订购次数=3 000÷470≈7（次）

订购间隔期：由于公司除春节放假 5 天外天天营业，年营业日为 360 天，所以订购间隔=360÷7≈52（次）

订购点：A 产品的订购提前期为 25 天，安全库存为 40 辆，订购点=（25×3 000÷360）+40≈250（辆）

年库存成本=年订购成本+年维持费用=7×11 400+（470÷2+40）×310=165 050（元）

张总仔细调查了公司 A 产品的销售数据后发现，它的销量在一年中并不均衡，春节前后是销售高峰，春节后下个月销量骤降。其余各月波动不大。根据前几年销量的分布情况，张总决定调整订购时间及订购量：全年订购次数调整为 6 次，节省采购成本 11 400 元；根据销售情况确定每次订货量，并为此制定了订货量表，取消安全库存，延长订购提前期 5 天，预计降低维持成本 40 000 元。

实行采购费用承包制，每次采购费核定为 7 600 元，可降低订购成本=（11 400−7 600）×6=22 800 元。调整仓库租用方案：除春节外，其他时间仓库租用面积减少 1/3，预计降低成本 15 000 元。

张总认为，如果按其思路实施，可降低成本约 9 万元，经济效益明显。

思考题

张总的改进措施是否可行？能否达到他预计的目的？为什么？

第9章 设备管理

建议学时

6学时

知识目标

- 了解设备的分类，现代设备的特点，设备管理的概念、任务；
- 理解设备寿命周期；
- 掌握设备选择与评价的程序与方法；
- 了解设备的合理使用；
- 基本掌握设备的维护保养和检查；
- 了解设备更新与改造。

能力目标

- 具有设备选择与评价的基本能力；
- 具有编制设备维修计划的初步能力；
- 具备设备管理的基本能力。

素质目标

- 引导学生对设备管理人员职业素养的感性认识与理性思考；
- 培养严谨、科学等基本的职业素养；
- 培养设备管理员职业兴趣。

案例导读

某企业是国资委下属的大型国有企业，拥有专业设备 10 000 台（套），固定资产原值63亿元，资产净值40亿元，新度系数0.35。前几年由于资金紧张，设备更新速度缓慢，设备老化严重，严重影响了企业产品质量的提高，同时设备维修费用大幅上升，2010年设备维修费突破2亿元。

为了管好、用好这些设备，降低维修费用，提高设备的完好率和利用率，2011年企业决定在生产一线尝试采用预防维修制，取得了良好的效果。预防维修管理是一个全方位、系统性的管理模式，是有设备管理部门、使用单位、修理单位等密切合作完成的。设备管理部门建立预防性维修组织网络，完善相应的规章制度并做好监督检查，重点是设立“现场监督站、回厂检查监督站、修理监督站”三个监督站，确保预防性维修落实到位。

现场监督是对设备的现场使用、维护保养情况进行监督检查，检查仪现场检查和资料检查相结合的方式进行。特别是对重点设备进行跟踪检查，通过定期和不定期的检查监督，及时了解设备的运行状况，发现设备存在的隐患，就存在的问题分析原因，进行处理，采取必要的措施杜绝同类事故的发生。

回厂检查监督站是监督设备回厂检查情况，检查回厂检查项目是否完整、齐全，回厂检查资料是否健全，对问题的处理是否妥当。通过回厂检查消除设备的事故隐患。

修理监督站是全过程跟踪检查设备修理过程，特别是大修过程，做到检修项目到位、措施到位，提高修理质量，保证设备运转可靠。

通过一年的试点证明，设备非计划停机时间下降 50%，计划停机时间下降 20%，修理费用比计划降低 30%，及时保证了生产的需要。

2012 年，企业全面推行了此项工作。

2014 年，企业在此基础上进一步探索一条适合自己的 6S 活动、TPM 和精益生产的设备管理的路子，进一步提高了设备管理水平。

9.1 设备管理概述

设备是企业物质系统的重要组成部分，是企业进行产品生产的重要物质技术保证。随着科学技术的发展，它在现代化大生产中的作用与影响日益突出。而“设备”一词本身的含义极广，泛指为了组织生产和提供服务，为投入的劳动力和原材料所提供的各种相关劳动手段的总称。这里讨论的“设备”，主要是指为企业生产和服务或提供服务时所需的除土地、建筑物以外的有形固定资产，即生产所使用的各种机械的总称。

9.1.1 设备分类

企业生产中所用的设备由于企业性质不同及设备自身用途的不同，其在形状、大小、性能等方面是极不相同的，五花八门、种类繁多。为了便于管理，有必要进行分类。

由于分类的目的和角度不同，设备分类的方法也是多种多样的。可以从设备在生产和服务中的作用这一角度把企业生产中所用设备分为以下几类。

（1）生产工艺设备。生产工艺设备是指用来改变劳动对象的尺寸、形状和性能，使劳动对象发生物理和化学变化的那部分设备，如各种金属切削机床、锻压焊接设备等。

（2）辅助生产设备。辅助生产设备是指为主要生产提供服务的设备，如制造业中的动力、运输设备等。

（3）科研设备。科研设备是指企业内部进行科研实验用的测试设备、计量设备等。

（4）管理用设备。管理用设备是指企业经营管理中使用的各种计算机、复印机、传真机等办公设备。

（5）公用福利设施。公用福利设施主要是指企业内的医疗卫生设备、通信设备、炊事机械设备等。

设备的分类也可以从其他角度来进行，如按工艺性质可将制造业设备分为机械设备和动力设备。对设备进行合理分类，有助于编制相关的设备台账，有利于设备管理的进行。

9.1.2 现代设备的特点

随着科学技术的进步以及人类使用要求的提高，设备在自身的性能方面得到了很大发展，形成了许多与现代工业相适应的特点。现代设备普遍具有的一些特点如下：

（1）高速化。随着市场竞争的加剧，客户对产品供应时间要求越来越高；为适应这种变化，对设备加工速度的要求也越来越高。

（2）连续化。为了适应生产过程连续性的要求，减少设备加工中的不必要中断，设备的连续加工能力也成为现代设备的一个重要特点。

（3）多功能化。单一功能的设备已不能适应现代生产发展的需要，一机多能，提高设备利用率已成为一个方向，加工中心、柔性制造系统（FMS）、柔性制造单元（FMC）的出现就是十分显著的特点。

（4）自动化。随着设备制造技术的提高，自动控制设备被大量地应用于企业中，以部分代替以至于全部代替手工操作。

（5）精密化。随着对产品性能和质量要求的提高，对某些设备的制造与加工精度也提出了更高要求。

（6）两极化。某些设备出现大型复杂化趋势，而另一些设备则朝着小型简易化发展。

正是由于现代设备具有的这些特点，因而对现代企业的设备管理提出了与之相适应的要求。只有进行科学合理的现代化管理，才能使现代设备的优越性充分发挥出来。

9.1.3 设备管理

设备管理就是对设备运动全过程的计划、组织和控制。设备出了生产厂后就开始了它的运动过程，即从选购设备投入生产领域，之后在生产领域中使用、磨损、维修、改造，直至技术上、经济上不再适应生产和技术的需要而退出生产领域为止。设备的运动过程表现为两种形态：物质运动形态和价值运动形态。这是同一过程的两个方面，本质上是同时进行的。前者是指设备调研、规划、设计、制造、选购、安装、使用、维修、改造、更新、报废等；后者是指设备的初始投资、维修费用支出、折旧、更新改造资金的筹措、使用和支出等。因此，设备管理的根本目标是使设备的寿命周期费用最少而综合效能最高。

所谓设备寿命周期，是指设备从规划、购置、安装、调试、使用、维修直至改造、更新及报废全过程所经历的全部时间。

9.1.4 设备管理的任务

设备管理的基本任务如下：

（1）根据企业的经营目标及生产需要制订设备规划。

（2）按照技术上先进、经济上合理、生产上可行、技术服务好的原则，正确地选购设备，必要时组织设计和制造。

（3）设备的设计和制造应以系统论的观点，力求达到使用中准确、安全、可靠，维修中便于点检与修理，使设备有较高的利用率。

（4）安装调试即将投入运行的设备，并运用各种先进的检测手段，灵活采用各种维修方式，精心维护保养设备并及时检查设备运行状态确保生产正常进行。

（5）适时改造和更新设备，提高设备的现代化水平，使企业生产活动建立在最佳的物质技术基础上。

（6）搞好设备的有偿经营和有偿转让工作，盘活存量设备，使其得到优化配置，发挥最佳经济效益。

随着科学技术的发展，生产的现代化水平不断提高，设备日益向高、精、尖方向发展，设备管理的重要性更加突出。

9.2 设备的选择与评价

随着社会分工的深入，企业自行研制的设备是极其有限的，这就意味着企业在新建、扩建或设备更新时，更多情况下要从市场采购。因此，企业必须对所购置的设备进行技术经济论证，提出可供选择的方案，并最终确定较理想的方案，从而使企业购置到既符合生产要求又经济合理的设备。

9.2.1 设备的选择

设备的选择是设备管理的首要环节，既要满足当前生产的需要，又要结合企业长远生产经营战略全面考虑。选择设备的根本目的是要综合考虑技术、经济、社会环境等方面的多重因素和问题，将有限的设备投资用在生产必需上，以发挥投资的最大经济效益。设备选择是一项复杂的工作，应组织管理、技术、生产、财务等多个部门的人员对设备进行全面的定性、定量的分析，以做出正确选择。

选择设备时从技术方面出发主要应考虑以下因素：

（1）生产性（生产效率）。设备的生产效率是指单位时间内能生产的产品数量，是衡量机器设备的重要指标之一。购置设备时，既要考虑生产现状的要求，又要以发展的眼光看未来一定时期的生产要求，要同企业的长期规划结合起来，生产能力的不充分和过剩都是不足取的。

（2）可靠性。可靠性是指设备性能或精度的保持性、零件耐用性及安全可靠性，是设备在规定条件下和规定时间内，完成所需功能的用概率表示的产品特性。在生产过程中，要保证生产的连续性，保证严格的交货期，就必须拥有安全可靠的设备。

（3）节能性。节能性是指设备节约能源消耗的能力。节能好的设备表现为热效率高、能源利用率高、能源消耗少。节能不仅能降低成本，而且也符合人类的可持续发展思想。

（4）维修性。维修性是指设备结构及零部件等需要修理的系统易于维修的程度的大小及可否维修的情况。因为大多数设备难免出故障，所以当设备的其他因素基本一致时，应考虑选择结构合理、零部件通用、互换性好，易于检查、维护和修理的设备。

（5）成套性。设备成套是形成企业生产能力的前提条件。要使设备尽快形成生产能力，应考虑单机配套、机组配套、工程项目配套。

（6）灵活性。设备的灵活性包含以下几个内容：一是设备能够适应不同的工作环境和条件，操作使用比较方便和灵活；二是要有适应多种加工的性能，通用性要强；三是设备结构简单紧凑，重量轻、体积小，占用作业面积小，移动方便。

（7）安全性。由于设备的安全性对企业的生产安全、人员安全等方面关系重大，因此在选购时需谨慎抉择。

（8）备件供应及售后服务。企业应考察供货厂家的安装、调试、人员培训及维修服务的条件，确保良好的售后服务。这对于进口设备尤其重要。

（9）法律及环境保护。不能购置与政策、法律及环境不兼容的设备。

（10）交货。需要考虑供货厂家的信誉及交货期。

9.2.2 设备的评价

1．**设备的综合性评价** 影响设备选择的技术因素是相互联系、相互制约的。因此，在进行设备选择时，应对诸因素进行统筹权衡、综合评价，从而确定购置设备的最优方案。通常采用评分法来进行综合评价。其主要步骤是：首先，给每一个设备购置方案的各个技术因素评分；然后，通过一定的方法，计算出各方案的总得分；最后，选择总得分最高的方案为优选方案。总得分的计算可采用直接相加法，也可采用加权平均法。下面举例说明这两种方法。

【例 9-1】 某企业购置设备 A，有两个方案可供选择：甲方案和乙方案。两个方案的各项得分见表 9-1。

表 9-1 设备选择评分结果

序号	项目	权数	满分	实得分		加权平均	
				甲方案	乙方案	甲方案	乙方案
1	生产效率	0.128	10.0	7.0	9.5	0.896	1.216
2	可靠性	0.128	10.0	8.5	9.5	1.088	1.216
3	安全性	0.128	10.0	8.5	9.5	1.088	1.216
4	节能性	0.101	10.0	9.5	8.0	0.959 5	0.808
5	成套性	0.101	10.0	10.0	7.0	1.010	0.707
6	维修性	0.101	10.0	9.5	8.0	0.959 5	0.808
7	灵活性	0.101	10.0	9.5	8.5	0.959 5	0.858 5
8	法律及环保	0.128	10.0	9.0	9.0	1.152	1.152
9	备件供应及售后服务	0.084	10.0	9.5	9.0	0.798	0.756
合计		1.000	100.00	81	78	8.910 5	8.737 5

直接相加法：某方案总得分$=\sum$某方案项目实得分

比较两个方案的总得分，应选择甲方案。

直接相加法把各项因素重要性同等对待，这样做不是十分合理。为此，应采用加权平均法。其计算公式为：

$$\text{某方案总得分}=\frac{\sum \text{某方案项目实得分}\times\text{该项目权数}}{\sum \text{某项目权数}}$$

其中，某项目权数是根据其重要性来确定的，项目越重要，权数越大。

比较两个方案的总得分，应选择甲方案。

2．设备的经济评价 要拥有技术先进而又经济合理的理想设备，除考虑技术方面的可行性外，还应对设备进行必要的定量分析，看经济方面是否合理。国内外对设备经济评价的方法很多，主要是测算设备的寿命周期费用，即投资费和使用费。运用经济评价，首先要明确不同设备在购置时支付的售价、运输费、安装调试费用等，然后估算不同设备在投产运行后平均每年必须支付的能源消耗费、维修费、固定资产税、保险费、操作人员工资等，确定设备寿命周期费用较小的方案。

（1）投资回收期法。这是评价设备投资效益的主要方法。投资回收期是指用设备的盈利收入来偿还该设备支出所需要的时间。其计算公式为

$$\text{设备投资回收期/年}=\frac{\text{设备投资额/元}}{\text{新设备运行带来的净收益或节约额（元/年）}} \tag{9-1}$$

计算出的投资回收期越短，说明设备投资效果越好。

【例 9-2】 某企业购买新设备的三个投资方案的有关数据见表 9-2，根据计算确定最佳方案。

表 9-2 设备投资回收表

方 案	设备（最初）投资费用/元	采用该设备后年净节约额/元	设备投资回收期计算/年	决 策
甲	7 200	1 200	7 200÷1 200=6	×
乙	8 000	2 000	8 000÷2 000=4	√
丙	6 000	1 200	6 000÷1 200=5	×

由表 9-2 可知，企业可选择乙方案提出的设备进行购置。

（2）设备小时投资费用分析法。这是进行设备选择的一种简易经济评价法，是以设备每一工作小时的设备投资额作为设备经济评价的标准。其计算公式为

$$\text{设备每一工作小时的投资费用/元}=\frac{\text{设备投资费用/元}}{\text{设备使用寿命/h}} \tag{9-2}$$

计算出的设备小时投资费用越小越好。

（3）费用换算法。这种方法是根据设备最初一次投资费用和设备每年支付的维持费，按设备的寿命周期和利率，换算为设备每年的总费用或设备周期总费用，然后对不同方案进行比较、分析，做出优选。根据对设备费用换算方法的不同，分为年费法和现值法。

1）年费法（或称年价法、年值法）。运用这种方法时，首先把购置设备一次支出的设备费（指投资费）依据设备的寿命周期，按复利计算，换算成相当于每年的费用支出，然后再加上每年的使用费，得出不同设备的总费用，进行比较、分析，最后从中选出总费用最低的方案为最优设备选择方案。

设备的年费用计算公式为

$$C_I = I\frac{i(1+i)^n}{(1+i)^n-1}+C_0 \tag{9-3}$$

式中 C_I——年费用；

C_0——设备年使用费；

I——设备最初投资费；

i——年利率；

n——设备寿命周期。

【例 9-3】 设年利率为 6%，A、B 两台设备的相关参数见表 9-3。

表 9-3 设备使用表

设 备	初始投资/元	年使用费/元	寿命周期/年
A	7 000	2 500	10
B	10 000	2 000	10

由公式 9-3 得：

$$C_{IA}=7\,000\times\frac{6\%\times(1+6\%)^{10}}{(1+6\%)^{10}-1}+2\,500=3\,451\text{（元）}$$

$$C_{IB}=10\,000\times\frac{6\%\times(1+6\%)^{10}}{(1+6\%)^{10}-1}+2\,000=3\,359\text{（元）}$$

因为 C_{IA} 大于 C_{IB}，所以选择设备 B 较为经济，每年可比 A 设备节约 92 元。

2）现值法（或称现价法）。这种方法是将设备寿命周期每年的使用费用按复利率计算，换算成相当于最初一次性投资的总额，再加上设备的最初购置投资额，得到设备的寿命周期费用，选较少寿命周期费作为选择决策标准。

设备寿命周期费用计算公式为

$$C = I + C_0 \times \frac{(1+i)^n - 1}{i(1+i)^n} \tag{9-4}$$

式中 C——设备寿命周期费用。

【例 9-4】 仍以年费法中【例 9-3】为例，按现值法计算，应选哪台设备？

$$C_A=7\,000+2\,500\times\frac{(1+6\%)^{10}-1}{6\%(1+6\%)^{10}}=25\,400\text{（元）}$$

$$C_B=10\,000+2\,000\times\frac{(1+6\%)^{10}-1}{6\%(1+6\%)^{10}}=24\,720\text{（元）}$$

计算结果 C_A 大于 C_B，选择 B 设备同样优于 A 设备，因为 B 设备在 10 年内全部支出的现值比 A 设备少 680 元。

用年费法或现值评价设备投资方案时首先应比较各设备的寿命周期。如果各方案寿命周期相同，则两种评价方法均可采用；如果设备的寿命周期不同，考虑投资风险问题，则用年费法评价为好。另外，年费法和现值法的计算公式都是建立在设备是一次性最初投资，每年使用费用相同的假定上，如果上述假设不能成立，即设备投资费是分期支出，或各年使用费不同，或两个假定均不满足，则需要用投资决策的其他方法来选择。

（4）费用效率分析法（或称寿命周期费用法）。这种方法将综合效率与设备寿命周期费用结合在一起，以最佳费用效率作为选择准则。其计算公式为

$$\text{费用效率}=\frac{\text{综合效率}}{\text{寿命周期费用}} \tag{9-5}$$

上式中，综合效率包括以下 6 个方面。

1）P（产量）：要完成产品产量的任务，设备的效率要高。

2）Q（质量）：保证生产高质量的产品。

3）C（成本）：成本要低、维修费用要低。

4）D（交货期）：保证合同规定的交货期，不得延误。

5）S（安全）：保证安全生产。

6）M 有两方面的意义：一是环境，要求减少污染，保证环境卫生，文明生产；二是使工人保持旺盛的干劲和积极的劳动情绪。

寿命周期费用指设备寿命周期总费用，包括设备的购置费和维持费。

9.2.3 设备的安装与调试

设备购置或自制完成后，即进入安装与调试阶段，需要按照设备工艺平面布置图及有关安装技术要求，将外购或自制设备安装在基础上，进行找平、灌浆稳固，使设备安装精度达到安装规范的要求，并经调整、试运转、验收后移交生产部门。

在组织设备安装时，应考虑下列因素：

（1）设备的安装应与生产组织的要求相符合。

（2）方便工件的存放、运输和切削的清理。

（3）满足空间的要求。

（4）设备安装、维修及操作安全方面的要求。

（5）动力供应和劳动保护的要求。

设备的调试工作包括清洗、检查、调整和试运转。当设备安装就位后，应由设备的使用部门组织设备管理部门与工艺技术部门协同进行设备的调试工作。企业对设备的调试工作应予以充分重视，尤其是对高、精、尖设备和引进设备。组织好设备的调试工作不仅能在设备正式使用前发现设备存在的问题和缺陷，加以调整，以便尽早交付使用，而且还由于设备调试多由设备制造商负责，因此，对于设备使用部门来说也是一个熟悉和了解设备操作的极好机会，尤其对于一些引进设备，更应珍惜这种调试所带来的机会，以使设备尽快发挥全部作用。

9.3 设备的使用与维修

9.3.1 设备的合理使用

正确合理地使用设备，保持其良好的性能和应有的精度，既保证正常生产，减少设备的磨损，又可延长设备的使用寿命，从而充分发挥设备的效能。为此，企业必须做好以下几项工作：

（1）根据企业的生产特点和产品的工艺流程，合理地配备各种类型的机器设备。

（2）根据各种设备的性能、结构和技术经济特点，恰当地安排加工任务和工作负荷，使各种设备既能充分发挥作用，又不超其负荷极限，避免意外损坏，保证生产安全。

（3）为设备配备合格的操作人员。新工人在独立操作设备前，必须经过技术培训，培训内容应包括对设备结构、性能、安全操作规程、维护保养等方面的技术知识教育和实际操作训练，使操作者具备“三好”（管好设备、用好设备、修好设备）、“四会”（会使用、会保养、会检查、会排除一般故障）的基本要求。

（4）为设备创造良好的工作环境和工作条件。

（5）建立健全设备使用方面的规章制度。

9.3.2 设备的维护保养

机械设备在长时间的运行过程中，由于零部件之间相对运动的摩擦，会使零部件发生自然的磨损、锈蚀、老化变质等，所有这些都会使机械设备的技术状况逐渐劣化，性能逐渐下降，经济性、安全性、可靠性降低，并成为设备隐患，导致发生运转故障，因此，必须根据设备技术状况变化的规律，在零部件的磨损和损伤未达到引发故障的极限之前进行必要的保养。

1. 日常保养 日常保养又称例行保养或运行维护保养。日常保养作业在运行班内或在班前、班后的交接班时间内进行，应对设备进行日常的清洁、检查、紧固、润滑、调整、防腐和更换一些易损件，由操作人员执行，目的是提高设备的完好率和利用率。具体包括以下几个方面：

（1）机器周围地面的清洁。机器周围随时清理整洁干净，地面不应有油污、水或掉落地上的物料或产品，生产中所造成的废品应集中，并快速处理。

（2）机器表面擦拭清洁。机器是否保养得好，第一个看到的就是机器表面是否经常保持干净，工具是否按规定摆放，机器表面是否摆放不该摆放的物品。

（3）加油润滑。润滑油或冷却液的种类很多，需按照规定添加，并经常检查油路是否畅通。

（4）上紧紧固件。机器操作过程中，是否有异声或振动，经常性检查上紧紧固件。

（5）更换或调整皮带。检查皮带是否松动或呈劣化，调整或更换皮带。

（6）制动开关是否正常。

（7）机器安全装置是否完整。

（8）气动机器每日定时排水，下班时放气。

2. 定期分级保养 定期分级保养的级别是按执行保养作业的时间间隔周期与作业的广度和深度划分的。低级保养的间隔周期短、作业广度小、深度浅，高级保养的间隔周期长、作业广度大、深度深。由于不同行业的生产工艺、生产过程不同，对定期分级保养制度在执行上有较大差异。例如，汽车运输行业实行三级保养制；机械制造行业的三级保养列入了日常保养一级，实行的是日常保养、一级保养、二级保养。下面介绍设备的三级保养。

（1）日常保养。日常保养操作工人必须做到：班前对设备进行检查，看零部件是否完整，传动部分是否灵活，螺钉是否拧紧，按规定进行润滑；班中严格按操作规程使用设备，经常检查设备精度变化，发现问题及时处理；下班前对设备进行认真清扫和擦拭。

每周末要对设备进行彻底的清扫、检查，并达到下述要求。

1）整齐：工具、工件、附件放置整齐。

2）清洁：设备内外清洁，各滑动面、丝杠、齿轮、齿条等处无油污、划伤、碰伤，各部分不漏油、不滴水、不漏气（汽）、不漏电，切屑和垃圾清扫干净。

3）润滑：按时加油、换油，油质符合要求，油壶、油枪、油杯、油毡和油线清洁齐全，油标、油窗明亮醒目。

4）安全：防护装置齐全，保险装置可靠，电器电路绝缘和保护接地良好，冷却装置运行正常。

（2）一级保养。一级保养由操作工人保养，维修工指导。主要内容包括：按计划对设备重点部位进行局部拆卸检查，彻底清洗外表和内部，疏通油路，治理泄漏，清洗和更换油毡、油线和滤油器，调整零部件的配合间隙，紧固所有螺栓。电器部分由维修电工负责保养。每2～3个月或累计运转500h保养一次。

（3）二级保养。二级保养以维修工人为主，操作工人参加，每运转 1 年或累计运转2 500～2 800h 进行一次，精密设备可适当延长。二级保养的主要内容是：根据设备使用情况，对设备进行分解检查和清洗；对传动箱、液压箱、冷却箱进行清洗和换油；修复或更换易损件；检修电器箱、电机、电路；检查、调整、修复精度，校正水平；局部修刮或填补划痕。

对于精密机床进行单独的定期精度检验，将检查项目的精度实测值与规定的允许值进行比较，确定维修要求。

9.3.3 设备的检查

设备检查是对设备的运行情况、工作精度、磨损程度进行检查和校验。这里重点介绍设备点检制度。

设备点检是指为了准确掌握设备所规定的机能，按预先规定的标准，通过人的五官和运用检测手段，对设备规定的部位进行有无异常的检查，使设备的异常和劣化能够早期发现、早期预防、早期“治疗”。这是一种先进的设备维护管理方法，其指导思想是推行全员和全面设备管理，以“预知维修制”取代“预防维修制”。设备点检中的“点”是指设备的关键部位。通过点检，目的就是要能够及时发现设备异常、缺陷和隐患，以防因突发故障而影响生产和使生产质量下降、维修费用和运转费用增加，影响安全，降低设备的使用寿命等，将故障可能造成的损失控制在最小范围。

1. 设备点检的主要内容

（1）日常检查。日常检查由操作人员（或专职点检人员）根据规定标准，针对设备的关键部位，了解运行是否正常，并对设备进行必要的清洁、润滑、紧固和调整，并将检查结果记入标准的日常点检卡或表中。

（2）定期检查。定期检查由维修人员（或专职点检员）凭五官和专门检测工具，定期对设备的技术状况进行全面检查和测定，测定设备的精度和性能以及设备的劣化程度，查明不能正常工作的原因，并记录下次检修时应消除的缺陷。定期检查内容比较复杂，一般需停机进行，且时间较长，所以，主要对象是重点生产设备。并且要注意，定期点检的计划要与生产计划相互协调。其周期一般可分为周、月、季度、半年、一年等。

（3）专项检查。专项检查是由专职维修人员（含工程技术人员）针对特定的项目进行的定期或不定期的检查测定。

根据设备管理层次的不同，设备点检又可分为“厂控”点检和一般点检。前者是由厂部直接管理组织，一般适用于关键设备和公用设备；一般点检则是由车间管理组织，是针对局部性设备进行的。

2. 在设备点检工作中应注意的问题　在设备点检工作中应注意的问题如下：

（1）正确确定检查点。要将设备的关键部位和薄弱环节作为检查点，其数目要符合要求，一经确定不应随意更改。

（2）明确检查点的检查内容或项目，进行规范化的登记。

（3）判定标准明晰并尽可能定量化。

（4）合理地确定点检周期。周期的确定要根据生产工艺特点及检查点在维持生产或安全上的重要性，结合设备维修经验来制订。这是一个需要不断摸索的过程，可先拟订一个周期试行一定时间，再结合试行期间的情况进行全面分析，最后拟订出切合实际的点检周期。在完全无经验可循的情况下，也可用理论方法先推出一个周期，再在试行中调整。如“费用损失系数”法，计算公式如下：

$$T=\sqrt{\frac{2A}{rB}} \tag{9-6}$$

式中　A——每次定期点检的检查费用（含停产损失）；

B——单位时间内由于发生故障所造成的损失；

r——单位时间故障发生次数。

（5）正确编制点检表。需在表中明确检查点、检查项目、检查周期、检查方法、判断标准，并统一记录符号，编制力求简明易懂，便于使用。

（6）认真做好记录和分析。检查人员记录要准确、全面、简明和规范，设备工程师和设备管理部门要及时检查记录，并进行分析研究，及时处理存在的问题。

（7）做好全面管理工作。要形成一个从厂部到车间的严密的设备点检管理网，制订岗位责任制，明确人员及职责范围，并对各单位的点检工作进行定期检查、考核和奖评。

9.3.4　设备的修理

设备修理是指更换与修理已磨损的零件、部件及附属设施，恢复已经损坏的设备的工作性能、精度和工作效率，对设备磨损进行的一种技术补偿活动。

1. 零件的磨损与设备的故障规律

（1）设备的磨损。设备磨损是设备在使用或闲置过程中逐渐发生的各种物质损坏、性能劣化和价值贬值的现象。设备的磨损可分为有形磨损和无形磨损。

1）有形磨损。设备在使用或闲置过程中发生的实体磨损或损坏称为有形磨损或物质磨损。有形磨损的形式主要有机械磨损、疲劳和断裂、腐蚀、变形、老化等。机械磨损是一个物体由于机械的原因，即与另一物体发生接触和相对运动而造成表面材料不断损失的过程。这种损失通常表现为产生磨屑和表面性能的变化；疲劳是由振动和交变载荷引起的，可使机件产生裂纹，扩展而导致断裂；磨蚀是指由于机件与周围介质发生化学作用或电化学作用所引起的损坏。磨蚀与老化在设备闲置时也会发生，与闲置时间和保管条件有关。以上各种磨损在许多情况下是共同发生作用的，在共同作用下使设备的损坏程度加剧。设备的有形磨损有自己的规律，正常情况下可分为三个阶段，如图 9-1 所示。

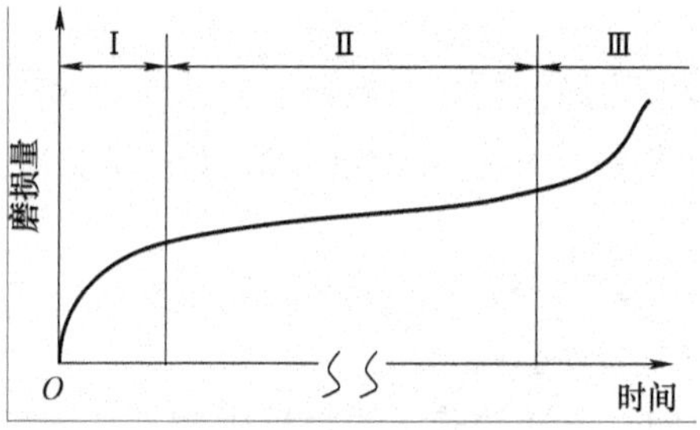

图 9-1 设备有形磨损变化曲线

第Ⅰ阶段称为初期磨损阶段。这一阶段，零件之间表面的粗糙不平部分被迅速磨去，磨损速度较快，但时间较短。例如一辆新买回来的自行车不一定轻便好骑，而骑了一段时间后就会感到很轻便了，这是因为自行车上有相对运动的零件经过磨合后达到一种良好的配合状态，进入了正常磨损期。

第Ⅱ阶段是正常磨损期，这一阶段设备处于最佳运动状态，磨损速度缓慢，磨损量小，曲线呈平稳状态。这个阶段生产效率较高，对产品质量最有保证，因此，要合理使用设备，精心维护，最大限度地延长设备的使用寿命，达到最佳的经济效果。

第Ⅲ阶段称急剧磨损阶段。这一阶段，零件正常磨损关系被破坏，磨损急剧增加，设备的精度、性能和生产效率迅速降低。一般情况下不能允许设备使用到急剧磨损阶段，而应在正常磨损阶段后期就应修复或更换。否则将加大修理工作量，增加修理费用，延长设备停工修理时间。

2）无形磨损。无形磨损又称经济磨损或经济劣化，是指由于科学技术的进步而不断出现结构更加先进、技术更加完善、生产效率更高、能源和原材料消耗更少的设备，致使原有设备的价值降低（技术性无形磨损）；或者由于工艺改进、操作熟练程度提高、生产规模加大等，使相同结构设备的重置价值不断降低而导致的原有设备贬值（经济性无形磨损）。经济性无形磨损，虽然使机器设备的价值部分贬值，但设备本身的技术特性和功能不受影响，其使用价值并未因此发生变化，所以，不必提前更换现有设备。而技术性无形磨损则不仅使原有设备贬值，而且还造成其使用价值局部或全部丧失。这是因为，新技术的发明和应用，会使原有设备的经济效率低于社会平均水平，因而有必要对原设备进行改造或用新设备代替现有设备。

3）综合磨损。机器设备在其使用期内，两种磨损同时作用，均引起设备原始价值的贬低，即为综合磨损。若设备已遭受严重的有形磨损，但其无形磨损还未到，则无须更换，只要对遭磨损的部件进行修理或更换即可；若设备无形磨损期早于有形磨损期到来，这时面临两种选择：继续使用原设备，还是更换尚未折旧的原有设备，这取决于其经济性。最好是两种磨损期相互接近，当设备需进行大修时，恰好到了更换期，这在实际生产中很难达到。

设备的磨损形式不同，补偿方式也不一样。补偿分为局部补偿和完全补偿。设备有形磨损的局部补偿是修理；无形磨损的局部补偿是现代化改装和技术改造；有形磨损和无形磨损的完全补偿是更新。

设备的各种磨损形式及其补偿方式的相互关系如图 9-2 所示。

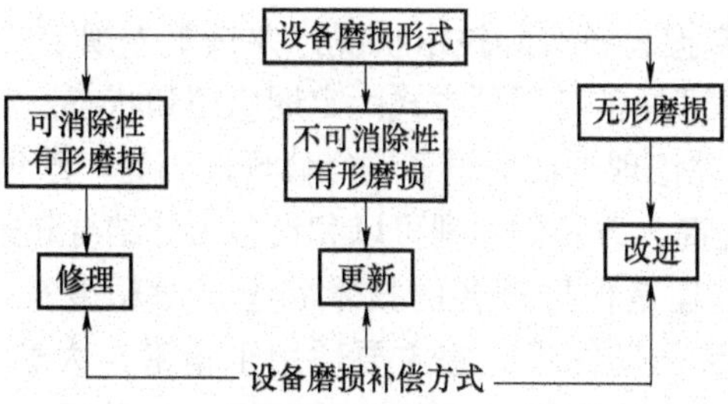

图9-2 设备各种磨损形式及其补偿方式的相互关系

（2）设备的故障规律。设备的故障是指设备或其零件在运行过程中发生的丧失其规定功能的不正常现象。正确分析和掌握设备故障发生的规律，减少故障的发生，是设备管理中的一个重要问题。

一台设备从投入运行到大修或报废，故障的发生是有一定规律的。研究表明，设备的故障率（故障率是指工作到某一时间的设备，在未来单位时间内发生故障的比率）在整个设备使用期间是呈一条所谓的“浴盆曲线”分布的，如图9-3所示。

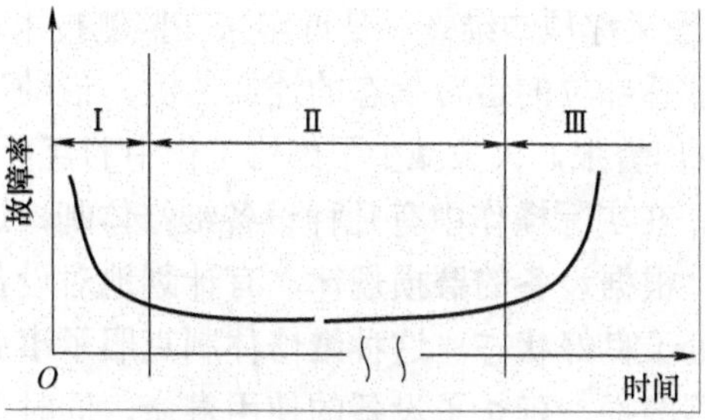

图9-3 设备故障率变化曲线

根据故障率的变化情况，故障的发展过程可分为三个时期：第Ⅰ时期为初期故障期。这个阶段的故障主要是设计上的缺陷、制造质量欠佳造成的，或者是新装配的零件没有磨合、搬运和安装大意以及操作者不适应等原因造成的，开始时故障率较高，然后逐渐降低，再过一段时间故障率就较为稳定了。这一时期减少故障的措施有：细致地研究操作方法，并将设计制造中的缺陷及时反馈给有关部门；谨慎搬运、安装，严格进行试运行并及时消除缺陷；加强岗位培训，提高操作者的技术熟练程度。

第Ⅱ阶段为偶发故障期。这一阶段设备已进入正常运转阶段，故障很少。在一般情况下，大部分是因操作失误、保养不善、设备使用条件不完备而引起的偶然故障。这一阶段持续时间较长，是设备最佳使用期，决定着设备寿命的长短，这一时期的设备管理主要任务是搞好日常维修保养，提高生产工人的操作水平和责任心，从而有效地延长设备寿命。

第Ⅲ阶段为劣化故障期。在这个阶段，由于设备的某些零件已进入剧烈磨损阶段或已经老化，因而，故障率迅速上升。这时设备已经不能进行正常工作，必须停机检修，更换已损坏的零件，以降低故障率，延长设备的有效寿命。

2．设备的计划修理

（1）修理方式。根据修理的目的、规模、效益，修理的方式可分为以下几种。

1）预防性修理。预防性修理是指为了防止设备性能、精度的劣化，减少事故，通过日常点检、定期点检等，准确掌握设备实际技术状况，并按事先规定的计划和技术要求对设备所进行的修理活动。预防性修理通常有两种方式：定期修理和状态监测修理。

2）改善性修理。改善性修理是在对设备进行修理的同时，改进设备的局部结构或零件设计，使设备原有性能得到提高。改善性修理可以和设备大修结合起来进行。

3）项目修理。项目修理是根据设备的技术状态，对精度丧失或达不到工艺要求的项目进行的针对性修理，又称局部修理。它主要适用于精密、大型、稀有、关键设备及其重点部位；生产线、成套设备、流程设备中关键单项设备及其重点部位；专用设备中对工艺要求有影响的部位；通用设备中影响精度、性能的部位。进行项目修理时要对设备进行局部解体、修复或更换磨损部件，必要时进行局部刮研，校正设备的坐标，以恢复其精度、性能。

4）同步修理。如果一台设备上的两个或两个以上的零部件在同一时间内损坏，使其故障同步化，则可同时对其进行更换和修理。这样使修理停机时间减少一半，若设备中各零件故障周期接近的越多，修理停机时间就越短，经济效果越好。同步修理一般用于关键、大型、昂贵、复杂的设备及流水线上的设备。

5）预知修理。预知修理又称预知维修，是近年来在监测技术基础上发展起来的一种维修技术。它通过对设备故障敏感部位的运转状态的连续监测，借助计算机对监测信息的处理，预测出将要发生的故障并发出警报，大大减少了维修工作中的盲目性。

（2）计划预防修理制。在实际操作中有几种设备维修体制，这里重点介绍计划预修制。它是按照预防为主的原则，根据设备的磨损规律，有计划地对设备进行日常维护保养、检查和修理，以保证设备经常处于良好状态。这种维修体制克服了事后修理的缺陷，及时发现设备隐患，避免了设备的剧烈磨损，延长了设备的使用寿命，同时也利于缩短修理时间，提高维修效率。

计划预修制的主要内容是日常维护、定期检查、计划修理。计划修理的主要工作有小修、中修、大修。

小修是对设备的局部维修，通常只更换或修复少量的磨损零件，排除故障或清洗设备，紧固调整零部件。小修是工作量最小的设备修理，但其次数多，一般结合日常检查和保养进行。

中修是对设备主要零部件所进行的修理。要求更换和修复设备磨损机件，校正设备的基准，以恢复设备性能、精度等技术指标，保证其达到工艺要求。

大修是对设备进行全面的修理，即将设备进行全面拆卸，更新或修复全部的磨损部件，校正和调整整台设备，恢复设备原有的精度、性能和生产效率，并对设备外部重新喷漆等。其工作量大，修理费用高，所以，大修之前一定要精心计划，并可结合技术改造进行，从而提高设备的效率和先进性。

一般在设备的说明书中，都规定大、中、小修的期限。但设备运行状况的影响因素较多，其修理期限应根据具体情况来掌握。

计划预修制作为一种比较科学的预防维修制度已充分达到人们的认同，但仍然存在不完善之处。例如，不能很好地解决修理计划切合实际的问题，对生产工人参与维修、保养限制较多等，所以应在实践中不断总结经验，使这种维修制度得到全面的提升。

（3）设备修理计划。设备修理计划是企业生产经营计划的重要组成部分，由动力设备部门负责编制，一般包括年度计划、季度计划、月度修理作业计划和单台设备大修计划。

编制设备修理计划的依据主要有：

1）通过设备检查发现设备技术性能劣化状况。

2）设备加工精度不良，尺寸和表面形状及位置公差不达技术要求。

3）设备机能差，动作不良。

在设备修理计划中要规定企业计划期内修理设备的类别、内容、日期、修理工作量、修理停歇时间、修理所需的材料、备件及费用等。这些项目要依据定额确定。

1）修理周期定额。修理周期定额包括修理周期、修理间隔期、设备的检查间隔期和修理周期结构。

修理周期是指相邻两次大修之间的间隔时间。

修理间隔期是指相邻两次修理（不论是大修、中修、小修）之间的间隔时间。

设备的检查间隔期是指定期检查与相邻的计划修理之间的时间间隔。

修理周期结构是指一个修理周期内所安排的各种检修保养次数和排列顺序。

2）修理工作定额。修理工作定额主要包括修理劳动量定额、修理停歇时间定额、修理费用定额和修理用材料定额等。

设备修理劳动量定额是各种设备修理工作的劳动时间标准。修理劳动量定额通常是以一个修理复杂系数所需的劳动时间表示的，见表9-4。

表9-4 设备修理劳动量定额（单位：h/F）

设备类别	大修					中修					小修			
	合计	钳工	机工	电工	其他	合计	钳工	机工	电工	其他	合计	钳工	机工	电工
精密机床	119	65	30	20	4	79	45	20	10	4	19.5	13	5	1.5
大型机床	90	50	20	16	4	64	35	15	10	4	16.5	11	4	1.5
一般机床	76	40	20	12	4	57	30	13	10	4	13.5	9	3	1.5
锻压设备	94	44	30	10	10	65	32	20	8	5	14	10	3	1
起重设备	75	40	15	12	8	65	32	20	8	5	8	5	2	1
电器设备	36	2	4	30		18	1	2	15		7.5		0.5	7
动力设备	90	45	25	16	4	64	35	15	10	4	16.5	11	4	1.5

设备修理停歇时间定额是指设备从停机修理起到修理工作结束验收合格重新投入生产使用所经过时间的标准。设备修理停歇时间的长短主要取决于修理钳工劳动量，也可按一个修理复杂系数来规定，见表9-5。

表9-5 设备修理停歇时间定额（单位：天/F）

修理类别	停歇时间定额	修理类别	停歇时间定额
修前检查	0.2～0.3	中修（项修）	1～1.5
小修	0.3～0.5	大修	2.5～3.5

修理费用定额是指一个修理复杂系数所需的费用标准。由于企业的管理水平不一，工艺装备及修理工人的平均技术等级不一，故大修理的费用定额也不相同，但应努力逐步达到标准级定额。

修理用材料定额可以用一个修理复杂系数为单位来制定。表 9-6 为金属切削机床修理用主要原材料定额。

表 9-6 金属切削机床修理用主要原材料定额 （单位：kg/F）

修理类别	铸铁	铸钢	耐磨铸铁	碳素钢	合金钢	型钢	有色金属
大修	8	0.25	1	13.5	6.6	0.5	1.6
项修	4	0.2	0.3	8	3	0.3	1
小修	1	0.05	0.1	2	1	0.1	0.5

（4）设备修理计划的编制。在确定了上述修理定额后，就可编制设备修理计划了。在制订年度计划时，除各项定额外，还要注意收集以前设备的维修记录、故障统计分析、全厂设备技术检查鉴定情况及计划期各车间的生产计划等资料，由机械动力部门在上年第三季度提出设备修理计划（草案），交计划部门综合平衡后，作必要的调整和修订。年度计划编好后，为了使年度计划得到充分实施，还需编制季度和月度的修理计划。季度修理计划在计划季度前一个月根据年度计划结合本季具体情况编制。月度修理计划，作为具体的执行计划，在编制时要优先安排和采取措施积极完成跨月的检修项目和上月未完成计划的项目，并尽量做到平衡、合理地利用劳动力，编排出作业进度，搞好劳动组织和派工工作。为了缩短修理停歇时间，更好地组织设备的修理工作，对比较复杂的大型设备还应编制单台设备大修计划，一般采用网络计划技术来编制这种计划。

3. 设备的故障修理

（1）设备故障的种类。设备故障可分为突发故障和渐发性故障。

突发故障是指通过事先测试和监控，无明显征兆，并无发展过程的随机故障。此故障的发生概率同使用的时间无关，如冷却液、润滑油突然中断，超负荷引起零件损坏等。

渐发性故障是指通过事先的测试或监控能预测到的故障。故障的发生概率与使用时间有关，即使用时间越长，故障发生概率越高，如零件的磨损、腐蚀、老化等。

（2）设备的故障修理。设备使用部门遇到以下情况时，填报故障修理委托书，向设备维修部门提出以下修理要求：

1）突然发生故障。

2）日常点检，发现了必须立即由维修专业人员排除的故障或缺陷。

3）定期检查发现的，确有必要立即修理的故障。

4）由于设备的原因，造成了废品。

维修部门接到故障修理委托书，或看到生产工人打开了生产线附近的故障信号灯时，应立即赶到现场进行抢修。特别是重点设备的故障要优先进行抢修，以缩短修复时间，如若情况紧急，来不及办理委托手续，则可先进行修理，后补办手续。维修工人要认真做好维修记录，并在分析故障原因的基础上，采取有效的防范措施，防止故障再次发生。

9.4 设备更新与改造

设备更新主要是用技术上先进、经济上合理的新设备更换已陈旧和不能再继续使用的设备，或在技术上已不能满足产品质量要求，在经济上又很不合理的设备，使企业生产手段经常保持在先进水平上。

9.4.1 设备的寿命

1．自然寿命 从设备投入生产开始到设备报废为止所经历的时间称为设备的自然寿命。自然寿命主要取决于设备本身的质量、使用、维修、保管的状况。其报废界限是根据最后一次大修费用是否合算的经济界限来确定。

2．技术寿命 由于科学技术的发展，技术上更先进、经济上更合理的同类设备不断出现，使现有设备在自然寿命尚未结束前就被淘汰，这种寿命被称为技术寿命。设备技术寿命的长短取决于科学技术发展的速度。技术寿命是设备的有效寿命，企业也越来越重视设备的技术寿命。

3．经济寿命 经济寿命是设备的费用寿命，是从设备开始投入使用到由于使用费用的原因而停止使用为止所经历的时间。当设备进入剧烈磨损期，由于维修费用的增加会造成经济上的不合算，所以，综合效益低是其报废的年限。

在进行设备更新时，既要考虑设备的自然寿命，又要考虑设备的技术寿命和经济寿命。

9.4.2 设备补偿形式的确定

设备大修、改造与更新都是对设备磨损的补偿。在人力、资金、技术、资源都可行的条件下，决策的依据就是设备磨损的性质相同情况下方案的经济性。

1．设备大修与更新的经济界限 设备大修与更新可补偿设备的有形磨损。

当 $R<K_a-L$ 且 $C_R<C_n$ 时，应选用设备大修方案；反之，则应选择更新。

式中 R——设备大修费；

K_a——设备重置费；

L——设备残值；

C_R——设备大修后产品生产成本；

C_n——设备更新后产品生产成本。

2．改造与更新的经济界限 改造与更新不仅可以补偿有形磨损，而且可补偿无形磨损。

当 $R+K_m+S_e<K_x\alpha\beta+S_a$ 且 $C_m<C_{nx}$ 时，改造可行；反之，考虑更新。

式中 R——设备修理费；

K_m——设备改造费；

S_e——改造时停产损失；

K_x——新设备购置费；

α——生产效率系数；

β——大修间隔系数；

S_a——未折旧完损失；

C_m——改造后生产成本；

C_{nx}——新设备产品生产成本。

9.4.3 设备更新期的确定

为使设备更新经济合理，应考虑设备的三种寿命来确定其最佳更新周期。从理论上来讲，三种设备寿命终点均可作为设备更新时机，而从经济角度出发，设备的合理使用年限为设备经济寿命。设备经济寿命的计算方法很多，下面介绍两种常用的方法。

1．低劣化数值法 低劣化数值法是一种用设备年平均总费用的高低来确定设备经济寿命的方法。设备的最佳使用年限为

$$T_0 = \sqrt{\frac{2K_0}{G}} \tag{9-7}$$

式中 K_0——设备的原始价值（购置费）；

G——设备的年劣化值。

随着设备使用年限的增长，按年平均设备费用不断减少，但设备的维护修理费用及燃料、动力消耗增加，称为设备的劣化。

【例9-5】 某设备的购置费用为800元，每年低劣化递增值320元，则

$$T_0 = \sqrt{\frac{2K_0}{G}} = \sqrt{\frac{2\times 8\ 000}{320}} = 7\text{（年）}$$

即该设备的经济寿命为7年。以上计算未考虑利息因素。

2．面值法 面值法是以同类型设备的统计资料为依据，不考虑利息和大修及经营上的经济效益，通常分析计算其年度使用费用以确定设备经济寿命的一种方法。此方法适用于军用武器装备，如大炮、坦克等，很难计算其经济效益，用面值法比较合适。其计算公式为

$$P_n = \frac{M - L_n + \sum y_t}{n} \tag{9-8}$$

式中 P_n——第 n 年的年度使用费；

M——设备原值；

L_n——第 n 年的实际残值；

y_t——第 t 年的维持费（t=1，2，3，…，n）；

n——设备使用年限。

9.4.4 设备改造

当更新设备的条件受到限制时或更新效果不佳时，可考虑进行设备改造。即用现代化技术和先进经验，根据生产发展的需要，改变原有设备的结构，或增添新部件、新装置，改善原有设备的技术性能和使用指标，使它局部达到目前新设备的水平。

1．现代化改造的作用 现代化改造是个有益的选择，具体如下：

（1）改造是根据具体的生产需要来改装，针对性强、适应性高。

（2）改造可以改善设备的构成比，使设备在拥有量构成上向先进技术转化。

（3）改造可及时满足企业对新设备的需要，因为改装可以在较短时间内完成，这对企业

发展新品种生产是非常有利的。

（4）投资少。工业比较发达、设备制造能力比较强的国家，都很重视设备改造。一些发达国家的机床制造公司同时承担现代化改造的订货，这些公司不仅对老设备进行改造，同时对技术先进的设备也进行改装，使其成为性能更好的设备，协助企业使设备水平跟上科学技术的发展和现时生产的需要。企业进行产品改型，扩大产量，也常常是通过增加一部分新设备、保留一部分原有设备，再改造一部分现有设备来实现的，因而时间短，投资少，效果好。

2. 设备改造的内容 设备改造的内容很广泛，主要包括：

（1）提高设备的自动化程度，实现数控化、联动化。

（2）提高设备功率、速度、刚度，以及扩大、改善设备的工艺性能。

（3）将设备改装成高效、专用设备。

（4）提高设备零部件的可靠性和维修性。

（5）实现加工对象尺寸公差的自动控制。

（6）改装设备监测监控装置。

（7）改进润滑、冷却系统。

（8）改进安全、保护装置和环境污染系统。

（9）降低设备原材料及能源消耗。

（10）提高三化水平，使零部件通用化、系列化、标准化。

9.5 设备综合工程学与全员设备管理

设备综合工程学和全员设备管理是设备综合管理的两个典型代表。

9.5.1 设备综合工程学

设备综合工程学（Terotechnology）是英国学者丹尼斯·帕克斯（Dennis Parkes）于 1971 年首先提出的，继而在各国广为流传。其形成过程中，系统论、控制论、信息论起着重要作用，其实质上是“三论”的基本原理在设备管理中的体现和应用，同时它也吸收了科技方面的新成就，主要是故障物理学、可靠性工程、维修性工程、摩擦学等。

依据英国工商部下的定义，设备综合工程学是为了谋求经济的寿命周期费用的最大程度节约而把适用于有形资产的有关工程技术、管理、财务等实际业务工作加以综合研究的科学。工厂机械、装置、建筑物的可靠性和有关可靠性的方案、设计、使用和费用的信息反馈，都属于它的研究范围。通俗地讲，设备综合工程学是一门以设备一生为研究对象，以提高设备综合效率，使其寿命周期费用最经济为目的的综合性管理科学。

设备综合工程学具有以下几方面的特点：

（1）设备综合工程学把寿命周期费用作为评价设备工作的重要经济指标，其研究目的是寻求设备的寿命周期费用最经济，而不是某一阶段（制造、维修等）费用的经济性。

设备的寿命周期费用是设备一生的总费用，是指设备的计划（规划、方案）→研究→设计→试制→制造→安装→调试→试运行→使用→维修→改造→报废全过程所发生的与设备有关的总费用。它由两大部分组成：设备的设置费和设备的维持费。计算寿命周期费用的主要优点是：可以使设备的用户和制造者都讲究和追求在设备的整个寿命周期所花费的费用最少。

（2）设备综合工程学运用工程技术、管理数学、经济学、心理学等学科知识，对与设备有关的工程技术、管理、财务等方面进行综合性管理，符合现代化设备管理要求。

1）从工程技术方面来看：高度自动化、精密化的设备，正是综合了机械、电子、化学、环保技术、安全技术等各种专门科学技术成果的结晶。随着科技的发展，机械、电气、电子等各种专业技术纵向的分科越来越细，向着各自领域的更高水平发展。但是，另一方面，以宇航技术等特大型综合技术的研究为例，又需要把各种专门技术和专家结合起来，形成新的系统概念，因而横向的综合科学也发展起来了。现代企业中高度自动化、精密化的设备也是综合了各种专门技术的高度复杂的装置，因此对企业的设备也应当树立系统概念，创立综合科学，将各种专门技术从横的方向上联系起来。设备综合工程学就是这种多学科综合性的工程技术。

2）从财务方面看：对同等技术的设备的价格及其制造和维修等费用要进行核算，对折旧、经济寿命等进行认真的计算与比较。

3）从管理方面看：必须研究组织与人员和管理体制，研究行为科学等应用。现在管理学上有两个学派：一是技术学派。把自然科学方面的成果用到设备管理上，如用数学、电子计算机来管理备品、备件，用数学中的概率论来测算设备故障，用网络技术来组织设备修理；二是行为科学学派。用心理学、社会科学成果来管理设备，主张用调整人的关系来管理，即日本的自主管理。

（3）设备综合工程学重点研究设备的可靠性、维修性，从设计阶段入手，降低寿命周期费用。

可靠性、维修性设计的理想极限是“无维修”，即不需要维修保养。无维修设计是设备综合工程学的重要概念，也是它所追求的重要目标。

无维修设计就是在设计阶段要考虑可靠性和维修性，以达到在使用阶段维持费用最小的目标。其评价标准为设备利用率，设备利用率的计算公式为

$$A=\frac{Tu}{Tu+TD} \tag{9-9}$$

式中 A——设备利用率；

Tu——可能工作时间；

TD——维修保养时间。

可能工作时间越多，设备可靠性越大，维修保养时间越少，设备维修性越好。

要使 $Tu\to\infty$，必须提高设备可靠性，尽可能延长设备连续运行时间。为此要延长设备零部件的使用寿命。

要使 $TD\to 0$，必须提高设备维修性，尽可能缩短维修作业所占用的时间。措施包括：一是改进维修保养人员的工作，即改进维修保养作业方法，提高工作效率，完善维修保养作业所需零件、材料、工具、设备、图样、标准件的管理，缩短维修保养时间；二是改进设备的结构和材质。

（4）把设备的一生即整个寿命周期作为研究和管理的对象，系统地改善各个环节的机

能。设备是工厂的构成要素，如果把整个企业的设备有机地组织起来，成为一个较大系统，或称母系统，那么，设备本身又是由许多零部件组成的一个集体，也是一个系统，或称子系统。一个系统包含有输入物、输出物、处理机构、管理和反馈 5 个部分。对于设备系统，这些要素是：输入物——原材料，输出物——产品，处理机构——设备，管理——运转操作、运转条件、设备状态检查及维修保养等，反馈—— 产品特性的测定值。把设备看成系统，就是使运转和维修保养有机地结合起来，以提高工厂和设备的综合效率。

把设备的研究、设计、制造、安装，一直到运行维修，都可以同系统的概念对应起来。因此，完全可以运用系统的观点和方法来进行设备管理，把各个环节严密地组织起来，改善全过程各个环节的机能，使设备在生产中发挥更大作用。

（5）设备综合工程学是关于设计、使用效果、费用信息反馈的管理科学，追求对设备的不断改进或研制更高质量的设备。一般来说，这里包括两种信息反馈：一是厂内的信息反馈，是指设备在使用过程中，由使用部门记录、积累所发现的设备的缺陷，由修理部门进行改善修理；二是厂外的信息反馈，这也是最重要的信息反馈，是指由设备使用企业记录和积累的设备在使用过程中发现的缺陷，由设备的制造企业在研制下一代新设备时，从设计、制造方面加以改革。因此，它要求打破设备制造厂和设备用户之间的界限，畅通信息反馈的渠道，充分发挥信息反馈的作用。设备综合工程学的一个重要内容就是信息反馈管理。

加强信息反馈管理对制造厂的好处如下：

1）提高设备可靠性设计。

2）由于改善对用户的维修保养技术服务，使设备的销售状况改善。

对使用厂的好处如下：

1）可减少维修保养人员，减少维修费用。

2）减少停机时间及环境污染等损失。

目前信息反馈工作日益受到各国重视。日本丰田汽车制造为了做好信息反馈，除了从用户处取得信息反馈外，还定期回收旧汽车，发现问题，改进设计。

9.5.2 全员设备管理

全员设备管理又称全员设备维修制度（Total Productive Maintenance，TPM）。这是日本企业在 20 世纪 70 年代提出的，是一种全员参与的生产维修方式，其主要点就在“生产维修”及“全员参与”上。通过建立一个全系统员工参与的生产维修活动，使设备性能达到最优。TPM 的提出是建立在美国的生产维修体制的基础上，同时也吸收了英国设备综合工程学、中国鞍钢宪法中里群众参与管理的思想，结合本国的管理经验，逐步形成和发展起来的一种富有特色的设备管理和维修制度，具有很强的可操作性。其基本内容如下。

1. TPM 的指导思想是“三全”，即全效益、全系统、全体人员 全效益就是综合效益，即设备整个寿命周期费用最小、输出最大，其综合效益最高。

$$\text{设备综合效益}=\frac{\text{设备整个寿命周期内输出}}{\text{设备整个寿命周期内输入}}=\frac{PQCDSM}{\text{寿命周期费用}} \tag{9-10}$$

式中 P——产量（Production）；
Q——质量（Quality）；
C——成本（Cost）；
D——交货期（Delivery）；
S——安全（Safety）；
M——士气（Morale）。

此公式说明，在开展全面维修的过程中，要求自始至终努力做到产量高、质量好、成本低、按期交货、无公害安全生产、操作人员劳动精神饱满，全体人员士气高昂。也就是说，在满足 S 和 M 并达到规定的 QCD 的条件下，来保证 P。在这样一个条件下，创造出来一个总收益。

全系统有两层意思：一是对设备要实行全过程管理，即对设备的先天阶段（制成之前）和后天阶段（制成之后）进行系统管理；二是对设备所采用的维修方法和措施要系统化。从设备的研究设计开始就认真考虑“维修预防”；在使用过程中要实行以日常维修和定期检查为主要内容的“预防维修”；在发生故障时，要针对故障发生原因采取“改善维修”以防止同类故障再次发生。这一套方法组成了以设备一生作为管理对象的完整维修体系，并把设备一生涉及的有关部门组成一个管理系统加强统一管理。

全员参加是指发动企业内所有与设备有关的人员，都来参加设备管理。它包括两个方面：一是横的方面，把凡是涉及设备规划研究、设计、制造、使用、维修、供应等的所有有关人员都组织到设备管理中来，分别承担相应的职责；二是纵的方面，从最高管理部门到一线操作工人都要参与进来，组成一个上下左右互相协调配合的设备管理网。

2. TPM 的目标 TPM 的目标可以概括为四个“零”，即停机为零、废品为零、事故为零和速度损失为零。停机为零是指计划外的设备停机时间为零。计划外的停机对生产造成冲击相当大，使整个生产品配发生困难，造成资源闲置等浪费。计划时间要有一个合理值，不能为了满足非计划停机为零而使计划停机时间值达到很高。废品为零是指由设备原因造成的废品为零。“完美的质量需要完善的机器”，机器是保证产品质量的关键，而人是保证机器好坏的关键。事故为零是指设备运行过程中事故为零。设备事故的危害非常大，影响生产不说，可能会造成人身伤害，严重的可能会“机毁人亡”。速度损失为零是指设备速度降低造成的产量损失为零。

3. TPM 全部吸收了预防维修制的维修方式 全员设备管理全面吸收了预防维修制的维修方式，包括日常维修、事后维修、预防维修、改善维修、维修预防等，总称为生产维修，其关系如图 9-4 所示。

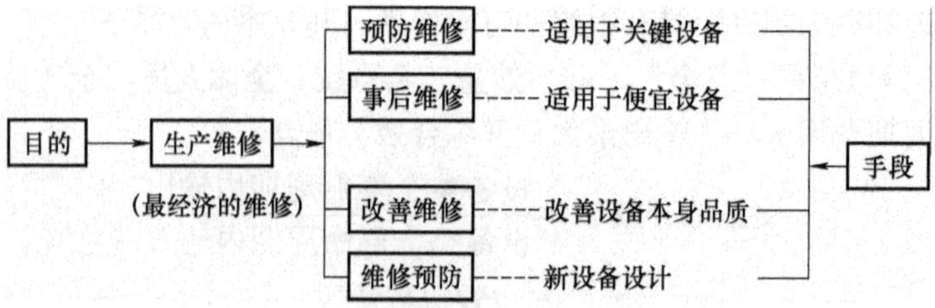

图 9-4 生产维修与其他维修的关系

4. 突出重点设备 重点设备是指在生产中占重要地位的设备。哪台设备属于重点设备，既要根据企业生产的性质和要求，又要根据设备在生产中的重要程度用评分的办法来具体确定。对重点设备的管理要有明确的标志，并列入重点维护保养；要进行充分的预防维修；要求使用车间每天进行检查。

5. 经常进行 TPM 教育，强调工作作风，开展 6S 活动 经常进行 TPM 教育，强调工作作风，开展 6S 活动的目的是从思想上建立良好作风，从职业道德和敬业精神上开展不懈的教育活动，使员工能自觉地执行各项规章制度。

综上所述可以看出，传统设备管理与设备综合管理制度有许多方面的不同，见表 9-7。

表 9-7 传统设备管理与设备综合管理的区别

项　目	传统设备管理	设备综合管理
任务	保证设备处于良好技术状态	贯彻企业经营方针
目标	个别环节、个别方面的局部效果	追求寿命周期的经济性，追求综合效益最好
内容	维修及其管理	实行设备的全过程管理
手段	主要运用技术手段	运用技术、经济、组织措施
状态	恢复既定的出厂标准的静态化管理	服务于企业经营方针与技术进步的动态管理
参加人员	主要依赖设备专业人员	与设备有关的横向、纵向机构与人员

想一想

1. 试述设备管理及其任务。
2. 如何进行设备的选择？
3. 如何合理使用设备？简述设备使用与维护的关系。
4. 试述设备的磨损规律与故障规律。
5. 设备修理有哪些类别？如何正确选择设备修理方式？
6. 何为设备综合工程学？有何特点？
7. 简述全员设备管理的基本内容。

做一做

1. 某企业为扩大生产能力，拟购置一台关键设备，现有两个方案可供选择：一是购置 A 型号设备；二是购置 B 型号设备。相关数据见表 9-8。试分别用年费法和现值法进行经济评价，并做出优选。

表 9-8 设备购置使用费表

方案＼项目	最初投资/元	每年维持费用/元	设备寿命周期/年	年利率（6%）	资金回收系数	资金现值系数
A	32 000	5 400	10	6	0.135 9	7.36
B	24 000	6 880	10	6	0.135 9	7.36

2. 某企业为添置新设备，提出三个投资方案，有关资料见表 9-9。请采用投资回收期法对各方案进行经济评价，并选择出最优方案。

表9-9 设备添置费表

方 案	设备投资费用/元	采用设备的年节约额/元
Ⅰ	12 000	2 400
Ⅱ	16 000	4 000
Ⅲ	14 400	3 000

3. 某设备购买价格为 60 万元，估计在其经济寿命期后尚有残值 6 万元，该设备每年因老化而增加的费用为 4 万元，试求该设备的经济寿命。

案例分析

无锡 XY 公司是一家中外合资的机械制造企业，拥有各类机电设备 200 多台（套），其中 70%由国内制造，30%为进口设备。长期以来，公司一直致力于以低廉的成本为客户提供优质的产品与服务，本着“质量是企业的生命”这一生产理念，公司于 2008 年顺利通过了 ISO 9000 国际质量体系认证。在严把质量关之后，企业认识到设备管理成了企业发展的瓶颈，2014 年年初，董事会决定在全公司范围内实施全员设备管理（TPM）。

2014 年 1 月 18 日，公司下发《全员设备管理的概念》贯彻文件，在全公司全方位推行 TPM。3 月底，成立 TPM 项目组，由总经理任组长，成员包括专家顾问、各分厂厂长、设备科长等，并决定在机加工分厂进行试点。经过 2 个月的试点，公司最终确定了全公司开展 TPM 活动的相关政策，主要包括:

（1）采用行政主导型非自愿小组来开展 TPM 活动。所谓行政主导型小组并不是丢弃现有的行政架构而另起炉灶建立单独的组织，而是与行政间荣获开展一体化的小组活动。高层以总经理为组长，分厂厂长、科长为组员；中层以分厂厂长为组长，工段长、班长为组员；基层以工段长、班长为组长，现场员工为成员。其中，基层小组利用活动来记载活动目标、计划和过程以及活动成果等，该小组主要负责设备的基础保养；高层和中层小组利用设备状态点检网络管理系统及现场察看，与员工进行充分沟通，提高决策的准确性。行政主导性活动在建设初期表现为非自愿性（甚至强制）的活动，但一旦形成习惯就会成为一种自愿自律的活动。该公司的自主管理就是通过上述小组活动实现的，如清扫、加油、紧固、点检等日常管理业务，这种自主管理工作是操作人员的本职工作，不是想做就做、不想做就不做的自愿活动。

（2）管理规范化与信息可视化相结合。公司规定了设备员的 12 项工作职责，全面编制了各类设备点检表 78 类共 158 种。同时为了指导操作工正确使用和维护设备，修改完善了《设备使用操作指导书》《设备维护保养指导书》95 种；重新制订了设备的“定人定机”名单，责任落实到机台；修编、印制、下发《设备使用维护规程》《设备检修规程和质量标准》。公司还大量运用管理看板，实现规范细致的信息可视化管理。

（3）确定绩效指标，将 TPM 改善绩效与实施人员绩效挂钩。TPM 活动的成果是通过其绩效指标——总的设备效率反映的，各班组通过看板形式，使有关人员及时了解设备的运行绩效，包括各项分指标，为各活动小组制订及修改计划提供依据。同时还把推行 TPM 的工作纳入“公司综合奖金考核办法”考核，将设备效率与人员绩效挂钩，较好地推动了各阶段的工作。

（4）诊断技术与PDCA的结合。在TPM实施初期，活动小组运用PDCA循环来开展相关设备管理活动。首先进行设备现状的评估，了解设备的利用率及设备和工艺参数，找出影响设备使用的原因；然后，根据所找出的原因，制订具体目标及行动计划，确定活动小组的工作职责等具体细节；各小组在实施计划时，通常采用品管流程改善（QC Story）的形式，通过选题、现状分析、目标设定、根本原因分析、对策实施、效果确认、标准化及进一步改善等；最后，总结并回顾TPM活动，对各小组的成绩给予奖励、表彰，设立TPM的新目标，重新开始循环。但由于一线员工对设备的了解较少，所以改善活动仅限于设备的基本保养与维护。为此，公司引入设备状态点检网络管理系统与PDCA相结合，通过设备的在线诊断与状态了解，对设备状态要素实施有效管理。

（5）员工自主管理。通过对设备基本条件（清扫、加油、紧固等）的管理，对使用条件的遵守、零部件的更换，以培养操作能手为目标，按照教育、训练、实践分阶段循序渐进地展开活动。

（6）注意提升员工技能。由于设备自动化程度的不断提高，紧紧掌握现有技能是不够的，为此公司与无锡职业技术学院合作建立了系统的培训课程，帮助职工不断提高技术水平。同时，公司还组织有关技术人员学习其他企业的先进设备管理技术与方法，注意收集国内外先进的设备管理技术信息。

（7）与公司质量保证体系有机结合。公司把设备管理纳入质量体系严密控制下运行，有效推动了TPM工作的开展。例如，公司在设备采购、修理质量方面，实行设备更新和大修理前的技术论证制度，加强了设备在制造和修理过程中的质量管理。

企业在实施TPM后，设备效率及整个生产效率都得到了显著提高。公司各项主要生产设备的技术经济指标创造了历史最好纪录，其中主要生产设备事故及故障率下降了23.5%；主要生产设备利用率提高4.58%。

思考题

1．请总结该公司推行TPM的组织保证措施。

2．如何调动全员参与设备管理活动？

质量管理与ISO 9000质量管理体系认证 第10章

建议学时

8学时

知识目标

- 了解质量管理体系标准的产生和发展；
- 理解ISO 9000族标准，掌握2015版ISO 9000族标准的特点；
- 了解实施ISO 9000族标准的意义；
- 理解质量及质量管理的基本概念；
- 了解质量管理原则；
- 掌握质量管理的方法根据和工作思路；
- 了解质量事故分析与对策的常用方法，掌握排列图法；
- 了解工序质量控制的常用方法，掌握直方图法和控制图法。

能力目标

- 具有组织开展企业质量管理活动的基本能力；
- 具有质量统计分析的基本能力；
- 具备开展ISO 9000内审的基本能力。

素质目标

- 引导学生对质量管理人员职业素养的感性认识与理性思考；
- 培养严谨、诚信、科学等基本的职业素养；
- 培养质量管理员职业兴趣。

案例导读

神龙汽车公司是我国汽车工业的一颗新星。1992年成立之初就确立了“以质量为基础、以市场为中心、以效益为目的”的经营理念和“以人为本、一丝不苟、争创名牌、围绕市场、让用户更满意”的质量方针，重视质量管理体系的建设和质量管理基础工作，使产品质量不断迈上新台阶。

首先，公司在起步阶段就同步引进了法国雪铁龙公司质量管理和质量保证的技术和方法并融合了东风公司20年质量管理的经验，严格按国际通行的汽车行业质量管理体系标准，建立了完整有效的质量管理体系和规范的管理程序。

其次，投入大量资金，引进和配备了先进高效的监测手段，在零部件和整车生产的各个环节上，配备了手段齐全、自动高效的实验和检验设备，确保神龙公司将生产的全过程和出产的每台新车处于严格的质量控制之中。

再次，不断加强对工艺质量和产品质量的监督检查，在生产工艺控制过程中建立了 809 个质量监控点；推行以自检、自控和三级检验为基础的质量控制方式；实施工序鉴定、供需审核、产品审核；实施雪铁龙公司的“质量扣分法”，确保产品在国内同类车型中处于领先水平。

严格的质量管理取得了良好的社会回报。1998 年通过了 ISO 9001 国际、国内双认证。2000 年通过了 ISO 14001 国际、国内双认证。公司始终坚持“以人为本，一丝不苟，让用户更满意”的质量方针，始终把用户满意作为产品和服务的唯一评判标准。产品的安全可靠赢得了广泛的赞誉，神龙公司多次获得“全国用户满意产品和服务”和“全国质量管理先进单位”荣誉称号，并荣获湖北省最高质量荣誉奖——“长江质量奖”。

（资料来源：《中国工商报》《市场报》）

10.1　ISO 9000 族标准概论

10.1.1　质量管理体系标准的产生和发展

1．质量管理体系标准的产生　20 世纪后半叶，由于科学技术迅速发展，新产品不断出现，其中相当一部分是具有高安全性、高可靠性、高价值的产品。这些产品在质量上的缺陷不仅给生产企业本身带来巨大的损失，而且也给顾客造成巨大的损失。有的后果还相当严重，不但影响顾客的利益，而且影响到国家安全、生态环境和人类生存。例如，核电站、飞机、火车、锅炉、桥梁、隧道、汽车、火箭等产品，不但在生产上要花费大量资金、时间和人力，而且这些产品都是多环节的产物，一旦某些环节失控，就不能保证质量，如果在使用过程中发生质量事故，其影响范围之大，损失之巨是难以估计的。这表明现代文明既给人们带来丰富的产品，同时也伴随着更多潜在的危险和灾难。因此，社会和顾客都要求生产企业能建立一套质量体系，对产品质量形成全过程的每一环节的技术、管理和人员等方面的因素进行控制，长期稳定地生产满足顾客需要的产品。

20 世纪六七十年代，世界各国先后发布了一些关于质量管理体系及审核的标准。但由于各国实施的标准不一致，给国际贸易带来了障碍，质量管理和质量保证的国际化成为当时世界各国的迫切需要。

国际标准化组织（ISO）是目前世界上最大的、最具权威性的国际标准化专门机构，是由 131 个国家标准化机构参加的世界性组织。国际标准化组织的宗旨是：“在全世界范围内促进标准化工作的发展，以便于产品和服务的国际交往，并扩大在知识、科学、技术和经济方面的合作。”其主要活动是制定国际标准，协调世界范围内标准化工作，组织各成员和各技术委员会进行情报交流，以及与其他国际机构进行合作，共同研究标准化问题。ISO 技术工作成果是正式出版的国际标准，即 ISO 标准。

2．质量管理体系标准的修订和发展　新版 ISO 9001：2015 版于 2015 年 9 月 15 发布，新版标准转换期限为：在 ISO 9001：2015 版正式发布日后 3 年内转换完毕。我国将 ISO 9001：2015 国际标准等同转化为 GB/T 19001—2015《质量管理体系 要求》。该标准的修订充分考虑了 1987 版、1994 版、2000 版、2008 版标准以及现有其他管理体系标准的使用经验，因此，它将使质量管理体系更加适合组织的需要，可以更适应组织开展其商业活动的需要。2015 版标准更加强调了顾客满意及监视和测量的重要性，促进了质量管理原则在各类组织中的应用，满足了使用者对标准应更通俗易懂的要求，强调了质量管理体系要求标准和指南标准的一致性。

10.1.2 ISO 9000 族标准的概念

ISO 9000 族标准是国际标准化组织在 1994 年提出的概念，是指“由 ISO / TC176（国际标准化组织质量管理和质量保证技术委员会）制定的所有国际标准”。该标准族可帮助组织实施并有效运行质量管理体系，是质量管理体系通用的要求或指南。它不受具体的行业或经济部门的限制，可广泛适用于各种类型和规模的组织，在国内和国际贸易中促进相互理解和信任。

2015 版 ISO 9000 族标准包括以下一组密切相关的质量管理体系核心标准：

（1）GB/T 19000—2015/ISO 9000：2015《质量管理体系 基础和术语》。GB/T 19000—2015/ISO 9000：2015《质量管理体系 基础和术语》起着奠定理论基础、统一术语概念和明确指导思想的作用，具有很重要的地位。

标准的“引言”部分提出了 7 项质量管理原则，标准提供了 12 项质量管理体系基础和 83 个与质量管理体系有关的术语及其定义。

标准中提出的 7 项质量管理原则是在总结质量管理经验的基础上提出的一个组织在实施质量管理时必须遵循的准则，是组织的领导者进行质量管理的基本原则，也是制定 2015 版 ISO 9000 族标准的理论基础。

标准中表述了建立和运行质量管理体系应遵循的 12 个方面的质量管理体系基础知识，这 12 项质量管理基础既体现了 7 项质量管理原则，又对质量管理体系的某些方面做出了指导性说明，起着承上启下的重要作用。

标准给出了与质量管理体系有关的 10 个部分 84 个术语，用较通俗的语言阐明了质量管理领域所用术语的概念，它统一了各国的标准使用者对标准内容的理解，为理解 ISO 9000 族标准奠定了基础。

在标准的附录中，用概念图的方式表达了每一部分概念中各术语的相互关系，帮助使用者形象地理解相关术语之间的关系，系统地掌握其内涵。

（2）GB/T 19000—2015/ISO 9000：2015《质量管理体系要求》。标准规定了质量管理体系的要求，成为用于审核和第三方认证的唯一标准。

标准可用于组织证实其有能力稳定地提供满足顾客要求和适用法律法规要求的产品；也可用于组织通过质量管理体系的有效应用，包括持续改进质量管理体系的过程及保证符合顾客和适用法律法规的要求，实现增强顾客满意目标。

标准可用于内部和外部（第二方或第三方）评价组织提供满足组织自身要求、顾客要求、法律法规要求的产品的能力。

标准应用了以“过程为基础的质量管理体系模式”，鼓励组织在建立、实施和改进质量管理体系及提高其有效性时，采用“过程方法”，通过满足顾客要求增强顾客满意。

标准中“1 范围”给出了 GB/T19001 标准的适用范围，说明了标准中提出的质量管理体系要求是通用的，旨在适用于各种类型、不同规模和提供不同产品的组织，当由于组织及其产品的特点对标准中的某些要求不适用时，可以考虑对这些不适用的要求进行删减。

如果组织进行删减，应仅限于 GB/T19001 标准第 7 章的要求，并且这样的删减不影响组织提供满足顾客要求和适用法律法规要求的产品的能力或责任，否则不能声称其质量管理体系符合 GB/T19001 标准。

标准中“2 引用标准”和“3 术语和定义”说明了 GB/T19001 标准所引用的标准和采用的术语和定义。

标准中“4 质量管理体系”“5 管理职责”“6 资源管理”“7 产品实现”和“8 测量、分析和改进”对质量管理体系及其所需的过程提出了具体的要求。

（3）GB/T 19000—2015/ISO 9000：2015《质量管理体系　业绩改进指南》。标准提供了超出 GB/T19001 标准要求的指南，它不是 GB/T19001 标准的实施指南。标准充分考虑了提高质量管理体系的有效性和效率，进而考虑开发改进组织绩效的潜能。

标准对组织改进其质量管理体系总体绩效提供了指导和帮助，是指南性质的标准，标准不能用于认证、审核、法规或合同的目的。

标准应用了“以过程为基础的质量管理体系模式”的结构，鼓励组织在建立、实施和改进质量管理体系及提高其有效性和效率时，采用“过程方法”，通过满足相关方要求提高相关方的满意程度。

标准给出了“自我评定指南”和“持续改进的过程”两个附录，用于帮助组织评价质量管理体系的有效性和效率以及成熟水平，通过给出的持续改进方法寻找改进的机会，以提高组织的整体绩效，从而使所有相关方满意。

（4）GB/T 19000—2015/ISO 9000：2015《质量和（或）环境管理体系审核指南》。标准是 ISO/TC176 和 ISO/TC207（环境管理技术委员会）联合制订的有关审核方面的指南标准，标准遵循了“不同管理体系可以共同管理和审核”的原则。

标准兼容了质量管理体系审核和环境管理体系审核的特点。标准为审核原则、审核方案的管理、质量管理体系审核和环境管理体系审核的实施提供了指南，也对评价质量和环境管理体系审核员的能力提供了指南。

标准适用于需要实施质量和（或）环境管理体系内部或外部审核或需要管理审核方案的所有组织。标准原则上可适用于其他领域的审核。

标准给出了与审核有关的 14 个术语和定义；提出的 5 个“审核原则”体现了审核的基本性质；“审核方案管理”提供了审核管理的思路和方法；“审核活动”为审核的实施过程提供了指南；“审核员的能力和评价”中明确了质量和（或）环境管理体系审核员的能力和条件要求，为评价审核员提供了指南。

10.1.3　2015 版 ISO 9000 族标准的特点

2015 版 ISO 9000 族标准的特点具体如下。

（1）它适用于提供所有产品类别、不同规模和各种类型的组织，并可根据组织及其产品的特点对不适用的质量管理体系要求进行删减。

（2）它采用“以过程为基础的质量管理体系模式”，强调质量管理体系是由相互关联和相互作用的过程构成的一个系统，特别关注过程之间的联系和相互作用，标准内容的逻辑性更强，相关性更好。

（3）它强调质量管理体系只是组织管理体系的一个组成部分，标准的内容充分考虑了与其他管理体系标准的相容性。

（4）它更注重质量管理体系的有效性和持续改进，减少了对形成文件的程序的强制性要求。除了满足标准中规定的需要有的质量管理体系文件外，组织可以根据其自身的产品和过程的特点，结合其实际运作能力和管理水平，确定其策划、实施运行、控制质量管理体系过程所需的文件。

10.1.4 实施 ISO 9000 族标准的意义

1．实施 ISO 9000 族标准有利于提高产品质量，保护消费者利益 现代科学技术的高速发展，使产品向高科技、多功能、精细化和复杂化发展。组织是按照技术规范生产产品的，但当技术规范本身不完善或组织质量管理体系不健全时，组织就无法保证持续地提供满足要求的产品；而消费者在购买或使用这些产品时，一般也很难在技术上对产品质量加以鉴别。如果组织按 ISO 9000 族标准建立了质量管理体系，通过体系的有效应用，促进组织持续地改进产品特性和过程的有效性和效率，实现产品质量的稳定和提高，这无疑是对消费者利益的一种最有效的保护，也增加了消费者（采购商）在选购产品时对合格供应商的信任程度。

2．为提高组织的运作能力和竞争能力提供了有效的方法 ISO 9000 族标准鼓励组织在建立、实施和改进质量管理体系时采用过程方法，通过识别和管理相互关联和相互作用的过程，以及对这些过程进行系统的管理和连续的监测与控制，以实现持续地提供顾客满意的产品的目的。此外，质量管理体系提供了持续改进的框架，帮助组织能够不断地识别并满足顾客及其他相关方的要求，从而不断地增强顾客和其他相关方的满意程度。因此，ISO 9000 族标准为组织有效地提高运作能力和增强市场竞争能力提供了有效的方法。

3．有利于增进国际贸易，消除技术壁垒 在国际贸易中，许多国家的政府为了保护本国自身的利益，在关税壁垒已经在世界经济一体化的进程中不断受到削弱甚至取消的情况下，已经设置或还将设置各种各样的非关税壁垒。世界贸易组织/技术壁垒协定（WTO / TBT）是 WTO 达成的一系列协定之一，它涉及技术法规、标准和合格评定程序。贯彻 ISO 9000 族标准为国际经济技术合作提供了国际通用的共同语言和准则；取得质量管理体系认证，已成为参与国内和国际贸易，增强竞争能力的有力武器。因此，贯彻 ISO 9000 族标准对消除技术壁垒，排除贸易障碍起到了十分积极的作用。

4．有利于组织的持续改进和持续满足顾客的需求和期望 顾客要求产品具有满足其需求和期望的特性，这些需求和期望在产品的技术要求或规范中表述。但是顾客的需求和期望是不断变化的，这就促使组织要持续地改进产品的特性和过程的有效性。而质量管理体系就为组织持续改进其产品和过程提供了一条行之有效的途径。ISO 9000 族标准将质量管理体系要求和产品要求区分开来，它不是取代产品要求，而是把质量管理体系要求作为对产品要求的补充，这样有利于组织的持续改进和持续满足顾客的需求和期望。

10.1.5　ISO 9000 族标准的应用

1．标准的采用情况　ISO 9000 系列标准自 1987 年发布后，即被各国相继采用，在标准发布的当年，即有 21 个国家采用，主要是工业发达国家（除日本外）；1989 年年底约有 40 个国家采用，1997 年年底有 100 个国家采用，根据 ISO（国际标准化组织）于 2014 年 10 月发布的最新调查结果，截至 2013 年年底，在世界上 196 个国家和地区中颁发了 1 129 446 份 ISO 9001：2008 认证证书。

随着国际经济交流的增加和贸易往来的日趋频繁，顾客对产品的要求也越来越严格。ISO 9000 族标准越来越成为需方对供方提出质量体系要求和供方证实自己能力的依据。这引起了各国和区域性组织的重视。在市场的推动下，各国陆续采用了该标准。由于各国的广泛采用，使 ISO 9000 族标准成为国际标准化组织发布的标准中发行量最大的标准。

2．质量体系认证的情况　由于市场的推动，质量体系认证逐渐成为贸易中的重要因素。

为促进国际贸易和减轻认证组织的负担，质量体系认证正逐步趋于国际一体化，其中包括认证证书的互认和人员资格的互认。促进认证证书互认的“国际认可论坛（IAF）”已于 1993 年成立，并签署了国际多边互认协议。促进人员互认的“国际审核员培训和注册协会（IATEA）”也已于 1995 年成立。

我国的质量体系认证的发展与世界上的发展趋势相比，总的态势是同步的，但在 20 世纪 90 年代初发展较慢，90 年代后期发展迅速。在实现国际互认方面，我国已于 1998 年 1 月首批签署了 IAF 互认协议，实现了与签约国的认证证书互认；于 1998 年 8 月首批签署了 IATCA 互认协议，实现了与签约国注册人员的资格互认。根据 ISO（国际标准化组织）于 2014 年 10 月发布的最新调查结果，截至 2013 年年底，中国颁发了 337 033 张证书，约占总量的 30%，居世界第一位，而且，根据中国合格评定国家认可委员会的统计，截至 2015 年 6 月 30 日，获得认可的认证机构颁发的现行有效的质量管理体系认证证书为 254 400 张。这说明 2008 版 ISO 9001《质量管理体系要求》标准在世界范围得到了广泛应用，受到众多组织的关注，中国早已成为名副其实的质量管理体系认证大国。

10.2　质量及质量管理的基本概念

10.2.1　质量

随着社会经济、科学技术和生产技术的发展，质量的概念也在不断充实、完善和深化。应该说，人们对质量概念的认识经历了一个不断发展和深化的历史过程。质量概念所描述的对象早期大多局限于产品，以后又逐渐延伸到了服务，而如今则不仅包括产品和服务，还扩展到了过程、活动、组织乃至它们的结合。

美国质量管理专家朱兰博士从顾客的角度出发，提出了著名的“适用性”观点。他指出，“适用性”就是产品在使用过程中成功地满足顾客要求的程度。“适用性”概念普遍适用于一切产品或服务。对顾客来说，质量就是适用性，而不是“符合规范”。最终用户很少知道“规范”是什么，质量对他而言就意味着产品在交货时和使用中的适用性。适用性观念对于重视顾客，明确企业存在的根本目的和使命无疑具有极为深远的意义。

但是，在现代社会新的形势下，把质量仅定义为用户的适用性是不够的，因为个体需求与社会需求的质量要求不能完全等同。正如著名的日本质量专家石川馨教授所指出的：“以往讲质量，往往是站在产品使用者的立场来考虑，但今天必须考虑对周围影响的质量，如飞机的噪声、汽车的排气等问题。”

正是在以上这些概念的基础上，才形成了目前 ISO 9000 中的这个得到普遍共识的定义。在 ISO 9000：2015《质量管理体系 基础和术语》中的定义为：质量是指“客体的一组固有特性满足要求的程度”（GB/T19000—2015 3.6.2）。既然质量是对程度的一种描述，因此，可使用形容词来表示质量，通常人们用质量好或差来表述产品的质量；用工作完成的好坏来表述工作的质量。在质量的定义中涉及另外两个术语，即“特性”和“要求”，了解这两个术语有助于更好地理解质量的概念。

1．特性 特性是指“可区分的特征”。特性可以有各种类别的特性，如物理特性（机械性能、化学性能等）、感官特性（噪声、色彩等）、行为特性（诚实、正直等）、时间特性（准时性、可靠性等）、人体工效特性（生理特性、安全性等）和功能特性（最高速、最大加工直径等）。

（1）特性可以是固有的或赋予的。“固有的”就是指某事或某物中本来就有的，尤其是那种永久的特性，如轴的直径、机床的转速等技术特性。有的产品固有特性少，而有的产品固有特性多。例如，化学试剂只有一种固有特性；而对手机来说，则具有多种固有特性，如物理特性、感官特性、时间特性等。

（2）赋予特性不是固有特性，不是某事或某物中本来就有的，而是完成产品后因不同的要求而对产品所增加的特性，如产品的价格、供货时间、运输要求、售后服务要求等特性。

（3）不同产品的固有特性与赋予特性是不相同的，某些产品的赋予特性可能是另一些产品的固有特性，如供货时间对有形产品而言，属于赋予特性，但对于运输服务而言，就属于固有特性。

2．要求 要求是指“明示的、通常隐含的或必须履行的需求或期望”。

（1）“明示的”可以理解为是规定的要求。例如，在文件中阐明的要求或顾客明确提出的要求。

（2）“通常隐含的”是指组织、顾客和其他相关方的惯例或一般做法，所考虑的需求或期望是不言而喻的。例如，银行对顾客存款的保密性等。一般情况下，顾客或相关的文件中不会对这类要求给出明确的规定，供方应根据自身产品的用途和特性进行识别，并做出规定。

（3）“必须履行的”是指法律法规的要求及强制性标准的要求。例如，我国对与人身、财产的安全有关的产品发布了相应的法律法规和强制性的行政规章或制定了代号为 GB 的强制性标准，如《中华人民共和国食品卫生安全法》等，供方在产品的实现过程中必须执行这类文件和标准。

（4）要求可以由不同的相关方提出，不同的相关方对同一产品的要求可能是不同的。例如汽车，有的顾客要求轻便、省油，而有的顾客要求豪华、舒适，社会要求减少大气污染。

因此，供方在确定产品要求时，应兼顾各相关方的要求。

（5）要求可以是多方面的，当需要特指时，可以采用修饰词表示，如产品要求、质量管理体系要求、顾客要求等。

3. 对质量的理解　综上所述，在理解质量术语时，需要特别注意以下几点：

（1）质量的广义性。在质量管理体系所涉及的范畴内，组织（供方）的相关方对组织的产品、过程或体系都可能提出要求，而产品、过程或体系又都具有各自的固有特性，因此，质量不仅指产品质量，也可指过程或体系的质量。

（2）质量的时效性。由于组织的顾客和其他相关方对组织和产品、过程和体系的需要和期望是不断变化的。例如，原先被顾客认为质量好的产品会因为顾客要求的提高而不再受到顾客的欢迎。因此，组织应不断调整对质量的要求。

（3）质量的相对性。组织的顾客和其他相关方可能对同一产品的功能提出不同的需求，也可能对同一产品的功能提出不同的需求，需求不同，质量要求也就不同。只要满足需求就应该认为质量好。

10.2.2　产品、过程与程序

1. 产品的概念　产品是在组织和顾客之间未发生任何交易的情况下，组织产生的输出（GB/T 19000—2015 3.7.6）。产品是一个广义的概念，产品不仅是指有形产品，如机床、家用电器、木材、汽油等，而且包括无形产品，如概念、知识、计算机软件和某项服务等。即产品包括硬件、流程性材料、软件和服务 4 种通用产品类型，或上述 4 种类型的任意组合。具体见表 10-1。

表 10-1　通用产品的类型和种类

产品类型	定　义	产品种类
硬件	具有特定形状的可分离的有形产品	硬件通常由制造的、建造的或装配的零件、部件（或组件）组成
软件	通过承载媒体表达的信息组成的一种知识产物	软件通常以概念、学报或程序等形式表示。计算机软件是一种特例
流程性材料	通过将原材料转化成某一预定状态所形成的有形产品	流程性材料的状态可以是液体、气体、粒状、块状、线状或板状材料
服务	为满足顾客的需要，供方和顾客之间接触的活动以及供方内部活动所产生的结果	在供方与顾客的接触中，供方或顾客可表现为人员或设备。同时顾客的活动对服务提供可能是必不可少的。有形产品的提供或使用可构成服务提供的一个部分。服务可与有形产品的制造和提供相联系

产品通常是两种或两种以上产品类型的组合。例如：大多数提供硬件、软件或流程性材料的组织，同时还要提供相应的服务。许多产品由不同类别的产品构成，服务、软件、硬件或流程性材料的区分取决于其主导成分。例如，外供产品“汽车”是由硬件（如车身）、流程性材料（如燃料、冷却液）、软件（如发动机控制软件、驾驶员手册）、服务（如销售人员所做的操作指导）所组成的。

2. 过程的概念　过程是利用输入实现预期结果的相互关联或相互作用的一组活动（GB/T 19000—2015 3.4.1）。从过程的定义看，过程应包含三个要素：输入、输出和活动；资源是过程的必要条件。组织为了增值，通常对过程进行策划，并使其在受控状态下运行。组织对每一个过程进行策划时，要确定过程的输入、预期的输出和为了达到预期的输出所需开展的活动和相关的资源，也要明确为了确定预期输出达到的程度所需的测量方法和验收准则；同时要根据 PDCA 循环，对过程实施控制和改进。

过程与过程之间存在一定的关系。一个过程的输出往往是其他过程的输入，这种关系通常并不是一个简单的按顺序排列的结构，而是一个比较复杂的网络结构：一个过程的输出可能成为多个过程的输入，而几个过程的输出也可能成为一个过程的输入；或者也可以说，一个过程与多个部门的职能有关，一个部门的职能与多个过程有关。

（1）典型的硬件产品的质量产生、形成和实现的过程。典型的硬件产品产生、形成和实现的过程，包括市场调研、设计/规范的编制与产品开发、采购、工艺策划与开发、生产制造、检验、试验与检查、包装和储存、销售与分发、安装与运行、技术服务与维护、用后处置、市场营销等环节。

（2）典型的流程型材料的质量产生、形成和实现的过程。典型的流程型材料质量的产生、形成和实现的过程，包括市场调研、技术研究与开发、设计/规范的编制与产品开发、采购、工艺策划与开发、生产过程的测量与调整、生产制造、过程维护、检验试验与检查、包装与储存、销售与分发、顾客使用、技术服务、用后处置、市场营销等环节。典型的流程型材料质量的产生、形成和实现过程的质量环与典型的硬件产品的质量环相似。

（3）服务质量产生、形成和实现的过程。服务是指伴随着供方与顾客之间的接触而产生的无形产品。服务可以是对属于顾客的有形或无形的产品所施加的活动，如修理业；也可以是有形产品或无形产品的提供，前者如运输，后者如教育机构的培训、教学；还可以是某种气氛或感觉的创造等。

服务质量也有一个产生、形成和实现的过程。服务质量环把服务的全过程分为服务的市场开发、设计、提供、业绩分析与改进等几个相互联系的阶段。服务市场开发是从服务组织与顾客接触出发，了解、识别和确定顾客对服务的需要。通过服务市场开发，要明确服务需要、服务类型、服务规模、服务档次、服务质量、服务承诺、服务基本方式等。服务设计是在服务市场开发的基础上解决如何进行服务的问题，这一阶段要制订出服务过程中所应用的服务规范、服务提供规范和服务质量控制规范，还要对服务设施、服务环境、服务方式和方法进行设计并把它们反映在上述 3 种规范中。服务提供是依据服务设计阶段所制订的 3 种规范向顾客提供服务；服务提供结束后，应对服务的结果进行评估或评定。在此基础上对服务业绩进行分析和改进，并将改进的结果反映到市场开发、设计和服务的各个阶段，使得这一过程成为一个不断循环的过程。

（4）典型的软件质量产生、形成和实现的过程。典型的软件产品的产生、形成和实现过程，包括市场调研、需方要求规范、开发策划/质量策划、设计与实施、采购、实验确认、销售复制与交付、安装与运行、技术服务与维护、用后处置、市场营销等环节。典型的软件产品的产生、形成和实现过程的质量环与典型的硬件产品的质量环相似。

10.2.3 质量管理和质量管理体系

1. 质量管理的概念 质量管理是指“关于质量的管理”（GB/T 19000—2015 3.3.3）。在质量方面的指挥和控制活动通常包括制定质量方针和质量目标以及质量策划、质量控制、质量保证和质量改进。组织可通过建立质量管理体系来实施质量管理。

质量问题，古今中外始终存在，只是随着社会生产的发展、科学技术的进步，解决质量问题的手段和方式在不断演变。

现代质量管理是 19 世纪 70 年代开始的。经历了一个多世纪的发展过程，已逐步形成为一门新的学科。从现代质量管理的实践来看，按照解决质量问题的手段和方式，它的发展过程大致可以划分为 4 个历史阶段。

（1）质量检验阶段（19 世纪 70 年代至 20 世纪初）。19 世纪 70 年代，人们根据生产和使用的需要，提出了零件互换的概念。同时人们还注意到，在保证零件互换的前提下，其尺寸的加工误差允许有一个波动范围，于是又提出了加工公差的概念，从而初步为质量检验的技术理论奠定了基础。

直到 20 世纪初，在系统总结以往质量管理实践和经验的基础上，产生了科学管理的思想，同时还建立了一套“科学管理”的理论和方法。提出这种理论并付诸实践的代表人物是美国人泰勒。他主张管理人员与操作人员进行合理分工，将计划职能和执行职能分开，同时增加中间检验环节，从而形成了设计、操作、检验三方面各有专人负责的职能管理体制（泰勒制）。这在历史上是第一次将检验职能从操作职能中分离出来，也是第一次将检验人员从操作工人中分离出来。这种由现代化大生产而引起的在分工上的大变化，使劳动生产率、固定资产利用率、产品质量都得到迅速提高，从而取得了明显的经济效果。

质量检验阶段的主要特点是三权分立，即有人专职制定标准，有人专职负责制造，有人专职按照标准检验产品。在这个发展阶段，质量管理只是强调事后把关。检验人员的职责，无非是对生产出来的产品进行筛选，把合格品和不合格品分开。作为把关性的质量检验，对于保证不合格品不出厂，是必要的，也是有效的。

但采用事后把关的办法来管理产品质量存在以下 3 个问题：

1）如何经济和科学地制定质量标准。如果所制定的质量标准在经济上不合理，使用上不能满足用户的要求，那么即使已通过检验，也不能保证产品质量。

2）怎样防止在制造过程中不产生不合格品。因为质量检验只能起把关作用，而不能预防在制造过程中产生不合格品，可是，一旦产生了不合格品，就将造成人力、物力、财力损失。

3）对全部成品进行检验是否可行。显然，在生产规模扩大或大批量生产的情况下，对全部产品要进行检验是做不到的。尤其是对不破坏就无法进行检验的产品，更行不通。

（2）统计质量控制阶段（20 世纪 20 年代—50 年代）。由于质量检验存在上述问题，因而，在客观上就要求有新的方法来解决这些问题。1917 年，美国贝尔电话研究所的休哈特运用数理统计原理和方法，为美国国防部准确地解决了第一次世界大战参战部队的军服尺寸规格问题，从而为如何经济和科学地制定产品质量标准提供了范例。1924 年，他又针对怎样预防产生不合格品问题，进一步运用数理统计原理和方法，提出了控制产生不合格品的方法，并且亲临生产现场指导使用由他创立的预防不合格品的生产控制图。1931 年，他还总结撰写了《工业产品质量的经济控制》一书，对统计质量控制做了系统的论述。与此同时，贝尔电话研究所成立了一个检验工程小组，研究成果之一就是提出了抽样检验的概念，它的两个成员道奇和罗米格联合创立了抽样检验表。随后，瓦尔得又提出了序贯抽样检验法，从而为解决产品质量检验问题，尤其是产品的破坏性质量检验问题，提供了科学依据和手段。

第二次世界大战爆发后，由于对军用产品的需要激增，美国许多生产民用产品的企业转为生产军用产品。但是，不论是老的还是新的生产军用产品的企业，都无法事先防止产生不合格品。同时，军用产品不仅批量大而且多数属于破坏性检验，所以，要采用事后“检验”的办法来保证军用产品的质量，是不可能，也是不允许的。由于军用产品的生产经常延误交货期，并且在战场上还不时发生质量事故，严重影响前线的物资供应，以及军队的士气和战斗力。美国国防部为了解决军用产品的供应和质量问题，组织了一批数理统计学家和高级工程师进行研究，运用数理统计原理和方法制定了“美国战时质量管理标准”，即：《质量控制指南》《数据分析用的控制图法》《生产中质量管理用的控制图法》，从而，迫使各生产军用产品的企业普遍推行统计质量控制方法。因此，统计质量控制方法在美国得到了发展，且在保证和提高军用产品质量方面取得了显著效果。

第二次世界大战结束以后，美国为了支援西欧各主要工业国家和日本，大规模组织物资出口，因而除了军用产品之外，民用产品的生产也获得较大发展。由于统计质量控制方法已为生产军用产品的企业带来信誉和利润，因此，不仅生产军用产品的企业继续使用统计质量控制方法，而且生产民用产品的企业也积极推行统计质量控制方法。因此，统计质量控制在美国得到迅速普及，并且得到进一步发展和完善。与此同时，西欧各工业国、澳大利亚和日本，为了恢复和发展生产，以及增强本国产品在国际市场上的竞争能力，都相继从美国引进统计质量控制的理论和方法。从此，统计质量控制风行全世界。

统计质量控制是质量管理发展过程中的一个重要阶段，它的主要特点是：在指导思想上，它已由以前的事后把关转变为事前预防；在控制方法上，它已广泛深入地应用数理统计的思考方法和检验方法；在管理方法上，它已从专职检验人员把关转移给专业质量工程师和技术员控制。因此，统计质量控制与单纯的质量检验相比，不论是指导思想，还是使用方法，都是一个很大的进步。

（3）全面质量管理阶段（20世纪60年代至20世纪末）。20世纪50年代末，科学技术突飞猛进，大规模系统开始涌现，人造卫星、第三代集成电路的电子计算机等相继问世，并相应出现强调全局观点的系统科学。在国际贸易方面，第二次世界大战后美国独霸的优势逐渐减退，国际贸易竞争开始加剧。因此，出现了一些前所未有的新情况：人们对产品质量的要求越来越高，除了对产品的一般性能要求外，增加了对产品的可靠性、安全性、经济性要求。管理理论逐渐形成各种学派，X理论、Y理论、决策理论、系统理论、行为科学等学派相继问世，这些理论都从某个侧面反映了质量管理的实质。保护消费者利益运动兴起，广大消费者纷纷组织起来同垄断集团抗争，反对他们在市场上推销劣质产品，迫使政府制订保护消费者利益的法律；国内和国际市场竞争加剧，使得企业不得不重视质量保证和质量责任，注意维护企业信誉，以免失去市场。

由于出现了上述情况，并且注意到单靠统计质量管理难以满足社会和用户对产品质量的要求，因此广大质量管理工作者都积极开展调查研究，希望能建立一套有效的质量管理理论和方法。于是，美国通用电气公司的费根堡姆和质量管理专家朱兰提出了全面质量管理（Total Quality Management，TQM）概念。费根堡姆撰写的《全面质量管理》一书于1961年出版了。从此以后，他们的全面质量管理概念逐渐被世界各国所接受。不过，在具体运用全面质量管理概念时，每个国家都是根据本国的实际情况，使其形成具有该国特色的质量管理模式。

全面质量管理的理论虽然发源于美国，但真正取得成效却是在日本等国。由于种种原因，全面质量管理在美国并未取得理想的效果。20 世纪 80 年代初，在激烈的国际商业竞争中逐渐处于不利地位的美国重新认识到质量管理的重要性，在著名质量管理专家戴明的倡导下，大力推行统计过程控制的理论和方法，取得显著成效。经过 15 年的努力，1994—1995 年度，美国主要产品，如钢铁、汽车等的质量已经赶上日本，缩短了美日间的差距。

在全面质量管理阶段，为了进一步提高和保证产品质量，又从系统的观点出发，提出若干新理论，如质量保证理论、产品质量责任理论、质量经济学、质量文化、质量控制理论、质量改进理论等。

（4）社会质量管理阶段（21 世纪初至今）。美国著名质量管理专家朱兰指出：20 世纪是生产率的世纪，21 世纪是质量的世纪。这意味着 21 世纪是提高质量的世纪，质量管理科学发展更为蓬勃。全面质量管理阶段的突出特点就是强调全局观点、系统观点。21 世纪，不仅质量管理的规模更大，而且更重要的是质量作为社会诸要素（政治、经济、科技、文化、质量、自然环境等）中的一个要素来发展；这意味着质量受到政治、经济、科技、文化、自然环境的制约而同步发展；质量系统作为一个子系统而在更大的社会系统中发展。因此，21 世纪使质量管理进入一个新的发展阶段，即第四阶段，称之为社会质量管理阶段。该阶段质量管理有以下特征：

1）产品和服务的质量越来越具有社会化、国际化的性质。质量体系所包含的规模越来越大，超越企业、集团公司、行业、民族地区和国家。

2）社会质量监督系统和质量法规更加完善和严密，与之相应的国际性质量管理组织可以发挥更大的作用。为世界各国所接受的通用国际标准，如 ISO 9000 这类国际标准进一步增加和完善。

3）质量随着政治、经济、科技、文化的发展而同步发展。

4）质量文化在 21 世纪高度发展，质量文化将会代表更高水平的全面质量管理出现。

5）质量控制与抽样检验理论沿着多元化、小样本化、模糊化、柔性化等方向继续深入发展。

应该看到，质量管理发展的四个阶段不是孤立的、互相排斥的，前一个阶段是后一个阶段的基础，后一个阶段是前一个阶段的继承和发展。从质量管理的发展历史来看，人们解决质量问题时所运用的方法和手段是在不断发展和完善的，并且又是同科学技术的进步和社会生产力的发展密切相关的。可以预料，随着新技术革命的兴起，以及由此而提出的质量挑战，使得人们解决质量问题的方法和手段必将更加丰富和完善，质量管理也将发展到一个更新的阶段。

2. 质量管理体系的概念　质量管理体系是指组织在质量方面建立方针和目标以及实现这些目标的过程的相互关联或相互作用的一组要素（GB/T 19000—2015　3.5.4）。质量管理体系是组织若干管理体系中的一个。对质量管理体系而言，首先要建立质量方针和质量目标，然后为实现这些质量目标确定相关的过程、活动和资源以建立一个管理体系，并对该管理体系实行管理。质量管理体系主要在质量方面能帮助组织提供持续满足要求的产品，增进顾客和相关方面的满意程度。质量管理体系的建立要注意与其他管理体系的整合性，以方便组织的整体管理。

10.2.4 质量策划和质量改进

1. 质量策划的概念 质量策划是质量管理的一部分，致力于制定质量目标并规定必要的运行过程和相关资源以实现质量目标（GB/T 19000—2015 3.3.5）。质量策划与质量管理构成从属关系。质量策划的目的在于制定并采取措施实现质量目标。质量目标可能涉及组织的质量目标和产品的质量目标等，二者所策划的对象和结果均有所不同。

（1）组织的质量目标是在质量方针的基础上建立的，为了实现这一目标，组织的策划会从建立质量管理体系入手，该质量管理体系会涉及产品实现的直接过程和相应的支持过程，策划的结果会形成管理方面的文件，如质量手册、程序文件等。

（2）产品的质量目标是针对某一具体的产品，包括产品的质量特性（固有特性）和产品的支持方面的特性（赋予特性）。为了实现某一产品的质量目标，组织的策划会从产品的实现过程入手，但该产品的实现会涉及产品的实现过程和支持过程，也会涉及现有的质量管理体系文件的使用，这种策划的结果之一可能会形成质量计划。

2. 质量改进的概念 质量改进是质量管理的一部分，致力于增强满足质量要求的能力（GB/T 19000—2015 3.3.8）。质量改进是组织在质量方面指挥和控制组织的一项活动，是质量管理的一部分，质量改进与质量管理构成从属关系。

（1）质量改进的目的在于增强组织满足质量要求的能力。质量改进与组织质量管理体系覆盖范围内的所有产品、部门、场所、活动和人员均有关系。

（2）顾客、相关方以及组织自身都会对组织的质量管理体系、过程、产品提出各自不同的任何方面的要求，如有效性、效率、可追溯性、安全性、先进性、稳定性、可靠性等，组织应能识别需改进的关键质量要求，考虑改进所需过程，以增强能力。

（3）改进本身是一项活动，也可以理解为是一个过程，因此，对改进过程也应按过程方法进行管理。

10.3 质量管理原则

质量管理原则是质量管理实践经验和理论的总结，是质量管理的理论基础；它也是组织管理的普遍原则，是现代社会发展、管理经验日渐丰富、管理科学不断演变发展的结果，充分体现了管理科学的原则和思想；它也是组织的领导者有效实施质量管理工作必须遵循的原则，同时也为从事质量工作的审核员、指导组织建立管理体系的咨询人员和组织内所有从事质量管理工作的人员学习、理解、掌握ISO 9000族标准提供了帮助。

10.3.1 以顾客为关注焦点

任何组织均提供满足顾客要求和期望的产品。如果没有顾客，组织将无法生存。因此，任何组织均应始终关注顾客，将理解和满足顾客的要求作为首要工作考虑，并以此安排所有的活动。顾客的要求是不断变化的，组织应确定、理解并持续地满足顾客要求以及法律法规要求；确定和应对能够影响产品和服务的符合性以及顾客满意度的风险和机遇；始终致力于提高顾客满意度。通过以顾客为关注焦点，可以增加顾客价值；增强顾客满意；增进顾客忠诚；增加重复性业务；提高组织的声誉；扩展顾客群；增加收入和市场份额。可开展的活动包括：

（1）辨识从组织获得价值的直接和间接的顾客。

（2）理解顾客当前和未来的需求和期望。

（3）将组织的目标与顾客的需求和期望联系起来。

（4）在整个组织内沟通顾客的需求和期望。

（5）为满足顾客的需求和期望，对产品和服务进行策划、设计、开发、生产、交付和支持。

（6）测量和监视顾客满意情况，并采取适当的措施。

（7）对有可能影响到顾客满意的相关方的需求和期望，确定并采取措施。

（8）积极管理与顾客的关系，以实现持续成功。

10.3.2　领导作用

组织的领导者的作用体现在能否将组织的运作方向与组织宗旨统一，使其一致，并创造一个全体员工能充分参与实现组织目标的内部氛围和环境。最高领导应对质量管理体系的有效性承担责任；确保制定质量管理体系的质量方针和质量目标，并与组织环境和战略方向相一致；确保质量管理体系要求融入组织的业务过程；促进使用过程方法和基于风险的思维；确保质量管理体系所需的资源是可用的；促进有效的沟通；确保质量管理体系实现其预期结果；促进、指导和支持组织成员为质量管理体系的有效性做出贡献；推动改进；支持其他相关管理者在其职责范围内发挥领导作用。可开展的活动包括：

（1）在整个组织内，就其使命、愿景、战略、方针和过程进行沟通。

（2）在组织的所有层级创建并保持共同的价值观，公平和道德的行为模式。

（3）培育诚信和正直的文化。

（4）鼓励在整个组织范围内履行对质量的承诺。

（5）确保各级领导者成为组织成员中的楷模；

（6）为人员提供履行职责所需的资源、培训和权限。

（7）激发、鼓励和表彰组织成员的贡献。

10.3.3　全员参与

组织的质量管理是通过组织内各职能各层次人员参与产品实现过程及支持过程来实施的。在整个组织内各级人员的胜任、被授权和积极参与，是提高组织创造和提供价值能力的必要条件。为了有效和高效的管理组织，各级人员得到尊重并参与其中是极其重要的。通过表彰、授权和提高能力，促进在实现组织的质量目标过程中的全员积极参与。运用“全员参与”原则，可开展的活动包括：

（1）与员工沟通，以增进他们对个人贡献的重要性的认识。

（2）促进整个组织内部的协作。

（3）提倡公开讨论，分享知识和经验。
（4）授权员工确定工作中的制约因素并积极主动参与。
（5）赞赏和表彰员工的贡献、钻研精神和进步。
（6）针对个人目标进行绩效的自我评价。
（7）进行调查，以评估员工的满意程度和沟通结果，并采取适当的措施。

10.3.4 过程方法

通过利用资源和实施管理，将输入转化为输出的一组活动，可以视为一个过程。一个过程的输出可直接形成下一个或几个过程的输入。为使组织有效运行，必须识别和管理众多相互关联的过程。系统的识别和管理组织所应用的过程，特别是这些过程之间的相互作用，可称之为“过程方法”。采用过程方法的好处是提高关注关键过程和改进机会的能力；通过协调一致的过程体系，始终得到预期的结果；通过过程的有效管理，资源的高效利用及跨职能壁垒的减少，尽可能提升其绩效；使组织能够获得相关方对于其一致性、有效性和效率方面的信任。通过控制活动能获得可预测、具有一致性的改进结果，特别是可使组织关注并掌握按优先次序改进的机会。应用“过程方法”原则，可开展的活动包括：
（1）确定体系的目标和实现这些目标所需的过程。
（2）为管理过程确定职责、权限和义务。
（3）了解组织的能力，预先确定资源约束条件。
（4）确定过程相互依赖的关系，分析个别过程的变更对整个体系的影响。
（5）对体系的过程及其相互关系进行管理，有效和高效地实现组织的质量目标。
（6）确保可获得过程运行和改进的必要信息，并监视、分析和评价整个体系的绩效。
（7）管理能影响过程输出和质量管理体系整个结果的风险。

10.3.5 改进

成功的组织持续关注改进。改进对于组织保持当前的绩效水平，对其内、外部条件的变化做出反应并创造新的机会都是非常必要的。

通过改进，组织可以改进和提高过程绩效、组织能力和顾客满意度；增强对调查和确定根本原因及后续的预防和纠正措施的关注；提高对内外部的风险和机遇的预测和反应的能力；增加对渐进性和突破性改进的考虑；通过加强学习实现改进；增强创新的动力。可开展的活动包括：
（1）促进在组织的所有层级建立改进目标。
（2）对各层级员工进行培训，使其懂得如何应用基本工具和方法实现改进目标。
（3）确保员工有能力成功的制定和完成改进项目。
（4）开发和展开过程，以在整个组织内实施改进项目。
（5）跟踪、评审和审核改进项目的计划、实施、完成和结果。
（6）将新产品开发或产品、服务和过程的变更都纳入到改进中予以考虑。
（7）赞赏和表彰改进。

10.3.6 循环决策

决策是一个复杂的过程，并且总是包含一些不确定因素。它经常涉及多种类型和来源的输入及其解释，而这些解释可能是主观的。重要的是理解因果关系和可能的非预期后果。对事实、证据和数据的分析可以使决策更加客观、可信。还可以：改进决策过程；改进对过程绩效和实现目标的能力的评估；改进运行的有效性和效率；提高评审、挑战和改变观点和决策的能力；提高证实以往决策有效性的能力。可开展的活动包括：

（1）确定、测量和监视证实组织绩效的关键指标。

（2）获得所需的全部数据。

（3）确保数据和信息足够准确、可靠和安全。

（4）使用适宜的方法对数据和信息进行分析和评价。

（5）确保人员有能力分析和评价所需的数据。

（6）依据证据，权衡经验和直觉进行决策并采取措施。

10.3.7 关系管理

供方或合作伙伴所提供的材料、零部件或服务对组织的最终产品有着重要的影响。供方或合作伙伴提供的高质量的产品，将保障组织为顾客提供高质量的产品，最终确保顾客满意。组织的市场扩大，则为供方或合作伙伴增加了提供产品的机会。所以，组织与供方或合作伙伴是互相依存的。当组织管理与所有相关方的关系，以尽可能地发挥其在组织绩效方面的作用时，持续成功更有可能实现。对供方及合作伙伴关系网的管理是尤为重要的，主要益处是：通过对每一个与相关方机会和限制的响应，提高组织及其相关方的绩效；对目标和价值观，与相关方有共同的理解；通过共享资源和能力，以及管理与质量有关的风险，增加为相关方创造价值的能力；具有管理良好、可稳定提供产品和服务的供应链。可开展的活动包括：

（1）确定相关方（如：供方、合作伙伴、顾客、投资者、雇员乃至整个社会）及其与组织的关系。

（2）确定和排序需要管理的相关方的关系。

（3）考虑权衡短期利益与长远利益的关系。

（4）收集信息、专业知识和资源并与相关方共享。

（5）适当时，测量绩效并向相关方报告，以增加改进的主动性。

（6）与供方、合作伙伴及其他相关方共同开展开发和改进活动。

（7）鼓励和表彰供方与合作伙伴的改进和成绩。

10.4 质量管理体系

组织就像人一样，是一个具有生存和学习能力的社会有机体。两者都具有适应的能力，并且由相互作用的系统、过程和活动组成。为了适应变化的环境，均需要具备应变能力。组织经常通过创新实现突破性改进。在组织的质量管理体系模式中可以认识到，不是所有的体系、过程和活动都可以被预先确定，因此，组织需要具有灵活性，以适应复杂的组织环境。

质量管理体系是通过周期性改进，随着时间的推移而进化的动态系统。无论其是否经过正式策划，每个组织都有质量管理活动。GB/T 19000 族标准为如何建立正规的体系，以管理这些活动提供了指南。确定组织中现存的活动和这些活动对组织环境的适宜性是必要的。GB/T 19000 族标准可用于帮助组织建立一个与其实际情况紧密结合的质量管理体系。

正规的质量管理体系为策划、执行、监视和改进质量管理活动的绩效提供了框架。质量管理体系无须复杂化，而是要准确地反映组织的需求。在建立质量管理体系的过程中，GB/T 19000 族标准中给出的基本概念和原则可提供有价值的指南。

质量管理体系策划不是一劳永逸的事情，而是一个持续的过程。这些计划随着组织的学习和环境的变化而逐渐完善。计划要考虑组织的所有质量活动，并确保覆盖 GB/T 19000 族标准的全部要求。该计划应经批准后实施。

定期监视和评价质量管理体系的计划的执行情况及其绩效状况，对组织来说是非常重要的。应仔细考虑这些指标，以有利于这些活动的开展。

审核是一种评价质量管理体系有效性的方法，以识别风险和确定是否满足要求。为了有效地进行审核，需要收集有形和无形的证据。在对所收集的证据进行分析的基础上，采取纠正和改进的措施。知识的增长可能会带来创新，使质量管理体系的绩效达到更高的水平。

10.4.1 质量管理体系要求与产品要求

GB/T 19000 族标准非常明确地区分开了质量管理体系要求和产品要求。任何一个组织在使用质量管理体系标准时对产品要求也应一并考虑，而不偏废哪一项要求。表 10-2 清楚地表述了质量管理体系要求和产品要求的差异。

表 10-2 质量管理体系要求和产品要求的差异

	质量管理体系要求	产品要求
含义	1. 为建立质量方针和质量目标并实现这些目标的一组相互关联的或相互作用的要素，是对质量管理体系固有特性提出的要求 2. 质量管理体系的固有特性是体系满足方针和目标的能力、体系的协调性、自我完善能力、有效性的效果等	1. 对产品的固有特性所提出的要求，有时也包括与产品有关过程的要求 2. 产品的固有特性主要是指产品物理的、感官观的、行为的、时间的、功能的和人体功效方面的有关要求
目的	1. 证实组织有能力稳定地提供满足顾客和法律法规要求的产品 2. 通过体系有效应用，包括持续改进和预防不合格品而增强顾客满意	验收产品并满足顾客
适用范围	通用的要求，适用于各种类型、不同规模和提供不同产品的组织	特定要求，适用于特定产品
表达方式	GB/T 19001 质量管理体系要求标准或其他质量管理体系要求或法律法规要求	技术规范、产品标准、合同、协议、法律法规，有时反映在过程标准中
要求的提出	GB/T 19001 标准	可由顾客规定；可由组织通过预测顾客要求来规定；可由法规规定
相互关系	质量管理体系要求本身不规定产品要求，但它是对产品要求的补充	

10.4.2 质量管理体系方法

质量管理体系方法是为帮助组织致力于质量管理，建立一个协调的、有效运行的质量管理体系，从而实现组织的质量方针和目标而提出的一套系统而严谨的逻辑步骤和运作程序，它是“管理的系统方法”原则在质量管理体系中的具体应用，它为质量管理体系标准的制定提供了总体框架。

质量管理体系方法的原则步骤如下：

（1）确定顾客和其他相关方的需求和期望。

（2）建立组织的质量方针和质量目标。

（3）确定实现质量目标必需的过程和职责。

（4）确定和提供实现质量目标必需的资源。

（5）规定测量每个过程的有效性和效率的方法。

（6）应用这些测量方法确定每个过程的有效性和效率。

（7）确定防止不合格并消除产生原因的措施。

（8）建立和应用持续改进质量管理体系的过程。

10.4.3 过程方法

过程方法包括按照组织的质量方针和战略方向，对各过程及其相互作用，系统地进行规定和管理，从而实现预期结果。可通过采用 PDCA 循环（具体见 10.5）以及始终基于风险的思维过程和完整的体系进行管理，旨在有效利用机遇并防止发生非预期结果。

在质量管理体系中应用过程方法能够：

（1）理解并持续满足要求；

（2）从增值的角度考虑过程；

（3）获得有效的过程绩效；

（4）在评价数据和信息的基础上改进过程。

每一过程均有特定的监视和测量检查点以用于控制，这些检查点根据不同的风险有所不同。

基于风险的思维是实现质量管理体系有效性的前提。GB/T19000 族标准以前的版本已经隐含基于风险思维的概念，例如：采取预防措施消除潜在的不合格，对发生的不合格进行分析，并采取与不合格的影响相适应的措施，防止其再发生。应对风险和利用机遇可为提高质量管理体系有效性、实现改进结果以及防止不利影响奠定基础。

机遇的出现可能意味着某种有利于实现预期结果的局面，例如：有利于组织吸引顾客、开发新产品和服务、减少浪费或提高生产率的一系列情形。利用机遇所采取的措施也包括考虑相关风险。风险是不确定性的影响，不确定性可能有正面或负面的影响。风险的正面影响可能提供机遇，但并非所有的正面影响均可提供机遇。

10.4.4 质量方针和质量目标

质量方针是由组织的最高管理者正式发布的该组织总的质量宗旨和方向。

质量目标是指组织在质量方面所追求的目的。

1．质量方针和质量目标的关系

（1）质量方针为制定、评审质量目标提供了框架。

（2）质量目标通常依据组织的质量方针制定。

（3）质量方针与质量目标应紧密相连，质量目标在持续改进方面与质量方针相一致。

2．制定质量方针和质量目标的目的和意义 制定质量方针和质量目标为组织提供了关注的焦点。每个组织为其未来的发展，都会制定一个战略规划，这是组织未来发展的方向，也是最高管理者将组织引向何处的决策方向。它将成为组织全体员工的工作准则和价值取向。质量方针给出组织的质量政策方向，质量目标给出了实施的准则。

质量方针和质量目标为组织确定预期的结果，可以帮助组织使用其资源达到这些预期的结果。质量方针和质量目标需要通过建立和运行质量管理体系实施质量管理而实现。

质量目标的实现对产品质量、体系运行有效性和财务业绩都有积极的影响。质量目标的实现表明产品的质量达到了预期的结果，也证明了质量管理体系运行有效，因而组织也必将获得经济效益。组织的相关方都会获益，这就必然增强相关方对组织的信任和满意程度。

7项质量管理原则为质量方针和质量目标的制定提供了指南。

10.4.5 最高管理者在质量管理体系中的作用

1．创造一个员工充分参与实现组织目标的环境是最高管理者核心作用的体现 最高管理者能够决定组织的命运。最高管理者有权制定组织的政策，赋予员工职责和权限，提供资源。一个成功的领导者应当是一个能充分发挥全员积极参与实现组织目标的管理者。因此，最高管理者应当通过其具有的领导权力，充分发挥领导作用，制订各种合理可行的措施，创造一个员工能充分发挥自身能力、使员工积极参与的氛围和环境。这是最高管理者核心作用的体现。

2．最高管理者发挥作用体现的要点 一个优秀的领导者应具备管理理念和领导素质。7项质量管理原则为领导者提供了管理理念。最高管理者应在其管理活动中充分运用和发挥 7项质量管理原则。下述几方面的作用是最高管理者应当发挥的。为便于理解，在每一作用后标出主要体现的质量管理原则。

（1）制定并保持组织的质量方针和质量目标（体现领导作用原则）。

（2）通过增强员工意识、积极性和参与程度，在整个组织内促进质量方针和质量目标的实现（体现全员参与和领导作用原则）。

（3）确保整个组织关注顾客要求（体现以顾客为关注焦点原则）。

（4）确保实施适宜的过程以满足顾客和其他相关方要求并实现质量目标（体现过程方法原则）。

（5）确保建立、实施和保持一个有效的质量管理体系以实现这些质量目标（体现过程方法原则）。

（6）确保获得必要的资源（体现领导作用原则）。

（7）定期评审质量管理体系（体现改进原则）。

（8）决定有关质量方针和质量目标的措施（体现循环决策原则）。

（9）决定改进质量管理体系的措施（体现改进原则）。

10.4.6　持续改进

持续改进是增强满足要求的能力的循环活动。持续改进的对象是质量管理体系。制定改进目标和寻求改进机会的过程是一个持续过程。在该过程中常常使用审核发现、审核结论、数据分析、管理评审或其他方法给出存在的问题，指明原因，其结果是导致组织采取纠正措施或预防措施，这一持续循环的活动就是持续改进。

1. 持续改进质量管理体系的目的　持续改进质量管理体系的目的是为了提高组织质量管理体系的有效性，实现质量方针和质量目标，增加顾客和其他相关方满意的机会。

2. 持续改进的基本活动

（1）分析和评价现状，以识别改进区域。

（2）确定改进目标。

（3）寻找可能的解决办法，以实现这些目标。

（4）评价这些解决办法并做出选择。

（5）实施选定的解决办法。

（6）测量、验证、分析、评价实施结果，以确定这些目标已经实现。

（7）正式采纳更改。

10.4.7　质量管理体系与其他管理体系的关系

全国质量管理和质量保证标准化技术委员会（SAC/TC151）起草的质量管理体系标准、其他管理体系标准以及组织卓越模式中表述的质量管理体系方法是基于共同的原则，这些方法均能够帮助组织识别风险和机遇并包含改进指南。在当前的环境中，许多问题，例如：创新、道德、诚信和声誉均可作为质量管理体系的参数。有关质量管理标准（如：GB/T 19001），环境管理标准（如：GB/T 24001）和能源管理标准（如：GB/T 23331），以及其他管理标准和组织卓越模式已经涉及了这些问题。

SAC/TC151 起草的质量管理体系标准为质量管理体系提供了一套综合要求和指南。GB/T 19001 为质量管理体系规定了要求，GB/T 19004 在质量管理体系更宽泛的目标下，为持续成功和改进绩效提供了指南。质量管理体系的指南包括：GB/T 19010、GB/T 19012、GB/T 19013、GB/T 19014、GB/T 19018、GB/T 19022 和 GB/T 19011。质量管理体系技术支持指南包括：GB/T 19015、GB/T 19016、GB/T 19017、GB/T 19024、GB/T 19025、GB/T19028 和 GB/T 19029。支持质量管理体系的技术文件包括：GB/T 19023 和 GB/Z 19027。在用于某些特殊行业的标准中，也提供质量管理体系的要求，如：GB/T 18305。

组织的管理体系中具有不同作用的部分，包括其质量管理体系，可以整合成为一个单一的管理体系。当质量管理体系与其他管理体系整合后，与组织的质量、成长、资金、利润率、环境、职业健康和安全、能源、公共安全等方面有关的目标、过程和资源，可以更加有效和高效地实现和应用。组织可以依据若干个标准的要求，如：GB/T 19001、GB/T 24001、GB/T 22080 和 GB/T 23331 对其管理体系同时进行整体综合性审核。

10.5 质量管理方法

质量管理的基本方法是按 PDCA 循环的基本工作思路，运用数理统计的方法来判断质量的优劣，分析其相关的因素，及时采取措施，进行防范和改进。

10.5.1 质量管理的方法根据和工作思路——PDCA 循环

大量实践观察和统计分析表明，影响质量的因素从性质上看可分为两大类，一类是经常起作用的质量因素，由它所造成的质量波动称为正常波动，是难以避免的；另一类因素不是经常发生的，而是由于某种原因出现而产生作用的，由它所造成的质量波动称为异常波动，它对产品质量的波动影响很大，因此，必须找出原因，加以排除。质量管理的方法就是去发现、分析和控制上述的两类波动。

质量管理的方法的基本工作思路是一切按 PDCA 循环办事。PDCA 循环是美国著名质量管理专家戴明首先提出来的，所以又称“戴明循环法”。它反映了质量管理活动应遵循的科学程序。

1. PDCA 循环的四个阶段和八个步骤

（1）计划阶段（Plan）。

第一步，分析现状，找出存在的质量问题，并将数据图表化。

第二步，分析产生质量问题的各种原因或影响因素，并逐个仔细分析影响因素。

第三步，找出影响质量的主要因素，针对其采取措施，以便抓住主要矛盾，解决质量问题。

第四步，针对影响质量的主要因素，制订措施，提出改进计划，并预计效果。措施计划应具体、明确，应包括必要性（Why）、目的性（What）、地点（Where）、时间（When）、执行者（Who）、方法（How），即 5W1H。

（2）执行阶段（Do）；第五步，实施措施，执行计划。

（3）检查阶段（Check）；第六步，调查事实结果，并与预期效果对比。

（4）处理阶段（Action）。

第七步，总结经验，把成功的经验和失败的教训都纳入到相应的标准或制度、规定中，以巩固成绩，防止再犯。

第八步，提出尚未解决的遗留问题，转入下一轮 PDCA 循环。

2. PDCA 循环的特点

（1）大环套小环，相互促进。整个企业的质量管理是一个大的 PDCA 循环，各级职能部门都有各自的 PDCA 循环，依次又有更小的 PDCA 循环，直至落实到每个员工。例如，某职能部门根据企业计划（即企业 PDCA 循环中的 P）制订自己的计划，这就是本部门 PDCA 循环的 P，同理依次落实到员工，上一级的 PDCA 循环是下一级 PDCA 循环的依据，下一级 PDCA 循环又是上一级的 PDCA 循环的贯彻落实和具体化，如图 10-1 所示，通过循环把企业的质量管理体系有机地联系起来，彼此协同、互相促进。

（2）爬楼梯。四个阶段要周而复始地运转，而每一轮都有新的内容与目标，因而也意味着前进了一步。犹如爬楼梯，逐步上升，如图 10-2 所示。

（3）强调提高计划质量。传统观点认为，质量管理的关键在于处理阶段，但从 20 世纪 90 年代以后，人们普遍认为应把重点放在计划阶段，强调提高计划质量及事前的精心准备。

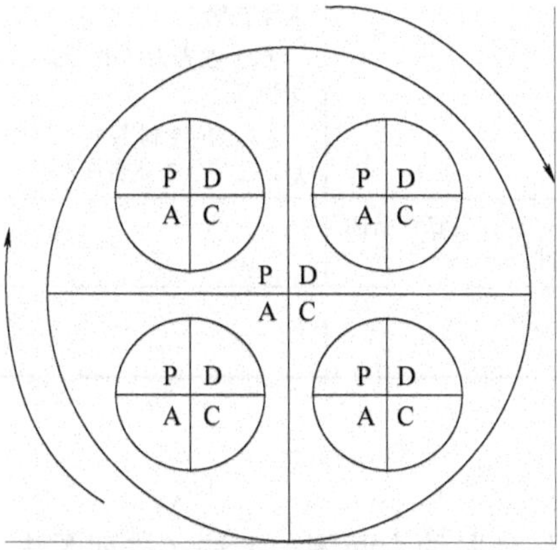

图 10-1　PDCA 循环大环套小环示意图

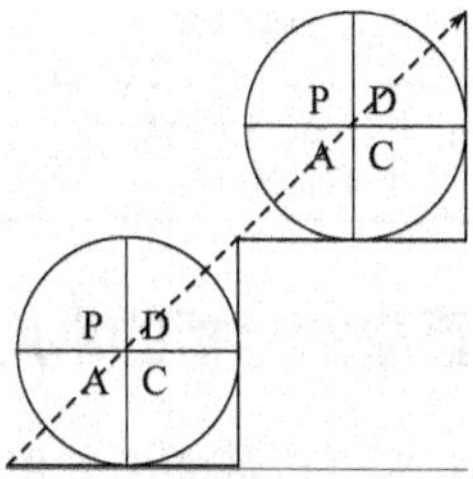

图 10-2　PDCA 管理循环逐级上升图

3．质量管理方法的应用　在 PDCA 循环四个阶段和八个步骤中需要采集大量数据和信息，并用数理统计方法整理后，才有实际指导意义。各步骤与常用的质量管理方法之间的关系见表 10-3。

表 10-3　PDCA 循环与常用的质量管理方法之间的关系

阶　段	步　骤		常用的质量管理方法	备　注
P（计划）	1	找出存在问题	（1）排列图法 （2）直方图法 （3）控制图法 （4）KJ 法（亲和图法） （5）系统图法 （6）矩阵图法 （7）网络图法	（1）排列图中 A 类问题应首先解决 （2）应从整个图形并与规格界限比较，即可发现问题 （3）观察控制图有无超出控制界限的异常点，以及点子的排列有无缺陷 （4）可应用 KJ 法中的语言资料收集方法 （5）可应用系统图法进行分解 （6）以矩阵图中的交点作为构思的要点
	2	寻找产生问题的原因	（1）因果图法 （2）关联图法 可配合应用 KJ 法、系统图法和矩阵图法	因果图法和关联图法应注意集思广益
	3	抓主要矛盾	（1）排列图法 （2）散布图法 （3）可配合应用矩阵图法 （4）正交法	（1）排列图中 A 类问题应首先解决 （2）散布图外，尚有各种相关分析，以及相关系数的计算
	4	制定措施计划	（1）过程决策程序图法 （2）网络图法 （3）运用对策表解决 5W1H 问题：Why（必要性）、What（目的性）、Where（地点）、When（时间）、Who（执行者）、How（方法）	
D（执行）	5	采取措施	（1）按计划执行 （2）严格落实措施	

（续）

阶 段	步 骤		常用的质量管理方法	备 注
C（检查）	6	调查效果	（1）排列图法 （2）直方图法 （3）控制图法	（1）在排列图中观察项目排列顺序及柱高有无变化 （2）在直方图中，明显地看出工序能力有无提高 （3）在控制图中，可知是否消除了异常点，工序状态是否恢复了正常
A（处理）	7	巩固成绩	工作结果标准化，制订或修订新的产品标准或工作标准	
	8	提出尚未解决的问题	反映到下一个循环计划中去	

10.5.2 质量事故分析的常用方法

质量事故分析与对策的常用方法，可通俗地归纳为两图一表法（排列图法、因果分析图法和对策表法结合起来使用）、分层法、相关图法和统计分析表法。

1. 两图一表法

（1）排列图法。排列图法即 ABC 法，排列图又称主次因素分析图或帕累托图，排列图是用来找出影响产品质量主要因素的一种有效工具。图中横坐标表示影响产品质量的因素或项目，一般以直方的高度来表示各因素出现的频数（不合格品件数）并从左至右按频数由大到小的顺序排列；纵坐标设置两个，左边的表示因素出现的频数（件数、金额等），右边的表示出现的频率（百分数），曲线纵坐标值表示因素累计百分数的大小。排列图的作用是区分主次，分类管理。通常把累计百分数分为三类：0%～80%范围内为 A 类，是引起质量问题的主要因素，所以从 A 类因素着手解决质量的关键问题，可以取得最佳效果；80%～90%范围内为 B 类，是引起质量问题的次要因素；90%～100%范围内为 C 类，是引起质量问题的一般因素。排列图不仅可用于产品质量波动问题的分析，还可用于分析物资、能源消耗、资金、成本、安全事故等各种问题的原因，它是一种应用比较广泛的简便有效的方法。

做排列图应当注意以下几点：

1）表示项目的各矩形宽度相等，高度按该项目的大小决定。

2）主要因素一般为 1～2 个，最多不超过 3 个，否则要对因素重新分类。

3）纵坐标用件数、金额、时间等表示都行，原则是以更好地找到主要因素为准。

4）不重要的项目很多时，可以归入“其他”栏列在最末。

【例 10-1】 某工厂影响一产品质量的因素有 12 项，其中有 6 项因素对产品质量的影响较小，为作图方便将其归为“其他”项，具体情况见表 10-4。

表 10-4 影响产品质量的因素

项 目	项目代号	缺陷数	百分数（%）	累计百分数（%）
旋转	A	130	65	65
杂声	B	40	20	85

（续）

项　目	项目代号	缺陷数	百分数（%）	累计百分数（%）
裂纹	C	12	6	91
耐压	D	8	4	95
轴铆固	E	2	1	96
壳开	F	2	1	97
其他	G	6	3	100
合计		200	100	

则影响该产品质量的排列图如图 10-3 所示。

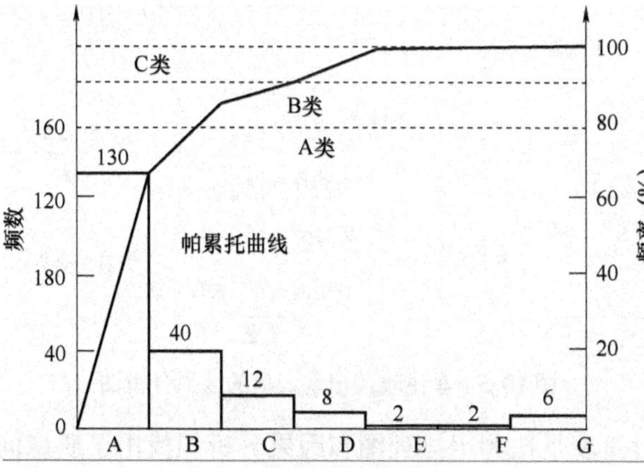

图 10-3　排列图

由表 10-4 和图 10-3 可知，影响产品质量的主要因素是旋转不良。

（2）因果分析图法。因果分析图又称鱼刺图或树枝图，它是一种用来寻找某种质量问题的所有可能原因的有效工具。在生产过程中影响产品质量的原因主要有操作者、原材料、设备、工艺方法、测量和环境 6 个方面。由于这些表面性的大原因由一系列中原因构成，并且还可以进一步逐级分层地找出构成中原因的小原因及更小原因等。如此分析下去，直到找出能直接采取有效措施的原因为止，这就是在质量分析时要追究的根本原因，最后根据根本原因采取对策。因果分析图如图 10-4 所示。运用因果分析图应采用质量分析会的方式，尽可能让各方面有关的人员参加，要充分发扬民主精神，把各种意见都记录下来。主要原因可通过排列图、投票或其他方法来确定，然后用方框框起来，以引起注意。

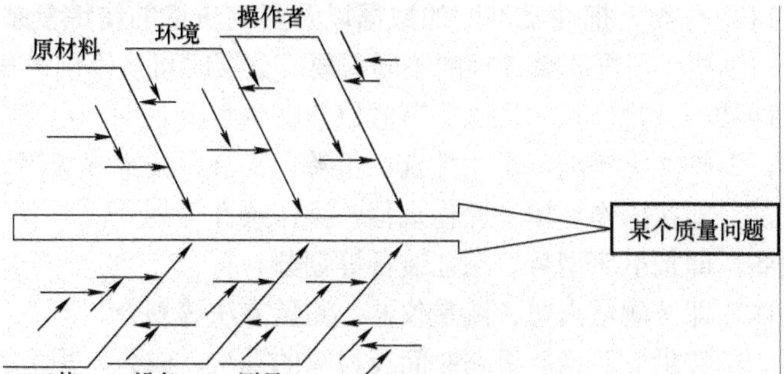

图 10-4　因果分析图

图10-5是某企业分析车主轴颈出现刀痕的因果分析图。

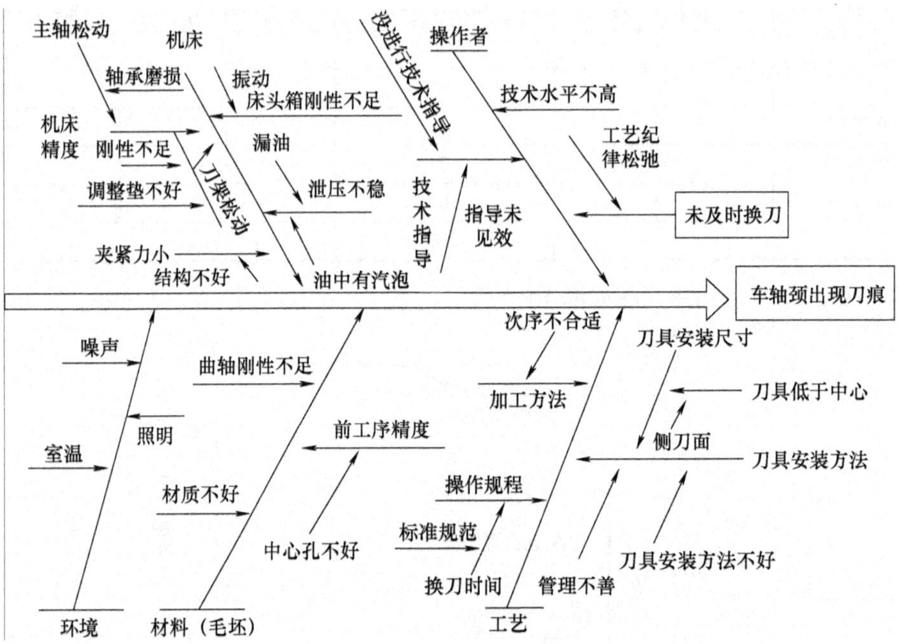

图10-5 车主轴颈出现刀痕的因果分析图

（3）对策表法。对策表是在利用排列图和因果分析图找出了质量问题的主要原因后，紧接着要找出解决问题的具体办法。可将做出的对策明确列出，制成表格。表中列出各种存在问题、应达到的质量标准、解决问题的具体措施、责任者和期限等，这就是对策表。对策表的一般格式见表10-5。

表10-5 对策表

序号	项目	存在问题	质量标准	对策措施	负责人	完成日期	备注

2. 分层法 分层法又称分类法，它是分析影响质量（或其他问题）的原因的一种基本方法。它是通过分层（或分类）把性质不同的数据以及影响质量的错综复杂的原因及其责任划分清楚，找出解决的办法。根据质量管理的不同需要，分层时可从不同的角度去划分：

（1）按时间，即按季、月、日、班次、节假日前后等划分。

（2）按操作者，即按文化程度、男女性别、年龄、工龄、技术等级等划分。

（3）按操作方法，即按操作环境、操作规程、操作条件等划分。

（4）按使用设备，即按机床型号、工艺装备等划分。

（5）按测量工作，即按测量人员、测量仪器、测量方法等划分。

（6）按原材料，即按供应厂家、进料时间及材料的批次、成分、规格等划分。

总之，分类的目的是把不同性质的问题分清楚，便于分清问题找出原因。但是运用分层法往往按一个标志分类不能完全解决问题，这就要求按几个相关的标志分别分类，进行综合分层分析，有时还应同质量管理中的其他方法联合使用才能使质量问题原因明朗化。

3．相关图法　相关图又称散布图，它是在直角坐标系上表示两个变量之间的相关关系的图。相关图用在质量管理中，就是根据影响质量特性因素的各对数据，用点子表示并填列在直角坐标图上，以观察和判断两个质量特性因素之间的关系，进而对产品或工序进行有效控制。

相关图的应用很广，如在加工零件时，需要了解切削用量对加工质量、操作方法对加工质量的关系；热处理时需要了解钢的温度与硬度的关系等，都要应用相关分析，以便能控制影响产品质量的相关因素。典型的相关关系如图10-6所示。

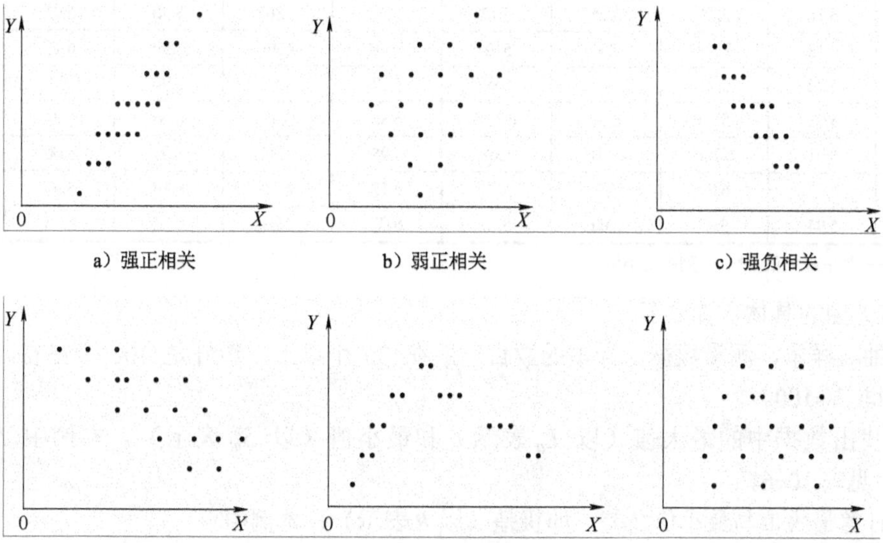

a）强正相关　b）弱正相关　c）强负相关

d）弱负相关　e）非线性关系　f）不相关

图10-6　相关图

4．统计分析表法　统计分析表又称质量调查表，它是利用统计图表来统计数据，进行数据整理并对影响产品质量的原因做粗略分析的常用图表。其格式多种多样，可根据产品和工序的要求灵活确定其形式与项目，常用的统计分析表如下。

（1）不合格品统计调查表。它是将不合格品分类统计在表上，用于调查生产中发生了哪些不合格品及其比率。

（2）缺陷位置调查表。它直观地将质量缺陷标注在调查对象的示意图或展开图上，以表明缺陷所在位置及其状态，较多地用于工序分析。

（3）频数分布调查表。它是将产品质量特性值出现的频数及其分级列成表格，并把测量的产品数值在相应的组内画上符号而构成的，可用于了解工序质量特性值的分布情况。

在实际工作中，统计分析表往往和分层法结合起来使用，这样就有可能使影响产品质量的原因调查得更清楚。

10.5.3　工序质量控制的常用方法

1．直方图法　直方图是用于工序质量控制的一种质量数据的分布图形。下面通过具体实例阐述此方法。

（1）直方图的做法。

【例 10-2】 某轧钢厂生产钢板，其厚度为 6±0.44mm，从生产的批量中随机取样，检测数据见表 10-6。

表 10-6 钢板厚度 （6±0.44mm）

5.77	6.27#	5.93	6.08	6.03	6.12	6.18#	6.10#	5.95	5.95
6.01	6.04	5.88	5.92	6.15	5.72	5.94	6.07	6.00	5.75
5.71*	5.75*	5.96	6.19	5.70*	5.65	5.84	6.08	6.24#	5.61*
6.19	6.11	5.74	5.96	6.17	6.13#	5.80*	5.90	5.93	5.78
6.42#	6.13	5.71*	5.96	5.78	5.60*	6.14	5.56*	6.17	5.97
5.92	5.92	5.75	6.05	5.94	6.13	5.80	5.90	5.93*	5.78
5.87	5.93	5.80	6.12	6.32#	5.86	5.84	6.08	6.24	5.97
5.89	5.91	6.25#	6.21#	6.08	5.95	5.94	6.07	6.00	5.85
5.96	6.05	6.00	5.89*	5.83	6.12	6.18	6.10	5.95	5.95
5.95	5.94	6.07	6.02	5.75	6.03	5.89	5.97	6.05	6.45#

注：#——列中最大值；*——列中最小值。

作直方图的具体步骤如下：

1）抽取样本，测量数据。样本的数目一般在 30 个以上，最好是 100 个左右，以 N 表示，本例取 N=100。

2）找出数据中的最大值（以 L_a 表示）和最小值（以 S_m 表示），本例中 L_a=6.45，S_m=5.56，见表 10-6。

3）计算最大值与最小值之差。即极差（以 R 表示），本例中

$$R=L_a-S_m=6.45-5.56=0.89 \tag{10-1}$$

4）将数据进行分组，划分组数（以 K 表示）组数可从表 10-7 中选取。本例按 N=100～250 时，选取 K=10。

表 10-7 分组个数参考表

数据个数 N	适当的分组个数 K	本例使用的分组个数 K
30～50	5～8	10
50～100	6～10	
100～250	7～12	
250 以上	10～20	

5）计算组距（以 h 表示），即分组的宽度，一般用下式确定

$$h=（L_a-S_m）/K=R/K=0.89\div 10\approx 0.09\text{（mm）} \tag{10-2}$$

6）确定各组分组的组界。第一组的下界值，一般用下面公式确定

$$下界值=S_m-测量单位\div 2 \tag{10-3}$$

$$上界值=下界值+组距 \tag{10-4}$$

本例中测量单位为 0.01mm，所以

第一组的下界值是：5.56－0.01÷2=5.56－0.005=5.555（mm）

第一组的上界值为：5.555+0.09=5.645（mm）

第二组的下界值=第一组的上界值=5.645（mm）

第二组的上界值=5.654+0.09=5.735（mm）

第三组的下界值=第二组的上界值=5.735（mm）

⋮

其余各组见表 10-8。

7）计算各组的中心值，中心值是各组中间的数值（以 x_i 表示），按下式计算

$$x_i=\frac{某组下限值+某组上限值}{2} \tag{10-5}$$

各组中心值见表 10-8。

8）计算频数，即统计落入各组的频数（数据出现的次数，以 f_i 表示），详见表 10-8。

9）计算各组简化中心值（以 u_i 表示），按下式计算

$$u_i=\frac{x_i-a}{h} \tag{10-6}$$

式中 a——频数最大组的组中值。

本例 a=5.96mm，各组简化中心值见表 10-8。

10）计算平均值

$$\overline{x}=a+h\frac{\sum_{i=1}^{k}f_iu_i}{\sum_{i=1}^{k}f_i} \tag{10-7}$$

本例中，$\overline{x}=5.983$mm 。

11）计算标准偏差 S。S 按下式计算

$$S=h\sqrt{\frac{\sum_{i=1}^{k}f_iu_i^2}{\sum_{i=1}^{k}f_i}-\left[\frac{\sum_{i=1}^{k}f_iu_i}{\sum_{i=1}^{k}f_i}\right]^2} \tag{10-8}$$

本例中，S=0.166mm。

记录各组中的数据，整理成频数分布表，见表 10-8。

表 10-8 直方图计算表 （单位：mm）

组 号	组 距	x_i	f_i	u_i	f_iu_i	$f_iu_i^2$	$\overline{x}$	S
1	5.555～5.645	5.60	2	−4	−8	32	$\overline{x}=a+h\frac{\sum_{i=1}^{k}f_iu_i}{\sum_{i=1}^{k}f_i}$ $=5.96+0.09\times\frac{26}{100}$ =5.983	$S=h\sqrt{\frac{\sum_{i=1}^{k}f_iu_i^2}{\sum_{i=1}^{k}f_i}-\frac{\sum_{i=1}^{k}f_iu_i}{\sum_{i=1}^{k}f_i}}$ $=0.09\times\sqrt{\frac{346}{100}-\left[\frac{26}{100}\right]^2}$ =0.166
2	5.645～5.735	5.69	3	−3	−9	27		
3	5.735～5.825	5.78	13	−2	−26	52		
4	5.825～5.915	5.87	15	−1	−15	15		
5	5.915～6.005	5.96	26	0	0	0		
6	6.005～6.095	6.05	15	1	15	15		
7	6.095～6.185	6.14	15	2	30	60		
8	6.185～6.275	6.23	7	3	21	63		
9	6.275～6.365	6.32	2	4	8	32		
10	6.365～6.455	6.41	2	5	10	50		
各组之和			100	5	26	346		

12）画直方图。以纵坐标为频数，横坐标为组距，画出一系列直方形就是直方图。本例如图 10-7 所示。

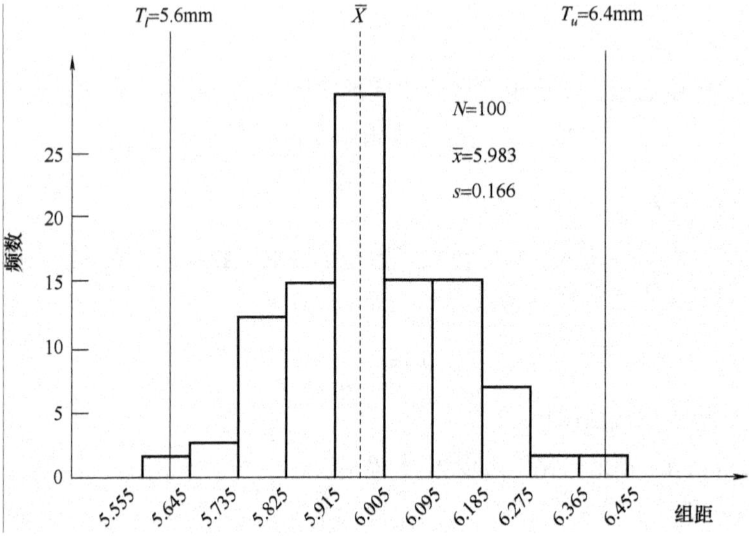

图 10-7 直方图

图中，T_l为最小组的中心值，T_u为最大值的中心值。

（2）直方图的观察分析。通过直方图可以判断一批已加工完毕的产品质量，验证工序的稳定性，为计算工序能力收集有关数据。图 10-8 中的四种图形，分别说明四种情况。图 10-8a 是一个正态分布图形，表明工序只存在随机误差，情况正常稳定；图 10-8b 是分立小岛型，这是由少量原材料不合格，或短时间内工人操作不熟练所造成的；图 10-8c 为偏态型，直方图的分布中心线偏向一侧，通常是由操作者的主观因素所造成的；图 10-8d 是双峰型，通常是由于在做抽样检查之前，分层工作没做好，使两个分布混淆在一起所造成的。

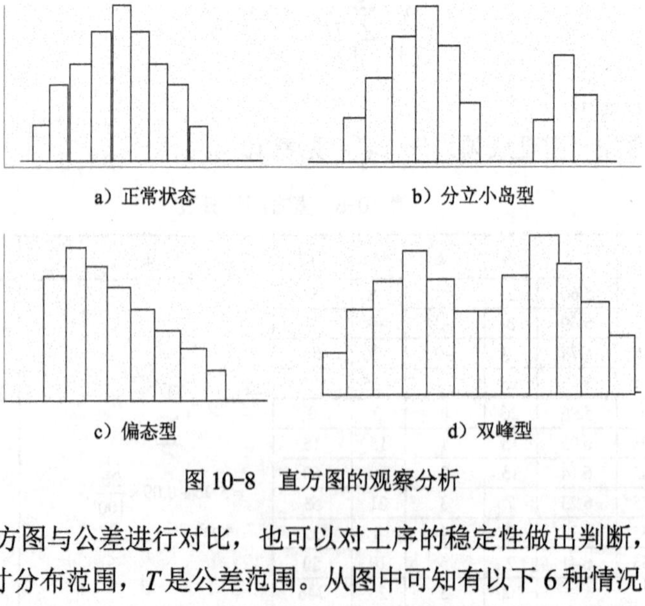

图 10-8 直方图的观察分析

另外，通过直方图与公差进行对比，也可以对工序的稳定性做出判断，如图 10-9 所示。图中，B 是实际尺寸分布范围，T 是公差范围。从图中可知有以下 6 种情况：

图 10-9a 是理想状况。

图 10-9b B 虽在 T 内，但偏向一边，有超差的可能。

图 10-9c B 过分小于 T，加工不经济。

图 10-9d B 过分偏离 T 的中心，造成废品过量。

图 10-9e B 与 T 一样，分布太宽，有超差的可能。

图 10-9f B 的范围太大，超出了 T，产生了超差，工序能力不能满足技术要求。

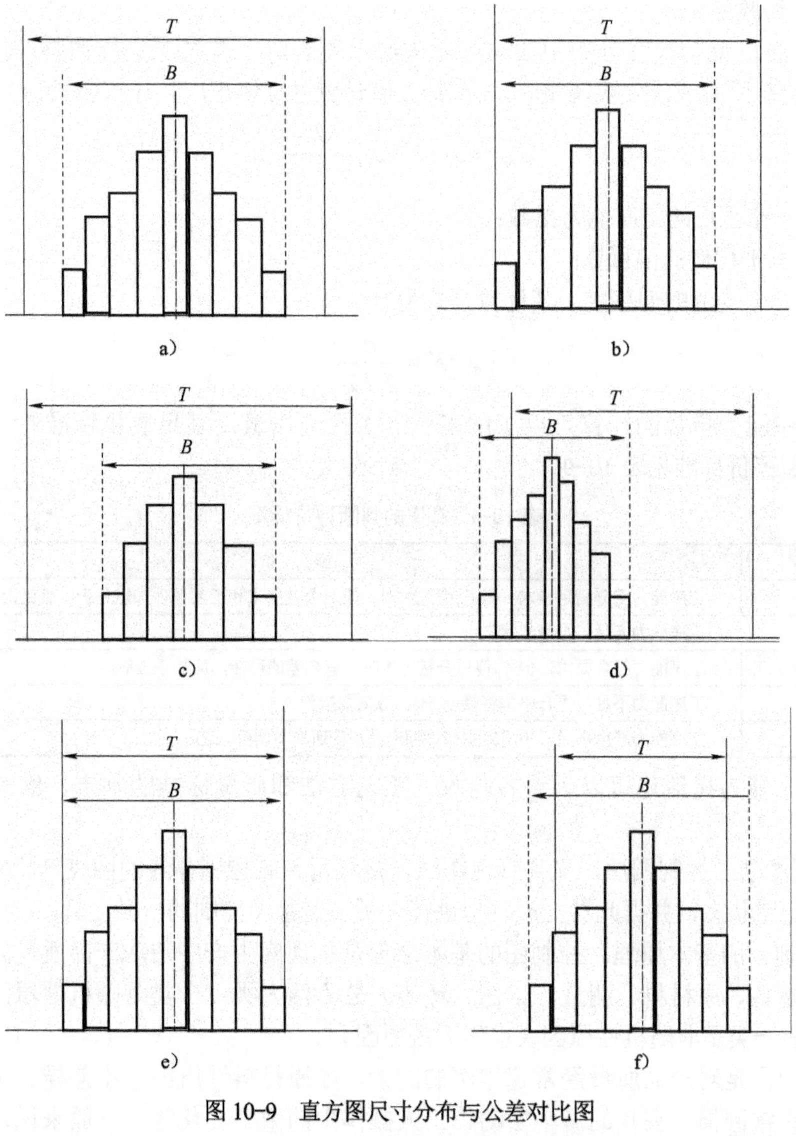

图 10-9　直方图尺寸分布与公差对比图

（3）工序能力指数。工序能力是指在正常条件和稳定状态下产品质量的实际保证能力，它又叫加工精度，用 B 表示。工序能力的高低一般是用计算工序能力指数的方法测定的。工序能力指数用 C_p 表示，是公差范围 T 与加工精度 B 之比，其计算公式为

$$C_p = \frac{T}{B} \tag{10-9}$$

从式 10-9 中不难看出，工序能力指数同这道工序的技术要求 T 和加工精度 B 均有关系。工序能力指数越大，质量指标越有保证或越有潜力。

下面分不同情况来介绍工序能力指数的计算方法。

1）当加工产品的尺寸分布中心与质量标准中心（即公差中心）重合时，C_p 的计算公式为

$$C_p = \frac{T}{6\sigma} \tag{10-10}$$

式中 σ——离散度

2）当加工产品的尺寸分布中心与公差中心不重合时，首先应进行调整，使两个中心重合；如果调整有困难或没必要调整时，计算 C_p 值时应进行修正，其计算公式为

$$C_{pk} = (1-K)C_p = \frac{T-2\varepsilon}{6\sigma} \tag{10-11}$$

式中 C_{pk}——修正后的工序能力指数；

ε——平均值的偏移量；

K——平均值的偏移度，其计算公式为

$$K = \frac{\varepsilon}{T/2} \tag{10-12}$$

通过工序能力指数的计算可以了解工序能否保证质量及满足质量标准的公差要求的程度，它的判断评价标准见表 10-9。

表 10-9 C_p 值的判断评价标准

C_p 值的大小	评 价
C_p>1.33	工序能力充分满足要求，但 C_p 值过大时，应对公差要求和工艺条件加以分析，避免设备精度的浪费
C_p=1.33	工序能力充足，是理想状态
1≤C_p<1.33	工序能力符合要求，但 C_p 值过分接近 1 时，有超差的可能，应加强控制
0.67≤C_p<1	工序能力不足，不合格率将接近 5%，应采取措施
C_p<0.67	工序能力严重不足，不适宜生产该项产品，应研究与调整工艺

利用工序能力指数还可以为设备验收、工艺方法和质量标准的制定、修改提供科学的依据。

2．控制图法 控制图法，又称管理图法，是利用带有控制界线的图表形状来反映生产过程是否处于稳定状态，并据此对生产过程进行分析、监督、控制的一种工具。

（1）控制图的基本原理。控制图的基本原理是把现实生产中造成产品质量波动的六大因素（即人、设备、原材料、测量、工艺、环境）分为两大类：一类是随机性原因（也称偶然性原因）；另一类是非随机性原因（也称系统原因）。

随机性原因是对产品质量经常起作用的因素，如原材料性质的微小差异、机床的固有振动、刀具的正常磨损、夹具的微小松动、工人操作中的微小变化等。一般来说，经常起作用的因素多，但它们对质量波动（称正常波动）的影响小，不易避免，也难以消除，可以不必加以控制。因此，把仅是随机原因造成的质量波动称为正常的波动，认为仅存在正常波动的生产过程是处于被控制状态。

非随机性原因是可以避免的因素，如原材料中混入了不同成分或规格的原材料，机床、刀具的过度磨损，夹具的损坏，机床、刀具安装和调整不当，测量错误等。系统性因素对质

量波动的影响大，容易识别，也能避免。

由系统性因素引起的波动称异常波动，异常波动造成的误差大小往往可以在造成波动的物体上测量出来，如孔加工的系统误差，如果是由刀具基本尺寸的误差造成的，那么可在刀具本身上测量出来。这些差异的大小和方向，对一定时间来说，都是一定的或做周期性变化。对于影响质量波动的系统性因素，我们应严加控制。因此，控制系统性差异造成的质量波动，就成了控制图法的主要任务。

（2）控制图的作用。控制图的作用主要有以下几个方面：

1）用于工序控制，即用于判断生产过程、工序质量的稳定性是否正常。

2）用于工序质量分析。

3）为评定质量以及确定对机器设备、工装的调整规律提供依据。

4）用于改进产品检验，决定产品检验的方式或改变检验的范围。

（3）控制图的内容。控制图的内容包括标题和控制图两个部分。控制图的基本格式如图 10-10 所示。

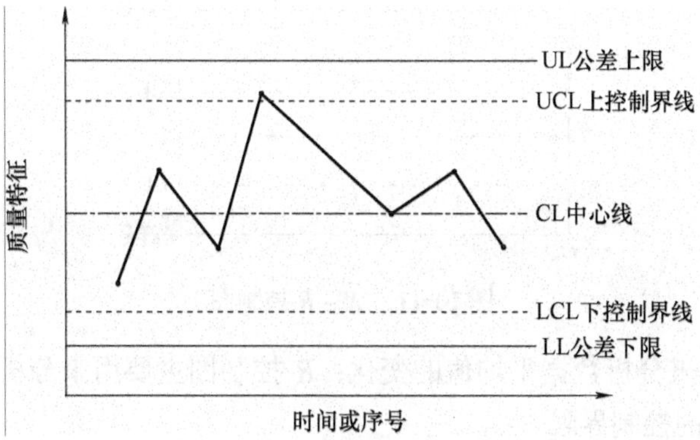

图 10-10　控制图

在图 10-10 中，横坐标为取样时间或取样序号，纵坐标为测得的质量特性值。图上有 5 条与横坐标平行的线，中间一条为中心线，用点划线表示；中心线上面一条虚线为上控制界限线，另一条实线是公差上限线；中心线下面一条虚线为下控制界限线，另一条实线是公差下限线。一般取中心线上下 3 个标准差即 $\mu \pm 3\sigma$ 作为上、下控制界限的范围。然后在生产过程中按规定的时间间隔抽取子样，测量其特性值，把经过计算的统计量按大小用点子点在图上，并根据点子的分布情况对生产过程的状态做出判断。如果点子无异常情况出现，则表明生产过程正常；否则则表明将会出现质量问题，应采取相应预防措施。

（4）控制图的种类和绘制。控制图的种类虽多，但基本可分为两大类：一类为计量值控制图，另一类为计数值控制图，每一类又可分为若干种，常用的控制图见表 10-10。

表 10-10　常用控制图种类

类　别	符　号	名　称	用　途
计量值控制图	X	单值控制图	用于计量值。在加工时间长、测量费用高，需要长时间才能测出一个数据或样品数据不便分组时使用
	$\overline{X}-R$	平均数和极差控制图	用于计量值，如尺寸、重量等
	$\widetilde{X}-R$	中位数和极差控制图	用于计量值，如尺寸、重量等

（续）

类别	符号	名称	用途
计数值控制图	P_n	不合格品控制图	用于各种计数值，如不合格品个数的管理
	P	不合格品率控制图	用于各种计数值，如不合格品率、出勤率等的管理
	U	单位缺陷数控制图	用于单位面积、单位长度上的缺陷数的管理
	C	缺陷数控制图	用于焊接缺陷数、电镀表面麻点数等的管理

由表 10-10 可见，控制图的种类很多，$\overline{X}-R$ 控制图是一种最常用的控制图。该图由两部分组成：子样的平均数控制图（$\overline{X}$ 控制图）和子样的极差控制图（R 控制图），通常 $\overline{X}$ 控制图放在 R 控制图的上面，格式如图 10-11 所示。

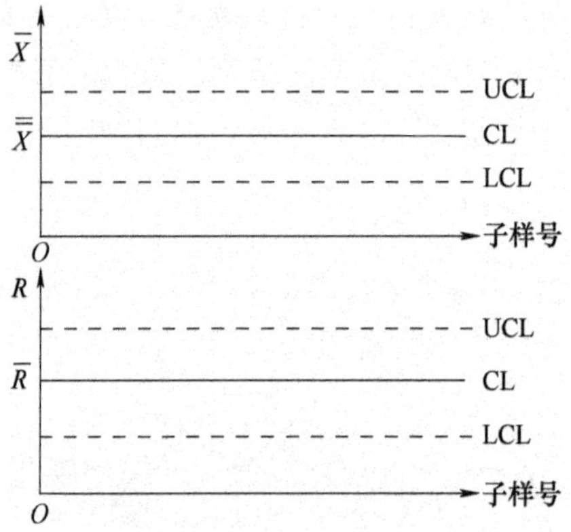

图 10-11 $\overline{X}-R$ 控制图

$\overline{X}$ 控制图主要用来分析数据平均值的变化；R 控制图主要用来分析加工误差的变化，同时用它定出 $\overline{X}$ 控制图的控制界限。

绘制 $\overline{X}-R$ 控制图的具体步骤如下：

1）收集数据。从需要控制的工序中，随机抽取样本，测量后取得数据，一般数据量不能少于 100 个。

2）数据分组，并按组列成数据表。按测量顺序或批次分组，一般组数 K=20～25，每组数据个数 n=4～5 个，并将数据按组列成数据表。

3）计算各组的平均值

$$\overline{X}_j=\frac{\sum X_j}{n} \tag{10-13}$$

4）计算所有数据的总平均值

$$\overline{\overline{X}}=\frac{\sum \overline{X}_j}{K} \tag{10-14}$$

5）计算各组的极差值

$$R_j=X_{\max}-X_{\min} \tag{10-15}$$

6）计算各组的极差值的平均值

$$\overline{R}=\frac{\sum R_j}{K} \tag{10-16}$$

7）计算中心线和控制界限

$\overline{X}$ 控制图：

中心线　$$\mathrm{CL}=\overline{\overline{X}} \tag{10-17}$$

上控制线　$$\mathrm{UCL}=\overline{\overline{X}}+A_2\overline{R} \tag{10-18}$$

下控制线　$$\mathrm{LCL}=\overline{\overline{X}}-A_2\overline{R} \tag{10-19}$$

R 控制图：

中心线　$$\mathrm{CL}=\overline{R} \tag{10-20}$$

上控制线　$$\mathrm{UCL}=D_4\overline{R} \tag{10-21}$$

下控制线　$$\mathrm{LCL}=D_3\overline{R} \tag{10-22}$$

最后是由子样大小 n 确定的系数，见表 10-11。

表 10-11　控制图系数表

系数 / n	A_2	M_3A_2	D_3	D_4	E_2	d_2	d_3
2	1.880	1.880	—	3.267	2.660	1.128	0.853
3	1.023	1.187	—	2.575	1.772	1.693	0.888
4	0.729	0.796	—	2.282	1.457	2.059	0.880
5	0.577	0.619	—	2.115	1.290	2.326	0.864
6	0.483	0.549	—	2.004	1.184	2.534	0.848
7	0.419	0.509	0.076	1.924	1.109	2.704	0.833
8	0.373	0.432	0.136	1.864	1.054	2.847	0.820
9	0.337	0.412	0.184	1.816	1.010	2.970	0.808
10	0.308	0.363	0.223	1.777	0.975	3.078	0.797

8）绘制 $\overline{X}-R$ 控制图。将 $\overline{X}$ 控制图放在 R 控制图的上面，画出上下控制线和中心线，并根据数据在图上打“•”，最后将各点按组号顺序或时间顺序用直线连接起来，以便观察和分析质量分布的变化趋势。

（5）控制图的观察分析。画控制图显然并不是我们的目的，而利用控制图判断生产过程的稳定性、预防废品的发生和改进生产过程，从而提高产品质量，这才是目的。所以控制图做出以后，需对控制图进行观察和分析。

一般说来，控制图上的点反映出生产过程的稳定状况。生产过程正常或处于受控状态时，产品质量的波动属于正常波动，控制图必须同时满足两个条件：

1）点没有跳出控制界限。

2）点在控制界限内排列没有缺陷，即产品的质量特性值服从正态分布。

控制图中，点排列出现下列情况，即意味着排列有缺陷：

1）点在中心线一侧连续出现7次或7次以上。

2）出现连续7点上升或下降的倾向。

3）点在中心线一侧多次出现，连续11点中至少有10点在中心线一侧，连续14点中至少有12点在中心线一侧，连续17点中至少有14点在中心线一侧，连续20点中至少有16点在中心线一侧。

4）连续3个点中至少有2点在上、下控制线边界出现。

5）点排列呈周期性等。

其排列出现缺陷时，则认为产品质量波动出现异常波动，生产过程发生了异常变化。这时就必须对生产过程进行分析，把导致这种异常变化的原因找出来、排除掉，使生产过程处于受控状态，产品质量得到保证。

10.6 质量管理体系审核

10.6.1 质量管理体系审核的基本概念

1. 审核和质量审核 要理解质量管理体系审核，首先要理解什么是审核，什么是质量审核，因为质量管理体系审核是质量审核的一种类型。

（1）审核。GB/T 19000—2015/ISO 9000：2015《质量管理体系 基础和术语》对审核的定义是："为获得客观证据并对其进行客观的评价，以确定满足审核准则的程度所进行的系统的、独立的并形成文件的过程。"

为了理解上述定义，必须先理解定义中提到的审核证据和审核准则。

审核证据的定义是："与审核准则有关的并且能够证实的记录、事实陈述或其他信息。"

审核准则的定义是："用作依据的一组方针、程序或要求。"

因此，对"审核"的定义，可以理解以下几点：

1）审核的基本要素包括由对被审核客体不承担责任的人员，按照程序对客体是否合格的测定。

2）审核可以是内部（第一方）审核，或外部（第二方或第三方）审核，也可以是多体系审核或联合审核。

3）内部审核，有时称为第一方审核，由组织自己或以组织的名义进行，用于管理评审和其他内部目的，可作为组织自我合格声明的基础。可以由与被审核的活动无责任关系的人员进行，以证实独立性。

4）外部审核包括第二方和第三方审核。第二方审核由组织的相关方，如顾客或由其他人员以相关方的名义进行。第三方审核由外部独立的审核组织进行，如提供合格认证/注册的组织或政府机构。

（2）审核、检验、监督的区别。

"检验"的定义为："通过观察和判断，适当时结合测量、试验所进行的符合性评价。"

"监督"的含义为："为了确保满足规定要求，对过程的状况进行连续的监视和验证并对记录进行分析。”

质量审核的类型按审核的对象分有：质量管理体系审核、产品（含服务）质量审核和过程质量审核三类。

（3）质量管理体系审核。质量管理体系审核是质量审核的一种类型，其含义为：“为获得质量管理体系审核证据并对其进行客观的评价，以确定满足质量管理体系审核准则的程度所进行的系统的、独立的并形成文件的过程。”质量管理体系审核是对质量管理体系进行评价的一种方式。GB/T 19001—2015/ ISO 9001：20159.1.3 质量管理体系分析与评价中指出，组织应分析和评价通过监视和测量获得的适当的数据和信息。应利用分析结果评价：

1）产品和服务的符合性；

2）顾客满意程度；

3）质量管理体系的绩效和有效性；

4）策划是否得到有效实施；

5）针对风险和机遇所采取措施的有效性；

6）外部供方的绩效；

7）质量管理体系改进的需求。

2. 质量管理体系审核的特点 当前，质量管理体系审核已有一套完整、成熟的国际通行做法，这在 GB/T 19021/ISO 10011 标准中得到了充分的体现。质量管理体系审核中的第三方审核已成为高度专业化、职业化的活动，有一套正规的程序和做法。概括起来，质量管理体系审核有以下特点：

（1）质量管理体系审核以正规化、文件化的质量体系为基础。质量管理体系审核要对质量体系的符合性、有效性和适宜性做出判断和评价，首先要求质量体系必须以正规化、规范化为基础，而正规化、规范化则要求文件化。只有建立文件化的质量体系，才能实施运作，才有比较和评价的可能，从而具备质量体系审核的必要条件。

（2）质量管理体系审核的系统性。质量管理体系审核的系统性首先表现在审核是一种正式的活动，要求有组织、有计划、有步骤并按规定的程序进行，对样本的选定、客观证据的收集、审核结论的得出、纠正措施的跟踪等都要有一套行之有效的程序和方法。质量体系审核的系统性还表现在，审核的重点是发现那些有关系统失效的客观证据。审核发现的问题不能停留在表面上，而要系统地寻找造成不合格的原因。

（3）质量管理体系审核的独立性。质量管理体系审核的独立性，是指执行审核的机构和人员具有独立性。一般来说，审核机构必须是与审核内容的质量活动无直接责任的部门，可以是专职的机构，也可以是兼职的机构。审核人员所承担的审核任务及所要审核的对象必须与他本人工作岗位无直接责任关系。审核的独立性还要求审核人员尊重客观事实，不受任何压力或利诱的干扰，免受偏见、情绪的影响，坚持客观公正，保持独立判断。

（4）质量管理体系审核的风险性。质量管理体系审核是一种抽样检查的过程。质量体系是一个“大系统”，由于时间和人员的限制，要在较短时间内完成审核工作，只能采取抽样检查的办法，包括抽取一定数量的体系文件、质量记录，询问一定数量的人员，抽查若干台设备，观察若干个过程等。这种以少量样本的审核结果来描述一个完整质量体系的审核方法，必然具有风险性。

3．质量管理体系审核的类型 质量管理体系审核按审核人员或其名义分为第一方审核、第二方审核和第三方审核。后两种审核可以从顾客的角度提供更高程度的客观性，通常称为“外部”审核。第一方审核通常称为“内部”审核。

（1）第一方审核。第一方审核又称内部审核，由一个组织的成员或其他人员以组织的名义进行。这种审核为有效的管理评审和纠正、预防或改进措施提供信息。

内部质量管理体系审核的目的概括起来有四个方面：

1）依据质量管理体系标准，来评价组织自身的质量管理体系，是否满足规定的要求。

2）验证组织自身的质量管理体系是否持续满足规定的要求并且正在运行。

3）作为一种主要的管理手段和自我改进的机制，及时发现问题，进行纠正或预防，使体系不断改进，不断完善。

4）在第二方和第三方审核前做好准备。

内部审核是依据有关过程的重要性、对组织产生影响的变化和以往的审核结果，策划、制订、实施和保持审核方案，审核方案包括频次、方法、职责、策划要求和报告；规定每次审核的审核准则和范围；选择审核员并实施审核，以确保审核过程客观公正；确保将审核结果报告给相关管理者；及时采取适当的纠正和纠正措施；保留形成文件的信息，作为实施审核方案以及审核结果的证据。

但是，如果内部审核的目的是第二方和第三方审核前的准备，自然就会把与顾客签订的合同中规定的质量管理体系标准以及与认证机构商定的质量管理体系标准直接作为内部审核的依据，这样才有强烈的针对性。

当然，按质量管理体系标准的要求，适用的法律法规也应作为第一方审核的依据。

（2）第二方审核。在某一合同或多个合同要求的情况下，可以由组织的顾客或由其他人员（作为顾客代表）以顾客的名义进行第二方审核。这种审核旨在提供对组织的信任的证据。

第二方审核的目的概括起来有四个方面：

1）当有建立合同关系的意向时，对组织进行初步评价。

2）在有合同关系的情况下，验证组织的质量管理体系是否持续满足规定的要求并且正在运行。

3）作为制定或调整合格供方名单的依据之一，促进供方改进质量管理体系。

4）沟通和加强供需双方对质量要求的共识。

第二方审核的主要依据是合同。一般而言，在各种给定的合同情况下，通常依据 GB/T 19001—2015 质量管理体系要求标准，必要时可删去标准中某些过程，也可在合同中增加某些过程，包括某些补充要求，如关键项目的体系要求。当需要删减时，应在顾客和组织之间取得协商一致，并在合同中做出规定。第二方审核的依据视合同规定而定。当然，按质量管理体系标准的要求，适用的法律法规也应作为第二方审核的依据。

（3）第三方审核。由胜任的认证机构或其委托的审核机构所进行的审核通常称为第三方审核。这种审核按照规定的程序进行，其结果是对受审核方的质量管理体系是否符合规定要求给予书面保证（合格证书），又称认证或注册。

第三方审核目的：

1）确定质量管理体系过程是否符合规定要求。

2）确定现行的质量管理体系实现规定质量目标的有效性。

3）决定受审核方质量管理体系是否可以注册/认证。

4）为受审核方提供改进其质量管理体系的机会。

5）减少许多重复的第二方审核。

6）提高受审组织声誉，增强竞争力。

7）查证是否满足法律法规或其他规定要求。

第三方审核的主要依据是质量管理体系标准，即 GB/T 19001—ISO 9001 标准。其次是一个组织根据标准所制订的质量管理体系文件，包括质量方针、质量目标、质量手册、质量管理体系程序等均可作为第三方审核的依据。当然，按质量管理体系标准的要求，适用的法律法规也应作为第三方审核的依据。

（4）第一、二、三方质量管理体系审核的范围。质量管理体系审核的范围是指质量管理体系所覆盖的产品、过程和场所。

1）第一方审核的范围应覆盖所有产品、过程和场所。

2）第二方审核的范围仅限于顾客所购的产品及其所涉及的过程和场所。

3）第三方审核的范围是指由委托方申请的产品及其所涉及的过程和场所。

确定审核范围是质量管理体系审核过程的一项重要工作，在审核准备过程中将要详细阐述。

4. 质量管理体系审核过程

质量管理体系审核从外部审核的角度，大致可分为三个阶段：审核策划与准备阶段、现场审核实施阶段、纠正措施的跟踪阶段。

（1）审核策划与准备阶段。审核策划与准备阶段包括以下活动：组成审核组；审核范围的确定；文件审查；初访（必要时）；制订审核计划；编制检查表。

（2）现场审核实施阶段。现场审核实施阶段包括以下活动：首次会议；现场审核；审核组内部沟通与汇总；不合格项确定并编写不合格报告；与受审核方沟通；体系有效性评价并起草审核报告；末次会议；正式提交审核报告。

（3）纠正措施的跟踪和验证阶段。纠正措施的跟踪和验证阶段包括以下活动：对纠正措施完成情况进行跟踪验证；记录纠正措施的结果；对纠正措施实施结果及其有效性做出判断；提交纠正措施跟踪验证报告。

10.6.2　做好审核的策划和准备工作

审核的策划和准备是质量管理体系审核必不可少的重要阶段。特别是质量管理体系认证审核前，由于认证机构在签订认证合同时，对受审核方缺乏了解，必须十分重视审核的策划和准备。事实证明，审核的策划和准备越充分，就越能保证审核工作的具体实施。不少认证机构审核的策划和准备工作量基本上等同于现场审核工作量，可以说，审核的策划和准备工作好坏决定了现场审核的成败。

审核的策划和准备是指配备审核资源，确定审核范围，制订审核计划，编制检查表等活动，以确保审核的有序性和完整性。

1. 组成审核组 审核组是指“实施审核的一名或多名审核员”。审核员是指“有能力实施审核的人员”。技术专家是指“提供关于被审核对象的特定知识或技术的人员”。作为审核的策划和准备的主要工作之一，是组成审核组，其中最关键的是审核组长的指定。

审核组长应具备一定的资格，通常应是国家注册高级审核员，或是至少参加过三次按GB/T 19021.1—ISO 10011—1 进行的完整审核的注册审核员。审核组成员一般应为注册审核员，至少是注册实习审核员，但实习审核员不作为正式成员。

2. 确定审核范围 质量管理体系审核是一种质量保证活动，确定审核范围实质上是界定受审核方质量保证承诺和实施的责任范围，也就是确定所审核的质量管理体系覆盖的产品、过程和场所，确定对哪些产品有关的过程和场所进行审核。

审核范围由审核委托方做最后决定，由申请人在申请书中正式提出，包括初次申请和获证后申请扩大认证范围，而由认证机构派出审核组通过审核加以确认，在确认的基础上写成证书的注册范围。如果受审核方所申请的某一审核范围，审核组在审核中未能获取所审核的质量体系覆盖该范围的有效证据，则应将其排除在确认的审核范围之外。

3. 了解文件审查 所谓文件审查，是指对受审核方质量管理体系文件的初步审查。通过初步审查进行初步评价，在完成对组织的质量管理体系审核之后，才便于对质量管理体系文件的符合性做出评价。文件审查主要是评价质量管理体系的所有过程是否被识别和确定；过程程序是否被恰当地形成文件；文件审查是现场审核的基础和先行步骤。如果文件审查表明受审核方描述的质量管理体系不能充分满足要求，可停止后续工作，如现场审核等。待问题解决后再进行。

4. 了解初访 初访并不是一个必备的程序。通常由申请方与认证机构共同商定是否进行。初访是审核组与受审核方正式接触，面对面相互了解和沟通的第一次机会，双方均应加强合作，交流信息，以便做好审核的准备。

5. 制订审核计划 审核计划是指现场审核的人员和时日安排以及审核路线的确定。审核计划一般应至少提前 7 天，由审核组长通知受审核方，受审核方如有异议，也可做出双方同意的调整。

审核计划包括下述内容：审核目的；审核范围；审核依据；审核组成员；审核日期；审核日程；保密承诺等。

6. 编制审核工作文件 审核工作文件包括审核检查表、不合格报告和审核报告表格，以及审核记录表式。有的认证机构则将审核检查表与审核记录合一，也可分开作为两个文件。

10.6.3 现场审核

现场审核是质量管理体系审核中工作量最大，涉及的人员和部门最广泛，也是最重要的审核活动。

现场审核的目的是为了查证质量管理体系标准和质量管理体系文件的实际执行情况，对质量管理体系运行状况是否符合标准和文件规定做出判断，并据此对受审核方能否通过质量管理体系认证做出结论，因此它是一种符合性审核，用以证实受审核方在认证的范围内已经实施、保持并能持续改进其有效性的质量管理体系。现场审核实施流程图如图 10-12 所示。

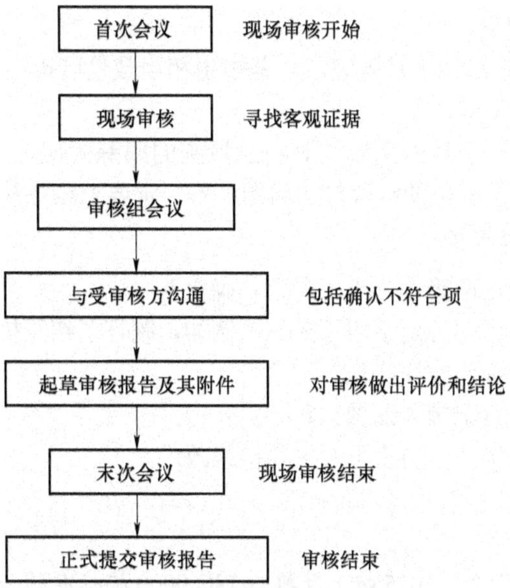

图 10-12 现场审核实施流程图

10.6.4 完成纠正措施的跟踪和验证工作

1. 纠正措施跟踪和验证的重要性 任何一次按 GB/T 19021.1/ISO 10011—1 所进行的第三方质量体系审核总会发现若干不合格项，对这些不合格项，审核组会提出纠正措施的要求，由受审核方制订纠正措施计划并加以实施，此时审核组应对实施情况坚持进行纠正措施的追踪。其重要性在于：

（1）促使受审核方对已发现的不合格项及时采取措施，防止其滋生和蔓延或进一步扩大，造成更大的不良后果。

（2）使受审核方对已发现的不合格项进行清理和总结，为过去出现的问题画上句号，防止顾客和内部质量管理体系运行受到其后遗影响。

（3）更重要的是督促受审核方认真分析原因，采取针对性措施，消除根源，防止再发生。

（4）促进受审核方持续改进质量管理体系的有效性。

2. 纠正措施跟踪和验证的原则 纠正措施的跟踪是质量管理体系审核的重要阶段，其原则是：

（1）不论审核的结论属于推荐通过还是推迟推荐通过，所有在审核中发现的不合格项，必须由受审核方切实采取纠正措施，认证机构进行跟踪验证，形成闭环，方可批准发证。

（2）根据不合格项的性质或程度，可采用不同的纠正措施跟踪验证方式：

1）对受审核方再次组织部分过程的现场审核以检查纠正措施的效果—— 这适用于严重不合格项或只有到现场才能验证的一般不合格项的纠正措施跟踪。

2）受审核方提交纠正措施的实施记录，审核员据此进行验汇其是否有效—— 这适用于程度轻微的一般不合格项的纠正措施追踪。

3）在监督审核时跟踪验证—— 这适用于短期内无法完成而制订了纠正措施计划的跟踪验证。

（3）纠正措施完成期限。

1）严重不合格项一般在三个月内完成，其中由相当数量同类性质的一般不合格形成的严重不合格项完成时间可再短些。

2）一般不合格项在一个月内完成。对纠正措施的跟踪验证，各认证机构可能有细微差异，如对口头指出或备忘录提出的需改进的问题，不一定要求跟踪验证等。

3. 纠正措施的有效性评价

（1）不合格原因是否已准确地分析、调查并确定？

（2）是否针对不合格原因确定了纠正措施？例如，制订了纠正措施计划。

（3）每一项措施是否都已按期实施？

（4）实施的结果是否有记录（证据）？

（5）结果是否有效？例如，防止再发生和持续改进。

想一想

1. 简述 ISO 9000 族标准（2015 版）及推行 ISO 9000 族标准的必要性。
2. 什么是质量？什么是质量管理？
3. 质量改进的目的是什么？
4. 简述质量管理的原则。
5. 领导在质量管理中起什么样的作用？
6. 简述质量管理的方法、根据和工作思路。
7. 简述控制图的基本原理和作用。
8. 简述绘制 $\overline{X}-R$ 控制图的具体步骤以及如何对控制图进行观察判断分析？

做一做

1. 某质量特性值抽样 100 个检验数据见表 10-12，质量标准要求为 18±0.035。要求：

（1）画出直方图。

（2）进行观察分析。

（3）计算工序能力并做出判断。

表 10-12 质量检测数据

17.998	18.002	18.008	18.010	17.985	17.999	18.002	18.000	18.011	18.005
18.021	17.979	17.999	18.010	18.006	17.994	17.998	18.008	18.015	17.997
17.999	18.000	18.002	18.014	17.988	17.996	17.984	18.031	18.025	18.001
18.001	18.010	17.992	17.987	18.005	18.010	18.026	17.991	17.987	18.000
18.000	17.978	18.012	17.992	18.008	18.002	17.989	17.988	17.990	17.987
17.895	18.021	17.995	18.001	17.999	17.982	18.011	18.002	18.003	18.015
18.011	18.005	18.001	17.997	18.014	18.008	18.006	17.998	17.999	18.008
18.013	17.998	18.015	18.000	17.989	18.006	18.024	18.002	17.994	18.010
18.002	17.898	17.999	18.006	17.990	18.005	18.015	17.998	18.006	18.009
18.001	18.012	17.995	17.991	18.002	17.995	18.025	18.003	18.011	17.988

2. 若在连续抽样检验过程中，其点数呈以下排列变化，请分析是否出现异常波动，应采取何种对策？

（1）连续 6 点位于 CL 一侧。

（2）连续 6 点递增。

（3）连续 3 点中有 2 点落在 CL 一侧的 B 区以外。

（4）连续 5 点中有 4 点落在 CL 一侧的 C 区以外。

（5）CL 两侧点数呈有规律的变化。

（6）CL 两侧点数大致相同。

（7）越近中心线样本点数越多，二个 C 区约占样本点数的 2/3。

（8）样本点数在控制界限内，分布呈独立随机。

案例分析

某外国公司在业内一直是以技术领先和质量稳定而闻名。几年前，考虑到我国市场的日益扩大和较低的工资成本等因素，遂于内地设厂。虽然这几年来产销量一直比预期的好，并且有很多产品返销国际市场，但一直困扰管理层的就是产品质量投诉一直居高不下。管理层认为：各项管理制度或作业规范与本土并无差异，是什么原因有如此大的差异呢？经分析后认为，主要不同的方面有：①中方工人的学历相对较高，而且年轻；②中方人员的主动淘汰率较高，达本土工人的 10 倍或以上；③中方人员的工资水平是本土人员的 1/10～1/5 或更低。因为几年来产品质量一直未有显著的好转，管理层曾按有关人员包括顾问公司的建议进行了种种尝试，比如延长入职培训时间，制定更详尽和严厉的制度，大部分管理岗位换成本土人员等，效果均不太理想。

思考题

请分析质量无法稳定的主要原因是什么？你有何建议？

第11章 生产管理技术发展与模式改变

建议学时

8学时

知识目标

- 了解生产方式的演变过程;
- 掌握准时生产方式（JIT）;
- 了解精益生产方式（LP）的主要内容、LP的本质特征及其普遍意义;
- 了解计算机集成制造系统（CIMS）的功能与结构、制造资源计划（MRPⅡ）与其他CIMS单元的关系、CIMS技术与精益生产的比较;
- 了解最优生产技术（OPT）的基本内容、主要概念，理解OPT的生产排序原则;
- 了解敏捷制造（AM）企业的设想、AM的三要素、组织结构模型、AM的信息系统和AM企业的特征以及美国数字制造计划;
- 了解工业4.0;
- 了解中国制造2025。

能力目标

- 具备看板管理的基本能力。

素质目标

- 引导学生对生产管理人员职业素养的感性认识与理性思考;
- 培养严谨、科学等基本的职业素养;
- 培养生产管理员职业兴趣。

案例导读

CP公司的JIT生产方式

CP公司是一家股份有限公司，成立于20世纪90年代，拥有300多名员工，其中工程技术人员占35%，资产达6 000多万元人民币。公司以“质量第一、用户至上”为服务宗旨。为了应对激烈的市场竞争和适应企业发展的需要，公司于1999年引进了准时生产方式（JIT）。

1997 年公司在生产管理方面出现了许多问题：物料浪费严重、产能不均衡、部分供需严重超负荷运转而同时部分设备闲置严重、库存量大，公司经营出现困难。1998 年 6 月，公司董事长唐敏康前往日本洽谈业务时，被日本公司采取的 JIT 及其所产生的良好效益所吸引，决定在公司推行 JIT。CP 公司为此专门招聘了 1 名 JIT 专家邓德明先生。

邓德明先生发现 CP 公司主要采用传统的生产管理方法，即根据市场需求计算出每种产品的需求量和各生产阶段的生产提前期，确定每个零部件的投入出产计划，按计划发出生产和订货命令，各部门各自按计划组织生产，部门间信息交流不畅，导致物流和信息流分离，因此公司一直被大批量库存大量的废品和返工现象困扰。

为了有效推行 JIT，公司成立了以董事长为首的 JIT 管理委员会，委员由有关领导和工程师组成；下设办公室，由邓德明任主任，监督 JIT 项目实施进度，检查系统运行情况，确保 JIT 的顺利运行。

在外部，公司精心挑选供应商，共同推进 JIT，建立良好的合作关系，实施“仓库对仓库”的物料供应方式。在内部，首先，进行组织变革，将过去的直线职能制扁平化；其次，发挥高层管理人员的作用，公司董事长唐敏康亲自抓 JIT 的推行工作；最后 JIT 办公室专门组织培训课，由章志强主讲，编写培训教材，培训骨干，深入生产一线协助班组长有效执行 JIT。

经过 6 个月的精心准备，CP 公司实施 JIT 的条件基本成熟，正式组织实施 JIT。为此重新设计了新的流水装配布局，实施看板管理。三个月后，成效显著：装配周期与在制品减少了 55%，质量提高了 24%，交货期由 30 天降为 2 天，库存量减少 20%，流动资金周转增加 25%。

生产管理的方式随着生产技术的不断提高而不断改进。20 世纪末，世界生产管理模式发展的大趋势是建立“世界级制造系统（World Class Manufacturing，WCM）”，它分成两大派：①以美国工业工程技术界为主体的 WCM 学派，提出要以柔性制造系统（Flexible Manufacturing System，FMS）和计算机集成制造系统（Computer Integrated Manufacturing System，CIMS）来重新振兴美国的制造业，即在 CIMS 的基础上，运用制造资源计划（Manufacturing Resource Planning，MRPⅡ）的原理，建立起以 MRPⅡ为核心的计算机化管理系统；再在生产制造系统中，大量采用计算机柔性制造系统，最终将管理系统和生产制造系统集成，使其一体化形成 CIMS。②以日本企业界和学术界为主体的 WCM 学派，提出要通过准时生产方式（Just In Time，JIT）实现新层次上的突破，形成竞争优势，即在 JIT 中引进 MRP 原理及手段，在企业决策层上加强计算机管理的职能，提高其预测、决策、计划编制、生产控制等能力；在“看板”系统方面，在原来“看板”的基础上，在“看板”上加上条码以及卡片自动检索装置，能够读取收集必要的加工信息，同时，也能自动打传票，向计算机直接输入物资流通的实际数据，实现“看板”系统的自动化和计算机化；在生产制造方面，与美国模式基本一致，即逐步向 FMS 方向发展，实现生产制造系统的计算机化和自动化，当然，这一切改革都是在 JIT 原则下进行的。随着信息技术的迅速发展和普及，一种面向未来的、信息含量更高、知识技术密集程度更高的新的生产方式——敏捷制造的概念和思想也已出现。2013 年，德国率先提出了工业 4.0，提出以生产高度数字化、网络化、机器自组织为标志的第四次工业革命；2015 年我国政府提出了与此对应的中国制造 2025。本章主要介绍生产方式的演变过程，分别介绍了 JIT 生产方式、LP 生产方式、CIMS 生产方式、最优生产技术（OPT）、敏捷制造（AM）、工业 4.0 和中国制造 2025 的主要内容，其中详细介绍了 JIT 生产方式。

11.1 生产方式的演变过程

11.1.1 现代化大生产的开始——大量生产

制造业的生产方式经过了从手工生产方式、大量生产方式、准时生产方式、精益生产方式这样一个演变过程。在 19 世纪末，包括汽车在内的绝大部分产品主要依靠具有高级手工技艺的技工一件一件地制作。由于是手工操作，几乎没有完全相同的两件产品。在这种情况下，产品产量很低，成本非常高，产品质量波动大。20 世纪 20 年代，美国福特汽车公司的创始人亨利·福特创立了首条汽车装配流水生产线，由此揭开了现代化流水生产的序幕，引起了制造业的一个根本变革。福特的主要内容可以概括为以下两个方面：

（1）实施零件以及产品的标准化、设备及工具的专用化、工作地的专业化。

（2）创造了流水作业的生产方法，建立了传送带式的流水生产线。

这种生产方式的主要优点是实现了产品的大量、快速生产，并且成本随着产量的增加而降低，从而满足了当时日益增长的社会需要。但是，这种生产方式也有其一定的弊端：在这种生产方式下，劳动分工过细，每个工人只会一种技艺，专业技能狭窄；脑力劳动和体力劳动脱节；工人成了一种单纯的“机器的延伸”；刚性过大，缺乏柔性，不能迅速适应市场变化等弱点。

11.1.2 准时生产方式

准时生产方式（Just In Time，JIT），是日本丰田汽车公司在 20 世纪 60 年代实行的一种生产方式。1973 年以后，这种方式对丰田公司度过第一次能源危机起到了突出的作用，后引起其他国家生产企业的重视，并逐渐在欧洲和美国的日资企业及当地企业中推行开来。现在这一方式与源自日本的其他生产、流通方式一起被西方企业称为“日本化模式”。准时生产方式的基本思想可用一句话来概括，即“只在需要的时候，按需要的量，生产所需的产品”。这种生产方式的核心是追求一种无库存生产系统，或使库存达到最小的生产系统，为此开发了包括“看板”在内的一系列具体方法，并逐渐形成了一套独特的生产经营体系。

1990 年美国麻省理工学院的一个专门报告认为 JIT 生产方式与大量生产方式相比具有许多优越性：能节省约一半的人力资源；可压缩新产品开发周期 1/3～1/2；生产过程中的在制品库存可下降 10%；工厂占用空间可减少一半；成品库存下降 75%左右；产品质量可提高 3 倍。

11.1.3 JIT 生产方式的进一步升华—— 精益生产方式

到 20 世纪 80 年代中期，JIT 生产方式已在世界范围内得到了一定的传播。但是，它到底是日本独特的社会、经济、文化背景下的一种产物，还是在全球范围内具有普遍意义？正是带着这样的疑问，以美国麻省理工学院大学教授为首，由日、美、欧各国 50 多位专家参加的一个研究小组，对 JIT 生产方式进一步做了详尽的实证考察和理论研究，提出了“精益生产”理论（Lean Production，LP），指出精益生产是一种“人类制造产品的非常优越的方式”，它能够广泛适用于世界各个国家的各种制造企业，并预言这种生产方式将成为未来 21 世纪制造业的标准生产方式。该理论所称的精益生产，是对 JIT 生产方式的进一步提炼和理论总结，其内容范围不仅只是生产系统内部的运营、管理方法，而是包括从市场预测、产品开发、生产制造管理（其中包括生产计划与控制、生产组织、质量管理、设备保全、库存管理、成本控制等多项内容）、零部件供应系统直至营销与售后服务等企业的一系列活动。

11.1.4 CIMS 生产方式

1973 年，美国的约瑟夫·哈林顿博士提出了计算机集成制造系统（CIMS）的概念。哈林顿博士认为，企业的各种生产经营活动是不可分割的，即从市场预测分析、经营决策、产品设计、加工制造、分销到售后服务等一系列企业活动都是紧密相关的，企业是一个有机的系统，需要统一考虑。CIMS 是基于计算机集成制造哲理构成的优化运行的企业制造系统。在 CIMS 中强调“信息流”和“系统集成”这两个基本观点。集成特性主要包括人员集成、信息集成、功能集成和知识集成。从功能上看，CIMS 包括了一个制造企业中设计、制造、经营管理和质量保证等主要功能，并运用信息集成技术和支撑环境使以上功能有效集成。

应用 CIMS 可使资源的利用率提高 2～3 倍，生产率提高 40%～50%，缩短生产周期 30%～80%，节约劳动力 30%～60%。

11.1.5 最优生产技术

最优生产技术（Optimized Production Technology，OPT）是以色列物理学家 Goldratt 博士于 20 世纪 70 年代提出的。最初它被称为最优生产时间表（Optimized Production Timetable），80 年代才改称为最优生产技术。后来 Goldratt 又进一步将它发展成为约束理论（Theory of Constraints）。OPT 产生的时间不长，却取得了令人瞩目的成就，是继 MRP 和 JIT 之后出现的又一项组织生产的新方式。最优生产技术，顾名思义，是一种优化生产管理的技术。作为一种新的生产方式，它吸收了 MRP 和 JIT 的长处。其独特之处不仅在于提供了一种新的管理思想，而且在于它的软件系统。OPT 的两大支柱是 OPT 原理及 OPT 软件。OPT 的倡导者强调，任何制造企业的真正目标只有一个，即现在和将来都能赚钱。要实现这个目标，必须在增加产销率的同时，减少库存和运行费。

11.1.6 面向未来的新型生产方式—— 敏捷制造

历史前进到 20 世纪 90 年代，信息化的浪潮汹涌而来。在这一浪潮中，美国走在了世界的前列。因此，美国想凭借他们的这一优势重新夺回 80 年代被日本、德国等国的企业所夺去的在制造领域的领先地位。在这种背景下，一种面向 21 世纪的新型生产方式——敏捷制造（Agile Manufacturing，AM）的设想诞生了。

1991 年，美国国防部为了制订 21 世纪发展战略，由通用汽车公司、波音公司、IBM、德州仪器公司、摩托罗拉等 15 家著名大公司和国防部代表共 20 人组成了核心研究队伍，先后有 100 多家公司参与，于 1994 年年底提出了一份详细的、全面的报告，题为《21 世纪制造企业战略》。在这份报告中，提出了既能体现国防部与工业界各自的特殊利益，又能获取他们共同利益的一种新的生产方式，即敏捷制造，并描绘了在先进国家已经开始涌现的敏捷制造的一幅全面的图画，提出了敏捷制造的基本思想和结构体系。

11.1.7 工业 4.0

2013 年德国联邦教研部与联邦经济技术部在汉诺威工业博览会上提出了“工业 4.0”的概念。它描绘了制造业的未来愿景，提出继蒸汽机的应用、规模化生产和电子信息技术等三次工业革命后，人类将迎来以信息物理融合系统（Cyber-Physical Systems，CPS）为基础，以生产高度数字化、网络化、机器自组织为标志的第四次工业革命。“工业 4.0”概念在欧洲乃至全球工业业务领域都引起了极大的关注和认同。西门子作为德国最具代表性的工业企业以及全球工业业务领域的创新先驱，也是“工业 4.0”概念的积极推动者和实践者。

11.1.8 中国制造 2025

2015 年 5 月 8 日中国政府公布《中国制造 2025》，是中国版的“工业 4.0”。

《中国制造 2025》提出，坚持“创新驱动、质量为先、绿色发展、结构优化、人才为本”的基本方针，坚持“市场主导、政府引导，立足当前、着眼长远，整体推进、重点突破，自主发展、开放合作”的基本原则，通过“三步走”实现制造强国的战略目标：第一步，到 2025 年迈入制造强国行列；第二步，到 2035 年我国制造业整体达到世界制造强国阵营中等水平；第三步，到新中国成立一百年时，我制造业大国地位更加巩固，综合实力进入世界制造强国前列。

11.2 JIT 生产方式的基本思想和主要方法

11.2.1 JIT 生产方式的目标和方法体系

JIT 生产方式作为一种生产管理技术，是各种思想和方法的集合，并且这些思想和方法都是从各个方面来实现其基本目标的。在这个体系中，包括 JIT 生产方式的基本目标以及实现这些目标的多种方法，也包括这些目标与各种方法之间的相互内在联系。这一构造体系如图 11-1 所示。这里首先按照该图概述一下 JIT 生产方式的目标及其方法的构成。

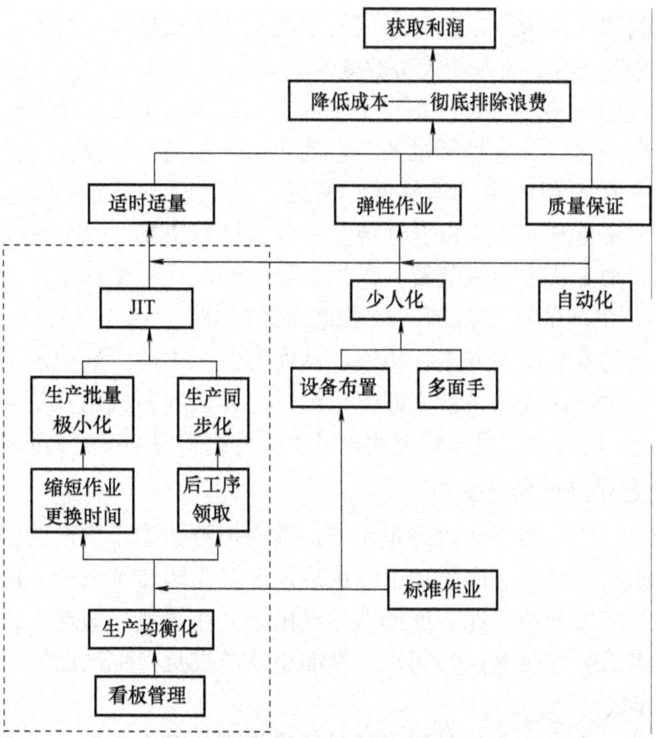

图 11-1 JIT 的构造体系

1. JIT 生产方式的目标 JIT 生产方式的最终目标即企业的经营目的是获取利润。为了实现这个最终目标，“降低成本”就成为基本目标。如前所述，在福特时代，降低成本主要是依靠单一品种的规模生产来实现的。日本在 20 世纪六七十年代初的经济高度成长期，由于需求不断增加，采取大批量生产也取得了良好的效果。在这样的情况下，实际上不需要太严密的生产计划和细致的管理，即使出现生产日程频繁变动、工序间在制品库存不断增加、间接作业工时过大等问题，只要能保证质量，企业便可放开手大量生产，确保企业利润就不成问题。但是，到了 20 世纪 80 年代，市场竞争越来越激烈，个性化消费逐步成为时尚，产品的生产批量逐步缩小；在多品种小批量生产的情况下，传统的大批量流水生产方式开始行不通，因此，JIT 生产方式力图通过“彻底排除浪费”来达到这一目标。

所谓浪费，是指“只使成本增加的生产诸因素”，也就是说，不会带来任何附加价值的诸因素。这其中，最主要的有生产过剩（即库存）所引起的浪费，人员利用上的浪费以及不合格产品所引起的浪费。因此，为了排除这些浪费，就相应地产生了适时适量生产、弹性配置作业人数以及保证质量这样的课题。

2. JIT 生产方式的基本方法 为了达到降低成本这一基本目标，对应于上述这一基本目标的三个子目标，JIT 生产方式的基本方法也可以概括为下述三个方面。

（1）适时适量生产。由于生产过剩会引起人员、设备、库存费用等一系列的浪费。而避免这些浪费的方法就是实施适时适量生产，只在市场需要的时候生产市场需要的产品。

（2）弹性配置作业人数。在劳动力成本越来越高的今天，降低劳动费用是降低成本的一个重要方面。达到这一目的的方法是“少人化”。所谓少人化，是指根据生产量的变动，弹性地增减各生产线的作业人数，以及尽量用较少的人力完成较多的生产。这里的关键在于能否将生产量减少了的生产线上的作业人员数减下来。

（3）质量保证。通过将质量管理贯穿于每一工序之中来实现提高质量与降低成本的一致性，具体方法是“自动化”。这里所讲的“自动化”，不是一般意义上的设备、监控系统的自动化，而是指融入生产组织中的这样两种机制：①使设备或生产线能够自动检测不良产品，一旦发现异常或不良产品，可以自动停止的设备运行机制。为此在设备上开发、安装了各种自动停止装置和加工状态检测装置；②生产第一线的设备操作工人发现产品或设备的问题时，有权自行停止生产的管理机制。依靠这样的机制，不良产品：一出现马上就会被发现，防止了不良产品的重复出现或累积出现，从而避免了由此可能造成的大量浪费。而且，由于一旦发生异常，生产线或设备就立即停止运行，比较容易找到发生异常的原因，从而能够针对性地采取措施，防止类似异常情况的再发生，杜绝类似不良产品的再产生。

3. 实现适时适量生产的具体手法

（1）生产同步化。为了实现适时适量生产，首先需要致力于生产的同步化，即工序间不设置用于周转的在制品，前一工序的加工结束后，使其立即转到下一工序去，装配线与机加工几乎平行进行，产品被一件一件、连续地生产出来。在铸造、锻造、冲压等必须成批生产的工序，则通过尽量缩短作业更换时间来尽量缩小生产批量。生产的同步化通过“后工序领取”这样的方法来实现。

（2）生产均衡化。生产均衡化是实现适时适量生产的前提条件。所谓生产均衡化，是指总装配线在向前工序领取零部件时，应均衡地使用各种零部件，混合生产各种产品。为此在制订生产计划时就必须加以考虑，然后将其体现于产品投产顺序计划之中。在制造阶段，均衡化通过专用设备通用化和制定标准作业来实现。所谓专业设备通用化，是指通过在专用设备上增加一些工夹具等方法，使之能够加工多种不同的产品。标准作业是指将作业节拍内一个作业人员所应当担当的一系列作业内容标准化。

（3）实现适时适量生产的管理工具。在实现适时适量生产中具有极为重要意义的是作为其管理工具的看板。看板管理也可以说是 JIT 生产方式中最独特的部分，因此也有人将 JIT 生产方式称为“看板方式”。但是严格意义上讲，这种概念是不正确的，因为，JIT 生产方式的本质是一种生产管理技术，而看板只不过是一种管理工具。看板的主要机能是传递生产和运送的指令。通过看板，可以发现生产中存在的问题，使其暴露，从而立即采取改善对策。

以上按照图 11-1 所示的体系图大致介绍了 JIT 生产方式的基本思想、原则以及一些主要实施方法，使读者对 JIT 生产方式有一个全面、概括的了解。以下将进一步以适时适量生产的实现方法为中心进行详细叙述。此外，考虑到在多品种小批量生产的环境下，关于如何弹性增减作业人员的问题会变得越来越重要，而到目前为止许多生产管理的书中对此涉及很少，所以就这一问题也做一些专门讨论。

11.2.2 JIT 生产方式中的生产计划与控制

1. JIT 生产方式中生产计划的特点 对于 JIT 生产方式存在这样一种误解，即认为既然是“只在需要的时候，按需要的量生产所需的产品”，那生产计划就无足轻重了。但实际上恰恰相反，以看板为其主要管理工具的 JIT 生产方式，从生产管理理论的角度来看，是一种计划主导型的管理方式，但它又在很多方面打破了历来生产管理中被认为是常识的观念。

在 JIT 生产方式中，同样根据企业的经营方针和市场预测制订年度计划、季度计划以及月度计划。然后再以此为基础制订出日程计划，并根据日程计划制订投产顺序计划。但是，其最独特的特点是，只向最后一道工序以外的各个工序出示每月大致的生产品种和数量计划，作为其安排作业的一个参考基准，而真正作为生产指令的投产顺序计划只下达到最后一道工序，具体到汽车生产中，就是只下达到总装配线。其余所有的机械加工工序以及粗加工工序等的作业现场，没有任何生产计划表或生产指令书这样的东西，而是在需要的时候通过“看板”由后工序顺次向前工序传递生产指令。这一特点是与历来生产管理中的生产指令下达方式的不同。

在 JIT 生产方式中，由于生产指令只下达到最后一道工序，其余各道工序的生产指令是由看板在需要的时候向前工序传递，这就使得：第一，各工序只生产后工序所需要的产品，避免了生产不必要的产品。第二，因为只在后工序需要时才生产，避免和减少了不急需品的库存量。第三，因为生产指令只下达给最后一道工序，最后的生产成品数量与生产指令所指示的数量是一致的，并且该生产顺序指令是以天为单位，可以做到在生产开始的前一两天才下达，从而能够反映最新的订货和最新市场需求，大大缩短了从订货或市场预测到产品投放的距离，这对于提高产品的市场竞争力无疑是大有益处的。总而言之，既然是适时适量生产，那么生产指令发出的时间就显得格外重要。因此，生产指令也应该“只在需要的时候发出”。这就是 JIT 生产方式中关于生产计划的基本思想。

2. 生产计划的制订程序 现在很多企业都采用 JIT 生产方式，这些企业在实施 JIT 生产方式的过程中，对生产计划的制订和控制方式当然不可能完全一样，但其基本思想是相同的。以下以丰田汽车公司的生产计划方法为例来说明。

丰田汽车公司的生产计划由公司总部的生产管理部来制订。生产管理部下设生产规划课，以及生产计划一课、二课和三课。生产规划课的主要任务是制订长期生产计划。这里长期生产计划是指年度生产计划以及明、后两年的生产计划。这样的计划一年制订两次，主要是规划大致准备生产的车型和数量，不把它具体化。

真正准备实行的是即将到来的三个月的月度生产计划。在第 N–1 月制订第 N 月、第 N+1 月以及第 N+2 月的生产计划。这样制订出来的第 N 月生产计划为确定了的计划，第 N+1 月以及第 N+2 月的计划也只作为“内定”计划，等第 N+1 变为第 N 月时，再进行确定。

关于生产品种和生产数量的具体计划，按照面向日本国内市场的产品和出口产品来分别制订。出口车的生产计划主要依据订货来制订。订货情况由当地的负责部门汇总并提出方案，然后将情报全部汇总到设置在东京的海外规划部，由海外规划部进行调整后，送交生产管理部。各国的负责部门与海外规划部通过计算机网络连接，情报可以得到迅速传递。内销车的生产计划同时根据订货和市场预测分别进行。

第 N 月的生产计划在第 N–1 月的中旬开始时确定，到第 N–1 的下旬，进行所需零部件数量的计算，并决定各种产品每天的生产量，生产工序的组织以及作业节拍等。这些计算都使用计算机来进行。

以上的工作完成后，开始制订真正作为日生产指令的投产顺序计划，即决定混合装配线上各种车型的投入顺序。顺序计划每天制订，然后只下达给装配线以及几个主要的部件组装线和主要协作厂家，其他绝大多数的工序都通过看板来进行产量和品种的日生产管理。

在丰田，从车体加工到整车完成的生产周期大约为一天，投产顺序计划每天制订，每天下达，下达时间最早在生产开始前两天，最晚不少于一天半。因此顺序计划可以准确地反映市场的最新情况和顾客的实际订货，根据顾客的实际订货及其变更来安排实际生产。

这样的生产计划的制订方法，是实现适时适量生产的第一步。通过这种方式，能够迅速捕捉市场动向，把握市场最新情况，做到只在必要的时候对必要的产品进行必要的计划。现在丰田汽车公司能够做到，对国外的订货，在顾客订货之后的 4 个月内将产品交到顾客手里；国内的话，则只需 5 天到半个月。

3. 投产顺序计划的制订方法 投产顺序计划要决定混合装配线上不同产品的投产顺序，这在不同情况下必须做不同的考虑。如果各工序的作业速度不一样，就有全线停车的可能。为了避免这种情况，就必须制订使各工序的作业速度差保持最小的投入顺序计划。很多投入顺序制定方法都是基于这种思想的。

但是，在制订投入顺序计划时，如果也注意到混合装配线之前的各工序的生产均衡化，就应该考虑设法减少供应零部件的各工序产量以及运送量的变化，减少在制品的储存量。为了达到这个目的，混合装配线所需要的各种零部件的单位时间使用量（使用速度）就应尽可能保持不变，即在产品的投产顺序计划中，尽可能使各种零部件出现的概率（出现率）保持不变。像这样以保持各种零部件的出现概率为目标的顺序计划制订方法，要想求其最优解是非常困难的，关于这方面的研究也还不多。丰田汽车公司研究出了几种近似解法，并实际应用于投产顺序计划制订中。由于篇幅有限，本书不再介绍这些方法。

11.2.3 生产同步化的实现

JIT 生产方式的核心思想之一，就是要尽量使工序间在制品的库存接近于零。因此，生产同步化是实现 JIT 生产的一个基本原则。它与历来的各个作业工序之间相互独立，各工序的作业人员在加工出来的产品积累到一定数量后一次运送到下工序的做法完全不同，是使装配线和机加工的生产几乎同步进行，使产品实行单件生产、单件流动的一种方法。为了实现这一点，JIT 生产方式在设备布置和作业人员的配置上采取了一种全新的方法。

1. 设备布置 在 JIT 生产方式下，设备是根据加工工件的工序顺序来布置，即形成相互衔接的生产线。采取这种设备布置时很重要的一点是注意工序间的平衡，否则同样会出现某些工序在制品堆积、某些工序等待的问题。这些问题可通过开发小型简易设备、缩短作业更换时间、使集中工序分散化等方法来解决。

从作业人员的角度来考虑的话，由于实行一人多机、多工序操作，布置设备时还应该考虑到使作业人员的步行时间合理。此外，还应注意场地利用的合理性。

2. 缩短作业更换时间 生产同步化的理想状态是工件在各工序之间一件一件生产、一件一件往下一道工序传递，直至总装配线。这在装配线及机加工工序是比较容易实现的，但在铸造、冲压、模锻等工序，就不得不以批量进行。为了实现全部生产过程的 JIT 化，需要根据这些工序的特点，使批量尽量缩小，这样一来，作业更换就会变得十分频繁。因此，在这些工序中，作业更换时间的缩短就成了实现生产同步化的关键。

作业更换时间由三部分组成：内部时间——必须停机才能进行的作业更换时间；外部时间——即使不停机也能进行的作业更换时间；调整时间——作业更换完毕后为保证质量所进行的调整、检查等所需的时间。作业更换时间的缩短可以主要依靠改善作业方法、改善工夹具、提高作业人员的作业更换速度以及开发小型简易设备等方法。下列方法可供参考：

（1）模具、工夹具的准备工作预先完成，在必须停机的内部时间内，只集中进行只有停机才能进行的工作。

（2）把需要使用的工具和材料按照使用顺序预先准备妥当。

（3）使更换作业简单化。

（4）制订标准的作业更换表，按照标准的作业更换方法反复训练作业人员，以逐步加快作业速度等。在丰田汽车公司，仅通过这样的方法，就把作业更换时间缩短到原来的 1/15～1/10。

作业更换时间的缩短所带来的生产批量的缩小，不仅可以使工序间的在制品库存量减小，使生产周期缩短，而且对降低资金占用率、节省保管空间、降低成本、减少次品都有很大作用。如上所述，达到这样的目的并不一定必须引进最先进的高性能设备或花费其他大量的资金，而只要在作业现场动脑筋想办法，下功夫即可实现。而且这些具体做法也并不是 JIT 生产方式的首创，而是历来的生产管理学早就总结过的一些方法。所以，要使生产线具有能够实现 JIT 生产的高度柔性，并不一定主要取决于类似于柔性制造系统（FMS）那样的高性能设备，而首先应致力于作业水平的改善。这也是 JIT 生产方式的重要基本思想之一。

3. 生产节拍的制订　同步化生产中的另一个重要概念是生产节拍。在 JIT 生产方式中，认为如果为了提高机器利用率而生产现在并不需要的产品的话，这些过剩产品所带来的损失更大。所以，重要的是“只生产必要的产品”，而绝不能因为有高速设备和为了提高设备利用率就生产现在并不需要的产品。归根结底，机器设备的利用率应以必要的生产量为基准，应使生产能力适应生产量的要求。为此，生产节拍不是固定不变的，而总是随着生产量的变化而变化。在装配流水线上，生产节拍是与传送带的速度相一致的，所以可以很容易地随着生产量的改变而改变。在机械加工工序，则主要通过作业人员所看管的设备台数或操作的工序数来改变生产节拍。一般来说，由于设备能力、作业人数以及作业能力的限制，生产节拍的变动范围在±10%～20%，而且需要从生产能力的弹性以及有效利用两方面来适应这种变动。这种变动的控制，通过“看板”就可以实现。

11.2.4　弹性作业人数的实现方法——少人化

JIT 生产方式就是基于通过削减人员来提高生产率、降低成本的基本思想打破历来的“定员制”观念，创出了一种全新的“少人化”技术，来实现随生产量而变化的弹性作业人数。

少人化技术作为降低成本的手段之一，具有两个意义：一是按照每月生产量的变动弹性增减各生产线以及作业工序的作业人数，保持合理的作业人数，从而通过排除多余人员来实现成本的降低；二是通过不断地减少原有的作业人数来实现成本降低。后者也可称为“省人化”。这里有两个观念很重要。一个是关于人工与人数的观念。在人工的计算上，有 0.1，0.5

这样的算法，但实际上，即使是 0.1 个人工的工作，也需要 1 个人，而不可能是 0.1 个人来做。因此，即使工作量从 1 个人工减少到了 0.1 个人工，其结果也带不来所需人数的减少，达不到降低人工费用的目的。所以，只有将“人数”，而不是“人工”降低下来，才有可能降低成本。另一个是关于作业改善与设备改善的观念。少人化需要通过不断地改善来实现，首先应该考虑的是彻底进行作业改善，下一步才应该是设备改善。如果为了节省人工，从一开始就致力于购买自动化设备或进行设备改善的话，其结果将不仅不会带来成本的降低，反而会由此增加成本或导致生产资金的无效投入。

1. 实现少人化的前提条件

少人化是通过对人力资源的调整或重新安排来提高生产率。当生产量增加时，当然也要增加作业人员，但更具意义的是在生产量减少时能够将作业人数减少。例如，假定某条生产线有 5 名作业人员，如果这条生产线的生产量减为 80%时，那么作业人数应相应地减为 4 人；若生产量减到 20%，作业人数应减少到 1 人。另一方面，即使生产量没有变化，如通过改善作业能减少作业人员的话，就能够提高劳动生产率，从而达到降低成本的目的。

为了实现这种意义上的少人化，需要以下三个前提条件：

（1）要有适当的设备布置。

（2）要有训练有素、具有多种技艺的作业人员，即“多面手”。

（3）要经常审核和定期修改标准作业组合。

上述的设备布置是指联合 U 型布置。在这种布置中，每个作业人员的工作范围可以简单地扩大或缩小，但前提是必须有多面手的存在。标准作业组合的改变可以通过不断改善作业方法和设备来进行。这种改善活动的目的在于，即使生产量不变或增加，也要尽可能使作业人数保持最少。这三个前提条件的相互关系如图 11-2 所示。

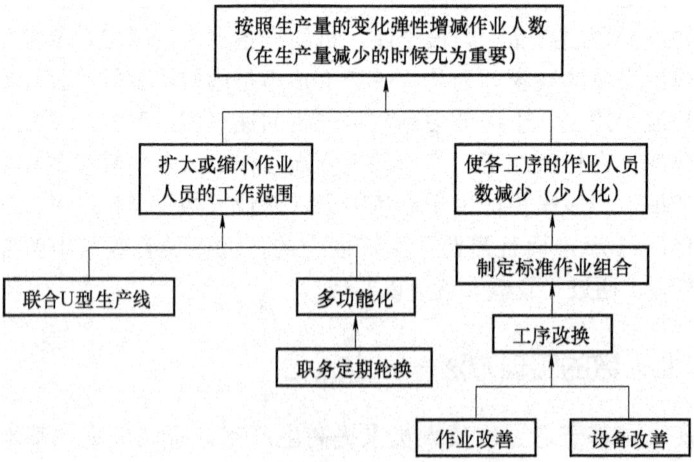

图 11-2 实现少人化的前提条件

2. 设备的联合 U 型布置 U 型布置的模型如图 11-3 所示。U 型布置的本质在于生产线的入口和出口在同一位置，可以灵活增减作业现场的作业人员。

JIT 的基本思想之一就是按后工序领取的数量进行生产，可以通过这种设备布置得以实现。因为在这种布置中，当一个加工完的产品从出口出来时，一个单位的原材料也被从入口投入了，两方的作业是由同一作业人员按同一生产节拍进行的，既实现了生产线的平衡，也使生产线内待加工产品数保持了恒定。而且，通过明确规定各工序可持有的标准待加工数，即使出现了不平衡现象，也能很快发现，有利于对各工序进行改善。在利用 U 型布置增减作业人员时，遇到的最主要的问题是，在按照生产量重新分配各作业人员的工作时，如何处理节省出来的非整数工时。这种问题在生产增加的情况下也同样会发生。解决这个问题的方法是把几条 U 型生产线作为一条统一的生产线连接起来，使原先各条生产线的非整数工时互相吸收或化零为整，以实现以整数形式增减作业人员。这就是所谓的联合 U 型布置。

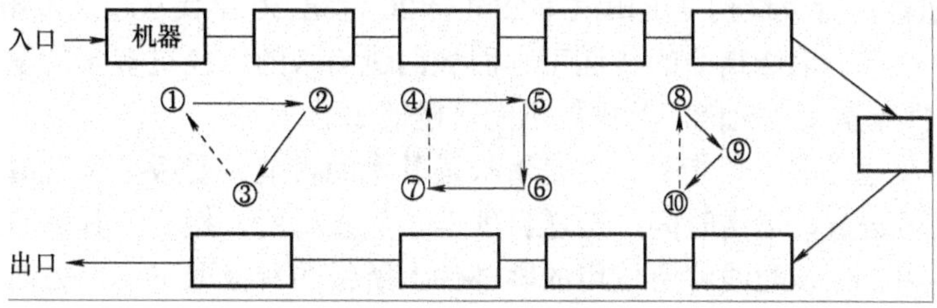

图 11-3　U 型布置

3. 职务定期轮换　从作业人员的角度来说，实现少人化意味着生产节拍、作业内容、范围、作业组合以及作业顺序等变更，必须根据可能变更的工作内容使他们接受教育和训练，最理想的是使全体作业人员都成为对各个工序都熟悉的多面手。这样的作业人员的职务扩大也被称为“作业人员多能化”。这种多能化主要是通过职务定期轮换来实现的。这种方法可给员工提供更丰富、更多样化的工作内容。当不同工作任务的单调性和乏味性不同时，采用这种定期轮换方式很有效。不言而喻，采用这种方式也需要员工掌握多种技能，可以通过“在岗培训”来实现。这种方法还有其他一些好处：如增加了工作任务分配的灵活性；能往瓶颈环节多增派人员等。此外，由于员工互相交换工作岗位，可以体会到每一岗位工作的难易，这样比较容易使员工理解他人的不易之处，互相体谅，结果使整个生产运作系统得到改善。

通过实施职务定期轮换，不仅能够实现作业人员的多能化，从而使弹性增减作业人数成为可能，而且还可以带来一些附带效果：

（1）有利于安全生产。

（2）有利于改善作业现场的人际关系。

（3）有利于知识与技能的扩大和积累。

（4）有利于提高作业人员参与管理的积极性。

从另外一个侧面来看，这也反映了 JIT 生产方式的一个重要思想，即重视人、强调以人为中心的管理。在当今世界技术进步日新月异的情况下，毫无疑问，作业人员技能和水平的提高越来越重要，而同时劳动费用在产品成本中所占的比重也越来越大。因此，如何有效开发和利用人力资源对于企业来说，也就成为一个越来越重要的问题。

11.2.5　实现 JIT 生产的重要工具——看板

综上所述，JIT 生产方式是以降低成本为基本目标，在生产系统的各个环节、各个方面全面展开的一种使生产能同步化、能准时进行的方法。为了实现同步化生产，开发了后工序领取、单件小批量生产、生产均衡化等多种方法。而为了使这些方法能够有效实行，JIT 生产方式又采用了被称为“看板”的管理工具。看板作为管理工具，犹如连接工序的神经而发挥着作用。看板方式作为一种进行生产管理的方式，在生产管理史上是非常独特的，看板方式也可以说是 JIT 生产方式最显著的特点。看板只有在工序一体化、生产均衡化、生产同步化的前提下，才有可能发挥作用。如果错误地认为 JIT 生产方式就是看板方式，不对现有的生产管理方法做任何变动就单纯地引进看板方式的话，是不会起到任何作用的。

1．看板的机能 看板最初是丰田汽车公司于 20 世纪 50 年代从超级市场的运行机制得到启示，作为一种生产、运送指令的传递工具而被创造出来的。经过多年的发展和完善，现在在很多方面都发挥着重要的机能。其主要机能可概括如下：

（1）生产以及运送的工作指令。这是看板最基本的机能。看板中记载着生产量、时间、方法、顺序以及运送量、运送时间、运送目的地、放置场所、搬运工具等信息，从装配工序逐次向前工序追溯。在装配线将所使用的零部件上所带的看板取下，再去前工序领取；前工序则只生产被这些看板所领走的量。

（2）防止过量生产和过量运送。看板必须按照既定的运用规则来使用。其中的一条规则是：“没有看板不能生产，也不能运送”。根据这一规则，各工序如果没有看板，就既不进行生产，也不进行运送；看板数量减少，则生产量也相应减少。

（3）进行“目视管理”的工具。看板的另一条运用规则是，“看板必须附在实物上存放”“前工序按照看板取下的顺序进行生产”。根据这一规则，作业现场的管理人员对生产的优先顺序能够一目了然，很易于管理。并且只要一看看板所表示的信息，就可知道后工序的作业进展情况、本工序的生产能力利用情况、库存情况以及人员的配置情况等。

（4）改善的工具。看板的另一个重要机能是改善机能。这一机能主要通过减少看板的数量来实现。看板数量的减少意味着工序间在制品库存量的减少。在运用看板的情况下，如果某一工序设备出故障，生产出不合格产品，根据看板的运用规则之一“不能把不合格品送往后工序”，后工序所需得不到满足，就会造成全线停工，由此可立即使问题暴露，从而必须立即采取改善措施来解决问题。这样通过进行改善活动不仅使问题得到了解决，也使生产线的“体质”不断增强，带来了生产率的提高。JIT 生产方式的目标是要最终实现无库存生产系统，而看板则提供了一个朝着这个方向迈进的工具。

2．看板的种类及用途 看板可分为在制品看板、领取看板和临时看板。在制品看板又可分为工序内看板和信号看板；领取看板又可分为工序间看板和对外订货看板。

（1）工序内看板。工序内看板是指某工序进行加工时所用的看板。这种看板用于装配线以及即使生产多种产品也不需要实质性的作业更换的地方。所谓看板，也有人把它称为卡片，但实际上看板的形式并不局限于记载有各种信息的某种卡片形式。看板的本质是在需要的时间、按需要的量对所需零部件发出生产指令的一种信息媒介，而实现这一功能的形式是可以多种多样的。例如在丰田的工厂中，小圆球、圆轮、台车等均被利用来作为看板。近年来越来越多地引入在计算机屏幕上显示看板信息的做法。

（2）信号看板。信号看板是指在不得不进行成批生产的工序所使用的看板。与上述的工序内看板不同，信号看板中必须记载的特殊事项是加工批量和基准数。加工批量是指信号看板摘下时一次所应加工的数量。基准数是表示从看板摘下时算起还有几个小时的库存，也就是说，是从看板取下时算起，必须在多少小时内开始生产的指示。

（3）工序间看板。工序间看板是指工厂内部后工序到前工序领取所需的零部件时使用的看板。

（4）对外订货看板。对外订货看板与工序间看板类似，只是“前工序”不是在本厂内，而是外部的协作厂家。对外订货看板上须记载进货单位的名称和进货时间。

（5）临时看板。临时看板是指进行设备保全、设备修理、临时任务或需要加班生产时所使用的看板。

3．看板的使用方法

（1）工序内看板。工序内看板的使用方法中最重要的一点是看板必须随实物，即与产品一起移动。后工序来领取时摘下挂在产品上的工序内看板，然后挂上领取用的工序间看板运走；该工序然后按照看板被摘下的顺序以及这些看板所表示的数量进行生产；如果摘下的看板数量为零，则停止生产。

（2）信号看板。信号看板挂在成批制作出的产品上，当该批产量的数量减到基准数时，摘下看板，送回到生产工序，然后生产工序按该看板的指示开始生产。

（3）工序间看板。工序间看板挂在从前工序领来的零部件的箱子上，当该零部件被使用后取下看板，放到设置在作业场地中的看板回收箱内。看板回收箱中的工序间看板所表示的意思是：“该零件已被使用，请补充。”现场管理人员定时来回收看板，集中起来后再分送到各个相应的前工序，以便领取补充的零部件。

（4）对外订货看板。对外订货看板的摘下和回收与工序间看板基本相同。回收以后按各协作厂家分开，等各协作厂家来送货时由他们带回去，成为该厂下次进行生产的指令。所以，在这种情况下，看板被摘下以后，该批产品的进货将会延迟至少一回以上。因此，需要按照延迟的回数发行相应的看板数量。这样，虽然产品的运送时间、使用时间、看板的回收时间以及下次的生产开始时间之间均有一些时间差，但只要严格遵守时间间隔，就能够按照准时化进行循环。

11.3 精益生产方式（LP）

11.3.1　精益生产的主要内容

精益生产是对 JIT 生产方式的进一步提炼和理论总结，是一种扩大了的生产管理、生产方式的概念和理论。其主要内容概括如下：

（1）在生产系统方面，精益生产以作业现场具有高度民主工作热情的“多面手”和独特的设备布置为基础，将质量控制融汇到每一生产工序中去，生产起步迅速，能灵活敏捷地适应产品的设计变更、产品变换以及多品种混合生产的要求。

（2）在零部件供应系统方面，精益生产采取在运用竞争原理的同时，与零部件供应厂家保持长期稳定的全面合作关系，包括资金合作、技术合作以及人员合作，形成一种“命运共同体”，并注重培养和提高零部件供应厂家的技术能力和产品开发能力，使零部件供应系统也能够灵活敏捷地适应产品的设计变更以及产品变换；进一步通过管理信息系统的支持，使零部件供应厂家也共享企业的生产管理信息，从而保证及时、准确地交货。

（3）在产品的研究与开发方面，精益生产以并行工程和团队工作方式为研究开发队伍的主要组织形式和工作方式，以主任负责制为领导方式。在一系列开发过程中，强调产品开发、设计、工艺、制造等不同部门之间的信息沟通和同时并行开发。这种并行开发还扩大至零部件供应厂家，充分利用它们的开发能力，促使它们从早期开始参加开发，由此而大大缩短开发周期和降低成本。

（4）在流通方面，精益生产与顾客以及零售商、批发商建立一种长期的关系，使来自顾客和零售商或批发商的订货与工厂的生产系统直接挂钩，销售成为生产活动的起点；极力减少流通环节的库存，并使销售和服务机能紧密结合，以迅速、周到的服务来最大限度地满足顾客的需要。

（5）在人力资源方面，精益生产形成一套劳资互惠的管理体制，通过 QC 小组、提案制度、团队工作方式、目标管理等一系列具体方法，调动和鼓励职工进行“创造性思考”的积极性，并注重培养和训练工人以及各级管理人员的多方面技能，最大限度地发挥和利用企业组织中每一个人的潜在能力，由此提高职工的工作热情和工作兴趣。

（6）从管理理念上说，精益生产总是把现有的生产方式、管理方式看成是改善的对象，不断地追求进一步降低成本、降低费用、质量完美、缺陷为零、产品多样化等目标。这样的极限目标虽然从理论上来说是不可能实现的，但这种无穷逼近的不懈追求却可以不断产生意想不到的波及效果，即不仅“白领阶层”，而且大部分“蓝领阶层”的职工也提高了对工作的热情和兴趣，在工作中感受到了成功的喜悦。由此带来的，则是质量和生产率的不断提高。

总而言之，这是一种在降低成本的同时使质量显著提高，在增加生产系统柔性的同时，也使人增加对工作的兴趣和热情的生产经营方式。可以看出，如果说 JIT 生产方式是以生产制造系统为中心展开的话，精益生产是涉及企业整体的一种扩大了的生产经营模式。

11.3.2 精益生产方式的本质特征及其普遍意义

精益生产方式的普遍意义首先在于，它不仅仅是一种基于日本社会、文化及政治背景的特殊产物，而是顺应当今市场需求日益多变、技术进步日新月异、世界范围内的竞争日趋激烈的环境应运而生的。这种环境背景无论对于日本还是其他国家的企业都相同，对于中国企业也一样。这样的环境特点要求工业生产向多品种小批量的方向前进，迫使企业在激烈的竞争中寻求更有效、效率更高的生产经营方式。因此，生产方式的转变已是历史的必然，而精益生产方式则给了我们一个很好的启示，为我们提供了很多值得借鉴的东西。

精益生产方式所强调的彻底排除浪费，最大限度地发挥“命运共同体”中每一组织、每一成员的能力和积极性，以及不断改善等思想以及诸多方法，都是超越国界、具有普遍意义的。

精益生产方式的核心是具有高度灵活性、高效率的生产系统。但是，企业经营的成功，并不仅仅取决于优秀的生产作业及管理系统，还必须从市场预测、产品开发以至生产作业系统、零部件供应系统，直至流通、销售的一系列企业活动的整体上去追求高效率、低成本、高质量，同时也必须在企业组织、人力资源的利用、充分调动人的积极性等企业行为中谋求经营效率的提高。这是一个综合的系统工程。精益生产理论所采用的“Lean Production”一词也许容易使人立即联想到生产系统内部的组织方式、生产管理方法等，但恰恰相反，这是一种用系统观点来分析、阐述的，包括经营全过程在内的全面的生产经营方式。

11.4 计算机集成制造系统（CIMS）

美国的哈林顿博士认为，企业整个生产制造过程实质上是信息采集、传递和加工处理的过程。为此，他提出计算机集成制造系统这一概念，旨在从系统观点出发，把企业作为一个有机整体，综合考虑企业中的人、技术和管理等方面的作用，采用各种先进的技术手段，包括计算机软硬件，实现对企业生产过程中的物流、信息流和资金流的集成，来提高企业的生产力和管理水平。

11.4.1 计算机集成制造系统的功能与结构

计算机集成制造系统（CIMS）是把工厂的生产、经营活动中各种分散的自动化系统有机地结合成高效益、高柔性的智能生产系统。CIMS 追求的目标是整个工厂的自动化。系统的输入是市场信息、订货以及人的设计管理思想，系统的输出则是装配好的、经过检验的可用产品。它代表了制造自动化的方向，是现代工厂自动化的主要研究课题之一。

CIMS 主要由经营决策管理系统（BDMS）、计算机辅助设计和辅助制造（CAD/CAM）系统、柔性制造系统或柔性制造单元（FMS/FMC）等部分组成。

BDMS 完成工厂和车间两级的经营管理和决策，包括市场分析和预测、订货处理、中长期生产计划和能力计划的制订等，进而在制造资源计划的基础框架上增加辅助决策功能。

CAD/CAM 系统是 CAD 与 CAM 的集成，它通过建立产品二维、三维和实体模型完成产品和零件的设计，并进而实行工程分析、仿真试验，快速设计出合格的产品。图形可以修改、存储、运算，从而大大提高了设计效率。在该设计的基础上进行工艺设计、编制数控机床和机器人的程序，完成生产过程的准备工作。

FMS/FMC 根据生产计划、产品设计和工艺设计选择部分零件种类，确定相应的配比和流量，并合理地组织自己的布局，将零件分配给各加工单元或工作站。同时，决定各零件的路径和排队优先权，进行最优调度，协调各工作站和设备的准确运行，柔性地组织加工和装配。FMS/FMC 中配有切削过程检验和产品测试装置，检测的信息经过处理后，用于对刀具进行补偿、设备维修和工艺修正等，形成了多级的质量保证系统。

11.4.2 MRPⅡ与其他 CIMS 单元的关系

在 CIMS 中，作为生产管理信息化系统的 MRPⅡ是和计算机辅助制造（CAD）、计算机辅助工艺设计（CAPP）/柔性制造系统（FMS）、自动化仓储系统（AS/RS）、电子数据交换（EDI）、决策支持系统（DSS）、计算机辅助质量管理（CAQ）、成组技术（GT）、分布控制系统（DCS）等系统和技术有机联系和有效集成的，如图 11-4 所示。

迄今为止的生产管理信息化发展就是一个逐渐集成的过程，是一个从物料、制造资源、企业资源到企业内外所有资源管理对象逐渐扩张的过程。供应链管理、企业资源计划的产生和发展本身就是集成化的结果。未来生产管理模式创新必然能够体现更大范围的信息系统集成趋势。

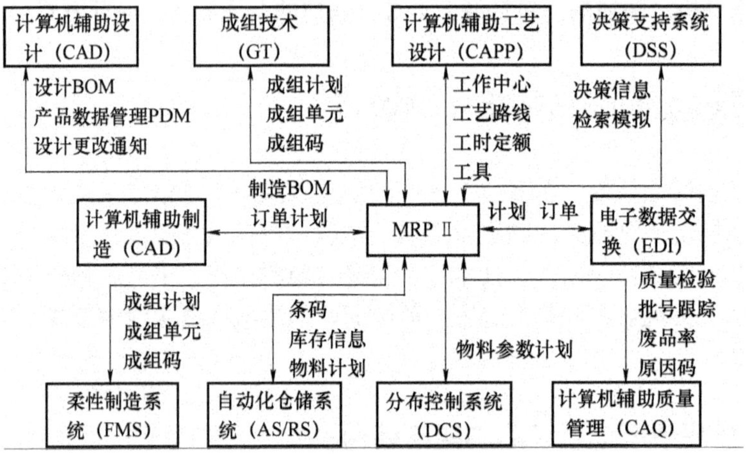

图 11-4 MRP Ⅱ与其他 CIMS 单元的关系

11.4.3 CIMS 技术与精益生产的比较

精益生产是一种典型的日本现代生产管理模式，而 CIMS 则是美国现代生产管理模式的代表，对 CIMS 技术与精益生产的比较分析，也可以认为是对美、日现代生产管理模式的比较研究。

1. 生产管理观念的比较 美国企业一般是以财务管理为中心，追求企业资本利润率、股票升值和股东权益等。事实上，生产制造部门在美国企业等级中可能处于最底层，相应的生产管理的地位也最低。

而与美国相比，日本企业非常注重生产制造系统和生产管理，在日本企业的等级中，生产及生产管理部门接近等级阶梯的顶层，形成经营生产一体化管理体制，其核心是以生产制造系统以及建立在其基础上的生产管理方式。

美国的 CIMS 模式与日本的精益生产模式对有关生产要素的认识也存在一定差异，见表 11-1。

表 11-1 美国的 CIMS 模式与日本的精益生产模式的观念比较

类别 比较项目	CIMS	精益生产
目标观念	有效合理地利用资源，改善计划、压缩库存	追求尽善尽美，消除一切浪费
对成品储备的认识	应尽量满足客户要求，压缩成品库存，使生产能力平衡	应该直接面对客户，追求零库存
对在制品库存的观点	尽量控制在少量，保证连续生产	属于浪费，应该彻底消灭
对原材料库存的观点	为了应付不确定性，应该有一定的安全库存	不利于降低成本，应尽量减少
对质量管理的看法	允许有一定废品，以最终检验加以控制，保证废品不流向市场	以生产中的质量控制代替最终检验，消灭废品
对提前期的基本看法	控制一定提前期，保证安全生产	是不利因素，必须压缩至最短
人员使用的基本原则	严格执行计划及指令	以人的协调合作为现场管理的主题，充分发挥人的主观能动性

虽然美、日两国生产管理模式中对生产管理观念有诸多差异，但现在都已认识到生产管理的重要性，都强调以多品种、小批量适应市场需求为生产管理目标。

2. 生产管理方法比较　从生产管理制度角度分析，美国生产管理模式中的管理制度化、标准化达到了很高水平，对经常性的重复工作一切都做到有据可依、有章可循、按制度办事，管理人员只处理偶发事件，即所谓例外原则，且美国的管理手段已经完全计算机化。与美国相比，日本企业更重视生产现场管理的制度化、程序化和标准化，所谓的“定置管理”“6S 管理”在日本企业中被广泛采用，计算机辅助管理也被广泛使用。

双方在使用生产管理方法和技术上的共同点就是不盲目、单项采用某项管理方法和技术，而是一切以市场为导向，形成自己的管理体系和模式。进一步对比，可以发现，CIMS 源于大批量生产方式的模式逐渐发展为能适应市场瞬息万变的需求，是基于计算机模拟技术的应用；而精益生产管理方法可归为拉动式准时化生产、全面质量管理、团队工作法及并行工程。

3. 生产管理职能的比较

（1）从生产计划的编制看，二者都是围绕市场需求编制生产计划的，都以零件为中心，以计算机为手段，以增加生产系统的适应性。但 CIMS 模式中生产计划和生产作业计划是一揽子计划，打破了工厂、车间、班组甚至工序的界限，通过计算机一次完成计划编制。而精益生产只编生产计划，生产作业计划则取决于其生产制造系统固有的同步化均衡生产。

（2）从计划的执行与控制看，CIMS 模式完全通过计算机控制系统，以计划为中心，进行严格控制；精益生产的厂级生产计划是靠计算机系统控制，而生产作业计划是通过“看板”系统来执行控制的，而且覆盖了整个协作厂。

（3）从物资管理看，CIMS 在物资采购方面是严格按照 MRPⅡ来执行的，由于在采购时间、数量、批次都压缩了库存；精益生产按准时原则采购，倾向于长期向固定供应厂商采购原材料、零部件，在减少自身库存的同时也减少了供应商的库存。

（4）从生产过程组织看，CIMS 主要依靠现代先进制造技术和计算机辅助管理；而精益生产则在利用计算机辅助管理同时，还利用了“看板”系统、团队组织等。

11.4.4　CIMS 在我国的应用

在我国，CIMS 技术于 1986 年列入了“863 高技术研究发展计划”的 16 个主题之一。在政府的支持下，我国 CIMS 的研究开发和试点应用取得了巨大成功。清华大学和北京第一机床厂分别被美国制造工程师协会、计算机和自动化系统专业委员会授予“大学领先奖”和“工业领先奖”。这标志着我国 CIMS 技术研究与应用已跻身于世界前列。

现阶段我国企业实施 CIMS 技术应注意以下问题：

（1）要在我国企业实施 CIMS 技术，首先要建立相应的重视科学管理的制度基础，否则即使实施也会流于形式。

（2）重视企业管理基础工作，实施 CIMS 的企业，必须有一套完整的规章制度，包括财务管理、经济核算、质量管理、仓库管理、合同管理、生产管理等，还要具备完整、准确、及时的数据资料，包括各项定额、原始记录、会计凭证、统计资料等，我国企业现阶段更要处理好管理创新和加强管理基础工作的关系，狠抓企业管理基础工作。

（3）对 CIMS 项目的实施要进行科学的管理。首先要有具体的目标规划；其次要从组织机构进行保证；再次要重视业绩评价；最后要重视后继培训。

11.5 最优生产技术（OPT）

11.5.1 OPT的基本内容

OPT其指导思想实质上是集中精力优先解决主要矛盾，这对于单件小批生产类型比较适应。其基本内容包括以下四方面。

（1）物流平衡是企业制造过程的关键。对企业的产品需求是外部因素，时刻都在变化。为适应市场，企业必须以可能的低成本、短周期生产出顾客需要的产品。因此，制造问题主要是物流平衡问题，即需要强调实现物流的同步化。

（2）瓶颈资源是产品制造的关键制约因素。按照通常的假设，在设计一个企业时，可以使生产过程中各阶段的生产能力相等，即达到能力的平衡。但这只是一个理想的状态。因为，生产是一个动态的过程，随机波动时时存在，使得能力的平衡，在实际中实现极其困难，也可以说是达不到的。因此，生产过程中必然会出现有的资源负荷过多，成为卡"脖子"的地方，即变为瓶颈。这样，一个企业的制造资源就存在瓶颈与非瓶颈的区别。在制造过程中，影响生产进度的是瓶颈环节。瓶颈资源实现满负荷运转，是保证企业物流平衡的基础。瓶颈资源损失或浪费1h，制造系统即损失或浪费1h。因此，瓶颈资源是制造系统控制的重点，为使其达到最大的产出量可采取以下措施：

1）在瓶颈工序前，设置质量检查点，避免瓶颈资源做无效劳动。

2）在瓶颈工序前，设置缓冲环节，使其不受前面工序生产率波动影响。

3）采用动态的加工批量和搬运批量。对瓶颈资源，通常加工批量较大，减少瓶颈资源的装设时间和次数，提高其利用率；而较小的运输批量，使工件分批到达瓶颈资源，可减少工件在工序前的等待时间，减少在制品库存。

4）由瓶颈资源的能力决定制造系统其他环节的利用率和生产效率。

5）对瓶颈工序的前导和后续工序采用不同的计划方法，提高计划的可执行性。

根据OPT的原理，企业在生产计划编制过程中，首先应编制产品关键件的生产计划，在确认关键件的生产进度的前提下，再编制非关键件的生产计划。

11.5.2 OPT的主要概念

1. 识别约束 所谓瓶颈（或瓶颈资源），是指实际生产能大于、小于或等于生产负荷的资源。这一类资源限制了整个企业出产产品的数量。其余的资源则为非瓶颈资源。识别企业的真正约束（瓶颈）所在是控制物流的关键。一般来说，当需求超过能力时，排队最长的机器就是"瓶颈"。要判别一个资源是否为瓶颈，应从该资源的实际生产能力与它的生产负荷（或对其需求量）来考察。这里所说的需求量不一定是市场的需要量，而是指企业为了完成其产品计划而对该资源的需求量。

2. 瓶颈约束整个系统的出产计划 产品出产计划（Master Schedule）的建立，应该使受瓶颈约束的物流达到最优。一般按有限能力，用顺排方法对关键资源排序。为了充分利用瓶颈的能力，在瓶颈上可采用扩大批量的方法，以减少调整准备时间，提高瓶颈资源的有效工作时间。

3. "缓冲器"的管理 其目的是防止系统内外的随机波动造成瓶颈出现等待任务的情

况。一般要设置一定的“库存缓冲”或“时间缓冲（Time Buffer）”。

4. 控制进入非瓶颈的物料 进入系统非瓶颈的物料应与瓶颈的产出率同步。一般是按无限能力，用倒排方法对非关键资源排序。非关键资源上排序的目标是使之与关键资源上的工序同步。倒排时，采用的提前期可以随批量变化，批量也可按情况分解。

11.5.3 OPT 的生产排序原则

OPT 管理思想具体体现在生产排序原则上。有九条原则是实施 OPT 的基石。这些原则独立于软件之外，直接用于指导实际的生产管理活动。OPT 有关生产计划与控制的算法和软件是按照这九条原则提出和开发的：

（1）重要的是平衡物流，不是平衡能力。

（2）只有瓶颈制约着系统的产销率。

（3）反对盲目地使所有的机器或工人忙起来。

（4）重点应该抓提高瓶颈的利用率。

（5）非瓶颈资源不应满负荷工作。

（6）产销率和库存量是由瓶颈资源决定的。

（7）转移批量可以不等于甚至多数情况是不应等于加工批量。

（8）加工批量是可变的，而不是固定不变的。

（9）提前期应该是可变的而不是固定的。考虑到系统所有的约束条件后才能决定计划进度的优先级。提前期只是排进度的结果。

11.5.4 实施 OPT 的要求及条件

OPT 强调的是车间现场，其着眼点在于企业车间现场的一些决策量上，并据此来实现对生产的计划与控制。其做法的基本点是使用一些重要的判定准则来决定每一作业的先后顺序，即使用一组“管理系数”的加权函数，来确定每个作业的优先权数及批量，制订出一个合理的生产计划。这些管理系数涉及理想的产品组合、交货期、理想的安全库存水平以及瓶颈资源的使用等。

OPT 实施的关键是制订计划后的落实工作。在落实计划过程中，传统的许多做法是有害的，其中最大的威胁将来自传统的成本会计的考核体系。因为成本会计体系忽视了瓶颈与非瓶颈的区别，其考核一般是通过设备和操作工人的利用率及生产成本，而不是通过整个系统的有效性来进行的，它着重于局部的优化，这必然助长了人们盲目生产的做法，其结果是无论对瓶颈资源还是对非瓶颈资源都力求充分地使用。人们为了完成工时和设备利用率会盲目生产，最终必然导致高库存和浪费。针对这些情况，OPT 则力求从全局的观点来进行考核，从原材料的采购一直追踪到产品销售。其考核体系对瓶颈与非瓶颈是分别对待的，认为对非瓶颈的考核不应以生产量为依据，而应以它生产的有效的产品量来考核。按 OPT 观点，成本会计注重的是“活力”而非“利用”，而正确的做法应该是注重“利用”而非“活力”。

另外，OPT 软件的具体运行和 MRP 一样需要大量的数据支持，如产品结构文件（BOM）、加工工艺文件以及精确的加工时间、调整准备时间、最小批量、最大库存、替代设备等数据。同时要成功地实施 OPT，还要求管理者必须对 OPT 产生的计划要有信心，要改变一些旧的作业方式，如实行午餐和工休连续工作制的做法等。

从 OPT 的实践表明，它比较适合于一些基本、简单的产品及很大的批量且所需工序较少的情况，而在单件生产车间中发挥的效果不佳。其适用条件为：①瓶颈要相对稳定；②瓶颈要保证达到 100%的负荷能力；③需求是相对稳定的；④员工愿意而且能够服从计划的调度安排。

再者，OPT 对于动态的数据以及瓶颈和接近瓶颈资源的数据要求精确。实现 OPT 还需对员工进行培训，使他们能在不同的生产岗位上及时发现问题，跟踪问题，最终用 OPT 方法来解决问题。

11.6 敏捷制造（AM）

敏捷制造（Agile Manufacturing，AM）是美国为了重振其在制造业中的领导地位而提出的一种面向 21 世纪的新型制造模式。所谓敏捷制造，是按照敏捷性要求进行的生产制造活动，敏捷企业则是按照敏捷性的要求进行组织的企业。这里所谓敏捷性通常被理解为制造企业能够快速地满足顾客要求、适应多变的市场、获取竞争优势的能力。因此，敏捷制造是在具有创新精神的组织和管理结构、先进制造技术、有技术有知识的管理人员三大支柱的支撑下得以实施的，也就是将柔性生产技术、有技术有知识的劳动力与能够促进企业内部和企业之间合作的灵活管理集中在一起，通过所建立的共同基础结构，对迅速改变的市场需求做出快速的反应。2012 年 3 月，作为“振兴制造业”战略的重要一环，美国政府宣布启动“国家制造创新网络”计划。2015 年 1 月，美国数字制造与设计创新机构发布首批 7 个智能制造方面的技术开发项目，涉及先进制造企业、智能机器、先进分析以及赛博物理系统安全这 4 个技术领域。

11.6.1 敏捷制造企业的设想

敏捷制造代表了 CIMS 发展的最新阶段。它主要通过敏捷化企业组织、并行工程环境、全球计算机网络，在全球范围内实现企业间动态联盟，快速开发新产品，满足市场。敏捷制造的关键技术包括：敏捷虚拟企业的组织及管理技术；敏捷化产品设计和企业活动的并行运作；基于模型与仿真的拟实制造；可重组与可重用的制造技术；敏捷制造计划与控制；智能闭环加工过程控制；企业间的集成技术；全球化企业网；敏捷后勤与供应链等。敏捷制造企业应具有以下特征。

1．敏捷制造企业应能够迅速推出新产品 它们容易消化吸收外单位的经验和技术成果，随着客户需求的变化，不断改进的产品。因此，敏捷制造企业不仅要同客户建立长期关系，而且要同商界建立长远关系。新型企业给予用户的是产品、服务和附加信息的不断变化的组合体。

2．敏捷制造企业按照订单进行生产 敏捷制造企业通过将一些可重新编程、可重新组合、可连续更换的生产系统结合成一个新的、信息密集的制造系统，可做到使生产成本与批量无关，生产一万件同一型号的产品和生产一万件不同型号的产品，所花费的成本几乎相同。因此，敏捷制造企业将按照订单进行生产。产品的重大创新伴随着对制造过程的相应改进，以便使成本的增加能够在内部得到抵消，而不是导致产品价格提高。同时，敏捷制造生产系统生产的产品在质量上也将有明显的提高，要在产品整个生命周期内使用户感到满意。

3．在敏捷制造企业中，权力是分散的，而不是集中在指挥链上 敏捷制造公司不是采用以固定的专业部门为基础的静态结构，而是采用动态结构，以满足多功能项目组的需求。在敏捷制造系统中，能以最佳方式使用技术的人才成为解决问题的关键。企业的工作人员将成为企业最宝贵的财富。为保持人员的技术基础，要连续进行智力投资，从而在产品的整个生命周期内保持用户对产品的信任。

11.6.2　敏捷制造的三要素

敏捷制造的目的可概括为“将柔性生产技术，有技术、有知识的劳动力与能够促进企业内部和企业之间合作的灵活管理集成在一起，通过所建立的共同基础结构，对迅速改变的市场需求和市场时机做出快速响应”。从这一目标中可以看出，敏捷制造实际上主要包括三个要素：生产技术、管理和人力资源。

1．敏捷制造的生产技术　敏捷性是通过将技术、管理和人员三种资源集成为一个协调的、相互关联的系统来实现的。

（1）具有高度柔性的生产设备是创建敏捷制造企业的必要条件（但不是充分条件）。所必需的生产技术在设备上的具体体现是：①由可改变结构、可测量的模块化制造单元构成的可编程的柔性机床组；②“智能”制造过程控制装置；③用传感器、采样器、分析仪与智能诊断软件相配合，对制造过程进行闭环监视，等等。

（2）在产品开发和制造过程中，能运用计算机能力和制造过程的知识基础，用数字计算方法设计复杂产品；可靠地模拟产品的特性和状态，精确地模拟产品制造过程。各项工作是同时进行的，而不是按顺序进行的。同时开发新产品，编制生产工艺规程，进行产品销售。设计工作不仅属于工程领域，也不只是工程与制造的结合。从用材料制造产品到产品最终报废的整个产品生命周期内，每一个阶段的代表都要参加产品设计。技术在缩短新产品的开发与生产周期上可充分发挥作用。

（3）敏捷制造企业是一种高度集成的组织。信息在制造、工程、市场研究、采购、财务、仓储、销售、研究等部门之间连续地流动。信息不仅要在敏捷制造企业与其用户之间连续地流动，而且还要在敏捷制造企业与其供应厂家之间连续地流动。在敏捷制造系统中，用户和供应厂家在产品设计与开发中都应起积极作用。每一个产品都可能要使用具有高度交互性的网络。同一家公司的、在实际上分散、在组织上分离的人员可以彼此合作，并且可以与其他公司的人员合作。

（4）把企业中分散的各个部门集中在一起，靠的是严密的通用数据交换标准、坚固的“组件”（许多人能够同时使用同一文件的软件）、宽带通信信道（传递需要交换的大量信息）。把所有这些技术综合到现有的企业集成软件和硬件中去，这标志着敏捷制造时代的开始。敏捷制造企业将普遍使用可靠的集成技术，进行可靠的、不中断系统运行的大规模软件的更换，这些都将成为正常现象。

2．敏捷制造的管理技术

（1）敏捷制造在管理上所提出的最创新思想之一是“虚拟公司”。敏捷制造认为，新产品投放市场的速度是当今最重要的竞争优势。推出新产品最快的办法是利用不同公司的资源，使分布在不同公司内的人力资源和物资资源能随意互换，然后把它们综合成单一的靠电子手段联系的经营实体——虚拟公司，以完成特定的任务。也就是说，虚拟公司就像专门完成特定计划的一家公司一样，只要市场机会存在，虚拟公司就存在；该计划完成了。市场机会消失了，虚拟公司就解体。能够经常形成虚拟公司的能力将成为企业一种强有力的竞争武器。只要能把分布在不同地方的企业资源集中起来，敏捷制造企业就能够随时构成虚拟公司。在美国，虚拟公司将运用全美工厂网络，把综合性工业数据库与服务结合起来，以便能够使公司集团创建并运作虚拟公司，排除多企业合作和建立标准合作模型的法律障碍。

敏捷制造企业应当把克服与其他公司合作的组织障碍作为首要任务，而不是作为最后任务。此外，需要解决因为合作而产生的知识产权问题，需要开发管理公司、调动人员工作主动性的技术，寻求建立与管理项目组的方法，以及建立衡量项目组绩效的标准，这些都是艰巨任务。

（2）敏捷制造企业应具有组织上的柔性。因为，先进工业产品及服务的激烈竞争环境开始形成，越来越多的产品要投入瞬息万变的世界市场上去参与竞争。产品的设计、制造、分配、服务将用分布在世界各地的资源来完成。制造公司日益需要满足各个地区的客观条件，这些客观条件不仅反映社会、政治和经济价值，而且还反映人们对环境安全、能源供应能力等问题的关心。在这种环境中，采用传统的纵向集成形式，企图关起门来什么都自己做，是注定要失败的，必须采用具有高度民主、柔性的动态组织机构，根据工作任务的不同，有时可以采取内部多功能团队形式，请供应商和用户参加；有时可采用与其他公司合作的形式；有时可采用虚拟公司的形式。有效运用这些手段，就能充分利用公司的资源。

3. 敏捷制造的人力资源 敏捷制造在人力资源上的基本思想是：在动态竞争环境中，最关键的因素是人员。柔性生产技术和柔性管理要使敏捷制造企业的人员能够实现他们自己提出的发明和合理化建议。没有一个一成不变的原则用来指导此类企业的运行。唯一可行的长期指导原则，是提供必要的物质资源和组织资源，支持人员的创造性和主动性。

在敏捷制造时代，产品和服务的不断创新与发展，制造过程的不断改进，是竞争优势的同义语。敏捷制造企业能够最大限度地发挥人的主动性。有知识的人员是敏捷制造企业中唯一最宝贵的财富。因此，不断对人员进行教育，不断提高人员素质，是企业管理层应该积极支持的一项长期投资。每一个雇员消化吸收信息、对信息中提出的可能性做出创造性响应的能力越强，企业可能取得的成功就越大。对于管理人员和生产线上具有技术专长的工人都是如此。科学家和工程师参加战略规划和业务活动，对敏捷制造企业来说是具有决定性的因素。在制造过程的科技知识与产品研究开发的各个阶段，工程专家的协作是一种重要资源。

敏捷制造企业中的每一个人都应当认识到柔性可以使企业转变为一种通用工具，这种工具的应用仅仅取决于人们对于使用这种工具进行工作的想象力。敏捷制造企业是连续发展的制造系统，该系统的能力仅受人员的想象力、创造性和技能的限制，而不受设备限制。敏捷制造企业的特性支配着它在人员管理上所持有的、完全不同于大量生产企业的态度。管理者与雇员之间的敌对关系是不能容忍的，这种敌对关系限制了雇员接触有关企业运行状态的信息。信息必须完全公开，管理者与雇员之间必须建立相互信赖的关系。工作场所不仅要安全，而且对在企业的每一个层次上从事脑力创造性活动的人员都要有一定的吸引力。

11.6.3 敏捷制造的组织结构模型

敏捷制造对组织模式的要求是具有高度柔性，而高度柔性的组织模式一方面要求系统有相对独立的系统组成；另一方面要求各单元在一定条件下可以按照一定的优化规则重新组合。具体而言，柔性组织单元的基本形态包括对象单元、作业单元、流程单元和虚拟公司。

对象单元是指为生产特定产品或提供特定服务的某种类型的产业的基本因素，是带有行业特征的稳定成分，具有稳定性、基本性、独立性。作业单元是由对象单元组成的为实现一定作业目标的对象的集合，是实现企业的基本功能的组织。流程单元是由作业单元组成的实现一个完整生产经营任务全过程目标的组织，具有企业目标性、过程完整性、作业顺序的有序性和并行性。虚拟公司是把分散在不同地理位置的各个流程公司，通过现代化的通信手段，以协同方式集成完成综合性任务的组织。

11.6.4　敏捷制造的信息系统

敏捷制造要求企业在时间、质量、价格、创新等各个方面具有竞争优势，而这些优势的核心在于如何发挥信息技术的潜力。敏捷制造要求企业信息环境是分布式、网络化的，它强调信息系统必须是人、组织、技术三者的集成，具体要求包括在多个用户和多个供应商之间实现有效的交互，技术因素和商业因素的紧密联系，完成复杂的处理以满足高速、高效和灵活的需要，易于调整以适应变化的需要，可用的信息交换标准等。

11.6.5　敏捷制造企业的特征

敏捷制造企业的特征见表 11-2。

表 11-2　敏捷制造企业的特征

特　征	设计准则	制造设备	加工过程	生产企业
可重构	封装集成的单元模块：强调系统各单元之间的独立性和作为一个独立系统功能上的完整性	传输装置和自动装夹模块	自动车床、NC 机床、定位装夹组成的加工单	包括设计、分析、加工、装配和销售等单元
	置换兼容性：系统中的不同子系统采用标准、通用的接口标准	标准、通用的人机接口和机电控的接口	标准、通用的人机接口和不同加工过程之间的交互接口	统一的信息管理系统，覆盖从客户需求跟踪到产品安装、维护的全过程
	辅助工具的可置换性：系统中的某个子系统可以被方便地置换而不改变其他子系统	不同的加工模块（工具、夹具、系统参数等）	一些较轻，无须牢固定位的小设备	委托加工部门，委托加工单位资料信息库
可再用	跨层次对话：授权工作小组内外的直接交流	闭环控制的过程生产模块	完全自主的生产单元	商务资源管理，迅速地进入各项商务投标活动
	动态滞后联编：所有的各种联系、关系都被处理成临时的，不同对象之间的直接、固定的联系方式的确定越慢越好	把尽可能多的设备安装时按照用户的要求进行	根据车间情况实时进行加工机床和材料的作业计划的编制	根据当前市场的要求确定每个商务单元的工作计划
	分布的控制机制和信息系统：各商务单元对局部的运作负责，全局共享的局部资源	智能加工设备可记录自身的工作状态和历史数据，在完成任务后会自动发出新的任务请求	智能工作单元可及时记录其自身的工作状态和历史数据	分布、自治的企业信息集成系统，统一管理的各种数据库分布在企业不同的商务单元
	自治关系：动态规划的组织原则，开放式体系结构	实时的车间控制能适应生产计划的变化要求	动态的单元控制器使敏捷加工单元达到最大的敏捷性	基于订单的生产组织系统
可扩充	伸缩范围：一个单元内的构成元素数量无限制，可以根据需要增加或减少	机床可以组合在一起形成一个大的工作机群	加工单元可以通过增加或减少单元内设备而扩充/收缩其加工范围/能力	公司可通过委托加工等方式来夸大自身的生产能力
	冗余单元：一些复制的生产单元以便在需要时可迅速扩大企业的生产能力	所有机床对电、气、水有同样的接口，可以方便地移动和安装到不同的场合	加工单元是由多台同样的机床组成的，每台机床具有独立的完整功能	有一个企业级的资源调配管理系统；有一个委托加工单位的信息库
	可扩展的框架体系：有一个开放式的集成环境和体系结构，保证企业原有系统和新系统的协调工作	不同厂商间采用共同的集成框架；在尽可能长的时间内保持同样的加工过程	加工单元直接共享一些其他资源：传输系统，电、气、水供应系统等	基于客户服务器的开放式体系结构

11.6.6 美国数字制造计划

2012 年 3 月，作为“振兴制造业”战略的重要一环，美国政府宣布启动“国家制造创新网络”计划。数字设计与制造创新机构是美国国家制造创新网络的组成部分。2014 年，美国能源部给智能制造下了一个崭新的定义：智能制造是先进传感、仪器、监测、控制和过程优化的技术和实践的组合，它们将信息和通信技术与制造环境融合在一起，实现工厂和企业中能量、生产率和成本的实时管理。2015 年 1 月，数字设计与制造创新机构发布首批 7 个智能制造方面的技术开发项目，涉及先进制造企业、智能机器、先进分析以及赛博物理系统安全这 4 个技术领域。

（1）先进制造企业。它主要关注基于模型的企业（MBE）数据与基础结构。当前目标是建立基于最新的基于模型的定义（MBD）和技术数据包（TDP）标准，开发全标注的三维模型；利用诸如基于协同技术的云计算等创新的解决方案，演示并验证这些三维模型在供应商之间的可靠转换，并且将 MBE 要求与车间能力进行连接，演示并验证供应链的集成。

（2）智能机器。它主要关注用于外形自适应加工的即插即用工具集。当前目标是开发“即插即用”的软硬件工具集，让新旧生产机床和机器人设备在一个外形自适应加工的模式下操作，也就是具备实时原位状态感知、自适应刀具路径修改以及加工结果虚拟测量的能力。

（3）先进分析。它主要关注集成测量的设计与制造综合模型。研究目标是通过先进计算模型、预测和测量工具的使用，对制造工艺和零件性能进行预先评估，降低产品成本并加速推向市场。这些模型和工具将融入更大的产品全寿命周期与全价值链的“数字线”，实现更快、更精确的设计与生产决策。

（4）赛博物理系统安全。它主要开发评估制造企业赛博安全弱点的工具，为保护工厂数据提供支持。

这些技术领域都是全数字化与智能制造的研究范畴。智能制造已经开始变革美国企业生产产品的方式，数字制造和设计技术是智能制造的基础和中枢。这些项目专为促进智能工厂的持续创新，以及向下一次工业革命演进而设立。

11.7 工业 4.0

德国制造业是世界上最具竞争力的制造业之一，在全球制造装备领域拥有领头羊的地位。这在很大程度上源于德国专注于创新工业科技产品的科研和开发，以及对复杂工业过程的管理。德国拥有强大的设备和车间制造工业，在世界信息技术领域拥有很高的能力水平，在嵌入式系统和自动化工程方面也有很专业的技术，这些因素共同奠定了德国在制造工程工业上的领军地位。“工业 4.0”是德国政府提出的一个高科技战略计划。该项目在德国工程院、弗劳恩霍夫协会、西门子公司等德国学术界和产业界的建议和推动下形成，由德国联邦教育及研究部和联邦经济技术部联合资助，旨在提升制造业的智能化水平，建立具有适应性、资源效率及人因工程学的智慧工厂，在商业流程及价值流程中整合客户及商业伙伴。其技术基础是网络实体系统及物联网。

11.7.1　工业 4.0 的内涵

工业 4.0 概念包含了由集中式控制向分散式增强型控制的基本模式转变，目标是建立一个高度灵活的个性化和数字化的产品与服务的生产模式。在这种模式中，传统的行业界限将消失，并会产生各种新的活动领域和合作形式。创造新价值的过程正在发生改变，产业链分工将被重组。

德国学术界和产业界认为，工业 4.0 概念即是以智能制造为主导的第四次工业革命，或革命性的生产方法。该战略旨在通过充分利用信息通信技术和网络空间虚拟系统—信息物理系统（Cyber-Physical System）相结合的手段，将制造业向智能化转型。

工业 4.0 项目主要分为三大主题：

（1）“智能工厂”，重点研究智能化生产系统及过程，以及网络化分布式生产设施的实现。

（2）“智能生产”，主要涉及整个企业的生产物流管理、人机互动以及 3D 技术在工业生产过程中的应用等。该计划将特别注重吸引中小企业参与，力图使中小企业成为新一代智能化生产技术的使用者和受益者，同时也成为先进工业生产技术的创造者和供应者。

（3）“智能物流”，主要通过互联网、物联网、物流网，整合物流资源，充分发挥现有物流资源供应方的效率，而需求方，则能够快速获得服务匹配，得到物流支持。

工业 4.0 有一个关键点，就是“原材料（物质）”=“信息”。具体来讲，就是工厂内采购来的原材料，被“贴上”一个标签：这是给 A 客户生产的××产品，××项工艺中的原材料。准确来说，是智能工厂中使用了含有信息的“原材料”，实现了“原材料（物质）”=“信息”，制造业终将成为信息产业的一部分，所以工业 4.0 将成为最后一次工业革命。

11.7.2　工业 4.0 的发展现状

工业自动化是德国得以启动工业 4.0 的重要前提之一，主要是在机械制造和电气工程领域。目前在德国和国际制造业中广泛采用的“嵌入式系统”，正是将机械或电气部件完全嵌入到受控器件内部，是一种特定应用设计的专用计算机系统。数据显示，这种“嵌入式系统”每年获得的市场效益高达 200 亿欧元，而这个数字到 2020 年将提升至 400 亿欧元。

有专家预计，不断推广的工业 4.0 将为德国的西门子、ABB、通快（Trumpf）等机械和电气设备生产商，以及菲尼克斯电气（Phoenix Contact）、浩亭（Harting）以及魏德米勒（Weidmuller）等中小企业带来大量订单。

工业 4.0 是运用智能去创建更灵活的生产程序、支持制造业的革新以及更好地服务消费者，它代表着集中生产模式的转变。

所谓的系统应用、智能生产工艺和工业制造，并不是简单的一种生产过程，而是产品和机器的沟通交流，产品来告诉机器该怎么做。生产智能化在未来是可行的，将工厂、产品和智能服务通联起来，将是全球在新的制造业时代一件非常正常的事情。

工业 4.0 是涉及诸多不同企业、部门和领域，以不同速度发展的渐进性过程，跨行业、跨部门的协作成为必然。

在工业 4.0 时代，制造企业将不仅仅进行硬件的销售，而是通过提供售后服务和其他后续服务，来获取更多的附加价值，这就是软性制造。而带有“信息”功能的系统成为硬件产品新的核心，意味着个性化需求、批量定制制造将成为潮流。制造业的企业家们要在制造过程中尽可能多的增加产品附加价值，拓展更多、更丰富的服务，提出更好、更完善的解决方案，满足消费者的个性化需求，走软性制造+个性化定制道路。

11.8 中国制造2025

经过几十年的快速发展，我国制造业规模跃居世界第一位，建立起门类齐全、独立完整的制造体系，成为支撑我国经济社会发展的重要基石和促进世界经济发展的重要力量。持续的技术创新，大大提高了我国制造业的综合竞争力。载人航天、载人深潜、大型飞机、北斗卫星导航、超级计算机、高铁装备、百万千瓦级发电装备、万米深海石油钻探设备等一批重大技术装备取得突破，形成了若干具有国际竞争力的优势产业和骨干企业，我国已具备了建设工业强国的基础和条件。

但我国仍处于工业化进程中，与先进国家相比还有较大差距。制造业大而不强，自主创新能力弱，关键核心技术与高端装备对外依存度高，以企业为主体的制造业创新体系不完善；产品档次不高，缺乏世界知名品牌；资源能源利用效率低，环境污染问题较为突出；产业结构不合理，高端装备制造业和生产性服务业发展滞后；信息化水平不高，与工业化融合深度不够；产业国际化程度不高，企业全球化经营能力不足。推进制造强国建设，必须着力解决以上问题。

建设制造强国，必须紧紧抓住当前难得的战略机遇，积极应对挑战，加强统筹规划，突出创新驱动，制定特殊政策，发挥制度优势，动员全社会力量奋力拼搏，更多依靠中国装备、依托中国品牌，实现中国制造向中国创造的转变，中国速度向中国质量的转变，中国产品向中国品牌的转变，完成中国制造由大变强的战略任务。

2015年5月8日中国政府公布《中国制造2025》，提出坚持“创新驱动、质量为先、绿色发展、结构优化、人才为本”的基本方针，坚持“市场主导、政府引导，立足当前、着眼长远，整体推进、重点突破，自主发展、开放合作”的基本原则，通过“三步走”实现制造强国的战略目标：第一步，到2025年迈入制造强国行列；第二步，到2035年我国制造业整体达到世界制造强国阵营中等水平；第三步，到新中国成立一百年时，我制造业大国地位更加巩固，综合实力进入世界制造强国前列。

11.8.1 中国制造2025的目标

1. 基本方针

（1）创新驱动。坚持把创新摆在制造业发展全局的核心位置，完善有利于创新的制度环境，推动跨领域跨行业协同创新，突破一批重点领域关键共性技术，促进制造业数字化网络化智能化，走创新驱动的发展道路。

（2）质量为先。坚持把质量作为建设制造强国的生命线，强化企业质量主体责任，加强质量技术攻关、自主品牌培育。建设法规标准体系、质量监管体系、先进质量文化，营造诚信经营的市场环境，走以质取胜的发展道路。

（3）绿色发展。坚持把可持续发展作为建设制造强国的重要着力点，加强节能环保技术、工艺、装备推广应用，全面推行清洁生产。发展循环经济，提高资源回收利用效率，构建绿色制造体系，走生态文明的发展道路。

（4）结构优化。坚持把结构调整作为建设制造强国的关键环节，大力发展先进制造业，改造提升传统产业，推动生产型制造向服务型制造转变。优化产业空间布局，培育一批具有核心竞争力的产业集群和企业群体，走提质增效的发展道路。

（5）人才为本。坚持把人才作为建设制造强国的根本，建立健全科学合理的选人、用人、育人机制，加快培养制造业发展急需的专业技术人才、经营管理人才、技能人才。营造大众创业、万众创新的氛围，建设一支素质优良、结构合理的制造业人才队伍，走人才引领的发展道路。

2．基本原则

（1）市场主导，政府引导。全面深化改革，充分发挥市场在资源配置中的决定性作用，强化企业主体地位，激发企业活力和创造力。积极转变政府职能，加强战略研究和规划引导，完善相关支持政策，为企业发展创造良好环境。

（2）立足当前，着眼长远。针对制约制造业发展的瓶颈和薄弱环节，加快转型升级和提质增效，切实提高制造业的核心竞争力和可持续发展能力。准确把握新一轮科技革命和产业变革趋势，加强战略谋划和前瞻部署，扎扎实实打基础，在未来竞争中占据制高点。

（3）整体推进，重点突破。坚持制造业发展全国一盘棋和分类指导相结合，统筹规划，合理布局，明确创新发展方向，促进军民融合深度发展，加快推动制造业整体水平提升。围绕经济社会发展和国家安全重大需求，整合资源，突出重点，实施若干重大工程，实现率先突破。

（4）自主发展，开放合作。在关系国计民生和产业安全的基础性、战略性、全局性领域，着力掌握关键核心技术，完善产业链条，形成自主发展能力。继续扩大开放，积极利用全球资源和市场，加强产业全球布局和国际交流合作，形成新的比较优势，提升制造业开放发展水平。

3．战略目标

立足国情，立足现实，力争通过“三步走”实现制造强国的战略目标。

第一步：力争用十年时间，迈入制造强国行列。到 2020 年，基本实现工业化，制造业大国地位进一步巩固，制造业信息化水平大幅提升。掌握一批重点领域关键核心技术，优势领域竞争力进一步增强，产品质量有较大提高。制造业数字化、网络化、智能化取得明显进展。重点行业单位工业增加值能耗、物耗及污染物排放明显下降。

到 2025 年，制造业整体素质大幅提升，创新能力显著增强，全员劳动生产率明显提高，两化（工业化和信息化）融合迈上新台阶。重点行业单位工业增加值能耗、物耗及污染物排放达到世界先进水平。形成一批具有较强国际竞争力的跨国公司和产业集群，在全球产业分工和价值链中的地位明显提升。

第二步：到 2035 年，我国制造业整体达到世界制造强国阵营中等水平。创新能力大幅提升，重点领域发展取得重大突破，整体竞争力明显增强，优势行业形成全球创新引领能力，全面实现工业化。

第三步：新中国成立一百年时，制造业大国地位更加巩固，综合实力进入世界制造强国前列。制造业主要领域具有创新引领能力和明显竞争优势，建成全球领先的技术体系和产业体系。

11.8.2 中国制造2025的任务和重点

1. **提高国家制造业创新能力** 完善以企业为主体、市场为导向、政产学研用相结合的制造业创新体系。围绕产业链部署创新链，围绕创新链配置资源链，加强关键核心技术攻关，加速科技成果产业化，提高关键环节和重点领域的创新能力。

2. **推进信息化与工业化深度融合** 加快推动新一代信息技术与制造技术融合发展，把智能制造作为两化深度融合的主攻方向；着力发展智能装备和智能产品，推进生产过程智能化，培育新型生产方式，全面提升企业研发、生产、管理和服务的智能化水平。

3. **强化工业基础能力** 核心基础零部件（元器件）、先进基础工艺、关键基础材料和产业技术基础等工业基础能力薄弱，是制约我国制造业创新发展和质量提升的症结所在。要坚持问题导向、产需结合、协同创新、重点突破的原则，着力破解制约重点产业发展的瓶颈。

4. **加强质量品牌建设** 提升质量控制技术，完善质量管理机制，夯实质量发展基础，优化质量发展环境，努力实现制造业质量大幅提升。鼓励企业追求卓越品质，形成具有自主知识产权的名牌产品，不断提升企业品牌价值和中国制造整体形象。

5. **全面推行绿色制造** 加大先进节能环保技术、工艺和装备的研发力度，加快制造业绿色改造升级；积极推行低碳化、循环化和集约化，提高制造业资源利用效率；强化产品全生命周期绿色管理，努力构建高效、清洁、低碳、循环的绿色制造体系。

6. **大力推动重点领域突破发展** 瞄准新一代信息技术、高档数控机床和机器人、航空航天装备、海洋工程装备及高技术船舶、先进轨道交通装备、节能与新能源汽车、电力装备、农机装备、新材料、生物医药及高性能医疗器械等战略重点，引导社会各类资源集聚，推动优势和战略产业快速发展。

7. **深入推进制造业结构调整** 推动传统产业向中高端迈进，逐步化解过剩产能，促进大企业与中小企业协调发展，进一步优化制造业布局。

8. **积极发展服务型制造和生产性服务业** 加快制造与服务的协同发展，推动商业模式创新和业态创新，促进生产型制造向服务型制造转变。大力发展与制造业紧密相关的生产性服务业，推动服务功能区和服务平台建设。

9. **提高制造业国际化发展水平** 统筹利用两种资源、两个市场，实行更加积极的开放战略，将引进来与走出去更好地结合，拓展新的开放领域和空间，提升国际合作的水平和层次，推动重点产业国际化布局，引导企业提高国际竞争力。

11.8.3 支撑与保障

建设制造强国，必须发挥制度优势，动员各方面力量，进一步深化改革，完善政策措施，建立灵活高效的实施机制，营造良好环境；必须培育创新文化和中国特色制造文化，推动制造业由大变强。

（1）深化体制机制改革。

（2）营造公平竞争的市场环境。

（3）完善金融扶持政策。

（4）加大财税政策支持力度。

（5）健全多层次人才培养体系。

（6）完善中小微企业政策。

（7）进一步扩大制造业对外开放。

（8）健全组织实施机制。

想一想

1. 大量生产方式的优缺点。
2. JIT 生产方式的基本方法。
3. 看板管理原理。
4. 精益生产的主要内容。
5. JIT 和 CIMS 模式的比较。
6. 敏捷制造的目的是什么？
7. 如何理解世界级制造系统？生产系统的发展过程是什么？
8. 为什么说生产系统是企业竞争的重要资源？
9. 效率与效力在生产管理中有什么关系？
10. 工业 4.0 的三大主题是什么？
11. 我国实施中国制造 2025 有何必要性？
12. 中国制造 2025 的任务和重点是什么？

做一做

无锡市通用机械厂有限公司，由原无锡市通用机械厂整体改制而成，又名无锡市第二机床厂，创建于 1956 年。现为中国环保产业协会常务理事单位；中国水污染防治装备专业委员会主任委员单位；中国分离机械行业协会副理事长单位。作为国内同行业生产企业唯一代表被吸收为亚太经合（APEC）中国企业联席会议成员。全厂占地面积 8 万多平方米，固定资产 8 500 万元，拥有设备 496 台，其中精大稀设备 50 多台套。车间最大起吊能力 30 t。公司拥有环保机械研究所、分离机械研究所和一个实验中心。公司内部于 1994 年建立了 ISO 9001 质量保证体系，并于 1996 年在同行业中第一家通过认证，现为江苏省环保机械质量监督检测中心挂靠单位。公司从 20 世纪 70 年代末开始从事分离机械—压滤机的开发和生产，80 年代进行城市污水处理成套装备的开发与制造，作为国家城市污水处理成套设备国产化基地及分离机械骨干企业，已具备 5 万～100 万吨级城市污水处理工程成套设备的开发、制造和成套能力，产品技术水平居国内领先地位，部分产品达到国外同类产品先进水平，成功地为国内500多项污水处理工程提供关键设备和设备成套，产品远销美国、日本、朝鲜、越南、印度、东南亚、阿拉伯等国家和地区。

为了适应激烈的市场竞争，降低生产成本，企业决定采用JIT生产方式，请上网查询该企业详情，并为该企业设计一套看板。

案例分析

无锡X生化装备制造有限公司CIMS工程分析

1. 背景资料

无锡X生化装备制造有限公司是国内较知名的生化装备制造生产企业，属于多品种、小批量生产型企业，主要经济指标长期名列国内同行前茅。随着市场竞争的加剧，传统的管理模式越来越不适应企业的发展，成为制约企业发展步伐的瓶颈。为提高管理效率，2003年企业决定实施CIMS工程。

2. 实施过程与内容

公司首先实施了工程设计分系统，针对企业生产的非标产品、工装夹具等完善参数化、模块化的计算机辅助设计，先后建成了产品开发子系统、工程分析及其优化设计子系统、计算机辅助工艺设计子系统和产品数据管理子系统。

其次，实施了经营管理分系统，即实施企业的ERP系统，整个ERP系统以项目管理为基础，以物料需求计划为核心，以车间作业计划、车间管理为主题，有机地结合产品市场销售、原材料采购、材料成本、库存管理等业务活动，形成了闭环的一体化生产经营与管理。

最后，建立了基于Web方式的领导查询分系统。

2006年又对ERP系统进行了细化实施，完善了ERP系统的计划管理、生产控制管理与财务管理、成本管理，并投入了实际运行。

3. 系统特点

（1）实现了产品设计与生产经营管理信息的集成。即主要打通了BOM与ERP系统的信息通道，实现了设计BOM与ERP中生产BOM的集成；打通了CAPP与ERP的信息通道，实现了材料定额、工时定额和工序信息与ERP中相关信息的集成。

（2）以项目管理为基础，实施了ERP的主要模块。

（3）实现了物流、资金流与信息流的初步集成，可提前进行成本模拟，计算订单的收益，事后可进行成本核算。

（4）利用图形化的动态建模工具，根据产品生产的实际情况制定业务流程，使得业务流程更能满足具体产品的生产需求。

4. 实施体会

（1）抓好软件的选型工作。公司组成了由总经理任组长、信息中心主任为副组长的软件选型小组，负责PDM、ERP软件的选型，实行严格的招标，加强实地考察。

（2）培训工作系统化。分三个层次实施培训：第一层次是管理层，主要进行管理思想的培训；第二层次是项目小组与实施人员培训，主要培训管理理念、PDM、ERP原理、应用、维护等；第三层次主要针对应用层，主要进行ERP软件操作培训。

（3）重视业务流程再造和基础数据整理。重视业务流程再造和基础数据整理是整个 CIMS 项目的基础。

（4）做好人员的集成。在项目实施过程中，全力确保业务部门与信息部门的人员紧密配合，形成一个整体，并通过激发项目参与人员工作积极性、主动性，使项目得以成功。

5. 经济效益

（1）缩短了新产品开发周期，提高了工程设计效率。新品开发由原来的一年左右缩短为 4 个月左右。

（2）降低了库存资金。生产资金的占用下降 17%。

（3）压缩了辅助人员，辅助人员减少了 24%。

（4）提高了企业资金监管的力度，实现了资金流、物流、信息流的一体化管理，提高了决策的正确性。

（5）企业内外信息资源得到了充分共享，整体上提高了企业对市场的反应能力。

思考题

请对本案例进行简要分析，论述企业在进行信息化建设时采取的主要措施、信息化建设的主要过程和 CIMS 项目能取得成功的关键。

参考文献

[1] 崔平．现代生产管理 [M]．2 版．北京：机械工业出版社，2009.
[2] 潘家轺．现代生产管理 [M]．3 版．北京：清华大学出版社，2011.
[3] 张毕西．生产运营管理 [M]．北京：机械工业出版社，2012.
[4] 陈荣秋．生产运作管理 [M]．3 版．北京：高等教育出版社，2011.
[5] 程国平．生产运作管理 [M]．北京：人民邮电出版社，2012.
[6] 全国高校管理案例库编写组．管理案例库教程 [M]．北京：中国科学技术出版社，2005.
[7] 陈荣秋．生产运作管理习题集案例 [M]．北京：机械工业出版社，2005.
[8] 黄群慧，张艳丽．新世纪生产管理变革的主线 [M]．广州：广东经济出版社，2001.
[9] 许兆祥，光昕．生产与运作管理 [M]．北京：机械工业出版社，2007.
[10] 潘尔顺．生产计划与控制 [M]．上海：上海交通大学出版社，2010.
[11] 詹姆斯 B 迪尔沃思．运作管理——在产品和服务中提供价值 [M]．刘晓玲，肖勇波，译．北京：中信出版社，2006.
[12] 仝新顺．生产与运作管理 [M]．南京：南京大学出版社，2007.
[13] 丁文英，冯爱兰，赵宁．现代生产管理 [M]．北京：冶金工业出版社，2008.
[14] 中国认证认可协会．质量管理体系审核员 2015 版标准转换培训教材 [M]．北京：中国标准出版社，2015.
[15] 朱道立，龚国华，罗齐．物流和供应链管理 [M]．上海：复旦大学出版社，2001.
[16] 林荣瑞．管理技术 [M]．2 版．厦门：厦门大学出版社，2000.
[17] 邹宁．应用统计学 [M]．北京：机械工业出版社，2001.
[18] 王汝纲．工业企业管理与技术经济基础 [M]．2 版．北京：机械工业出版社，2000.
[19] 申元月．生产运作管理 [M]．济南：山东人民出版社，2001.